当代基础教育研究与探索系列丛书

贵州民族地区中学体育教师职业认同与职业幸福感的关系研究
——胜任力的作用机制

陈祖学◎著

西南交通大学出版社
·成都·

图书在版编目（CIP）数据

贵州民族地区中学体育教师职业认同与职业幸福感的关系研究：胜任力的作用机制 / 陈祖学著. -- 成都：西南交通大学出版社，2024.11. -- ISBN 978-7-5774-0241-3

I. G635.1

中国国家版本馆 CIP 数据核字第 20243T5A88 号

Guizhou Minzu Diqu Zhongxue Tiyu Jiaoshi Zhiye Rentong yu Zhiye Xingfugan de Guanxi Yanjiu
——Shengrenli de Zuoyong Jizhi

贵州民族地区中学体育教师职业认同与职业幸福感的关系研究
——胜任力的作用机制

陈祖学　著

策 划 编 辑	梁　红
责 任 编 辑	赵玉婷
封 面 设 计	原谋书装
出 版 发 行	西南交通大学出版社 （四川省成都市金牛区二环路北一段 111 号 　西南交通大学创新大厦 21 楼）
营销部电话	028-87600564　028-87600533
邮 政 编 码	610031
网　　　址	http://www.xnjdcbs.com
印　　　刷	成都蜀通印务有限责任公司
成 品 尺 寸	170 mm × 230 mm
印　　　张	22.75
字　　　数	371 千
版　　　次	2024 年 11 月第 1 版
印　　　次	2024 年 11 月第 1 次
书　　　号	ISBN 978-7-5774-0241-3
定　　　价	98.00 元

图书如有印装质量问题　本社负责退换
版权所有　盗版必究　举报电话：028-87600562

前　言

　　教师乃立教之本、兴教之源。百年大计，教育为本；教育大计，教师为本。党和国家历来高度重视教师队伍建设。"三尺讲台系国运""一生秉烛铸民魂""太阳底下最崇高的职业"，教师对于国家强盛、民族复兴的重要性不言而喻。建设高质量教育体系是我国"十四五"规划建设教育格局的主题。高质量教师队伍是高质量教育体系的基本支撑。党的十九大以来，教师的职业幸福感受到了前所未有的重视。2018年1月，《中共中央 国务院关于全面深化新时代教师队伍建设改革的意见》明确提出到2035年，"尊师重教蔚然成风，广大教师在岗位上有幸福感，事业上有成就感，社会上有荣誉感，教师成为让人羡慕的职业"。党的二十大后，党和国家不断出台政策举措来保障教师的幸福感。2024年8月，《中共中央 国务院关于弘扬教育家精神加强新时代高素质专业化教师队伍建设的意见》将进一步营造尊师重教良好氛围，巩固提高教师地位，使教师成为最受社会尊重和令人羡慕的职业之一，作为新时代高素质专业化教师队伍建设的总体要求。习近平总书记在2024年9月的全国教育大会上指出，维护教师职业尊严和合法权益，让教师享有崇高社会声望、成为最受社会尊重的职业之一。

　　教师是教学的主导要素，体育教师是体育教学的实施者，是学校体育教学的主导要素，对体育教师的研究是教学研究的重要组成部分。体育教师职业幸福感的高低关乎体育教学质量乃至国家高质量教育体系建设大局。2020年10月，中共中央办公厅、国务院办公厅印发了《关于全面加强和改进新时代学校体育工作的意见》，其中强调今后加大对农村体育教师的培训力度和加大对体育教师的表彰力度。体育教师的职业幸福被提到了前所未有的高度来对待，各大媒体也认为"体育教师迎来了春天"。探寻体育教师职业幸福感的影响因素成为一个现实论题。

21世纪初，教师职业认同与职业幸福感的关系逐渐引起了国内学者的关注，相关研究报告求证了教师职业认同对其职业幸福感具有显著的正向预测作用，职业认同在提升教师职业幸福感的过程中表现得极其重要。具有较高职业认同水平的教师更容易产生内在发展动力，更能对教育教学深耕不辍，进而体会教师工作带来的幸福感。

近年来，出现了中小学体育教师职业认同与职业幸福感关系的实证研究，其结果也证实了中小学体育教师职业认同是其职业幸福感的正向预测变量。这些研究结果表明，提高职业认同是提升中学体育教师职业幸福感的重要途径。而《中国教师发展报告（2020—2021）：中小学教师职业幸福感发展态势、面临挑战与提升举措》一书指出，提高胜任力水平，是提升中小学教师职业幸福感的永恒动力。由此，中学体育教师职业认同、胜任力对其职业幸福感影响机制的研究成为必然和应然。

作为多民族省份的贵州，其民族地区中学体育教师队伍的职业幸福感关系到当地中学体育教师队伍高质量建设的大局。2022年1月，中共贵州省委办公厅、贵州省人民政府办公厅根据贵州省的实际情况，印发了贵州省的《关于全面加强和改进新时代学校体育工作的实施意见》，其中将完善体育教师非课时工作量、绩效工资内部分配、职称评聘制度作为加强和改进今后全省学校体育工作的具体措施。研究当地中学体育教师职业幸福感的相关论题是现实所需。

本书基于现实考量，结合文献梳理，提出假设，之后用实证的研究范式，立足贵州民族地区中学体育教师的调查数据进行统计、分析，验证了贵州民族地区中学体育教师职业认同对职业幸福感的预测机制，探明了胜任力在职业认同和职业幸福感之间的中介机制和调节机制。

第一章介绍本书的选题背景、研究意义，梳理国内外有关本书主题的研究概况，陈述研究方法与研究内容。第二章选取贵州民族地区中学体育教师职业认同、胜任力、职业幸福感的初始量表，经过信效度的检验，形成终成性的测评工具。第三章揭示贵州民族地区中学体育教师职业认同、胜任力、职业幸福感在人口统计学变量上呈现出的特征。第四章探索贵州民族地区中学体育教师职业认同对其职业幸福感的预测机制。第五章验证贵州民族地区中学体育教师胜任力在职业认同和职业幸福感之间的中介效应。第六章验证贵州民族地区中学体育教师胜任力在职业认同和职业幸福感之间的调节作用。第七章基于实证统计、分析的结果，提出贵州民族地区中学体育教师职业幸福感的提升策略。第八章给出本书的结论，提出了今后的研究展望。

事物普遍联系，永恒发展。面对更加复杂的教育现象，人们需要更直接地去探寻其中的本质联系，"需要从相关关系向因果推论跃进"，这是我国著名教育科学学者袁振国教授给教育规律探寻者的建议。本研究采用实证范式，立足数据，借助多种统计工具对提出的假设进行多方验证，真实地呈现验证的每一个细节，发现贵州民族地区中学体育教师职业认同是其职业幸福感的正向预测变量，胜任力在其中起着显著的中介效应和调节效应。本研究是向贵州体育教学研究待跃进领域迈进的一步，步子虽微小，但作者还是期待能对贵州民族地区体育师资的研究起到抛砖引玉的效果。

本书系贵州省2021年教育科学规划课题（课题编号：2021B219）研究成果。课题从正式立项到研究实施，再到本书成型，于2024年3月交稿，后又反复校对，最后正式出版，历时三年有余。课题调查工作在课题组成员的大力协同及贵州民族地区部分中学体育教师的热心帮助下顺利进行。本书的校对、出版等工作在出版社编辑的辛勤工作中稳步推进。同时，在撰写本书的过程中，笔者参阅了大量文献，尤其在中介效应和调节效应的验证方面，受到了相关文献的很大启示。对于这些帮助，笔者在此一并致谢。

虽有多方帮助，但囿于笔者的知识和能力，限于笔者的时间和精力，本书无可避免地存有缺漏甚至疏误之处。在此，笔者恳请各位提出宝贵意见，以便今后不断完善研究。期待与各位同仁一道为贵州民族地区基础教育阶段师资队伍高质量建设及学校体育的高质量发展贡献绵薄之力。

陈祖学

2024年10月

目 录

第一章 绪 论 ……………………………………………………………………… 1

第二章 贵州民族地区中学体育教师职业认同、胜任力、职业幸福感的
测评工具 …………………………………………………………………… 33
 第一节 初始测评工具的修正思路 ……………………………………………… 33
 第二节 贵州民族地区中学体育教师职业认同量表 …………………………… 56
 第三节 贵州民族地区中学体育教师胜任力量表 ……………………………… 68
 第四节 贵州民族地区中学体育教师职业幸福感量表 ………………………… 93
 第五节 本章小结 ………………………………………………………………… 110

第三章 贵州民族地区中学体育教师职业认同、胜任力、职业幸福感的
特征分析 …………………………………………………………………… 111
 第一节 研究思路 ………………………………………………………………… 112
 第二节 贵州民族地区中学体育教师职业认同的特征分析 …………………… 121
 第三节 贵州民族地区中学体育教师胜任力的特征分析 ……………………… 135
 第四节 贵州民族地区中学体育教师职业幸福感的特征分析 ………………… 151
 第五节 本章小结 ………………………………………………………………… 166

第四章 贵州民族地区中学体育教师职业认同对职业幸福感的预测机制 …… 169
 第一节 研究思路 ………………………………………………………………… 170
 第二节 贵州民族地区中学体育教师职业幸福感对职业认同的
回归模型 ………………………………………………………………… 177
 第三节 本章小结 ………………………………………………………………… 181

第五章 贵州民族地区中学体育教师胜任力在职业认同与职业幸福感之间的
中介作用 …………………………………………………………………… 183
 第一节 研究思路与方法 ………………………………………………………… 183
 第二节 胜任力中介作用的结构方程模型检验 ………………………………… 196
 第三节 本章小结 ………………………………………………………………… 233

第六章　贵州民族地区中学体育教师胜任力在职业认同与职业幸福感之间的调节作用 ········· 235

第一节　研究思路与方法 ········· 235
第二节　胜任力调节作用的 Process 插件检验 ········· 244
第三节　胜任力调节作用的结构方程模型检验 ········· 249
第四节　本章小结 ········· 272

第七章　贵州民族地区中学体育教师职业幸福感提升策略 ········· 273

第一节　本研究策略提出的立足点 ········· 273
第二节　贵州民族地区中学体育教师职业认同、胜任力的提升策略 ········· 281
第三节　本章小结 ········· 305

第八章　研究的结论、创新、不足与展望 ········· 307

第一节　研究结论 ········· 307
第二节　研究的创新 ········· 311
第三节　研究的不足 ········· 313
第四节　研究展望 ········· 315

参考文献 ········· 316

附录 ········· 330

附录1　贵州民族地区中学体育教师职业认同、胜任力、职业幸福感调查问卷（初始稿） ········· 330
附录2　贵州民族地区中学体育教师职业认同、胜任力、职业幸福感调查问卷（第一稿） ········· 339
附录3　贵州民族地区中学体育教师职业认同、胜任力、职业幸福感调查问卷（第二稿） ········· 345
附录4　贵州民族地区中学体育教师职业认同、胜任力、职业幸福感调查问卷（正式稿） ········· 351

第一章 绪 论

一、问题的提出

(一)现实背景

1. 幸福:人类永恒的话题

幸福是人们对当下生活及发展状况的满足感、在生活中的快乐感、自身潜能得以激活发挥的价值感。[①]幸福是人类社会永恒的话题,获得幸福,是人们生活追求的目标,是生命历程中的核心诉求。伟大的哲人认为:生活和幸福本来就是一样的东西,一切健全的追求都是对幸福的追求。[②]马克思认为,在每一个主体的意识或者感觉中,都存有这样的原理,那就是每个人所追求的幸福,是整个历史发展的结果,是无需加以证明的。[③]毫无疑问,幸福,乃是人类社会的生存主题,是每一个人毕生为之努力的目标。

2. 教师职业幸福感:党和国家高度重视的领域

师者,于生,乃传道授业解惑;于国,乃百年大计之基石。"百年大计,教育为本;教育大计,教师为本。"这是 2018 年《中共中央 国务院关于全面深化新时代教师队伍建设改革的意见》的开篇之言。教师,在传播知识、传播思想、传播真理,塑造灵魂、塑造生命、塑造新人这样的过程中处于主导地位。苏联教育家伊·安·凯洛夫在其《教育学》中提道:"教师本身是决定教学的教育效果之最重要的、有决定作用的因素。"[④]

党的十八大以来,党和国家高度重视教师队伍建设,习近平总书记多次表达

[①] 邢占军. 测量幸福:主观幸福感测量研究[M]. 北京:人民出版社,2005:39.
[②] 路德维希·费尔巴哈. 费尔巴哈哲学著作选集[M]. 荣振华,李金山,等译. 北京:商务印书馆,1984:543.
[③] 中共中央马克思恩格斯列宁斯大林著作编译局. 马克思恩格斯全集:第 42 卷[M]. 北京:人民出版社,1960:373.
[④] 凯洛夫. 教育学[M]. 陈侠,等译. 北京:人民教育出版社,1957:69-75.

对教师的亲切关怀和殷切期待。"国家繁荣、民族振兴、教育发展，需要我们大力培养造就一支师德高尚、业务精湛、结构合理、充满活力的高素质专业化教师队伍""三寸粉笔，三尺讲台系国运；一颗丹心，一生秉烛铸民魂""太阳底下最崇高的职业"。教师对于国家强盛、民族复兴的重要性不言而喻。但从事教育教学工作的群体，他们幸福吗？这是群体关注问题，更是政策与现实问题。2018年《中共中央 国务院关于全面深化新时代教师队伍建设改革的意见》（以下简称《新时代教师队伍改革意见》）明确指出当前我国"有的地方对教育和教师工作重视不够""教师特别是中小学教师职业吸引力不足，地位待遇有待提高"。

党的十九大以来，党和国家以高度的前瞻性不断加强新时代教师队伍建设的顶层设计，将提高教师职业幸福感作为教师队伍建设的主要目标。《新时代教师队伍改革意见》明确提出，到2035年"尊师重教蔚然成风，广大教师在岗位上有幸福感、事业上有成就感、社会上有荣誉感，教师成为让人羡慕的职业"。2018年9月，习近平总书记在全国教育大会上强调"全党全社会要弘扬尊师重教的社会风尚，努力提高教师政治地位、社会地位、职业地位"。时任教育部部长陈宝生在2018年全国两会"部长通道"上表示，一定要提高教师地位、待遇，重振师道尊严。

党的二十大后，党和国家不断出台政策举措保障教师的幸福感。2024年8月，《中共中央 国务院关于弘扬教育家精神加强新时代高素质专业化教师队伍建设的意见》将进一步营造尊师重教良好氛围，教师地位巩固提高，教师成为最受社会尊重和令人羡慕的职业之一作为新时代高素质专业化教师队伍建设的总体要求。2024年9月的全国教育大会上，习近平总书记强调，维护教师职业尊严和合法权益，让教师享有崇高社会声望、成为最受社会尊重的职业之一。可见，我国教师职业幸福感受到了党和国家的高度重视。

3. 体育教师队伍高质量建设迎来了春天

"建设高质量教育体系"是我国"十四五"规划建设教育格局的主题。高质量的发展模式是内生式发展模式，"高质量的教师队伍是高质量教育体系的基本支撑"[①]。

体育教师是体育教育教学的实施者，是学校体育教学的主导因素，体育

---

① 李广，柳海民，梁红梅，等. 中国教师发展报告（2020—2021）：中小学教师职业幸福感发展态势、面临挑战与提升举措[M]. 北京：科学出版社，2022：3-4.

教师在体育教学岗位上的幸福感高低事关体育教学质量乃至国家高质量教育体系的建设大局。2020年10月，中共中央办公厅、国务院办公厅印发了《关于全面加强和改进新时代学校体育工作的意见》（以下简称2020《学校体育工作意见》），其中强调今后确保体育教师在职务职称晋升、科学科研成果评定等方面与其他学科教师享受同等待遇，同时加大对体育教师的表彰力度。体育教师的地位待遇、职业幸福被提到了前所未有的高度来对待，各大媒体也认为"体育教师迎来了春天"。

为了落实党中央、国务院的政策，贵州省于2022年1月发布了《关于全面加强和改进新时代学校体育工作的实施意见》，其中强调将全省体育教师的教学、训练、科研、职称、非课时工作量的考核作为加强和改进的重要内容，这是提高全省体育教师职业幸福感的具体措施。中学体育教师是体育教师队伍的重要组成部分，其职业幸福感是教师幸福感在中学学校领域的具体表征。贵州民族地区中学体育教师队伍的职业幸福感关系到当地中学体育教师队伍高质量建设的大局，研究当地中学体育教师职业幸福感的相关论题，是现实所需。

（二）理论背景

1. 职业认同：体育教师职业幸福感的重要前因变量

Schein（1978）认为职业认同是"职业对个人身份的重要程度"，是个体用"未来想从事的职业"或者"正在从事的职业"来回答"我是谁"这个问题。它与人们怎样把他们自己与别的职业团体中的人比较、区分开来相联系，包括对职业实践的理解、对个人才能发展和职业价值的感知[①]。提高教师职业认同对稳定已有教师队伍和吸引更多优秀人员从事教学工作具有重要意义。职业认同在提升教师职业幸福感的过程中表现得极其重要[②]。

从20世纪60年代开始，国内外学术界逐渐摆脱对幸福的体验式理解和人口统计变量描述，大胆探索实现幸福的途径及影响因素，其中职业认同是职业幸福感的重要影响因素之一[③]。21世纪初，我国有关实证研究报告均证实

---

① SCHEIN E E. Career dynamics: matching individual and organizational needs[M]. Boston: Addison-Wesley Publishing Company，1978：12.
② 李广，柳海民，梁红梅，等. 中国教师发展报告（2020—2021）：中小学教师职业幸福感发展态势、面临挑战与提升举措[M]. 北京：科学出版社，2022：290.
③ 吴明霞. 30年来西方关于主观幸福感的理论发展[J]. 心理学动态，2000（4）：23-28.

了教师职业认同与职业幸福感存在显著的正相关关系，而教师职业认同对其职业幸福感具有显著的预测作用。一位具有较高职业认同水平的教师更容易产生内在发展动力，将个人全部精力集中到教学，从而感受工作给他带来的成就感、满足感和幸福感[①]。有人发现特殊教育教师的职业认同对其职业幸福感具有显著的正向预测作用。具备较高水平职业认同的教师更容易体验到职业幸福感[②]。近几年来，出现了中小学体育教师职业认同与职业幸福感之间关系的实证研究，结果也证实了中小学体育教师的职业认同是其职业幸福感的前因变量。有学者在大量实证研究的基础上，认为提高体育教师职业认同感是提高中小学体育教师职业幸福感的首要途径[③]。这些文献提示，中学体育教师职业认同是其职业幸福感的重要前因变量。

2. 胜任力：体育教师职业认同和职业幸福感之间可能的中介与调节变量

胜任力是能将表现优异者与一般表现者区分开来的个体动机、自我形象、态度、价值观，知识、认知或行为技能[④]。提升教师专业胜任力，乃是教师职业幸福感提升的永恒动力[⑤]。中小学教师资格考试就是通过设置门槛，以确保新入职教师能够胜任工作。2020年《学校体育工作意见》中采取的"协同培训基地"、"国培计划"、海外研修访学等方式也是为了提升中小学体育教师的胜任力水平。著名心理学家Boyatzis（1982）认为只有个人能力、工作需求以及组织背景等方面协调一致时，工作者才可能创造出理想的绩效[⑥]。在管理学领域，相继有人发现胜任力在创业团队学习和创业绩效之间[⑦][⑧]、在创新性与企业绩

[①] 孙钰华. 教师职业认同对教师幸福感的影响[J]. 宁波大学学报（教育科学版），2008（5）：70-73.
[②] 王姣艳，万谊，王颖. 特殊教育教师职业认同对职业幸福感的影响：一个有调节的中介作用机制[J]. 中国特殊教育，2020，23（3）：25-41.
[③] 孙卫红，王华倬，陈荔. 中小学体育教师职业幸福感的影响因素及提升策略：基于体育教师职业生存状态的分析[J]. 体育学刊，2016，23（4）：106-109.
[④] 李黎. 转型期事业单位正职胜任力模型构建研究[D]. 武汉：华中科技大学，2008：17.
[⑤] 李广，柳海民，梁红梅，等. 中国教师发展报告（2020—2021）：中小学教师职业幸福感发展态势、面临挑战与提升举措[M]. 北京：科学出版社，2022：362.
[⑥] BOYATZIS R E. The competent manager: a model for effective performance[M]. New York: John Wiley，1982：6.
[⑦] 李永耀. 创业团队学习与创业绩效的关系[D]. 开封：河南大学，2010：73.
[⑧] 贾建锋，赵希男，于秀凤，等. 创业导向有助于提升企业绩效吗：基于创业导向型企业高管胜任特征的中介效应[J]. 南开管理评论，2013，16（2）：47-56.

效的关系中①,起着重要的中介作用。在教师领域,有人发现胜任力在教师工作资源与工作投入之间起着显著的中介和调节作用②、在中学教师心理健康与工作投入之间③、在组织支持感和工作家庭冲突之间④起着显著的中介作用。职业认同、胜任力、职业幸福感是教师工作中的重要心理变量。教师在工作中,要创造出理想的工作业绩,必须认同自己的职业,具备必要的胜任力,同时还要体验到职业幸福感。这提示,胜任力在教师职业认同和职业幸福感之间可能起着中介和调节作用。当前,还没有出现有关民族地区中学体育教师职业认同与职业幸福感关系的研究,也未见有关二者之间的中介、调节因素的研究。

3. 民族地区中学体育教师的实证研究:贵州教学研究尚待跃进的领域

教学,是教师的教与学生的学相结合的双边活动过程⑤。国外著名教育学者 Smith 认为教学是系统性的活动,其目的在于引导学生的学习(Teaching is system actions intended to induce learning),教学是诸多关联性因素发生综合效应的行为表现⑥。目前,诸多关于教学的文献都无可回避地提到教学要素。虽然有关教学要素分类的说法众多,但无论哪种观点,教师绝对是教学诸要素中不可或缺的部分。教师是教学的主导要素现已成为教育科学界无可辩驳的共识。

既然教师是教学的主导性要素,那么对教师职业心理的研究理应属于教学研究的重要内容,是教学研究重要的一环。对此,教育科学界旗帜鲜明地指出,"各种教学变量或教学要素"是教学的研究对象。因此,那种认为只有对课程体系、教学内容、教学方法、教学模式的相关研究才是教学研究,而对其他教学要素的研究不在教学研究范围的观点,无疑是狭隘片面的。出现这样狭隘认识的原因,在于人们对教学论学科性质以及学科位置的认识有一个由浅入深的过程。

---

① 赫连志巍,刘青. 集群升级导向与企业绩效关系研究:以高管团队胜任特征为中介变量[J]. 甘肃社会科学,2013(6):217-220.
② 杨明,温忠麟,陈宇帅. 职业胜任力在工作要求-资源模型中的调节和中介作用[J]. 心理科学,2017,40(4):822-829.
③ 罗小兰. 中学教师心理健康、胜任力与工作投入关系的实证研究[J]. 教育理论与实践,2015,35(25):43-46.
④ 王静,刘智. 组织支持感对工作家庭冲突的影响:教师胜任力的中介作用[J]. 教育学术刊,2018(11):65-70.
⑤ 李朝辉. 教学论[M]. 北京:清华大学出版社,2010:4.
⑥ 金心红,徐学福. 教学研究中的领域一般与领域特殊之争[J]. 教育发展研究,2015,35(Z2):83-89.

探索教学的一般规律是教学研究的任务，教学中教与学的关系、教与学的条件、教与学的操作是教学研究的具体研究对象，"教师的素质及特点，如知识、能力、态度、年龄、性别等"属于教学条件[①]。有西方教育学者明确地指出，教学变量和教学要素是教学的具体研究对象。如唐肯（Dunkin，M. J.）和比德（Biddle，B. J.）在他们合著的《教学研究》(The Studying of Teaching)一书中指出，教师的个人特点就是教学的研究对象[②]。

体育教师乃是体育教学的主要因素之一，在体育教学中，体育教师居于主导地位。这一点，在当前全国体育院系通用的《体育教学论》教材中有专门讲解，部分《学校体育学》教材中甚至出现了多章节的详述[③][④]。因此，对体育教师的人口统计学特征、岗位素质、心理特征等方面的研究，是教学研究的重要组成部分。无疑，本研究属于体育教学研究。

"实证研究已经成为教育学科学发展的最强有力动力"，这是我国著名教育学者袁振国教授2021年在第七届"全国教育实证研究论坛"上做出的判断。通过查找各方信息可知，当前有关贵州教师职业认同、胜任力、职业幸福感的研究数量少，且仅停留于单个变量的独立研究，而对各变量之间的相关关系及因果推论的研究还有待出现。这表明，贵州民族地区中学体育教师职业认同、职业幸福感、胜任力的关系是当前贵州教学研究尚待跃进的领域。

基于以上现实背景和理论背景，笔者认为中学体育教师职业认同越高，其职业幸福感就越高，职业认同会促进中学体育教师自觉提升自己的胜任力，胜任力水平则会影响其职业幸福感。贵州民族地区中学体育教师职业认同对其职业幸福感的预测机制及胜任力在二者之间可能存有的中介机制或调节机制将会呈现出区域性特点。根据温忠麟（2005）对调节变量和中介变量的界定[⑤]，课题组进而认为贵州民族地区中学体育教师的胜任力在职业认同和职业幸福感之间可能起着中介和调节效应。

袁振国教授2022年在第八届"全国教育实证研究论坛"上明确指出："一直以来，我们开展教育研究都在寻求相关关系，相关系数、各种检验方法，

---

① 田慧生. 对教学论学科性质、地位与研究对象的再认识[J]. 教育研究，1997（8）：54-59.
② WITTROCK M C. Handbook of research on teaching[M]. 3th ed. New York: MacMillan Reference Books, 1986: 255-296.
③ 毛振民. 体育教学论[M]. 3版. 北京：高等教育出版社，2017：31-34.
④ 潘绍伟，于可红. 学校体育学[M]. 3版. 北京：高等教育出版社，2015：231-273.
⑤ 温忠麟，侯杰泰，张雷. 调节效应与中介效应的比较和应用[J]. 心理学报，2005（2）：268-274.

都是围绕相关关系展开的。为此,我们把获得的相关关系作为研究的一个重要成果。但是,相关关系到底是一种怎么样的联系?这离对规律性的把握还有很长的距离。当面对一个复杂的教育现象时,我们能不能更加直接、更加本质地联系?这就需要从相关关系向因果推论跃进。"

因此,针对贵州民族地区的实际情况,用实证研究范式探寻贵州民族地区中学体育教师职业认同与其职业幸福感的关系,求证胜任力在二者之间的作用机制便成为本研究的主题。

二、研究意义

(一)现实意义

首先,本研究结果可以为当地政府部门落实2020《学校体育工作意见》,建立灵活多样、能上能下的用人机制提供参考,有利于促进其积极采取措施提升当地中学体育教师的职业认同。对当地中学体育教师职业幸福感前因变量的研究,也可以加强当地社会对中学体育教师队伍的关心和重视。

其次,本研究结果有利于当地教育行政部门进一步认识到职业认同、胜任力对当地中学体育教师职业幸福感的意义,从而加强中学体育教师的在职培训,提升其胜任力,加强绩效管理、岗位考核,促进其扎根民族地区,为当地学校体育事业做贡献。

最后,本研究结果可以为贵州省开办体育教育专业的院校提高体育教育专业人才培养质量提供参考。为了提高师范类专业人才培养质量,我国于2018年开启了师范类专业认证工作,开办师范类专业的高校积极开展此项工作,但在工作的实施中也出现了待完善改进的方面。2021年,普通高等学校师范类专业认证专家委员会秘书处、教育部高等教育教学评估中心联合发布了《普通高等学校师范类专业认证 学校培训讲义》,其中指出当前通过对全国师范专业认证的调研发现,在"反向设计方面",有些专业对培养目标定位与预期没有基于岗位需求。

本研究探寻当地中学体育教师胜任力在其职业认同和职业幸福感之间的作用机制,求证职业认同和胜任力是影响当地中学体育教师职业幸福感的重要前因变量,目的是促进当地中学体育教师安心从教、热心从教、舒心从教。本研究在揭示胜任力的作用机制之前,将探寻当地中学体育教师职业认同、胜任力呈现出的特征。这些特征可以为贵州省举办体育教育专业的院校提供中学教育二级专业认证的培养目标和毕业要求"反向设计"的依据，为提高贵州体育教育专业人才培养质量提供实证依据。

（二）理论意义

首先，本研究的成果可以为完善和丰富人力资源管理领域的相关理论提供参考，为从事民族地区体育教师岗位评价研究的学者提供参考。中学体育教师职业认同对其职业幸福感的预测作用已获得相关研究的证实，而贵州民族地区中学体育教师职业认同对其职业幸福感的预测机制或呈现出地域性的特征。胜任力在当地中学体育教师职业认同和职业幸福感之间具有中介和调节作用是本研究提出的一个可能性推断。因此，检验当地中学体育教师职业认同影响其职业幸福感的内部机制，确证胜任力在当地中学体育教师职业认同预测职业幸福感过程中的中介和调节机制可以为相关研究提供参考。

其次，本研究是贵州教学待跃进领域的一次突破。教师是教学诸要素中不可或缺的部分，是教学中的主导要素这样的观点，现已成为教育科学界无可辩驳的共识。既然教师是教学中的主导性要素，那么对教师的研究理应属于教学研究的重要内容，是教学研究重要的一环。当前有关贵州体育教师职业认同、职业幸福感、胜任力的研究数量少，且停留于单个变量的独立研究，缺少寻求各变量之间的相关关系及因果推论的研究。因此，贵州民族地区中学体育教师职业认同、职业幸福感、胜任力的关系研究是当前贵州教学研究尚待跃进的领域。贵州民族地区的教学研究不应局限于教学内容、教学方法的探寻，而应面向体育教学的各个要素。本研究是对当前贵州教学研究尚待跃进领域的一种大胆尝试，对后来者的相关研究起到抛砖引玉的作用。

三、国内外研究现状

（一）教师职业幸福感的相关研究

1. 幸福感

在《新牛津英语辞典》中，幸福是"舒适、健康和愉快的心态"；在《辞海》（第六版普及本）中，幸福是"在为理想奋斗过程中以及实现了预定目标和理想时感到的满足状况和体验"。可见，幸福是一种心理体验，是个体身心舒适快乐，在生活中自身内在需求能得到满足、人生价值得到实现，整个过程中伴有愉悦感受的精神健康状态和心理体验。在 20 世纪 50 年代之前，出现了理念幸福观、享乐幸福观、宗教幸福观、现实主义幸福观，但幸福一直都被视为形而上的，鲜有人从科学角度对其进行研究。20 世纪中期，伴随着西方社会物质财富的迅速积累和人类主体精神的回归，生活质量和人类个体存在价值受到了空前关注，推动了对幸福的科学研究[1]。由此可见，对幸福的理解，是随着人类社会不断演进而发生变化的。

不同社会对幸福话题的不断追问及现代心理学的发展推动了对幸福感的研究。Wanner Wilson（1967）在《自称幸福的相关因素》一文中对以往关于幸福感的研究进行了系统的回顾。随后，有关幸福的研究开始在心理学界兴起。Diener（1984）提出了主观幸福感（Subjective Well-being，SWB）的定义，即"根据主体自定标准对其生活质量的整体性评估，是衡量个体生活质量的重要综合性指标"[2]。此概念成为后来者理解幸福感的航标。我国学者苗元江（2009）基于经济、社会和文化背景因素，认为"幸福感是人们以社会经济、文化背景和价值取向为基础，对自我存在状态（自我身体状况、心理功能、社会能力以及个人综合状态）的主观心理体验，是由动机、目标、认知、情感、人格等心理因素与外部因素交互作用而形成的一种心理功能状态"[3]。邢占军认为幸福感是人们所拥有的客观条件及需求价值共同作用而产生的个体对自身存在与发展状况的一种积极心理体验，它是满意感、快乐感和价值感的统一体[4]。

总之，幸福感是在一定的主观条件和客观条件影响下，对个体需要满足和期望实现的反映，具体表现为幸福、快乐等愉悦的体验[5]。

2. 教师职业幸福感

职业是个性的发挥，任务的实现和维持生活的连续性的人类活动。那么职业幸福感就是人们在职业生活中的积极心理体验。教师职业幸福感就是教师在职业过程中的积极心理体验。我国学者认为教师职业幸福感是教师在教育教学工作中，其需要得到满足、职业理想获得实现、价值得到体现、潜能

---

[1] 陈作松. 身体锻炼对高中学生主观幸福感的影响及其心理机制的研究[D]. 上海：华东师范大学，2004.
[2] DIENER E. Subjective well-being[J]. Psychology bulletin, 1984, 95 (3): 542-575.
[3] 苗元江. 从幸福感到幸福指数：发展中的幸福感研究[J]. 南京社会科学，2009 (11): 103-108.
[4] 邢占军. 幸福指数的指标体系构建与追踪研究[J]. 数据，2006 (8): 10-12.
[5] 李广，柳海民，梁红梅，等. 中国教师发展报告（2020—2021）：中小学教师职业幸福感发展态势、面临挑战与提升举措[M]. 北京：科学出版社，2022：51.

得以发挥，同时伴随着自己专业发展所获得的持续快乐体验[1][2]。

3. 教师群体职业幸福感研究

国外学术界对职业幸福感的研究范围较广，研究内容也存在差异。Kinnunen（1997）通过对芬兰教师的情感、行为、健康三个维度的调查，发现教师承担的科目和教学水平是影响教师职业幸福感的首要因素[3]。Birdi（1997）调查了9个国家的4000名员工，发现员工工作满意度与年龄呈U形关系；工作压力与年龄成倒U形关系；工作倦怠与年龄却出现了反向线性关系[4]。Athanasios发现希腊教师对教师岗位本身满意，但对薪酬待遇和职称晋升感到不满意[5]。Gurm等人发现加拿大大学教师身心健康和幸福感水平均较高，据此推断较好的工作环境可对幸福感产生积极的影响[6]。

国内学术界主要关注中小学教师群体的职业幸福感，利用既成的量表或是自编量表进行实证调查分析。相继出现了幼儿教师[7]、小学教师[8]、中学教师[9]职业幸福感的测评工具，但关注的方向各有侧重。从21世纪初开始，国内陆续有人实地调查中小学教师职业幸福感。田佳发现不同区域及不同学校类型教师职业幸福感存在显著差异，重点学校教师职业幸福感比普通学校教师要高，幸福感会随教龄的增长呈U形分布[10]；有人对城市体育教师职业幸福感进行了调查，如姜艳发现苏州市小学教师职业幸福感总体上处于中等偏上状态[11]。

---

[1] 李郭保. 农村初中教师职业幸福感的调查研究[D]. 上海：华东师范大学，2007.
[2] 王传金. 教师职业幸福解读[J]. 教育理论与实践，2008，28（34）：36-40.
[3] KINNUNEN J, MARTIO O. Hardy's inequalities for Sobolev functions[J]. Mathematical research letters，1997，4（4）：489-500.
[4] BIRDI K, ALLAN C, WARR P. Correlates and perceived outcomes of four types of employee development activity[J]. Journal of applied psychology，1997，82（6）：845-857.
[5] KOUSTELIOS A, THEODORAKIS N, GOULIMARIS D. Role ambiguity, role conflict and job satisfaction among physical education teachers in Greece[J]. International journal of educational management，2004，18（2）：87-92.
[6] SALIMZADEH R, HALL N C, SAROYAN A. Stress, emotion regulation, and well-being among Canadian faculty members in research-intensive universities[J]. Social sciences，2020，9（12）：227-237.
[7] 束从敏. 幼儿教师职业幸福感研究[D]. 南京：南京师范大学，2003.
[8] 姜艳. 小学教师职业幸福感研究[D]. 苏州：苏州大学，2006.
[9] 黄正夫，吴学军. 论教师职业幸福感的缺失与重建[J]. 河西学院学报，2007，62（3）：79-82.
[10] 田佳. 新课改背景下初中教师职业幸福感研究：以重庆北碚区为例[D]. 重庆：西南大学，2009.
[11] 刘荣秀. 走在幸福的边缘[D]. 长沙：湖南师范大学，2006.

在教师职业幸福感影响因素的研究方面，近些年来，学术界主要利用调查问卷对教师职业幸福感的影响因素进行调查分析。比较有代表性的研究报告提到如下几个方面：黄正夫发现工作环境紧张、社会地位低、职业认同感下降影响教师职业幸福感；李郭宝发现农村教师职业认同、收入福利是其职业幸福感的重要影响因素；刘荣秀发现乡镇教师的职业态度、工作成就感、工作量、薪酬等因素是影响其职业幸福感的重要因素[1]；徐姗姗发现中学教师职业幸福感影响因素由职业满意感、职业能力、社会支持、组织条件和工作压力五个因素构成，最后提出增强教师职业认同，改善教师社会支持状况、改善学校组织条件，缓解教师工作压力等措施可以有效提升教师职业幸福感[2]。

4. 体育教师职业幸福感

国内对教师职业幸福感的研究较为深入，但针对体育教师职业幸福感的研究出现较晚且数量较少。目前，对体育教师职业幸福感的相关研究主要集中于体育教师职业幸福感在人口统计学变量上的特征分析。

李进江发现在农村女性初中体育教师幸福感比男性教师要低[3]。也有人调查发现，体育教师职业幸福感不存在性别差异，职业幸福感在教龄上呈现先降后升的状态，且职称越高职业幸福感越强[4]；体育教师的职业幸福感在学历、教龄、任职学校所处的区域等变量上具有明显差异[5]；农村体育教师职业幸福感大部分处于一般或偏低水平，在不同教龄、不同年龄、不同职称等变量上，农村体育教师的幸福感存在显著差异[6]。

孙卫红对中小学体育教师职业幸福感进行了较为系统的研究，并且在2016年前后发表了一系列研究成果[7][8][9]，其研究发现小学男体育教师职业幸福

---

[1] 刘荣秀. 走在幸福的边缘[D]. 长沙：湖南师范大学，2006.
[2] 徐姗姗. 中学教师职业幸福感及其影响因素研究[D]. 桂林：广西师范大学，2013.
[3] 李进江，冯自典. 农村初中体育教师工作满意度与幸福感调查与分析：以河南省南阳市为例[J]. 南阳师范学院学报，2012，11（12）：76-79.
[4] 王伟. 农村体育教师职业幸福感调查研究[D]. 南昌：江西科技师范大学，2013.
[5] 温星. 山西省中学体育教师职业幸福感的调查研究[D]. 太原：山西师范大学，2015.
[6] 徐康. 农村体育教师职业幸福感调查研究[D]. 曲阜：曲阜师范大学，2020.
[7] 孙卫红，蒋新国，陈荔. 中小学体育教师职业幸福感的现状调查与分析：以广东省为例[J]. 广州体育学院学报，2016，36（3）：17-22.
[8] 孙卫红，武慧多. 中小学体育教师工作满意度与职业幸福感、离职意愿的相关研究：以中小学体育教师为例[J]. 岭南师范学院学报，2016，37（3）：103-108.
[9] 孙卫红，王华倬，陈荔. 中小学体育教师职业幸福感的影响因素及提升策略：基于体育教师职业生存状态的分析[J]. 体育学刊，2016，23（4）：106-109.

感高于女体育教师，初中体育教师比小学和高中体育教师职业幸福感更高，1至5年教龄的年轻中小学体育教师职业幸福感最低。胡宣发现职业兴趣、家庭和人际关系、专业成长是农村体育教师职业幸福感的主要来源。校领导对体育的不重视、教学工作环境差、工作量大且繁琐、福利待遇低是农村体育教师职业幸福感缺失的主要因素[①]。

综上，我国教师职业幸福感在近十年获得了学界的关注，主要通过借鉴国外测评量表或自主编制量表，进行不同人口统计学变量分类下的体育教师职业幸福感的调查分析。我国体育教师职业幸福感的研究起步较晚，成果较少。系统的研究在最近几年开始出现，当前，体育教师职业幸福感的测评尚需借助普适性的教师职业幸福感测评工具。

（二）教师职业认同的相关研究

1. 认同

从字面上来理解，或者将认同放在日常生活场合中去理解，认同就是赞成、同意。这很容易使人产生误解，把认同与赞同画上等号。要深入理解职业认同的内涵，就必须梳理人们认识职业认同的历程及其特定的使用语境。

哲学上从自我及存在的价值、意义上去阐发认同，即从个体所处环境去认识客观世界对自我的有用性，同时积极地认识自己在所处环境中的地位以及自身对环境具有的意义[②]，通过在环境中克服困难来确证自身存在的价值。

心理学领域中，埃里克·艾里克森认为认同是个体确认自己在团队中所处地位的过程。另有学者认为认同是主体在与他人交往过程中，在情感上与他人发生的潜移默化的趋同过程，个体在这一过程中对他人或者群体产生归属感[③]。国内学者朱智贤认为这一过程就是个体对他人进行全面模仿学习的过程。国内专业词典也将认同解释为个体对他人进行模仿的过程[④]或个体对他人整个人格发生的"全面性、持久性的模仿学习"[⑤]。

[①] 胡宣，周珂. 三位农村体育教师职业幸福感的叙事研究[J]. 教育与教学研究，2018，32（9）：64-69，127.
[②] 查尔斯·泰勒. 自我的根源：现代认同的形成[M]. 南京：译林出版社，2001：37.
[③] 车文博. 弗洛伊德主义原理选辑[M]. 沈阳：辽宁人民出版社，1988：375.
[④] 顾明远. 教育学大词典[M]. 上海：上海教育出版社，1990：390.
[⑤] 朱智贤. 心理学大词典[M]. 北京：北京师范大学出版社，1989：990.

社会学上的认同泛指个人与他人意见、想法上的同一性,人们在与他人交往的过程中,为他人的感情和经验所同化,或者以自己的感情、经验同化他人,之后彼此产生了有意识或无意识的默契[1]。但个人认同必然受到自身所处文化环境、社会环境的制约。乔治·米德认为,认同是主体自身的选择和社会诸多关系之间的互动,个体只有融入社会团体并与该团体的其他成员进行交往,才会有个体真正的认同。一般说来,人们对自己的认知及外界环境对他们的价值认识会影响其认同,性别倾向、国籍或民族以及社会阶级是认同的主要来源[2]。因此就产生了社会认同、民族认同、国家认同、文化认同等。

从以上信息中可知,哲学上的认同,是从自我存在的价值上去阐发认同,是主体对自我存在状态的认识,这些状态包括了生命意义、自我价值[3]。社会学强调个体对自身在特定的社会层次序列中所处位置的确认,也就是对自我"身份"的确认,是被社会所认可的自我[4]。社会学视角多从社会角色、阶层、利益等方面对认同予以考察,就产生了社会认同、民族认同、国家认同、文化认同[5]。由此可知,特定职业人员的职业认同,属于社会认同。价值强调事物在所处环境中的有用性,哲学上强调"认同"的自我价值确证,那么必须是在一定社会关系中去认识或确证自身对环境的有用性。这与社会学强调在社会关系、文化背景中去解释"认同"具有一致性。而心理学则强调主体通过认识客观事物建构自己的人格,在与他人或群体交往过程中在情感、心理上发生趋同[6],通过理解自己在团队中的地位、情感体验来对团体产生归属感。三者都强调主体在认识主观世界、客观世界的过程中将自身置于社会关系中评价自己的社会角色、地位和利益,在产生了思想、情感上的共鸣后具有了主观上的趋同行为[2]。

2. 职业认同

Schein(1978)认为职业认同(career identity)是职业对个人身份的重要

---

[1] 夏征农. 辞海.[M]. 上海:上海辞书出版社,1989:43.
[2] BEIJAARD D, MEIJER P C, VERLOOP N. Reconsidering research on teachers' professional identity[J]. Teaching and teacher education, 2004 (20): 107-128.
[3] 查尔斯·泰勒. 自我的根源:现代认同的形成[M]. 南京:译林出版社,2001:37.
[4] 夏征农. 辞海.[M]. 上海:上海辞书出版社,1989:433.
[5] 周珂. 中学体育教师职业认同研究[D]. 开封:河南大学,2010.
[6] 朱智贤. 心理学大词典[M]. 北京:北京师范大学出版社,1989:990.

程度，即个体通过正在从事的职业来确证自我，在职业活动中，在对职业价值的认知上与其他从业团体区分开来，是主体角色自我认识的主观概念，具体体现为知识、技能、态度、价值和信念。人们通过职业认同把当前工作中的自己与其他职业人员区分开来，包括对职业实践的理解、对个人在工作中的才能发挥和职业本身对自己具有意义的感知[1]。

3. 教师职业认同

教师职业认同被作为单独领域进行研究，起于20世纪80年代。学界从社会学、心理学、人类学的角度对教师职业认同的概念进行了探讨，受文化背景、学术视角的影响，教师职业认同的内涵一直难以确定。有学者对纷繁复杂的定义进行了总结归纳，大致分为角色观、自我观、过程观三个方面[2]。角色观侧重于研究教师对自我承担教师职业这个既定角色的认同程度[3]，是参照所处社会对教师的期望来促进教师不断完善自我，有着很鲜明的社会约束性，是将教师职业放至整个社会架构中去进行角色定位；自我观倾向于研究教师对教师职业的整体看法[4]，是从教师主观上对教师职业的基本性质、价值和工作要求进行思考，属于教师自我观念和意向；过程观着力研究教师职业认同形成过程中的情感体验[5]，是在教师与工作情景的相互作用中进行自我体验，强调"认知、情感、行为趋向"等因素对职业认同的影响。

三个视角的教师职业认同是从社会期望评价的视角、自我意识和体验的视角出发进行各有侧重的概念界定。本书中借鉴 Schein 对职业认同的理解，认为教师职业认同是教师对教师职业的感知，具体包括感知自己所从事职业与其他职业的区别、个人才能在工作中的施展、职业本身对自己具有的意义。

21世纪初，我国台湾地区少数学者开始关注教师职业认同，随后大陆学术界逐渐对其深入研究。陈洁[6]（2020）在检索分析大量文献的基础上，对我

---

[1] SCHEIN E. Career dynamics: matching individual and organizational needs[M]. Reading,M. A.: Addison-Wesley Publishing Company, 1978: 12.
[2] 魏淑华. 教师职业认同研究[D]. 重庆：西南大学，2008.
[3] 孙志麟. 师资培育制度变革下职前教师的专业认同[J]. 台湾教育社会学研究，2001（2）：59-89.
[4] 吴慎慎. 教师专业认同与终身学习：生命史叙说研究[D]. 台北：台湾师范大学，2002.
[5] 李彦花. 中学教师专业认同研究[D]. 重庆：西南大学，2009.
[6] 陈洁. 我国体育教师职业认同研究的回顾与思考[J]. 教学与管理，2020（21）：60-63.

国教师职业认同的研究进行回顾：2005—2006年为萌芽阶段，这一阶段主要是对教师职业认同国内外研究现状进行梳理；2007—2008年为起步阶段，这一阶段主要从不同人口统计学指标去描述分析我国教师职业认同的现状；2009—2014年为快速发展阶段，本阶段聚焦教师职业认同的实证研究，开始出现了基于我国教师调查形成的测评量表；2015年至今为成熟阶段，影响教师职业认同的内外部因素进入了学界的研究视野，研究对象由教师群体职业认同转向各学科教师职业认同，立足理论梳理，陆续建构出教师职业认同的各种测评模型。

4. 体育教师职业认同

2009年，我国体育教师职业认同的相关研究报告开始出现。根据陈洁（2020）的总结，我国体育教师职业认同的研究先后经历了概念探讨、量表建构、现状调查、前因变量和后果变量的研究阶段[①]。

（1）体育教师职业认同的概念

从前述职业认同概念界定还没有统一的情况来看，对体育教师职业认同进行概念界定无疑是困难的。当前我国学术界主要在哲学视角和心理学视角下对体育教师职业认同的内涵进行思考，这些概念属于描述性的概念。如体育教师自身对所从事职业的意义和价值进行积极认知并从中获得乐趣[②]。体育教师对自己工作进行合理健全的认知并持有积极态度，同时有积极体验[③]。体育教师对自己所从事工作性质、特征、价值和规范的认知、评价决定其教学态度与教学行为[④]。

从现有文献可以看出，无论是从哲学视角还是心理学视角，体育教师职业认同都是体育教师主体对所从事职业的一种认知并伴随着情感体验和行为倾向，认知对象主要包括体育教师职业的性质、特征、价值和规范等，这一点是业内学者达成的共识。由此，贵州民族地区中学体育教师职业认同则是贵州民族地区中学体育教师对其所从事职业性质、特征、价值和规范的认知

---

① 魏淑华. 教师职业认同研究[D]. 重庆：西南大学，2008.
② 谢谦梅，顾韶雄. 自我的迷失与重建：论体育教师职业认同的唤起[J]. 南京体育学院学报（社会科学版），2011，25（4）：102-105.
③ 蒋远松，卢鹏. 高校体育教师职业认同与工作满意度初探[J]. 教育与职业，2014（3）：78-79.
④ 周珂. 中学体育教师职业认同研究[D]. 开封：河南大学，2010.

评价、情感体验与行为倾向。

（2）体育教师职业认同的量表建构

虞力宏认为体育教师职业认同包括职业情感、职业动力、职业自我规范三个方面，同时还求证了高校体育教师职业认同是其工作投入的前因变量[①]。汤国杰建构的高校体育教师职业认同模型包括情感认同、持续认同和规范认同[②]。周珂对中学体育教师职业认同的维度结构、测评体系进行了系统的研究，同时发现中学体育教师职业认同模型包括价值认同、情感认同、能力认同、投入认同、持续认同五个维度[③]。

（3）体育教师职业认同的现状调查

虞力宏发现浙江省高校体育教师职业认同处于中等水平，其下属的职业动力感水平最高，而职业情感水平最低。可见浙江省高校体育教师在从事职业的过程中，主观体验水平较低。周珂发现：中学体育教师在职业生涯的适应期，其情感认同高，能力认同、持续认同低；不同性别中学体育教师的职业认同无差异；不同收入的中学体育教师的职业认同不存在差异；高中、初中体育教师职业认同水平差异不显著；不同学历、不同家庭所在地的中学体育教师职业认同之间存在着显著差异。陈祖学对贵州民族地区中学体育教师职业认同的现状进行了调查，发现当地中学体育教师职业认同总体上处于中等水平，呈现出较好态势，但相比全国其他地区中学体育教师，存有较大差距，职业认同整体水平在性别、工作地、年龄、学历、职称等变量上存有显著差异[④]。

（三）教师职业认同与职业幸福感的关系研究

1. 教师职业认同与职业幸福感的关系

在 Wanner Wilson（1967）对幸福感的研究进行了系统回顾之后的 30 年，人们对幸福的研究不断拓展与深入，逐渐摆脱了对幸福的体验式理解和人口

---

① 虞力宏，汤国杰，高可清. 高校体育教师职业认同与工作投入的关系研究[J]. 中国体育科技，2011，47（6）：136-141.
② 汤国杰. 普通高校体育教师职业认同理论模型建构与实证研究[J]. 北京体育大学学报，2009，32（3）：98-101.
③ 周珂. 中学体育教师职业认同研究[D]. 开封：河南大学，2010.
④ 陈祖学，曲静. 贵州民族地区中学体育教师职业认同总体特征的实证与分析[J]. 曲阜师范大学学报（自然科学版），2020，46（2）：96-102.

统计变量描述，而是大胆探索实现幸福的途径及影响因素[1]。有关教师职业幸福感的研究也经历了此过程。

教师职业幸福感的影响因素呈现出多维性，学术界从不同视域来寻找职业幸福感的前因变量：性别、年龄、教龄、任教学科、家庭所在地等人口统计学变量对教师职业幸福感有影响[2][3][4]。领导、教师关系，同事之间关系、工作满意度、职业承诺和对教学工作的态度也会影响教师的职业幸福感[5]。学生学习进步、专业发展、人际关系、工作待遇、职业热爱、领导及家长支持等因素对教师职业幸福感有影响[6][7]。

John Retallick（2004）认为教师的职业认同是其在教育教学工作中获得满足感的主要因素之一[8]。国内的众多一线教师也认为职业认同是影响教师幸福感的内在因素[9]。

国内有关该方面的实证研究报告在 2009 年前后开始出现，研究结果均证实了教师职业认同与职业幸福感存在显著的正相关，教师职业认同程度对其职业幸福感具有显著的预测作用。2009 年，汤国杰调查求证了高校教师职业认同可以通过工作满意度影响职业幸福感，这是通过网络数据库查询到的国内学者求证职业认同预测职业幸福感的首篇文献[10]。张清（2009）发现教师只有在工作中个人情感、需求得到满足，实现自我人生价值，才会体验到教师职业幸福感，同时外在社会的支持、期待和尊重会让教师职业认同感提高，

---

[1] 吴明霞. 30 年来西方关于主观幸福感的理论发展[J]. 心理学动态，2000（4）：23-28.
[2] KINNUNEN U，PARKATTI T，RASKU A. Occupational well-being among aging teachers in Finland[J]. Scandinavian journal of educational research，1994，34（34）：315-332.
[3] 赵斌，李燕，张大均. 川渝地区特殊教育学校教师职业幸福感状况及影响因素的研究[J]. 中国特殊教育，2012（1）：42-46，68.
[4] 张玉柱，金盛华. 高校教师职业幸福感调查与影响因素分析[J]. 教育科学，2013，29（5）：51-57.
[5] 王钢. 幼儿教师职业幸福感的特点及其与职业承诺的关系[J]. 心理发展与教育，2013，29（6）：616-624.
[6] 姜艳. 小学教师职业幸福感研究[D]. 苏州：苏州大学，2006.
[7] 张兆芹，庞春敏. 教师职业幸福感及其提升策略[J]. 教学与管理，2012（4）：25-28.
[8] RETALLICK J，MITHANI S. The impact of a professional development program：a study from Pakistan [J]. Professional development in education，2003，29（3）：405-422.
[9] 孙钰华. 教师职业认同对教师幸福感的影响[J]. 宁波大学学报（教育科学版），2008（5）：70-73.
[10] 汤国杰. 普通高校体育教师职业认同理论模型构建与实证研究. [J]北京体育大学学报，2009，32（3）：98-101.

教师职业幸福感也就随之提高[1]。此后，有人发现中小学教师职业认同能显著预测职业幸福感[2][3][4]，特殊教育教师和顶岗教育实习师范生职业认同与职业幸福感高度正相关[5]。此外，还有人发现教师职业认同不但直接正向预测职业幸福感，还通过积极应对方式对教师职业幸福感产生间接效应，中介效应占总效应的比例为33.3%[6]，民族地区特殊教育教师职业认同对其职业幸福感具有正向预测作用。

2. 体育教师职业认同与职业幸福感的关系

孙卫红从2016年开始探索体育教师职业幸福感的影响因素，发现精神收获和对工作强度的满意度对职业幸福感有显著的预测作用。教师发现自身在工作中的发展机会不好、精神收获不多等对其离职意向有推波助澜的作用，帮助中小学体育教师实现自身价值以及合理地安排工作量对提升其职业幸福感有重要意义，而提高体育教师职业认同和群体凝聚力是提高中小学体育教师职业幸福感的首要途径[7]。在孙卫红开始探索体育教师职业幸福感的前因变量之后，有人发现农村中学体育教师的社会支持既可以直接影响其职业幸福感，也可以通过职业认同来间接影响其主观幸福感，职业认同在社会支持对职业幸福感的影响中的中介效应显著，且为部分中介作用[8]。

从对各大数据库的检索结果来看，有关体育教师职业认同与职业幸福感关系的研究较少，在实证研究方面更是乏善可陈。从现有文献来看，教师群体职业认同是其职业幸福感的前因变量已经得到学术界的证实。职业认同是体育教师职业幸福感的前因变量已获得了关注，但这停留在主观判断层面，

---

[1] 张清. 论当代中学教师职业幸福感的提升[D]. 长沙：湖南师范大学，2008.
[2] 郭云贵. 中小学教师组织认同、职业认同与主观幸福感的关系研究[J]. 北京教育学院学报（自然科学版），2016，11（3）：1-5.
[3] 王鑫. 特殊教育教师职业认同、职业幸福感与工作投入的关系研究[D]. 重庆：西南大学，2017.
[4] 李东斌，邵竹君. 顶岗实习师范生教师职业认同与职业幸福感的关系[J]. 赣南师范大学学报，2017，38（5）：121-127.
[5] 邵竹君. 贫困地区中小学教师应对方式与职业幸福感的关系：教师职业认同的中介作用[D]. 赣州：赣南师范大学，2017.
[6] 拓小娟. 民族地区特教教师专业胜任力、工作绩效及职业幸福感的关系研究[D]. 重庆：西南大学，2019.
[7] 孙卫红，王华倬，陈荔. 中小学体育教师职业幸福感的影响因素及提升策略：基于体育教师职业生存状态的分析[J]. 体育学刊，2016，23（4）：106-109.
[8] 王富乙. 农村中学体育教师社会支持与主观幸福感的关系研究[D]. 开封：河南大学，2020.

实证研究文献还有待出现。

（四）胜任力的中介与调节作用的相关研究

1. 胜任力

单从字面上来理解，胜任力是能够担任并完成某项岗位工作的能力。从字面上去解释胜任力很容易使人产生误解，直接把胜任力与能力画上等号。其实，胜任力所代表的是个体所具备的能够达到其工作岗位要求的特质。要深入了解胜任力的内涵，就必须认真梳理胜任力发展的历史及其特定的使用语境。

20世纪初，胜任力于国外管理学领域提出。最为人们熟悉的是麦克莱兰（David C. McClelland）及其团队发表的研究成果。这些研究主要集中在导致成功事件的关键技术，以及个体或者团队的竞争力预测。麦克莱兰明确提出了"胜任力运动"（Competence Movement，1973），开启了学界对胜任力的研究，之后便涌现出了诸多奠基性的研究成果[1]。在这些研究中，对"胜任力"的称呼各有不同，但在有关胜任力的诸多文献中，Competence 和 Competency 出现的频次最高，甚至在有的文献中，二者可以互换。国内外学术界当前也没有一个统一、获得普遍认可的定义。斯潘塞（Lyle M. Spencer，1993）在其《岗位胜任力：高绩效管理模型》中提到胜任力的两个模型，即"冰山模型"和"洋葱模型"[2]。"冰山模型"即水面以下的冰山（Competence）是决定水面上肉眼看得见的那部分冰山（Competency）的基础；"洋葱模型"即胜任力居于核心层，其决定了外显的胜任特征。也就是前者是外显的绩效和行为，而后者强调隐形的、潜在的认知、情感、态度、价值观等。由此，我们可以看出 Competency 是外显的形式，而 Competence 是决定形式的具体内容，二者是表里关系[3]。

在我国，相关学者对胜任力的内涵发表了不同的见解。但多数学者对胜任力的认识与斯潘塞趋于同一。如：王重鸣（2001）认为胜任力是与高管理

---

[1] MCCLELLAND D C. Testing for competence rather than for intelligence[J]. American psychologist, 1973 (28): 1-14.
[2] SPENCER L M, SPENCER S M. Competence at work: models for superior performance[M]. New York: John Wiley & Sons, Inc, 1993: 59.
[3] 陈祖学. 贵州民族地区中小学体育教师胜任力模型建构[J]. 曲阜师范大学学报（自然科学版），2018，44（3）：92-96.

绩效相关的知识、技能、能力以及价值观、个性、动机等特征[①]；李黎（2008）认为胜任力是能将团体组织中表现优异者与一般表现者区分开来的个体动机、自我形象、态度、价值观，具体工作岗位需要的知识、认知或行为技能，这些都要求可以被具体测量或计数[②]。由此，可以看到胜任力的属性有三个方面，具体为岗位性、甄别性、可测量性。

纵观国内外学者有关胜任力概念的表述，胜任力是个体具备的能够导致其在工作岗位上取得工作绩效并能够区分组织或团体中优秀主体和一般主体的智力因素与非智力因素的综合体，包括个体的智力、能力、动机、情感、态度、价值观、自我认识或社会角色等。人们可能在一系列广泛的甚至无限的岗位行为中表现出这些能力。

时至今日，原本兴起于管理学领域的胜任力已在包括心理学、教育学、社会学领域的人力资源评估、职务分析、职员甄选、员工专业发展、业务绩效管理和薪酬分配等方面得到了研究应用。

2. 教师胜任力

教师胜任力的概念和内容结构是教师胜任力研究的重点。国内外学者运用调查测量法、访谈法对教师胜任力的概念、内容结构进行了研究。在教师胜任力概念的研究上，虽然争论较多，但都包含教师外显的知识技能、认知和内隐的动机、价值观等内外因素。如教师具备的能实施成功教学的知识、技能和价值观；教师的知识、不同环境所需的教学技能和态度的综合[③]。在教师胜任力的内容研究上，有研究报告认为教师胜任力包括从事一定岗位工作所具备的专业知识、专业技能、职业态度、职业价值观、道德和纪律；胜任特征包括教师团结协作能力、组织沟通能力、监控调整能力、自我反思能力等[④⑤]。

[①] 王重鸣，陈民科. 管理胜任力特征分析：结构方程模型检验[J]. 心理科学，2002（5）：513-516, 637.
[②] 李黎. 转型期事业单位正职胜任力模型构建研究[D]. 武汉：华中科技大学，2008.
[③] OLSON C D, WYETT J L. Teachers need affective competencies[J]. Project innovation summer, 2000（7）: 30-33.
[④] SKINKFIED A T, STUFFLEBEAM D. Teacher evaluation: guide to effective practice[M]. Boston: Kluwer Academic Publishers, 1995.
[⑤] BISSCHOFF T, GROBLER B. The management of teacher competence[J]. Journal of in-service education, 1998（24）: 23-28.

国内学者从测评目的、测评主体、内容组成等方面对教师胜任力进行了解释：目的是筛选合格、甄别优劣；测评主体是学科专家和教育心理学家；内容是专业知识、专业技能或能力和专业价值观或态度与教师应该具有的素质[1][2]。而徐建平（2004）认为教师胜任力是教师在学校教育教学工作中，教师个体的潜在特征，主要包括能力、自我认知、动机和相关的人格特征，同时强调了能够甄别优秀教师和一般教师的特征。这样的定义，立足国外学者的基本观点，体现胜任力的三种属性。建立胜任力模型是教师胜任力研究的主要方向。在教师胜任力模型具体内容的研究上，主要是对取得高绩效教师和专家教师的胜任力特征进行了深入的研究[3]。

Singh 和 JarOlimek C. Foster 认为能够在教师岗位上取得相关成效的主体应该具备牢固的专业知识、良好的沟通交往能力和组织能力、稳定的情绪、岗位责任心，勤劳、奉献进取和乐于助人，明确自己全面培养学生的职责，在为学生提供大量知识信息的同时主动热情地关心学生，与学生进行顺畅的沟通，及时向学生反馈学习结果。具有专家水平的教师，在日常教学中，较一般教师更能有效地采用灵活多变的教学方法和手段进行富有创造性的教学，而且更为高效[4]。斯滕伯格等人认为专家教师的教学策略和技巧已经程序化、自动化，在教学中出现异常状况时能够从容而自信地面对，且能够创造性地将问题解决。与一般绩效教师或者新手教师相比较，专家教师能够更为高效地运用知识解决问题，在较少的时间里完成更多的工作，具体表现在教授的效率上[5]。

我国学者徐建平（2004）首次对我国教师胜任力进行了系统的研究，其博士论文《教师胜任力模型与测评研究》利用行为事件访谈技术获取胜任特征，运用问卷调查获取数据资料，借助多种统计软件处理分析数据，最后形成了信效度高、应用性强、参考意义大的我国教师胜任力测评模型[3]。随后，国内有关教师胜任力的研究报告逐渐增多，对教师胜任力测评模型的建构是

---

[1] 曾晓东. 对中小学教师绩效评价过程的梳理[J]. 教师教育研究，2004，16（1）：47-51.
[2] 邢强，孟卫青. 未来教师胜任力测评：原理和技术[J]. 开放教育研究，2003（4）：39-42.
[3] 徐建平. 教师胜任力模型与测评研究[D]. 北京：北京师范大学，2004.
[4] MCLNTYRE D J, O'HAIRE M J. 教师角色[M]. 丁怡，马玲，等译. 北京：中国轻工业出版社，2002：290-292.
[5] STERNBERG R J, WILLIAMS W M. 教育心理学[M]. 张厚粲译. 北京：中国轻工业出版社，2003：2-28.

研究重点，在已有指标体系的基础上，用问卷的形式对教师胜任力进行测评、分析，把握特定地域教师胜任力的概况。基于胜任力的理论，部分国内学者采用问卷调查、访谈等方法广集信息，然后采用探索性因子分析和验证性因子分析确保指标体系的信效度。这些研究涵盖了高校、中小学教师胜任力模型的建构，高校教师人力资源管理体系建构[①][②][③]。值得注意的是，民族地区中小学教师胜任力在近几年进入了学界的研究视野，这是一种符合当前师资队伍建设大背景的趋势[④][⑤][⑥]。老少边穷岛地区体育教师职业发展是我国教育高质量发展的"短板"，关注当地中小学体育教师职业发展是促进其教育进步的途径之一。

3. 体育教师胜任力

中小学教师胜任力的研究始于 20 世纪 60 年代中后期，20 世纪 90 年代引起国内学者和管理者的关注和实践，并先后被用于中小学教师人力资源管理领域。

在新课程改革和教师专业化之前，有关体育教师胜任力的研究非常少，在 21 世纪的体育课程改革之后，学界开始对体育教师的胜任力进行研究，主要集中在体育教师的业务素质的内容结构、培训发展以及与素质教育、体育新课程改革的关系等几个方面。随着胜任力在其他学科领域的成功应用，体育教师师资领域出现了体育教师胜任力的研究报告。相关研究报告为中小学体育教师胜任力的调查研究提供了理论上、方法上的参考，且调查量表为测评中小学体育教师胜任力提供了工具上的借鉴。

胜任力模型建构是体育教师胜任力研究的主题，也是开展体育教师胜任力调查研究前进行的核心工作。学术界在胜任力理论模型指导下展开实证调查，之后建构具有普适性意义的高校（职院）体育教师胜任力模型、中学体

---

① 常欣，杨金花，等. 中小学教师教学胜任特征模型的检验[J]. 心理科学，2009，32（1）：178-180.
② 薛琴，胡美娟. 基于胜任力模型的高校教师人力资源管理体系的构建[J]. 继续教育研究，2010（7）：137-139.
③ 向琦祺. 高校教师胜任特征模型与测评研究[D]. 重庆：重庆师范大学，2018.
④ 国建文，苏德. 民族地区教师文化互动胜任力学习的困境及其超越：具身认知的视角[J]. 教师教育研究，2020，32（3）：47-52.
⑤ 蒋馨岚. 西部地区本科高校青年教师胜任力的调查与思考[J]. 重庆高教研究，2019，7（1）：47-58.
⑥ 刘海燕，谭刚. 边疆少数民族地区农村中小学教师胜任力研究：基于新疆伊宁县的调查分析[J]. 当代教育论坛，2018（3）：107-112.

育教师胜任力模型、小学体育教师胜任力模型，这些包括具体省份、具体城市各级各类体育教师胜任力模型，也有具体项目方向体育教师胜任力模型。

周小敏（2009）建构了普通高校体育教师胜任特征及指标评价体系，包括自我认知、个人特征以及成就特征 3 个维度 13 个项目，同时，利用层次分析法，赋予各个指标权重[①]。潘高峰利用徐建平开发的一般教师的胜任力量表测试了中学体育教师胜任力并做了分析评价[②]。周大伟利用开放式问卷调查的方式构建了中学体育教师的胜任特征模型[③]。张长城确定了 20 项高绩效中学体育教师胜任特征、15 项中学体育教师共有的胜任特征。他建构的胜任力测评量表一共有 35 个题项，所有题项归于 5 个维度，分别为科研创新能力、信息收集与整理能力、教学组织与管理能力、专业知识、个性特征。他利用层次分析法赋予 5 个维度权重，之后进行了实证研究。"学校所在地、职称、学历、性别不同的中学体育教师胜任力水平存在差异，而初高中老师之间胜任力并不存在差异。"[④]

李欣对中小学体育教师胜任力特征的模型进行了建构，胜任特征模型一共 51 个指标，归属于教学智能、职业素养、专业发展、个人效能、社会适应和学生观念 6 个维度，模型强调实践验证性和可操作性的个体特征，突出了中小学体育教师专业性的特点[⑤]。

邱芬建构了普通高等院校体育教师胜任力结构模型，模型由知识、能力和情感 3 个方面组成，具体建构的测评量表共包含 60 个题项，归属于 8 个维度，最后进行了全面调查，并进行了数据分析[⑥]。有人对小学体育教师胜任力模型进行了研究，得出了 14 个基准性指标和 8 个鉴别性指标[⑦]。

普适性的体育教师胜任力模型面世后，各地区、具体项目方向的体育教师胜任力研究也相继出现。田广构建了贵州高校体育教师的胜任力模型[⑧]。在

[①] 周小敏. 普通高校体育教师胜任特征及指标评价研究[J]. 山东体育学院学报, 2009, 25(3): 94-96.
[②] 潘高峰. 中学体育教师胜任力的调查研究[D]. 武汉：华中师范大学, 2008.
[③] 周大伟. 基于胜任特征的中学体育教师评价体系研究[D]. 开封：河南大学, 2009.
[④] 张长城. 中学体育教师胜任力模型构建与实证研究[D]. 福州：福建师范大学, 2011.
[⑤] 李欣. 中小学体育教师胜任特征模型的构建与检验[D]. 武汉：华中师范大学, 2012.
[⑥] 邱芬. 高校体育教师胜任力研究[M]. 武汉：武汉大学出版社, 2014: 143-147.
[⑦] 刘晓旭. 小学体育教师胜任力模型建构[D]. 北京：北京体育大学, 2016: 37-38.
[⑧] 田广, 高徐, 张龙, 等. 贵州省高校体育教师胜任力评价指标体系的构建[J]. 体育研究与教育, 2014(4): 36-38, 72.

具体项目方向上，出现了担任田径、足球等项目教学的体育教师胜任力研究，这些研究在胜任力理论的指导下，搭建理论模型，通过多轮次的调查形成测评问卷，最后进行实证分析[①][②]。

另外，近十年来，陆续出现了体育教师胜任力与其他心理变量关系的研究报告。将体育教师胜任力与其他心理变量联系起来，探寻体育教师胜任力对其他心理变量的预测作用是一个新的研究趋势。陈敏调查了福建省普通高校体育教师胜任特征和工作绩效的现状，发现福建高校体育教师的胜任特征对工作绩效具有显著的预测作用[③]。

业务水平在胜任力与教学效能感之间的作用，也受到了学界的关注。有人发现熟手型、专家型中学体育教师的胜任力与其教学效能感呈现出显著正相关关系[④]。也有人对广州市小学体育教师胜任力与工作满意度的关系进行了调查，发现小学体育教师胜任力能够很好地预测小学体育教师工作满意度[⑤]。

4. 胜任力的中介与调节作用

胜任力的中介与调节作用也是近十年才被学术界所重视，且文献产出很少，主要集中在管理学领域和教师领域。管理学领域方面，主要集中在员工胜任力与工作绩效的关系。李永耀发现创业团队胜任力在创业团队学习和创业绩效之间起部分中介与调节作用[⑥]。贾建锋发现创业导向型企业的高管胜任特征在创新性与企业绩效的关系中起到完全中介作用[⑦]。赫连志巍发现高管团队胜任特征在集群升级导向与企业绩效关系中起着重要的中介作用[⑧]。Seo Young Sook发现护理工作者胜任特征在转型领导与组织承诺之间具有中

---

① 张长城. 基于结构方程的"校园足球"教师胜任力模型构建研究[J]. 嘉应学院学报，2017（5）：89-95.
② 虞泽民. 小学武术教师教学胜任力模型构建与研究[D]. 北京：北京体育大学，2019.
③ 陈敏. 福建省普通高校体育教师胜任特征与工作绩效关系研究：基于心理契约调节作用分析[D]. 福州：福建师范大学，2014.
④ 张志恒. 天津市中学体育教师胜任力与教学效能感的关系研究[D]. 天津：天津体育学院，2017.
⑤ 张懿. 广州市小学体育教师胜任力与工作满意度关系研究[D]. 广州：广州体育学院，2019.
⑥ 李永耀. 创业团队学习与创业绩效的关系[D]. 开封：河南大学，2010.
⑦ 贾建锋，赵希男，于秀凤，等. 创业导向有助于提升企业绩效吗：基于创业导向型企业高管胜任特征的中介效应[J]. 南开管理评论，2013，16（2）：47-56.
⑧ 赫连志巍，李雪. 集群升级导向的企业高管团队胜任特征模型构建[J]. 燕山大学学报（哲学社会科学版），2013，14（3）：126-130.

介作用[1]。

教师领域的相关研究：杨明采用 JD-R 模型研究发现教师职业胜任力在工作资源与工作投入之间起中介与调节作用[2]。罗小兰通过对中学教师心理健康、胜任力、工作投入之间关系的调查，发现胜任力在中学教师心理健康与工作投入之间的中介效应显著[3]。王静以中学教师为研究对象，结果发现教师胜任力在组织支持感和工作家庭冲突之间起着显著的中介作用[4]。

（五）文献评析

综上可知，教师职业认同对职业幸福感具有显著的正向预测作用。随着人们对职业幸福感、职业认同研究的不断拓展与深入，对二者关系的研究也逐渐由体验式理解和人口统计学变量描述向科学的深入调查、统计分析转变。职业认同是教师职业幸福感的影响因素之一。胜任力在管理学领域和教师领域部分心理变量之间所具备的中介作用受到了学界关注。这些研究也促使我们大胆提出假设，胜任力很可能在贵州民族地区中学体育教师职业认同与职业幸福感之间具有中介和调节作用。

四、研究趋势

2020《学校体育工作意见》是带有普遍性和规定性的国家层面要求，有关提高体育教师职业幸福感的意见将会在各地方得到高度重视。体育教师职业幸福感的前因变量，是一个亟须探索的学术问题。在教师队伍建设和学校体育受到国家高度重视的背景下，作为多民族省份的贵州，其民族地区中学体育教师职业幸福感的影响因素更需得到求证。这也是贵州体育学术界今后致力的新方向之一。

---

[1] SEO Y S, SON Y L. Mediation effect of nursing competency between transformational leadership and organizational commitment of nurses in hospital[J]. Journal of Korean clinical health science, 2015, 3（3）: 419-426.
[2] 杨明, 温忠麟, 陈宇帅. 职业胜任力在工作要求-资源模型中的调节和中介作用[J]. 心理科学, 2017, 40（4）: 822-829.
[3] 罗小兰. 中学教师心理健康、胜任力与工作投入关系的实证研究[J]. 教育理论与实践, 2015, 35（25）: 43-46.
[4] 王静, 刘智. 组织支持感对工作家庭冲突的影响：教师胜任力的中介作用[J]. 教育学术月刊, 2018（11）: 65-70.

五、研究价值

（一）应用价值

首先，本研究结果有利于当地政府部门落实2020《学校体育工作意见》，促进其积极采取措施提升当地中学体育教师职业认同和胜任力水平；其次，可以促进当地教育行政部门强化中学体育教师的在职培训，提升其胜任力；最后，可以帮助当地中学体育教师认识到胜任力、职业认同对其职业幸福的意义，加强自己专业提升，同时扎根民族地区，为当地学校体育事业做贡献。

（二）学术价值

对贵州民族地区中学体育教师职业认同、职业幸福感、胜任力的关系研究是当前贵州教学研究尚待跃进的领域。在此领域进行大胆尝试，寻求突破，其结果将为研究贵州民族地区基础教育阶段体育师资配备提供参考，为从事民族地区体育教师岗位评价和幸福体验研究的学者提供参考。

六、主要研究内容

（一）主要概念

通过文献梳理，获得本研究的核心概念。在前面的文献综述中，作者已经对部分概念进行了阐释，同时标明了来源出处，为避免赘述，这里仅罗列概念。

（1）贵州民族地区：贵州省下辖的3个民族自治州、11个民族自治县和253个民族乡。

（2）教师职业幸福感：教师个体在职业工作中，其需要得到满足、职业理想获得实现、潜能得以发挥、同时伴随着自己专业发展所获得的持续快乐体验。

（3）教师职业认同：教师对教师职业的感知，具体包括感知自己所从事职业与其他职业的区别、个人在工作中才能的施展、职业本身对自己具有的意义。

（4）胜任力：个体具备的能够使其在工作岗位上取得工作绩效并能够区分组织或团体中优秀主体和一般主体的智力因素和非智力因素的综合体，包括个体的智力、能力、动机、情感、态度、价值观、自我认识或社会角色等。

（5）中介变量：两个变量之间，如果一个变量需要通过第三变量来影响另一个变量，那么这个第三变量则称为中介变量。

(6)调节变量：如果两个变量之间的关系受到第三变量的影响，那么这个第三变量则称为调节变量。

（二）研究假设

本研究提出研究假设，具体如下：

假设 1：不同人口统计学变量的贵州民族地区中学体育教师的职业幸福感（各维度）、职业认同（各维度）、胜任力（各维度）存在显著差异。

假设 2：贵州民族地区中学体育教师的职业认同（各维度）、胜任力（各维度）、职业幸福感（各维度）两两之间存有显著的正相关，职业认同能正向预测职业幸福感。

假设 3：贵州民族地区中学体育教师的胜任力在职业认同和职业幸福感之间存有中介作用。

假设 4：贵州民族地区中学体育教师胜任力在职业认同和职业幸福之间存有调节作用。

（三）研究过程

本研究的调查对象暂定为贵州 3 个民族自治州和 11 个民族自治县的部分县（市）中学体育教师，采取多段抽样的方式确定调查对象，经过量表修正、正式调查、验证假设、提出对策等程序。研究的具体过程如下：

1. 量表修正

本研究必须用到 3 套调查工具。职业认同量表采用周珂博士编制的《中学体育教师职业认同量表》[①]为初始量表，之后进行修正形成《贵州民族地区中学体育教师职业认同量表》（正式稿）。以笔者之前构建的《贵州民族地区中小学体育教师胜任力量表》的原始题集为基础，重新建构《贵州民族地区中学体育教师胜任力量表》（正式稿）。本研究以徐姗姗编制的《中学教师职业幸福感问卷》[②]的原始题项为基础，在调查的基础上进行重构，之后形成《贵州民族地区中学体育教师职业幸福感量表》（正式稿）。量表选取及其修正的具体过程，将在本书第二章进行详细的陈述。

---

① 周珂. 中学体育教师职业认同研究[D]. 开封：河南大学，2010.
② 徐姗姗. 中学教师职业幸福感及其影响因素研究[D]. 桂林：广西师范大学，2013.

2. 正式调查

将修正而成的三套正式测评量表形成正式问卷，采用多段抽样法下发问卷施测，之后回收、整理，剔除无效问卷，录入数据。

3. 验证假设

采用描述性统计分析和方差分析等统计方法，分析贵州民族地区中小学体育教师职业认同、胜任力、职业幸福感的现状及其在人口统计学变量上的差异。运用相关性分析，探寻职业认同、胜任力、职业幸福感两两之间的关系，以此验证前述的假设2。根据温忠麟等学者提出的"一个变量与自变量或因变量相关不大，它不可能成为中介变量，但有可能成为调节变量"[①]，当前述假设2成立，则继续做中介效应与调节效应分析，否则将终止中介效应分析只做调节效应分析。

4. 提出对策

通过走访专家，实地调查，立足统计的数据，结合查阅的文献资料，运用专业知识对统计结果进行讨论，以此为基础并提出建议和展望。

七、研究方法

（一）文献资料法

研究分析《新时代教师队伍改革的意见》《关于全面加强和改进新时代学校体育工作的意见》等国家文件，检索查阅体育教师职业认同、胜任力、职业幸福感的相关文献。

（二）数理统计法

借助SPSS21.0系列统计软件、AMOS26.0统计软件和Process插件对获得的数据进行统计和验证，为下列各种分析方法提供数据支撑。具体分析方法如下：

方法1：探索性因子分析，用来修正选取的初始量表。

方法2：验证性因子分析，用来验证经探索性因子分析之后的量表。

方法3：T检验、方差分析，考察贵州民族地区中学体育教师职业认同、

---

① 温忠麟,侯杰泰,张雷. 调节效应与中介效应的比较和应用[J]. 心理学报,2005(2):268-274.

胜任力、职业幸福感现状及其在人口统计学变量上的差异性。

方法 4：相关性分析，揭示职业认同、职业幸福感、胜任力两两间的关系。

方法 5：多元线性回归分析，揭示职业认同（各维度）与职业幸福感之间的依存关系。

方法 6：前述假设 2 成立，则借助 AMOS26.0 统计软件，应用 Bootstrap 抽样法和结构方程模型检验贵州民族地区中学体育教师胜任力在其职业认同与职业幸福感之间可能存在的中介效应。否则借助 Process 插件和 AMOS26.0 统计软件，应用 Bootstrap 抽样法和结构方程模型检验胜任力在职业认同与职业幸福感之间的调节效应。之所以借助两种统计工具联合检验胜任力的调节效应，是因为 Process 插件和 AMOS26.0 统计软件在检验变量调节效应的过程中，各有所长，同时也有各自的不足。

在 Process 插件检验中，如果调查量表有多个维度，但 Process 插件却只能统计一级指标上的数据，统计变量就只能是显变量，因此，借助 Process 插件统计本研究职业认同、胜任力、职业幸福感的数据只能在整体量表上呈现。而胜任力下属 5 个维度是以平行中介变量的形式进入统计过程，5 个维度的分数是各维度的所有题项分数之和。Process 统计是将职业认同、职业幸福感、教学与训练、职业坚守、探索与发现、沟通与交流、反思与学习以观察变量的形式进入统计过程。而 AMOS26.0 软件统计则是将职业认同、职业幸福感、教学与训练、职业坚守、探索与发现、沟通与交流、反思与学习以潜变量的形式进入统计过程。职业认同、职业幸福感作为潜变量，其测量指标是下属的几个维度。无疑，AMOS26.0 能深入贵州民族地区中学体育教师职业认同、胜任力、职业幸福感内部查验我们事先提出的假设，能更加细致地揭示胜任力在职业认同和职业幸福感之间所起的作用机制。因此，本研究在检验胜任力中介作用时，只借助 AMOS26.0 对胜任力可能存有的中介效应进行结构方程模型检验。

同时，在探寻当地中学体育教师胜任力在职业认同和职业幸福感之间可能起到的调节作用时，须考虑这样的情况：采用 AMOS26.0 进行验证时，由于职业认同各维度与胜任力各维度之间先要进行配对乘积，但两个量表的维度数目有可能不一致，就需要在胜任力维度或者职业认同的各维度之间做出取舍。取舍必然造成数据的舍弃。而 Process 插件检验，虽然不能深入职业认同、胜任力、职业幸福感三个变量各自下属维度的得分去验证胜任力在职业认同与职业幸福感之间所起的调节作用，但可以从整体得分去验证，且没有数据的舍弃。Process 插件检验是一个探寻中介变量或调节变量的过程，而 AMOS 检验则是验证实现的过程。因此，在借助 AMOS26.0 进行调节效应检验中，在有题项舍弃的情况下，借助 Process 插件检验调节效应，二者的检验结果可以互为参照。为了真正检验贵州民族地区中学体育教师胜任力在其职业认同和职业幸福感之间所起的作用，本研究应用 Process 插件和结构方程模型两种方法对胜任力在职业认同和职业幸福感之间可能存有的调节效应进行联合检验。两种方法的具体原理将在后续相关章节进行详尽叙述。

（三）问卷调查法

本研究需要调查当地中学体育教师实际情况以获取数据。将选定《中学体育教师职业认同量表》（周珂，2012）的题项[①]，以《贵州民族地区中小学体育教师胜任力量表》（陈祖学，2019）[②]和《中学教师职业幸福感问卷》（徐姗姗，2013）[③]的原始题项为初始量表，经完善之后形成初始调查问卷。

贵州省有 3 个民族自治州，11 个民族自治县，各地区、县市之间的空间跨度大，因此，必须采取抽样调查。为了使被抽取的样本具有代表性，本研究采用概率抽样。由于当地中学体育教师的总体情况本身尚待本研究的调查分析，无法确定调查对象的分层（类）标准，如果采取整群抽样方法，样本分布不均，代表性尚待提高，因此，本研究采取多段抽样法获取样本。

多段抽样法，也称为多级抽样，是把抽样分为两个或多个阶段来具体进行的方法。首先将拟推断的总体进行分类，从总体中随机抽取多个子类，然后在子类中抽取部分个体，最后将抽取的个体汇聚起来形成调查样本。由于在各阶段抽样时可根据具体情况灵活选用不同的抽样方法，因而能够综合各种抽样方法的优点，提高样本质量。当调查对象的覆盖范围大、单位多、情况复杂时，尤其适合采取多段抽样法[④]。

本研究首先确定在 3 个民族自治州所辖 36 个县（市）及其他 10 个少数民族自治县（三都水族自治县隶属黔南布依族苗族自治州管辖）共 46 个县

[①] 周珂，王崇喜，周艳丽. 体育教师职业认同的结构与量表编制研究：以中学体育教师为例[J]. 北京体育大学学报，2012, 35（3）: 93-98.

[②] 陈祖学，曲静. 贵州民族地区中小学体育教师胜任力量表的编制[J]. 安徽体育科技，2019, 40（2）: 64-67, 79.

[③] 徐姗姗. 中学教师职业幸福感及其影响因素研究[D]. 桂林：广西师范大学，2013.

[④] 张力为. 体育科学研究方法[M]. 北京：高等教育出版社，2022: 71-72.

（市）为问卷发放范围。之后，随机选取其中的县（市），对其初级中学和高级中学的部分体育教师发放问卷。

通过问卷调查获取数据进行量表的项目分析。之后形成问卷并发放、回收、整理，进行探索性因子分析。之后再次形成问卷，发放、回收、整理，进行验证性因子分析。最后形成调查量表，经完善之后形成本研究的终成性调查问卷，调查之后整理问卷数据，用于分析贵州民族地区中学体育教师职业认同、职业幸福感、胜任力在人口统计学变量上呈现出的特征，检验当地中学体育教师胜任力在其职业认同与职业幸福感之间的中介效应和调节作用。

（四）访谈法

访谈专家，获得专家对统计结果的见解；访谈当地中学体育教师，获得中学体育教师的岗位诉求，了解当地中学体育教师对职业的态度。

（五）结构方程模型输出参数的格式说明

AMOS 软件输出的参数，有非标准化格式和标准化格式。在潜在变量之间的关系分析中，非标准化格式参数方便查看各系数的显著性，而标准化格式参数可以直观查看各潜在变量之间路径系数，方便读者查看一个潜变量对另外的潜变量的直接效果值[1]。由于本书第五章、第六章，需要看到相关潜变量之间作用的直接效果，因此本书将结构方程模型输出的参数格式统一为标准化格式。

结构方程模型的非标准化参数能够提供误差项估计系数，而标准化参数则没有误差项估计系数。而误差项估计系数为正，是检验先验模型不违反结构方程模型估计的重要参考指标[2]。为了呈现误差项估计系数，本书将在结构方程模型参数输出的地方，将模型非标准化参数的误差项估计系数的范围作具体呈述。

虽然结构方程模型标准化参数估计值中，没有各参数的显著性，但可以借助 Bootstrap 抽样法将其显著性进行呈现，该方法是一种通过从原始数据集中进行有放回地抽取大量的自助样本，并基于这些自助样本进行重复抽样和估计总体参数的置信区间，从而进行统计推断的技术，其本质是对观测信息

---

[1] 吴明隆. 结构方程模型：AMOS 操作与应用[M]. 2 版. 重庆：重庆大学出版社，2010：334.
[2] 吴明隆. 结构方程模型：AMOS 操作与应用[M]. 2 版. 重庆：重庆大学出版社，2010：38.

进行再抽样,进而对总体的分布特征进行统计推断,当置信区间的上下限不包括 0 就说明具有显著性。本研究在 AMOS26.0 中,将在所给样本中随机抽取次数设置为"5000",将置信水平设置为"95%"。在 AMOS26.0 的"Amos Output"中,可以点击"Estimates"下属的"Standardized Regressino Weights"查询"Bootstrap Confidence",系统提供置信区间的同时还能提供具体的显著性。

八、研究思路及工作方案

研究思路及工作方案如图 1-1。

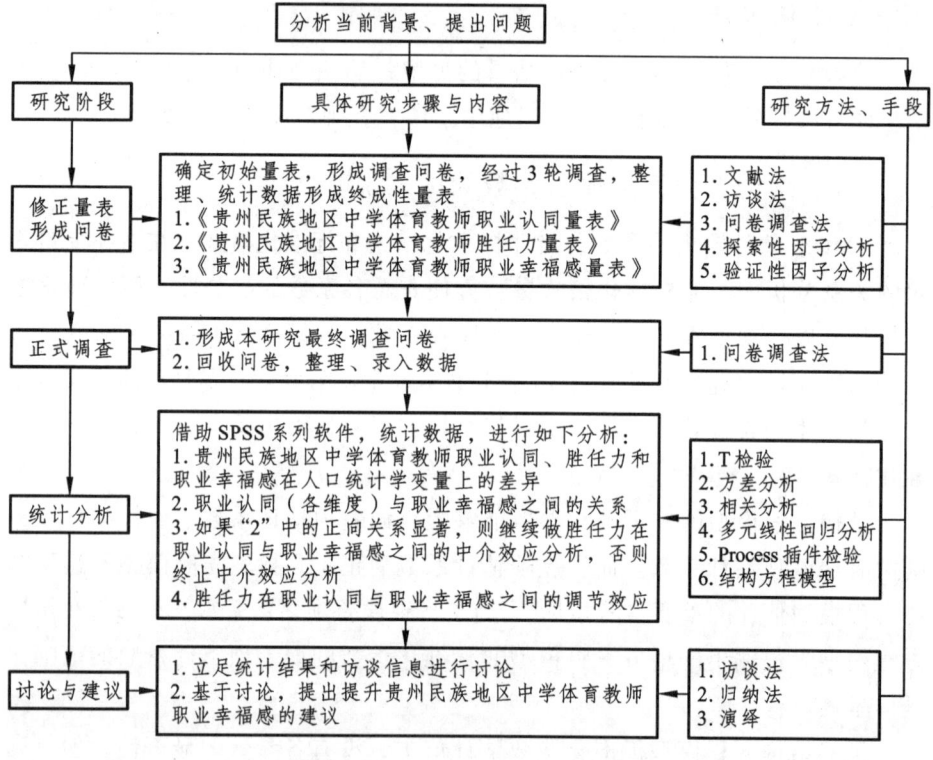

图 1-1 本研究的技术路线图

第二章 贵州民族地区中学体育教师职业认同、胜任力、职业幸福感的测评工具

第一节 初始测评工具的修正思路

一、初始量表的选取

为了获取贵州民族地区中学体育教师职业认同、胜任力、职业幸福感的数据，课题组必须借助调查问卷对其进行针对性的调查。当前，问卷大体上由卷首语、填答说明、题项这几个部分组成。调查问卷中，测评量表是调查问卷的核心部分，因此在有的研究报告中，出现了量表在名称上与问卷互换的现象。本研究利用问卷对贵州民族地区中学体育教师进行测试。用于调查的测评问卷，其核心是题项部分，这些题项组成了适合贵州民族地区中学体育教师群体的职业认同、胜任力、职业幸福感的测评量表。

有学者基于国内大范围中学体育教师的调查，编制了《中小学体育教师胜任力调查问卷》[1]《体育教师职业认同量表》[2]。通过查询万方、维普、知网、龙源等数据库，笔者发现尚无有关体育教师职业幸福感的测评工具。教师职业幸福感的测评工具在近二十年来陆续出现，虽然数量有限，但可以为相关研究提供参照，如《中学教师职业幸福感量表》[3][4]。这些量表的建构，均经历了较为严格的检验程序，具有良好的信效度，可以为有关中学教师职业认同、胜任力的研究提供借鉴。但这些量表是否适合贵州民族地区的具体情况？这需要对量表在当地的适切性进行检验。因此，笔者需要对量表进行

---

[1] 张长城. 中学体育教师胜任力模型构建与实证研究[D]. 福州：福建师范大学，2011.
[2] 周珂. 体育教师职业认同的结构与量表编制研究：以中学体育教师为例[J]. 北京体育大学学报，2012，35（3）：93-98.
[3] 徐姗姗. 中学教师职业幸福感及其影响因素研究[D]. 桂林：广西师范大学，2013.
[4] 伍麟，胡小丽，等. 中学教师职业幸福感结构及其问卷编制[J]. 心理研究，2008，1（2）：47-51.

修正甚至重构。之前，笔者已经基于贵州民族地区的实际情况，构建了《贵州民族地区中小学体育教师的胜任力量表》[①]，但限于紧迫的时间，囿于有限的能力，该量表尚存有待完善之处，为了保证量表适切于贵州民族地区中学体育教师，需要进一步验证其信效度。笔者还在2019年修正了前人编制的《中学体育教师职业认同量表》（周珂，2012），形成了《贵州民族地区中学体育教师职业认同量表》，量表具有较好的信效度，同时结合贵州民族地区实际情况，对当地中学体育教师职业认同进行了调查，并对其呈现出的特征进行了分析[②]。但作者当年发表的论文属于作者在2018年主持的贵州省2018年教育科学规划课题（名称为"贵州民族地区中学体育教师职业认同特征的实证研究"，编号为2018C038）的成果。限于公开发表论文的篇幅，修正的细节没有具体公开呈现。为了更为清晰地呈现《贵州民族地区中学体育教师职业认同量表》的修正过程，本研究将再次对《中学体育教师职业认同量表》进行修正。在贵州民族地区中学体育教师职业幸福感的调查上，虽有现成的中学教师职业幸福感测评工具，但通过分析，发现这些测评工具也存有待完善之处。

鉴于以上具体情况，本书中将修正周珂博士编制的《中学体育教师职业认同量表》，获得的最终量表作为本研究贵州民族地区中学体育教师职业认同的测评工具；在《贵州民族地区中小学体育教师的胜任力量表》初始题集基础上建构的量表，作为本研究贵州民族地区中学体育教师胜任力的测评工具；在《中学教师职业幸福感调查问卷》初始题集基础上重构的量表，作为本研究贵州民族地区中学体育教师职业幸福感的测评工具。具体内容将在本章第二至四节进行详尽叙述。

二、研究方法与工具

（一）项目分析法

通过项目分析法，对初始量表的具体题项进行鉴别度分析。对总分的高分组调查对象与低分组调查对象在每个题项上的得分进行 T 检验。如某一题

[①] 陈祖学，曲静. 贵州民族地区中小学体育教师胜任力量表的编制[J]. 安徽体育科技，2019，40（2）：64-67，79.

[②] 陈祖学，曲静. 贵州民族地区中学体育教师职业认同总体特征的实证与分析[J]. 曲阜师范大学学报（自然科学版），2020，46（2）：96-102.

项的 T 检验概率未达显著性，说明高分组调查对象和低分组调查对象在该题项上的得分没有明显差异，该题项不具有将高分组与低分组区分开来的特质，其在高分组和低分组之间没有鉴别度。类似这样的题项由于不能作为量表的组成部分，将被舍去。本课题将借助 SPSS21.0 进行项目分析。

要测评贵州民族地区中学体育教师职业认同、胜任力、职业幸福感，首先要保证所选取的初始量表中各题项具有良好的鉴别度。本研究将通过项目分析法首先检测所选用三套量表包含的题项是否具有鉴别度。

（二）相关性分析

通过变量之间的相关系数，可以判断变量之间的相关程度。一份量表内部各维度两两之间的相关系数可以用来确定各维度之间关系的密切程度，同时也可以用每个维度得分与量表总分之间的相关系数来判定各维度与量表整体的密切程度。一份结构较好的量表，各维度之间应该有一定的相关性，其各维度之间的相关系数应该小于各维度与总量表之间的相关系数。这样才能确保各维度紧扣主题而又保持一定的独立性，紧扣主题就是量表的聚合效度，而独立性是量表的区分效度。

本研究，通过统计相关系数来检测贵州民族地区中学体育教师职业认同、胜任力、职业幸福感 3 份测评工具的聚合效度和区分效度。

（三）探索性因子分析

对问卷调查回收、整理的数据进行探索性因子分析（Exploratory Factor Analysis，EFA），对 3 套初始量表的建构效度进行检测。可以借助 SPSS 家族统计包对数据进行探索性因子分析。探索性因子分析采用主成分法获得因子载荷的初始解，在此基础上通过正交旋转来决定题项在公因子上的归属。

测量贵州民族地区中学体育教师职业认同、胜任力、职业幸福感的这 3 份量表存有什么样的结构，其结构效度又如何，这是在项目分析之后需要进行的检测工作。因此，在项目分析之后，要对这 3 份量表进行结构效度分析。本研究将借助 SPSS21.0 进行探索性因子分析。

（四）验证性因子分析

经过项目分析、探索性因子分析的初始量表，题项归属发生了变化或者未满足统计要求的题项被删除。如果是修正既成量表，则原有量表的结构发生一定改变乃至大面积的改变，结构发生改变的量表，其实际应用的适切性需要检测。如果是新建量表，那么在进行探索性因子分析之后，所建构的量表在实际应用中的适切性也需要检测。为了解决这样的问题，经过探索性因子分析后的量表就必须进行验证性因子分析。

测量贵州民族地区中学体育教师职业认同、胜任力、职业幸福感的量表，必须在当地中学体育教师群体中具有适切性。通过探索性因子分析建构的测评量表，采用的是一种探索性的结构，其是否适切于贵州民族地区中学体育教师群体，还需立足当地调查样本进行一次验证。因此，本研究将采用验证性因子分析（Confirmatory Factor Analysis，CFA）来查验经探索性因子分析所获模型结构效度的适切性和真实性，以此检验重构量表的各个指标变量（题项）是否可以有效作为所在维度的测量变量。本研究在探索性因子分析之后将借助 AMOS26.0 进行验证性因子分析。

（五）问卷调查法

对拟采用的量表进行修正，就必须借助发放问卷的方法来获取数据信息。本研究的研究对象是贵州民族地区中学体育教师胜任力介入情况下，其职业认同、职业幸福感的关系。因此，调查对象是在贵州民族地区中学从事学校体育教育教学工作的教师，其调查问卷的发放群体就是当地中学体育教师。基于调查对象和调查范围的具体情况，以及多段抽样法的特点和适应性，本研究采取多段抽样法获取样本。这在前文中已有阐释，本处不赘述。

贵州省是一个多民族省份，全省有 3 个民族自治州、11 个民族自治县，还有 253 个民族乡。民族自治地区土地面积为 9.78 万平方千米，占全省土地面积的 55.5%。本研究首先确定 3 个民族自治州所辖 36 个县（市）及其他 10 个民族自治县（三都水族自治县隶属黔南布依族苗族自治州管辖）共 46 个县（市）为问卷发放范围。随机选取其中的县市，对其初级中学和高级中学的部分体育教师发放问卷。

三、初始量表的修正路径

我们要充分尊重和理解各民族在历史发展中形成的传统、语言、文化、风俗习惯、心理认同等方面的差异。贵州民族地区各族人民在当地历史发展中形成了属于自身的传统文化、审美情操、价值取向、心理认同等方面的独特风貌。在选取量表和编制量表的时候,我们必须要充分考虑到这些情况。前人编制的量表,虽然作者进行了严密的理论研究,同时采取了严格的检验程序保证量表的信效度,但由于调查本身是取样调查,调查范围不能全方位覆盖,在借用前人研制的量表进行调查研究之前,要考虑量表修正的技术程序。

(一) 有关问题的说明

1. 各修正阶段量表的称谓

本研究中,贵州民族地区中学体育教师职业认同和职业幸福感测评量表是以前人编制的量表为初始量表。由于这些量表的调查取样对象不是贵州民族地区中学体育教师,如果奉行拿来主义,这些量表中可能存有部分无效题项。直接将这些量表运用到本研究的调查,就有可能造成部分信息无效,这样就不能全面真实地反映当地中学体育教师的实际情况。为保证量表的信效度,本研究在正式调查前对初始量表进行修正。这些修正步骤,包括对初始量表的信度、效度检验,具体包含项目分析、探索性因子分析、验证性因子分析等环节。严格来讲,还没修正或重构的初始量表不能称为贵州民族地区中学体育教师职业认同、胜任力和职业幸福感的测评量表。为了方便后续研究环节的表述,有必要对各修正阶段的量表称谓进行约定,具体如下。

本研究的职业幸福感测评量表将在徐姗姗编制的《中学教师职业幸福感调查问卷》的初始题集基础上进行重构。本研究的胜任力测评量表是在《贵州民族地区中小学体育教师胜任力量表》初始题集的基础上进行建构的。由于采纳问卷中的量表部分,且是从量表的初始题集开始重构,为便于称呼,这两个初始题集就分别称为《中学教师职业幸福感初始题集》《贵州民族地区中小学体育教师胜任力初始题集》。立足这两个初始题集,经项目分析、探索性因子分析、验证性因子分析等环节而成最后的测评工具。本研究采用的职业认同量表是在周珂博士建构的《中学体育教师职业认同量表》基础上经项目分析、探索性因子分析、验证性因子分析等环节的检测后形成的测评工具。

为清晰地表述量表修正的每一个步骤,本研究中,将还没进入项目分析环节的《中学体育教师职业认同量表》《贵州民族地区中小学体育教师胜任力初始题集》《中学教师职业幸福感初始题集》分别称为《贵州民族地区中学体育教师职业认同量表》(初始稿)、《贵州民族地区中学体育教师胜任力量表》

（初始稿）、《贵州民族地区中学体育教师职业幸福感量表》（初始稿）。项目分析之后的量表分别称为《贵州民族地区中学体育教师职业认同量表》（第一稿）、《贵州民族地区中学体育教师胜任力量表》（第一稿）、《贵州民族地区中学体育教师职业幸福感量表》（第一稿）。将探索性因子分析之后的各量表分别称为《贵州民族地区中学体育教师职业认同量表》（第二稿）、《贵州民族地区中学体育教师胜任力量表》（第二稿）、《贵州民族地区中学体育教师职业幸福感量表》（第二稿）。

  在验证性因子分析之后，测评量表的检验将结束，正式稿随之成型。为呈现出量表的整个建构过程，正式稿将兼顾探索性因子分析和验证性因子分析的相关数据来确定其各维度及各维度内部题项的布局。具体来讲，正式稿中各维度的顺序，将按照探索性因子分析中各公因子的特征值和方差贡献率的大小顺序进行排设。而每个公因子内部的各个题项顺序，将按照验证性因子分析结果中，因子内部各题项在该公因子上的载荷大小顺序进行排列。之后形成正式稿，分别称为《贵州民族地区中学体育教师职业认同量表》（正式稿）、《贵州民族地区中学体育教师胜任力量表》（正式稿）、《贵州民族地区中学体育教师职业幸福感量表》（正式稿）。为便于表述，本章表、图的标题采用简称，如后面的表 2-8，其标题简称为"职业认同量表（初始稿）各题项与量表的相关"。

  要实现本研究各阶段的调查，就必须借助以上述各阶段量表为核心内容的问卷来实现。各阶段量表添加卷首语、填答说明之后，就形成了各阶段具体使用的调查问卷。为了表述的统一，各阶段的问卷也分为初始稿、第一稿、第二稿、正式稿。例如用于贵州民族地区中学体育教师职业幸福感量表项目分析的调查问卷，其核心部分是《贵州民族地区中学体育教师职业幸福感量表》（初始稿），该问卷称为《贵州民族地区中学体育教师职业幸福感调查问卷》（初始稿），那么用于贵州民族地区中学体育教师职业幸福感量表的探索性因子分析的问卷就称为《贵州民族地区中学体育教师职业幸福感调查问卷》（第一稿），其他问卷形式以此类推。

  2. 修正包含了修正、建构、重构

  严格来讲，根据本研究实际情况，修正其实包含了修正、建构、重构这三个方面。虽然最终的 3 份测评量表都是经项目分析、探索性因子分析、验证性因子分析等环节而成，但还是有不同之处。《贵州民族地区中学体育教师职业认同量表》（正式稿）是直接利用周珂博士编制的《中学体育教师职业认同量表》作为初始题集，经项目分析、探索性因子分析、验证性因子分析等环节而成，这样的过程属于修正。贵州民族地区中学体育教师胜任力量表的初始题集是《贵州民族地区中学体育教师胜任力初始题集》，这个题集的具体题项是《贵州民族地区中小学体育教师胜任力初始题集》中的题项，但调查对象却只是贵州民族地区中学体育教师，调查对象不同，建构的结果就有所不同，这属于另外一种全新的建构过程，因此本研究称其为建构。贵州民族地区中学体育教师职业幸福感测评量表的初始题集是《中学教师职业幸福感初始题集》，调查对象是贵州民族地区中学体育教师，也是中学教师队伍的重要成员。因此，针对《贵州民族地区中学体育教师职业幸福感量表》（正式稿），调查对象仍然是中学教师群体，其研制过程是一个重构的过程。

综上，本研究所用的 3 份测评量表中，《贵州民族地区中学体育教师职业认同量表》（正式稿）是修正而来，《贵州民族地区中学体育教师胜任力量表》（正式稿）是经过建构而来，《贵州民族地区中学体育教师职业幸福感量表》（正式稿）是重构而来。这 3 份量表形成正式稿之后，为便于叙述，后续章节，将这 3 份量表分别称为《贵州民族地区中学体育教师职业认同量表》《贵州民族地区中学体育教师胜任力量表》《贵州民族地区中学体育教师职业幸福感量表》。

（二）量表的效度、信度

为了使被修正后的 3 份量表在贵州民族地区具有实际应用性，就要保证被修正之后的量表具有效度和信度。我们将采取一系列技术手段来保证量表的效度和信度。在对初始量表进行修正的过程中，具体将进行量表的鉴别度分析、效度检验、信度检验，以此作为正式量表形成的依据[①]。

项目分析保证最终量表的各题项具有鉴别度。探索性因子分析是搭建量表的关键步骤，同时也能保证最终量表的结构效度。各量表总体得分与其各维度得分相关、各量表下属各维度得分之间的相关性用来查验最终量表的信度。验证性因子分析，则是对经项目分析、探索性因子分析而来的量表结构进行最后的验证把关。

---

① 吴明隆. 问卷统计分析实务：SPSS 操作与应用[M]. 重庆：重庆大学出版社，2010：158-159.

需要明确的是，量表的效度还涉及内容效度，是指各量表的每一个题项，其内容本身是否代表了测试主题的内涵，是否能够测试到所要测试对象的特征。由于本文采取的原始量表，除了《贵州民族地区中小学体育教师胜任力量表》的初始题集的少许内容需要进行完善，另外 2 份量表的内容效度都通过了检验，因此，其量表题项的内容均具有较好的效度。《贵州民族地区中小学体育教师胜任力量表》的初始题集的内容效度将在后续环节进行详细陈述。

（三）项目分析

项目分析是实现鉴别度分析的具体方法。一份既定量表，由诸多维度构成，每一个维度又由诸多题项来具体呈现。那么每一个题项的可靠程度必须首先得到关注，这就要进行每一题的项目分析，其目的是探索高低分受试者在每一个题项上得分的差异，其结果可作为题项筛选的依据。

项目分析的系列判别指标中，最为常见的是临界比值法（Critical Ration，CR），学术界也称为极端值法，具体做法是求出量表每个题项的临界比值，即 CR 值。一份量表的临界比，是根据量表总分上的高分组受试者与低分组受试者在每个题项上具体得分的差异来求得的。借助 SPSS21.0 统计软件，经过独立样本 T 检验之后，未达显著性水平的题项因为没有鉴别度而将被删除，主要操作如下。

1. 求出调查对象在量表上的总得分

求出所有调查对象在整个量表上各自的得分。例如，通过第一次调查获得职业幸福感数据，将此数据用来做贵州民族地区中学体育教师职业幸福感的项目分析，需要求得这 152 个调查对象在职业幸福感量表上的总得分，具体操作可以在 SPSS 数据窗口中完成。

2. 调查对象量表总得分的高低排序

将所有调查对象的量表总得分进行高低排序。例如，将用于贵州民族地区中学体育教师职业幸福感项目分析的 152 个样本在量表整体上的总得分从高到低进行排序。

3. 找到高低分组上下 27%的分数

高分组下 27%就是将所有调查对象的量表总得分进行高低排序之后，从最高得分的调查对象往后计量，到样本量乘以 27%的调查对象为止。相应地，低分组就是将所有调查对象的量表总得分进行高低排序之后,从最低得分的调查对象往前计量,到样本量乘以 27%的调查对象为止。在实际研究中,经常会出现高低分组上下 27%的调查对象,其得分与其前后的多个调查对象得分一致这样的现象。遇到此种情况,就一直数到与 27%处调查对象相同分数的调查对象结束为止。例如,通过第一次调查获得的职业幸福感数据,有效样本量为 152 个,那么高低分组的理论样本数量是 $152 \times 27\% = 41.04$,四舍五入,各自为 41 人。高分组从总量表得分高低排序的第一个受试者开始往后数到 41,其得分范围为 122 到 97,但第 42、43 受试者得分也是 97,那么高分组实际上就是 43 人。同样,低分组的理论样本是从量表总得分排名第 152 位的调查对象往前数至排名第 112 位,分数介于 69~89,但第 111、110、109、108 的调查对象得分也是 89,那么低分组样本实际上是 45 人。

4. 显著性检验

借助 SPSS21.0 统计软件对数据进行独立样本 T 检验,计算出高分组和低分组在每个题项上得分差异的显著性。

5. 删除鉴别度低的项目

根据独立样本 T 检验的结果,得分差异未达显著性的题项将被删除。

(四)量表的结构探索

1. 探索性因子分析

量表是由诸多维度构成,具体某个题项将归属于某一个维度,这些维度就使得量表具有一定的结构。这些结构不能仅凭人的主观判断来形成,而是需要专门的统计软件对调查所获数据进行计算形成。借助 SPSS21.0 进行探索性因子分析可以探索量表的结构,同时将会得出这种结构效度的各项检测指标。项目分析是为了检验具体题项测评的可靠程度。要检验整个量表的可靠性就必须从结构上检验量表的效度,这就是结构效度。结构效度是量表能测量调查对象某种特质的程度。效度的功能是有目标针对性的,不具有普遍上的意义,一份高效度测评工具施测到不同受试对象,测评结果可能会不一样[①]。建构一份量表,需要进行多轮次的调查,样本选择的范围不可能覆盖全国各

---

① 吴明隆. 问卷统计分析实务:SPSS 操作与应用[M]. 重庆:重庆大学出版社,2010:194-195.

地，因此采纳的量表，彼时其结构效度不管有多么的优秀，还是存有样本覆盖范围的局限性，不能适用于所有群体或所有的社会科学领域。因此要将一份既成量表在特定范围进行应用，必须要对其结构进行重新探索，并对其建构效度进行检测。

探索性因子分析是在主成分分析的基础上进行的，在因子分析过程中，某个原始变量可能同时与多个原始变量有较大相关，某个公因子可能同时解释多个原始变量，那么就会使这个公因子不是任何一个原始变量的代表，这就给公因子的命名带来极大困难。但我们又希望每一个公因子成为某部分具体变量的典型代表，这样其实际内涵就能清晰具体，命名也变得相对容易。为了克服这个问题，就对由主成分分析法获得的初始因子载荷矩阵进行旋转，实现坐标转换从而获得新的公因子，这样就会使因子载荷在原来的基础上朝着更大或者更小的方向变化，一般采用的旋转方法是斜交旋转和正交旋转[①]。

2. 探索性因子分析的指标

探索性因子分析的本质是探寻经过项目分析之后的量表内部有何结构及结构的效度。对没有满足相关条件的题项或变量要舍去。为了合理提出公因子，保证结构效度，在探索性因子分析过程中，有几个尤为重要的指标，它们决定了题项的取舍，即因子载荷（factor loading）、共同度（commonality）和特征值（eigenvalue）。

（1）因子载荷

因子载荷是原始变量与因子分析时萃取出的公因子之间的相关系数，反映了题项变量对各个公因子的关联强度，是各个公因子对各题项变异的解释程度，是决定题项是否进入某个公因子的重要指标。从当前学术界的相关研究报告来看，多数文献采用因子载荷大于 0.3 的做法。因子载荷值最好不要低于 0.3，当然最好是以 0.4 作为题项进入某个公因子的门槛指标[②]。

（2）共同度

共同度是每个变量在各个公因子的载荷量的平方总和，也叫共性方差，反映全部公因子变量对某个原始变量方差解释说明的程度[③]。共同度估计值的

[①] 梅雪雄. SPSS 在体育统计中的应用[M]. 北京：人民体育出版社，2008：348.
[②] 吴明隆. 问卷统计分析实务：SPSS 操作与应用[M]. 重庆：重庆大学出版社，2010：198.
[③] 梅雪雄. SPSS 在体育统计中的应用[M]. 北京：人民体育出版社，2008：347.

高低是题项舍弃与否的重要指标。当前心理行为科学和社会科学领域主要采取主成分分析法来抽取主成分后得到共同度,如若题项的共同度低于 0.20,那么就考虑舍弃该题项。

(3)特征值

特征值是每个变量在某一特定公因子的因子载荷量的平方总和。探索性因子分析的一项重要工作是在众多公因子中决定保留哪些公因子,而特征值就是重要的判断标准。特征值代表该公因子解释初始量表所有题项的程度,因此特征值越大越好。根据统计学家 Kaiser 的观点,特征值大于等于 1 的公因子应该被采纳。当被检验的初始量表的题项数目为 20~50 时,以特征值 1 作为公因子提取的准则最为可靠[①]。

(五)聚合效度与区分效度

客观事物之间总是存在着一定联系。当给定自变量一系列的确定值时,因变量总是有确定的值与之相对应。这种变量间的关系是一种较为明确的函数关系。但自变量与因变量之间存在无法用简单函数式来刻画的不确定的相互关系,又叫作相关关系,简称相关。用来描述这种关系密切程度的指标就是相关系数,学界一般用 r 表示,其取值范围是-1 到 1,系数为正值即变量之间存有正相关,系数为负值则变量之间为负相关。当相关系数为 1,|r|的取值与变量之间密切程度一般呈现如下的规律[②](见表 2-1)。

表 2-1 相关密切程度

系数范围	密切程度
$\|r\| \geqslant 0.80$	高度相关
$0.50 \leqslant \|r\| < 0.80$	中度相关
$0.30 \leqslant \|r\| < 0.50$	低度相关
$\|r\| < 0.30$	弱相关

在一些心理科学和社会科学领域的期刊里面,也出现了采纳相关系数小于 0.3 的情况,通过咨询长期从事体育心理科学领域研究的学者获知,心理科学领域里,相关系数在 0.3 左右是可以接受的,同时也要看系数是否具有显著性。

[①] 吴明隆. 问卷统计分析实务:SPSS 操作与应用[M]. 重庆:重庆大学出版社,2010:204-205.
[②] 梅雪雄. SPSS 在体育统计中的应用[M]. 北京:人民体育出版社,2008:240.

一般多采用 Pearson 极差相关系数来测度变量之间的相关关系，其计算公式如下。

$$r = \frac{\Sigma(X-\bar{X})(Y-\bar{Y})}{\sqrt{\Sigma(X-\bar{X})^2}\sqrt{\Sigma(Y-\bar{Y})^2}}$$

通过相关性分析，检验经探索性因子分析之后的聚合效度和区分效度。这里的相关性，具体指量表各维度得分与量表总分之间的相关性，以及量表下属各维度之间的相关性。这一方法可以作为量表结构效度的检验指标。各维度之间的相关系数可以作为各维度之间的区分效度指标，而各维度与总量表之间的相关系数又称为整个量表的聚合效度。对于某份特定的量表来讲，在各项系数均具有统计学意义的基础上，如果各维度之间的相关系数小于各维度与总量表之间的相关系数，那么说明这份量表的建构效度很优秀[①]。

（六）量表的信度检验

在对量表的效度进行检验之后，必须对量表的信度进行检验。信度（reliability），指量表的可靠性和稳定性。在李克特态度量表法中，行为科学和社会科学领域经常采用 Cronbach's Alpha 系数作为信度检验的指标。Cronbach's Alpha 系数值介于 0 到 1 之间，也会出现该系数为 0 和 1 的极端案例。那么到底该系数处于什么范围，被检测量表的信度才是优秀的。多数学者认为，Cronbach's Alpha 系数在 0.65 至 0.70 之间是可接受范围，介于 0.70 至 0.80 是相当好的范围，介于 0.80 至 0.90 之间是非常好的范围[②]。也可以利用 Spearman-Brown 折半系数来衡量量表的信度，即将量表的题项分成两份，分别进行计分，之后计算受试者在两份题项上得分的相关系数，当相关系数大于 0.5，则说明量表可信度较高[③]。

（七）量表的验证

1. 结构方程模型：验证性因子分析方法

探索性因子分析的目的是探索出量表的结构，同时给出量表的建构效度，是一个建构、探索的过程。即某一量表有着良好的效度、信度，但通过探索

---

① 张长城. 中学体育教师胜任力模型构建与实证研究[D]. 福州：福建师范大学，2011.
② 吴明隆. 问卷统计分析实务：SPSS 操作与应用[M]. 重庆：重庆大学出版社，2010：237-238.
③ 张长城. 中学体育教师胜任力模型构建与实证研究[D]. 福州：福建师范大学，2011.

因子分析这一过程所获得的模型与实际搜集到的数据是否契合，指标变量是否能够作为潜在变量的测量变量，所获模型建构效度的适切性和真实性还需要进一步验证[1]。因此，经探索性因子分析及效度、信度检验之后的模型需要进行验证性因子分析。探索性因子分析是探索出量表的结构，而验证性因子分析就是对探索性因子分析得来的量表结构做最后的把关。

结构方程模型（Structural Equation Modeling，SEM）的本质就是验证事先根据理论提出的假设模型，是当前心理科学和社会科学领域研究的重要统计方法。潜在变量与观察变量的组合形成测量模型，而揭示潜在变量之间关系的模型为结构模型，多个测量模型与一个结构模型则组成了完整的结构方程模型。测量模型在结构方程模型中就是验证性因子分析[2]。

验证性因子分析被用于检验一组测量变量与一组可以解释测量变量的潜在变量之间的关系。借助 SEM 可以对各种因果模型进行识别、验证。在 SEM 中，对潜在变量的估计，就是检验研究者事先提出的因子结构的适切性[3]，可以对经探索性因子分析所获模型的适切性进行验证。

2. 结构方程模型的适配指标

验证性因子分析的本质是验证先验性理论架构导出的计量模型是否适当、合理。当研究者利用探索性因子分析确定了量表的每个维度及其题项后，就要检验这些题项是否可以作为各因子的观测变量。判断结构模型是否与调查数据匹配的依据就是适配度指标，这必须参考统计学家们及学术界长期总结得出的指标值范围。国外学者 Bogozzi、Yi（1998）及 Hair 等人（1998）一致认为，判断研究者事先搭建的假设模型和所搜集到的数据是否契合，须考虑基本适配指标、整体适配指标和模型内在适配指标[4]。

我国学者吴明隆长期从事量化研究方法与软件应用方面的研究，是这一领域的资深专家。吴教授在梳理大量国外成果的基础上，总结出了绝对适配度指标、增值适配度指标和简约适配度指标（见表 2-2），具体数据参见吴明

---

[1] 吴明隆. 结构方程模型：AMOS 操作与应用[M]. 2 版. 重庆：重庆大学出版社，2010：212.
[2] 吴明隆. 结构方程模型：AMOS 操作与应用[M]. 2 版. 重庆：重庆大学出版社，2010：1-17.
[3] 吴明隆. 结构方程模型：AMOS 操作与应用[M]. 2 版. 重庆：重庆大学出版社，2010：213.
[4] BAGOZZI R P, YI Y. On the evaluation of structural equation models[J]. Academic of marketing science, 1988 (16): 76-94.

隆教授著作《结构方程模型——AMOS操作与应用》[1]。本研究罗列出最基本的适配度指标。这一参考标准最为关键的是绝对适配度指标，其次是增值适配度指标。大量的心理行为科学的研究报告都会在3个指标体系间进行选择。

表2-2 结构方程模型主要的适配指标

绝对适配度指标	增值适配度指标	简约适配度指标
χ^2、GFI、AGFI、RMR、SRMR、RMSEA	NFI、RFI、IFI、TLI、CFI	PGFI、PNFI、χ^2/df

但是，在某些适配度指标值的范围上，不同学者根据研究经验持有不同的观点。绝对适配度指标中，AGFI>0.90、SRMR<0.05、RMSEA<0.05，在此范围，模型适配度被认为是很优秀的。但有人认为AGFI≥0.80（Marsh，Balla，McDonald，1988）、SRMR≤0.10（Kline，2005）、RMSEA<0.08（Hairetal，2006）结构方程模型的适配度依旧优秀，这些指标在世界级权威期刊都获得了认可并得到了引用[2]。在实践应用中，国外研究者认为应该以χ^2值大小及其显著性、RMSEA值、SRMR值、GFI值、CFI值、IFI值、TLI值、RFI值等适配度指标作为判别方程模型是否与样本数据达到契合[3][4]。但χ^2值对调查样本的大小非常敏感，尤其在大样本情况下，其χ^2值很容易达到显著，这容易导致理论模型遭到拒绝的概率增大，因此，应将χ^2值与自由度结合考虑，即将卡方与自由度的比值作为模型适配度。吴明隆教授认为较宽松的χ^2/df规定值为5。同时，虽然RMR值可以作为结构方程模型适配指标，但模型中的残差值未标准化，就会造成RMR指标数据大小不一的情况，因此将平均残差协方差标准化的指标作为模型适配度指标更可信[5]。

由此可知，在实际应用中，以上指标是检验模型与样本数据契合情况的常规标准，这些标准其实就是绝对适配度指标和增值适配度指标。同时，我们需要明确的是，有关结构方程模型匹配指标范围，目前没有统一的指标体

---

[1] 吴明隆.结构方程模型：AMOS操作与应用[M].2版.重庆：重庆大学出版社，2010：37-53，235.

[2] PACI I，BALOĞLU M. The impact of cultural collectivism on knowledge sharing among information technology majoring undergraduates[J]. Computers in human behavior，2016（56）：65-71.

[3] DIAMANTOPOULOS A，SIGUAW J A. Introducing LISREL：a guide for the uninitiated[M]. Thousand Oaks：Sage，2000：53-54.

[4] HOYLE R H，PANTER A T. Structural equation modeling：concepts，issues，and applications[M]. Thousand Oaks：Sage，1995：101.

[5] 吴明隆.结构方程模型：AMOS操作与应用[M].2版.重庆：重庆大学出版社，2010：41-46.

系。有学者指出，没有理想化的模型适配指标值[1]。国外的模型匹配指标值的范围存有较大争议。在国内，模型验证适配指标也存争议。即使在一些工具书的典型案例中，也较少出现所有适配指标达到优秀的情况。模型与实际数据契合的好与差，不能取决于哪一个适配指标，而是基于众多适配指标来统筹考虑。国内多数研究在适配指标的选择上，极少将前述所有指标罗列出来，多是在统计结果中将达到了良好标准的适配指标挑选出来呈现给读者。国内多数研究报告中，认为 NFI、CFI、RFI、IFI、TLI 增值适配度指标值大于 0.8 即可，在心理科学和社会科学分析中，鉴于所分析现象的复杂性，甚至有学者认为只要 GFI、AGFI、CFI、NFI 等指标同时大于 0.7，就可以认为所验证的模型与样本数据的契合度可接受[2][3][4]。

在研究过程中，笔者阅读了有关文献，借鉴了诸多优秀文献中的指标选取经验，也咨询了从事心理科学研究的大学教育工作者。这些教师均取得了教育学博士学位，有超过 5 年的高校教育教学经验，长期从事心理方向的研究。5 位教育学博士认为，国外的很多模型适配指标，其实是以适配优秀水平为准，但被接受范围的值仍处于讨论状态；模型适配指标以绝对适配指标和增值适配指标为主，同时最好参考 1 到 2 项简约适配指标；GFI、AGFI、NFI、CFI、IFI、TLI 这种越接近 1 模型适配度就越优秀的指标，如果大于 0.9，则认为是优秀，如果大于 0.8 则认为可以接受；由于是一套特定的待验证模型，当适配度指标不理想时，如果只是建构测评模型，那么不建议修正，以尊重数据本来的面貌；当研究的重心是验证各量表之间可能的关系时，比如中介效应，如果适配度指标不理想，那么在量表之间可以进行修正，但修正次数最好不要超过 5 次。

综合各种文献信息，本研究以绝对适配度指标、增值适配度指标为主，同时参考简约适配度指标中的卡方自由度比值，一共 9 个指标（具体见表 2-3）。

---

[1] SCHUMACKER R E, LOMAX R G. A beginner's guide to structural equation modeling[M]. New Jersey: Lawrence Erlbaum Associates, 1996: 133.
[2] 董军，李洪玉，杜晖，等. 自编《中小学生非智力因素评价量表》的信效度研究[J]. 心理学探新，2002，22（2）：82.
[3] 陈作松. 身体锻炼对高中学生主观幸福感的影响及其心理机制的研究[D]. 上海：华东师范大学，2004.
[4] 姚继伟. 城市社区体育公共服务公众满意度测评理论与实证研究[D]. 福州：福建师范大学，2013.

本研究，不回避适配度指标中的低水平值，避免只是选择性地罗列出达到适配标准的指标。在指标的选择上，不刻意留取达到优秀标准的指标，更不有意舍弃不理想的指标值，而是将这 9 个指标全部罗列出来，更全面地呈现出模型适配度的情况。

表 2-3　本研究验证性因子分析采用的模型适配度指标值

拟合指标	GFI	AGFI	SRMR	RMSEA	NFI	CFI	IFI	TLI	χ^2/df
优秀指标值范围	>0.90	>0.90	<0.05	≤0.05	>0.9	>0.9	>0.9	>0.9	1～3
可接受值的范围	≥0.80	≥0.80	≤0.10	<0.08	>0.8	>0.8	>0.8	>0.8	<5

3. 结构方程模型验证图标题的内容说明

在结构方程模型中，模型的验证图标题是通过事先设定而后直接输出，其内容包括模型名称和适配度指标。由于本研究需要罗列出 9 个适配度指标，如果全部出现在验证图标题中，就显得较为繁琐。模型验证图标题中的适配度指标到底要呈现哪些，还没有文献给出定论。而 RMSEA 通常被视为结构方程模型验证的最重要适配度指标[①]。同时模型验证图标题中一般都包括 χ^2 值和自由度，这是学术界的一贯做法。因此，本研究将罗列出 χ^2（Chi-square）值、自由度（DF）、RMSEA。在后续结构方程模型验证图标题中，其内容均包括这 3 个指标。

四、数据来源

本研究所需的测评量表需要修正、重构、建构，需要进行项目分析、探索性因子分析、验证性因子分析 3 个关键步骤，每一个步骤的统计分析都要分别发放问卷，通过问卷调查的形式进行调查。上一个步骤结束之后，重新进行问卷发放获得数据，为下一步统计分析提供数据支持。本研究的测评量表修正的各环节问卷调查从 2021 年 12 月开始，至 2022 年 5 月结束。选取贵州南部 3 个民族自治州下辖县（市）和毕节、遵义、铜仁、安顺部分民族自治县的部分在职中学体育教师为调查对象，分三次进行调查。以下是调查的具体过程。

（一）第一次调查

调查数据用于初始量表的项目分析。将《贵州民族地区中小学体育教师

[①] 吴明隆. 结构方程模型：AMOS 操作与应用[M]. 2 版. 重庆：重庆大学出版社，2010：44.

胜任力量表》的初始题集的部分题项表达方式进行完善之后形成《贵州民族地区中学体育教师胜任力量表》(初始稿)，与《贵州民族地区中学体育教师职业认同量表》(初始稿)、《贵州民族地区中学体育教师职业幸福感量表》(初始稿)放置于同一份问卷上，问卷设置卷首语、填答提示语，形成本研究第一次调查问卷，即《贵州民族地区中学体育教师职业认同、胜任力、职业幸福感调查问卷》(初始稿)。此次调查在 2021 年 12 月下旬开展。问卷通过现场发放填写随即回收问卷的方式在黔西南布依族苗族自治州的兴义市、望谟县、晴隆县，安顺市的紫云苗族布依族自治县，遵义市的务川仡佬族苗族自治县等地共发放 230 份问卷，回收 176 份。问卷的具体发放形式：① 通过邮寄纸质问卷的方式集中邮寄给当地少部分体育教师，这些教师借助所在县市召开各种体育教师培训的机会分发给各参培教师；② 作者本人利用工作之余，将问卷发给兴义城区及周边中学体育教师。剔除填答的无效量表，第一次调查回收的问卷中，《贵州民族地区体育教师职业认同量表》(初始稿) 166 份填答有效，《贵州民族地区中学体育教师胜任力量表》(初始稿) 161 份填答有效，《贵州民族地区中学体育教师职业幸福感量表》(初始稿) 152 份填答有效。部分问卷出现了 3 个量表无效或者只有部分量表填答有效的现象，这导致了 3 个量表在同一问卷上，但有效填答数却不一致的情况。将有效数据输入 SPSS21.0 的"数据视图"，为方便表述，记为本研究的"数据 1"。

（二）第二次调查

调查数据用于项目分析之后的探索性因子分析。将项目分析之后形成的《贵州民族地区中学体育教师职业认同量表》(第一稿)、《贵州民族地区中学体育教师胜任力量表》(第一稿)、《贵州民族地区中学体育教师职业幸福感量表》(第一稿)按顺序放置在同一份问卷上，问卷设置卷首语、填答提示语，形成本研究的第二次调查问卷，即《贵州民族地区中学体育教师职业认同、胜任力、职业幸福感调查问卷》(第一稿)。此次调查在 2022 年 1 月上旬至 4 月上旬开展。在黔东南苗族侗族自治州的凯里市、黎平县，黔南布依族苗族自治州的都匀市，黔西南布依族苗族自治州的义龙新区(兴义市的功能区之一)、望谟县，毕节市的威宁县，遵义市务川仡佬族苗族自治县等县(市)采取亲自前往和委托他人现场发放随即回收的方式发放问卷。问卷的具体发放形式：① 通过邮寄纸质问卷的方式集中邮寄给当地少部分体育教师，这些教师借助所在县市召开体育教学教研会的时机分发给各参会教师；②作者本人利用工作之余，将问卷发给兴义城区及周边中学体育教师。问卷共发出350份，回收272份。最终，收回的第二次调查问卷中，《贵州民族地区中学体育教师职业认同量表》（第一稿）258份填答有效，《贵州民族地区中学体育教师胜任力量表》（第一稿）266份填答有效，《贵州民族地区中学体育教师职业幸福感量表》（第一稿）263份填答有效。将有效问卷的数据输入SPSS21.0的"数据视图"，记为本研究的"数据2"。

（三）第三次调查

调查数据用于探索性因子分析之后的验证性因子分析。将探索性因子分析形成的《贵州民族地区中学体育教师职业认同量表》（第二稿）、《贵州民族地区中学体育教师胜任力量表》（第二稿）、《贵州民族地区中学体育教师职业幸福感量表》（第二稿）按顺序放置在同一份问卷上，问卷设置卷首语、填答提示语，形成本研究的第三次调查问卷，即《贵州民族地区中学体育教师职业认同、胜任力、职业幸福感调查问卷》（第二稿）。此次调查在2022年4月下旬至5月下旬进行。在黔东南苗族侗族自治州的黎平县、安顺市的紫云苗族布依族自治县、黔南布依族苗族自治州的罗甸县、黔西南布依族苗族自治州的兴义市、册亨县、毕节市的威宁县等县（市）采取亲自到场和委托他人现场发放随即回收的方式发放330份问卷，回收298份。问卷的具体发放形式：①通过委托打印分发的方式进行。将电子问卷发送给当地个别体育教师，委托其打印，之后借助所在县市召开体育教师教学研讨会或者培训的机会分发给各参会、参培教师。而家住乡镇中学的体育教师的问卷，则委托家住县市体育教师带往乡镇进行发放。②作者本人利用工作之余，将问卷发给兴义城区及周边中学体育教师。最终整理出《贵州民族地区中学体育教师职业认同量表》（第二稿）有效填答287份，《贵州民族地区中学体育教师胜任力量表》（第二稿）有效填答291份，《贵州民族地区中学体育教师职业幸福感量表》（第二稿）有效填答275份。将有效问卷的数据输入SPSS21.0的"数据视图"，记为本研究的"数据3"。

五、数据正态分布检验

由于许多统计方法的有效性都建立在数据符合正态分布的基础上，正态分布是一种非常重要的概率分布，因此在检测之前，需要将数据作正态分布检测。较常用的方法为科尔莫戈罗夫-斯米尔诺夫检验法（Kolmogorov-Smirnov Test），简称 K-S 检验。此方法提供显著性，当显著性 P 小于等于 0.05，则认为数据分布的正态性不明显。但 K-S 检验对样本量或者异常值很敏感，样本数据一般难以通过正态分布假设检验，需要参考其他正态分布检验指标。当 K-S 检验概率小于等于 0.05 时，还需参考偏度系数（Skewness）和峰度系数（Kurtosis）进行衡量[①]。当样本数据未能通过 K-S 正态分布假设检验，但偏度系数的绝对值小于 3，同时峰度系数绝对值小于 10，那么调查所获数据的正态分布情况可以被接受[②]。借助 SPSS21.0，可以获得调查数据的 K-S 检验值、偏度系数和峰度系数，从而完成数据的正态分布检测。

本研究第一次调查，《贵州民族地区中学体育教师职业认同、胜任力、职业幸福感调查问卷》（初始稿）共计 128 个量表题项，借助 SPSS21.0 对所获数据进行统计，结果显示所有题项的 K-S 检验显著性小于 0.05。因此，必须参照偏度系数和峰度系数的情况，其中，职业认同下属 18 个题项的偏度系数绝对值介于 0.019 至 0.379 之间，峰度系数绝对值介于 0.298 至 1.006 之间；胜任力下属 68 个题项的偏度系数绝对值介于 0.001 至 0.846 之间，峰度系数绝对值介于 0.018 至 1.066 之间；职业幸福感下属 42 个题项的偏度系数绝对值介于 0.004 至 1.619 之间，峰度系数绝对值介于 0.031 至 1.753 之间。三个方面的偏度系数绝对值远小于 3，峰度系数绝对值远小于 10，提示，本研究第一次调查数据的正态分布情况可以接受，可以进行后续研究。

本研究第二次调查，《贵州民族地区中学体育教师职业认同、胜任力、职业幸福感调查问卷》（第一稿）共计 81 个量表题项，对所获数据进行检验，之后发现所有题项的 K-S 检验显著性小于 0.05，因此需要参考偏度系数和峰度系数的情况。职业认同下属 18 个题项的偏度系数绝对值介于 0 至 0.824 之间，峰度系数绝对值介于 0.159 至 1.200 之间；胜任力下属 33 个题项的偏度系数绝对值介于 0.031 至 1.298 之间，峰度系数绝对值介于 0.086 至 1.374 之间；职业幸福感下属 30 个题项的偏度系数绝对值介于 0.035 至 0.759 之间，峰度系数绝对值介于 0.050 至 0.792 之间。三个方面的偏度系数绝对值远小于

---

① 曹志峰. 高校教师胜任力与工作绩效关系研究[D]. 南京：南京大学，2018.
② 侯杰泰，温忠麟，成子娟. 结构方程模型及其应用[M]. 北京：教育科学出版社，2004：148-150.

3，峰度系数绝对值远小于10，提示，本研究第二次调查数据的正态分布情况可以接受，可以进行后续研究。

本研究第三次调查，《贵州民族地区中学体育教师职业认同、胜任力、职业幸福感调查问卷》（第二稿）共计81个量表题项，对所获数据进行检验，之后发现所有题项的K-S检验显著性小于0.05，因此需要继续参考偏度系数和峰度系数的情况。职业认同下属的18个题项，其偏度系数绝对值介于0.059至0.837之间，峰度系数绝对值介于0.010至0.818之间；胜任力下属的33个题项，其偏度系数绝对值介于0.068至0.781之间，峰度系数绝对值介于0.003至0.964之间；职业幸福感下属的30个题项，其偏度系数绝对值介于0.041至0.745之间，峰度系数绝对值介于0.017至1.278之间。三个方面的偏度系数绝对值远小于3，峰度系数绝对值远小于10，提示，本研究第三次调查数据的正态分布情况可以接受，可以进行后续研究。

六、共同方法偏差的控制与检验

在收集数据的过程中，当应答者、测量环境、项目语境等具有同一性时，就会造成预测变量与效标变量之间存在共变，这就是共同方法偏差（Common Method Bias，CMB）[1]。这种偏差是一种系统误差，对研究结果具有较为严重的干扰和误导，尤其在心理和行为科学的问卷调查研究中广泛存在。本研究所采用的三套量表，其调查对象、环境和时间具有一致性。因此在问卷设计、问卷调查过程中需要采取措施降低共同方法偏差，同时对回收数据进行检测。

（一）调查程序控制

共同方法偏差的程序控制是研究者在研究设计与实际调查过程中所采取的措施，可以通过分离调查时间、空间保护被试私密，减小被试对测量题目的猜忌，平衡问卷题项的顺序等方法来控制调查程序[2]。由于本研究时间较为紧迫，人力紧缺，在调查时间和环境上需要同时、同地进行。因此采取了如下手段来尽量控制共同方法偏差，在问卷的卷首语设计上采取加粗"问卷是匿名填写且只用于科学研究，绝不针对任何个人，请您不要有任何顾虑"这样的方

---

[1] 周浩，龙立荣. 共同方法偏差的统计检验与控制方法[J]. 心理科学进展，2004，12（6）：942-950.
[2] 周浩，龙立荣. 共同方法偏差的统计检验与控制方法[J]. 心理科学进展，2004，12（6）：942-950.

式以降低社会赞许性干扰,同时,随机排列三份量表的题项顺序,即各个量表内部题项不以维度范围成堆排列,而是进行跨维度随机排列。

（二）共同方法偏差的检验

从问卷施测程序上进行控制这是操作上的策略,这种操作的结果是否能够达到统计学上的指标,还需要进行检验。当前,共同方法偏差的检验方法有Harman单因子法、控制未测量的潜在方法因子（ULMC）法、验证性因子分析（CFA）标签变量法[①]。本研究采取Harman单因子法进行检测,将所有量表的题项数据放置在一起,进行未旋转的探索性因子分析,查看未旋转的因子分析结果,第一个因子对方差变异解释程度不能超过50%,国内学术界经验认为不能超过40%。本研究采用国内标准,超出了界定值可以认为研究数据的共同方法偏差明显。以下是前述三次调查数据的共同方法偏差检验结果。

1. 第一次调查数据的共同方法偏差检验

《贵州民族地区中学体育教师职业认同、胜任力、职业幸福感调查问卷》（初始稿）3个量表题项共计128项。从表2-4可知,系统共提取了38个特征值大于1的因子。这38个因子的累计方差贡献率为77.741%,而第一个因子的方差贡献率为16.478%,远小于40%,占据累计方差贡献率的21.196%。这些指标提示,第一次调查数据的共同方法偏差不明显,可以接受。

表2-4 第一次调查数据的单因素未旋转探索性因子分析

成分	初始特征值			成分	初始特征值		
	特征值	解释方差/%	累计解释方差/%		特征值	解释方差/%	累计解释方差/%
1	16.478	12.873	12.873	9	2.831	2.211	40.583
2	8.442	6.596	19.469	10	2.719	2.124	42.708
3	5.945	4.645	24.113	11	2.452	1.916	44.623
4	4.582	3.580	27.693	12	2.416	1.887	46.511
5	3.849	3.007	30.700	13	2.297	1.795	48.305
6	3.462	2.705	33.406	14	2.182	1.705	50.010
7	3.238	2.530	35.935	15	2.136	1.669	51.679
8	3.118	2.436	38.372	16	2.007	1.568	53.247

---

① 汤丹丹,温忠麟.共同方法偏差检验:问题与建议[J].心理科学,2020,43（1）:215-223.

续表

成分	初始特征值			成分	初始特征值		
	特征值	解释方差/%	累计解释方差/%		特征值	解释方差/%	累计解释方差/%
17	1.908	1.491	54.738	29	1.328	1.037	69.629
18	1.848	1.444	56.181	30	1.324	1.034	70.664
19	1.787	1.396	57.578	31	1.243	0.971	71.635
20	1.777	1.388	58.966	32	1.215	0.950	72.584
21	1.698	1.327	60.292	33	1.167	0.912	73.496
22	1.678	1.311	61.604	34	1.165	0.910	74.406
23	1.615	1.262	62.866	35	1.134	0.886	75.292
24	1.544	1.207	64.072	36	1.081	0.845	76.136
25	1.510	1.179	65.251	37	1.049	0.819	76.956
26	1.478	1.155	66.406	38	1.005	0.785	77.741
27	1.416	1.106	67.513	39	0.963	0.752	78.493
28	1.382	1.079	68.592	40	……	……	……

2. 第二次调查数据的共同方法偏差检验

《贵州民族地区中学体育教师职业认同、胜任力、职业幸福感调查问卷》（第一稿）3 个量表题项共计 81 项。从表 2-5 可知，系统共提取了 17 个特征值大于 1 的因子，其累计方差贡献率为 76.694%，而第一个因子的方差贡献率为 21.119%，远小于 40%，占据累计方差贡献率的 27.537%。这些指标提示，第二次调查数据的共同方法偏差不明显，可以接受。

表 2-5　第二次调查数据的单因素未旋转探索性因子分析

成分	初始特征值			成分	初始特征值		
	特征值	解释方差/%	累计解释方差/%		特征值	解释方差/%	累计解释方差/%
1	21.119	26.073	26.073	7	2.055	2.537	60.212
2	9.071	11.199	37.272	8	1.961	2.421	62.633
3	7.073	8.732	46.005	9	1.838	2.269	64.902
4	3.927	4.849	50.853	10	1.447	1.786	66.688
5	3.252	4.014	54.868	11	1.376	1.699	68.387
6	2.274	2.807	57.675	12	1.281	1.581	69.968

续表

成分	初始特征值			成分	初始特征值		
	特征值	解释方差/%	累计解释方差/%		特征值	解释方差/%	累计解释方差/%
13	1.214	1.499	71.467	17	1.004	1.240	76.694
14	1.117	1.379	72.846	18	0.888	1.097	77.791
15	1.090	1.346	74.192	19	0.862	1.064	78.855
16	1.023	1.263	75.454	20	……	……	……

3. 第三次调查数据的共同方法偏差检验

《贵州民族地区中学体育教师职业认同、胜任力、职业幸福感调查问卷》（第二稿）3个量表题项共计81项。从表2-6可知，系统共提取了20个特征值大于1的因子，其累计方差贡献率为68.463%，而第一个因子的方差贡献率为10.545%，远小于40%，占据累计方差贡献率的15.402%。这些指标提示，第三次调查数据的共同方法偏差不明显，可以接受。

表2-6　第三次调查数据的单因素未旋转探索性因子分析

成分	初始特征值			成分	初始特征值		
	特征值	解释方差/%	累计解释方差/%		特征值	解释方差/%	累计解释方差/%
1	10.545	13.019	13.019	12	1.479	1.825	57.060
2	9.514	11.745	24.764	13	1.299	1.604	58.664
3	7.021	8.667	33.432	14	1.273	1.572	60.236
4	3.317	4.095	37.527	15	1.250	1.543	61.779
5	2.658	3.282	40.809	16	1.169	1.443	63.221
6	2.474	3.055	43.864	17	1.132	1.397	64.619
7	2.206	2.723	46.587	18	1.062	1.311	65.930
8	1.908	2.355	48.943	19	1.050	1.296	67.226
9	1.850	2.283	51.226	20	1.002	1.237	68.463
10	1.666	2.056	53.282	21	0.919	1.135	69.598
11	1.581	1.952	55.234	22	……	……	……

七、题项编号的说明

本研究采用3份量表的初始稿，即《贵州民族地区中学体育教师职业认同量表》（初始稿）、《贵州民族地区中小学体育教师胜任力量表》（初始稿）、

《贵州民族地区中学体育教师职业幸福感量表》(初始稿),作为后续修正、正式调查的基础。为了在量表修正的过程中清晰呈现初始稿各题项在修正过程中归属的变化过程,各量表题项的编号将使用其在原始稿的编号。在验证性因子分析之后,各量表的维度顺序将按照探索性因子分析中,其特征值和方差贡献率的大小顺序进行排设。各量表的题项顺序,将按照验证性因子分析结果中,因子内部各题项在该公因子上的载荷大小顺序来进行排列。

但为了从调查程序上有效地控制共同方法偏差,本研究前面 3 次调查所用问卷的量表题项号码,又采取了临时随机编号,即在实际的调查问卷中,各量表测量题项是随机排列的。这样的处理,使得修正过程中,每一个修正步骤之后形成的 3 份量表,其在所属量表的编号与附录中各次调查问卷所属量表题项编号不一致。在随后的第三章,本研究有第四次调查的相关陈述,其调查问卷各量表的题项也是随机排列,各量表题项编号与各量表验证性因子分析后形成的量表题项编号不一致。

在本书的第四章,结构方程模型验证图中各观察变量的编号属于命名编号,与题项编号没有直接关系。为了清晰完整地将结构方程模型中的潜变量、观察变量直接呈现给读者,本研究将潜变量进行命名,同时为使验证模型更加简洁,将中介变量(胜任力)的具体题项用题项所属维度名称的汉字拼音首字母的大写形式加上序号进行编号命名。

第二节 贵州民族地区中学体育教师职业认同量表

一、原始量表的选取

笔者在 2018 年主持了当年贵州省教育科学规划课题,编号为 2018C038,课题名称为"贵州民族地区中学体育教师职业认同特征的实证研究"。该研究的测评量表是以周珂博士编制的《中学体育教师职业认同量表》为初始量表[①]。周珂编制的《中学体育教师职业认同量表》是基于中学体育教师的调查而来。经过对文献的对比分析,发现周珂在 2012 年发表的论文引用了其 2010 年博士毕业论文中的部分成果,其博士论文题目就是《中学体育教师职业认同研

---

① 周珂. 体育教师职业认同的结构与量表编制研究:以中学体育教师为例[J]. 北京体育大学学报, 2012, 35 (3): 93-98.

究》[1]。因此，当年课题采用的初始量表为《中学体育教师职业认同量表》，该量表共 18 个题项，包括"价值认同""情感认同""能力认同""持续认同""投入认同"5 个维度。各因子的 Cronbach's Alpha 系数在 0.529～0.760 之间，总量表的 Cronbach's Alpha 系数 0.822。量表采用李克特五点计分法的方式记分，从很赞同到很不赞同，分别记 5、4、3、2、1 分，量表信效度良好。

当年的课题中，笔者在采用的初始题集基础上，经项目分析、探索性因子分析修正之后形成了适合贵州民族地区中学体育教师的测评量表，即《贵州民族地区中学体育教师职业认同量表》[2]。后课题成果论文发表限于篇幅，未能细致呈现量表的修正过程。且经探索性因子分析之后形成的量表，虽然题项数目没有发生改变，但原量表中的"持续认同"和"投入认同"合并为"持续认同"，结构发生了改变，有待进一步做验证性因子分析。而当年课题由于时间和精力等因素，没有做验证性因子分析。为了使修正的量表更适切于贵州民族地区中学体育教师群体，本研究仍采用周珂博士编制的《体育教师职业认同量表》作为初始量表，在此基础上整理成问卷，进行问卷调查，以此对量表进行再次修正，修正步骤除了项目分析、探索性因子分析之外，还包括验证性因子分析。

二、量表的修正过程

初始量表经过提示语添加形成了调查问卷，之后经历 3 次发放、回收。第一次问卷调查的有效样本用作初始量表的项目分析及进行每个题项与总量表的相关分析，第二次问卷调查的有效样本用于探索性因子分析及 Cronbach's Alpha 系数的计算。第三次问卷调查的有效样本用于验证性因子分析。

（一）鉴别度检验

1. 项目分析

将第一次调查回收的问卷进行整理，其中有 166 份为有效作答。这 166 份有效样本进入项目分析，高分组和低分组的理论样本量均为 166×27% = 44.82，四舍五入，各自为 45 人。数据序列按照每个样本的量表总得分由高到低排列，高分组理论样本量是从第一个样本数到第 45 位次，该位次调查对象

---

[1] 周珂. 中学体育教师职业认同研究[D]. 开封：河南大学，2010.
[2] 陈祖学，曲静. 贵州民族地区中学体育教师职业认同总体特征的实证与分析[J]. 曲阜师范大学学报（自然科学版），2020，46（2）：96-102.

得分为 72。但实际数据序列的第 46、47 位次的调查对象的总得分与第 45 位次的调查对象一致，都是 72 分，因此这里的高分组人数实际上是 47 人。同样，低分组的理论样本是从量表总得分排名第 166 位的调查对象往前数至排名第 122 位的调查对象，该位次调查对象得分为 53，但排名第 121 位的调查对象总得分和排名第 122 位的调查对象得分一致，那么低分组样本量实际上是 46 人。

通过 SPSS21.0 对总量表得分的高分组被试与低分组被试在 18 个题项上的得分分别进行 T 检验，在"分组变量"处，将高分组设置在前，低分组放置在后，故输出结果中的 T 值均为正。结果显示，18 个题项的高低分组的 T 检验均具有高度显著性（$P<0.01$），提示所选取的原始量表，其 18 个题项均对贵州民族地区中学体育教师职业认同具有良好的区分度（见表 2-7）。

表 2-7 职业认同量表（初始稿）高低分组的 T 检验结果

题项编号	组别	样本	均值	T 值	题项编号	组别	样本	均值	T 值
总分	低分组	46	49.91	37.614**	10	低分组	46	2.89	8.067**
	高分组	47	76.77			高分组	47	4.13	
1	低分组	46	3.22	6.904**	11	低分组	46	3.02	9.188**
	高分组	47	4.13			高分组	47	4.30	
2	低分组	46	3.09	7.662**	12	低分组	46	2.74	11.499**
	高分组	47	4.17			高分组	47	4.21	
3	低分组	46	3.02	8.503**	13	低分组	46	2.41	20.162**
	高分组	47	4.19			高分组	47	4.51	
4	低分组	46	2.96	8.851**	14	低分组	46	2.61	11.613**
	高分组	47	4.19			高分组	47	4.13	
5	低分组	46	2.67	13.420**	15	低分组	46	2.52	13.027**
	高分组	47	4.47			高分组	47	4.19	
6	低分组	46	2.33	17.639**	16	低分组	46	2.72	13.531**
	高分组	47	4.55			高分组	47	4.55	
7	低分组	46	2.63	12.598**	17	低分组	46	3.07	7.379**
	高分组	47	4.28			高分组	47	4.17	
8	低分组	46	2.54	14.618**	18	低分组	46	2.39	12.506**
	高分组	47	4.34			高分组	47	4.02	
9	低分组	46	3.09	7.045**					
	高分组	47	4.23						

注："**"表示双侧检验具有高度显著性。

2. 题项与量表总分相关性检验

相关性高低可以作为题项保留与否的重要指标。某一特定量表，其中的题项与总量表的相关性较高，该题项与整体的同质性就较高，其内容与研究特质很接近。通常，如果题项与量表总体相关系数未达到 0.4，则考虑将其删除[①]。通过 SPSS21.0 软件的相关性检验，量表的 18 个题项与总量表的相关系数介于 0.519 至 0.829 之间，均达到了 0.4，因此全部予以保留（见表 2-8）。由此形成《贵州民族地区中学体育教师职业认同量表》（第一稿），进入后续探索性因子分析。

表 2-8 职业认同量表（初始稿）各题项与量表的相关性检验结果

编号	与总量表得分的相关系数	编号	与总量表得分的相关系数
1	0.526**	10	0.607**
2	0.519**	11	0.604**
3	0.543**	12	0.688**
4	0.548**	13	0.819**
5	0.744**	14	0.712**
6	0.829**	15	0.774**
7	0.736**	16	0.757**
8	0.785**	17	0.608**
9	0.537**	18	0.777**

注："**"表示具有高度显著性。

（二）效度检验

经过鉴别度检验之后，《贵州民族地区中学体育教师职业认同量表》（初始稿）中的 18 个题项全部保留下来，形成了《贵州民族地区中学体育教师职业认同量表》（第一稿）。接下来将进行效度检验，首先进行探索性因子分析，之后作聚合效度和区分效度检验。

1. 探索性因子分析

将经过鉴别度检验之后形成的《贵州民族地区中学体育教师职业认同量表》（第一稿）进行整理形成问卷并发放，对回收的 258 份有效应答问卷的数据（数据 2）进行探索性因子分析。在 SPSS21.0 的"Analyze"模块的"Factor

---

[①] 姚继伟. 城市社区体育公共服务公众满意度测评理论与实证研究[D]. 福州：福建师范大学，2013.

Analysis"进行参数量的勾选，采用主成分分析法求得因子分析的初始解，再经过正交旋转获得最终的因子载荷矩阵。

解读因子分析输出结果的第一步，是查验所调查的数据是否适合做因子分析。在 SPSS21.0 软件中，实施探索性因子分析的第一步就是对所获取数据进行探测，以确定其是否适合做探索性因子分析。软件提供了巴特利特球形检验（Bartlett's Test of Sphericity）、KMO 检验（Kaiser-Meyer-Olkin Measure of Sampling Adequacy）这两个指标来判断所获数据是否可以做因子分析。在 SPSS 软件的探索性因子分析输出结果中，包含了巴特利特球形检验、KMO 检验的输出值。巴特利特球形检验取决于统计量的显著性，KMO 检验取决于统计量的数值范围。依据 Kaiser（1974）的观点，KMO 值介于 0.8 至 1 之间，说明样本数据适合做探索性因子分析[1]。

本次操作中，将"数据 2"中的贵州民族地区中学体育教师职业认同数据进行探索性因子分析。首先进行巴特利特球形检验、KMO 检验。表 2-9 是巴特利特球形检验、KMO 检验的具体结果。可以看见，KMO 检验值为 0.859。而巴特利特球形检验具有高度显著性（小于 0.01）。说明 18 个题项具有相似的特质，在后续进行的探索性因子分析中，能够借助主成分分析的方法，从中综合得出反映各题项共同特征的公因子变量。

表 2-9　职业认同量表（第一稿）KMO 检验与巴特利特球形检验

KMO 检验与 Bartlett 球形检验			
Kaiser-Meyer-Olkin 检验			0.859
Bartlett 球形检验		近似卡方	2.799
		自由度	153
		显著性	0.000

表 2-10 是探索性因子分析所提取的因子初始解和因子旋转结果。根据表中的信息可知，"Initial Eigenvalues（初始解）"栏是经过主成分分析法进行的探索性因子分析的初始解。"Extraction Sums of Squared Loadings（特征值大于 1 的因子）"这一栏是特征值大于 1 的因子信息，"1"是在 SPSS 软件因子分析模块中设定的，表示系统输出的统计结果中，将呈现出特征值大于 1 的

---

[1] 梅雪雄. SPSS 在体育统计中的应用[M]. 北京：人民体育出版社，2008：344.

因子。"Rotation Sums of Squared Loadings（转轴后的信息）"一栏是经过正交旋转之后，所提取的 4 个因子的信息。从表 2-10 信息可知，经过探索性因子分析，特征值大于 1 的有 4 个因子。转轴之前，这 4 个因子的特征值分别为 7.257、2.009、1.917、1.221。转轴之后的特征值分别为 3.724、3.211、3.001、2.468。转轴后，4 个公因子的方差贡献率依次为 20.688、17.836、16.675、13.714。提取的 4 个公因子，累计方差贡献率为 68.912%，表明 4 个公因子可以解释原始变量总方差的 68.912%。

在项目分析之后，得到保留的职业认同 18 个题项经过探索性因子分析后，组成了能够适合于贵州民族地区中学体育教师职业认同的基本结构，其题项内容、因子载荷、共同度的信息见表 2-11。从表中具体信息可以看出，各题项在所属公因子上的载荷最小值为 0.558，最大值为 0.882，均大于 0.4。18 个题项的共同度，最小值为 0.491，最大值为 0.843，说明经过修正之后形成的《贵州民族地区中学体育教师职业认同量表》（第二稿）有着较好的建构效度。

表 2-10 职业认同量表（第一稿）的因子提取和因子旋转结果

成分	初始特征值			提取平方和载入			旋转平方和载入		
	特征值	解释方差/%	累计解释方差/%	特征值	解释方差/%	累计解释方差/%	特征值	解释方差/%	累计解释方差/%
1	7.257	40.316	40.316	7.257	40.316	40.316	3.724	20.688	20.688
2	2.009	11.162	51.478	2.009	11.162	51.478	3.211	17.836	38.524
3	1.917	10.649	62.127	1.917	10.649	62.127	3.001	16.675	55.199
4	1.221	6.785	68.912	1.221	6.785	68.912	2.468	13.714	68.912
5	0.771	4.286	73.198						
6	……	……	……						

表 2-11 职业认同量表（第一稿）探索性因子分析之后的题项内容、因子载荷、共同度

题项	各题项在公因子上的载荷				共同度
	F1	F2	F3	F4	
15 我对体育教育工作投入很多，现在不容易更换职业	0.869				0.797
14 我认为教师接受体育专业训练后，不应该随便换职业	0.831				0.800
17 体育教师应该有终身学习的观念	0.772				0.652

续表

题 项	各题项在公因子上的载荷				共同度
	F1	F2	F3	F4	
18 我愿意做一些对学生有利，但不一定有报酬的工作	0.703				0.614
10 我乐意参加教研活动和业务学习	0.591				0.491
16 我因为喜欢体育才成为体育教师	0.558				0.625
12 我要通过工作，培养学生对体育的兴趣		0.839			0.744
8 我乐意与同事交流教学心得		0.816			0.771
7 我希望通过我的努力，使体育工作得到学校更多的关注		0.792			0.687
11 通过我的努力学生在体育方面取得进步，我会非常高兴		0.636			0.597
9 我希望成为一名受学生欢迎的老师		0.629			0.586
2 我能够完成体育教师的各项工作			0.865		0.808
3 我掌握的知识和技能能够满足教学的要求			0.772		0.718
1 在工作中遇到一些问题，我相信自己有能力解决			0.766		0.663
4 我是一名非常称职的体育教师			0.623		0.589
5 在工作中，我感到很快乐				0.882	0.843
6 体育教师的工作充满了激情和活力				0.801	0.773
13 我觉得投身体育工作是一件很有意义的事情				0.671	0.644

注：为更清晰地呈现量表修正过程，表中题项序号保持原始稿的序号。

根据正交旋转后的因子方差贡献率和特征值大小排序：因子一包括 15、14、17、18、10、16 这 6 个题项，因子二包括 12、8、7、11、9 这 5 个题项，因子三包括 2、3、1、4 这 4 个题项，因子四包括 5、6、13 这 3 个题项。从整体上看，修正后的量表中，原量表的"持续认同"和"投入认同" 2 个因子合并为 1 个因子，即 14、15、16、10、17、18，在本次修正中归于一个因子中。这四个公因子将作为贵州民族地区中学体育教师职业认同的 4 个维度。

之前，作者对周珂博士编制的《体育教师职业认同量表》进行修正。结果显示，原来量表中的"持续认同"和"投入认同"合并为一个因子，为"持续认同"。15、14、16 这 3 个题项体现了当地中学体育教师在长期工作中稳定的认知评价和情感体验，而17、18、10这3个题项则体现了当地中学体育教师对当地中学体育教育教学保持的长期行为倾向。这6个题项总体上体现了当地中学体育教师对自己所从事职业的认知，之后产生了情感体验，并且通过业务学习和培训等行为来保证自己对当地中学体育教学岗位的胜任匹配。因此，将这6个题项组成的因子二称为"持续认同"[①]。其他3个因子内部题项没有发生改变。4个公因子，按照因子方差贡献率和特征值大小的顺序，因子一为"价值认同"，包括12、8、7、11、9题；因子二为"持续认同"，包含15、14、17、18、10、16题；因子三为"能力认同"，包括2、3、1、4题；因子四为"情感认同"，包括5、6、13题。

由于两次修正的公因子均为4个，且各公因子内部题项数目不变，因此本次修正，4个公因子的称谓依然沿用。整体上看，在各公因子的排序、公因子内部题项排序方面，前后两次修正的结果还是有一定程度的变化。在公因子排序方面，两次修正都根据因子方差贡献率和特征值大小来确定各因子的排序，本次修正，"持续认同"排到了第一位，其后依次为"价值认同""能力认同""情感认同"。在公因子内部题项排序方面，本次修正除了"情感认同"，其他3个公因子内部题项的顺序皆发生了较大变化。出现这些差异，可能与本次修正所用样本量大于第一次研究的样本量有关。

将本次修正的结果与原量表及第一次修正结果相对照[②]可知，两次修正，原量表题项的因子归属发生的改变是一致的，而且没有题项被删除。这说明了周珂博士编制的《中学体育教师职业认同量表》在我国其他地方的运用，具有较高的普适性、稳定性。同时，前后两次修正，公因子数目及各自内部的题项不变，也可以看出作者前后两次修正的合理性，更加说明了《中学体育教师职业认同量表》在贵州民族地区的普适性。

2. 聚合效度检验和区分效度检验

在SPSS数据库中，打开"数据2"，按照探索性因子分析所保留的职业认同的18个题项的因子归属，计算职业认同量表的总分及下属各维度的总分。之后，进行各量表之间的相关性分析、各量表与总量表之间的相关性分析。

---

① 陈祖学，曲静. 贵州民族地区中学体育教师职业认同总体特征的实证与分析[J]. 曲阜师范大学学报（自然科学版），2020，46（2）：96-102.
② 周珂. 体育教师职业认同的结构与量表编制研究：以中学体育教师为例[J]. 北京体育大学学报，2012，35（3）：93-98.

结果如表 2-12。各维度之间的相关系数介于 0.299 至 0.523 之间，各维度与总量表之间的相关系数介于 0.706 至 0.852 之间。能力认同与情感认同相关系数小于 0.3，但无限接近 0.3 且具有高度显著性，其他相关系数均大于 0.3 且具有高度显著性，同时 4 个维度之间的相关系数均小于这 4 个维度与职业认同总量表之间的相关系数，说明 4 个维度之间具有一定的同质性，但因为自身的特征而有所区别。总之，探索性因子分析后的贵州民族地区中学体育教师职业认同量表，其区分效度和聚合效度良好。

表 2-12 职业认同量表（第二稿）的相关系数矩阵

	持续认同	价值认同	能力认同	情感认同	量表总体
持续认同	1				
价值认同	0.445**	1			
能力认同	0.523**	0.453**	1		
情感认同	0.519**	0.483**	0.299**	1	
量表总体	0.852**	0.761**	0.741**	0.706**	1

注："**"表示具有高度显著性。

（三）信度检验

通过 SPSS21.0 软件的"Scale"模块对修正后的量表进行 Cronbach's Alpha 系数和 Spearman-Brown 分半系数的检验，详见表 2-13。4 个维度的 Cronbach's Alpha 系数介于 0.830 至 0.878 之间，4 个维度的 Spearman-Brown 分半系数介于 0.769 至 0.871 之间。职业认同量表总体的 Cronbach's Alpha 系数为 0.910，Spearman-Brown 分半系数为 0.826。这些统计量均达到了良好的范围，说明职业认同量表（第二稿）信度上佳。从严谨角度而言，经过探索性因子分析、聚合效度区分效度分析、信效度分析之后形成的《贵州民族地区中学体育教师职业认同量表》（第二稿）由于还没有经过验证，还不能真正成为贵州民族地区中学体育教师职业认同测评量表，需要进行下一步的验证分析。

表 2-13 职业认同量表（第二稿）信度检测

	持续认同	价值认同	能力认同	情感认同	量表总体
题项数目	6	5	4	3	18
Cronbach's Alpha	0.878	0.852	0.830	0.843	0.910
Spearman-Brown	0.871	0.789	0.860	0.769	0.826

（四）验证性因子分析

经过探索性因子分析之后的《贵州民族地区中学体育教师职业认同量表》（第二稿），其模型结构得到了探索性因子分析检测结果的有力支撑。但其是否与来自当地中学体育教师职业认同的实际情况具有统计学意义上的契合度呢？对此，还需要进行验证性因子分析。

启动 SPSS21.0，打开"数据3"，为了在验证性因子分析结果中给读者清晰地呈现出原量表 18 个题项在本次的验证模型所属公因子上的载荷，本次统计得出的模型图中仍然保留各个题项的原始编号。整理好数据之后启动 AMOS26.0，从 SPSS21.0 导入"数据3"，建立结构方程模型图。启动估计运算（Calculate estimate）之后，在模型与样本数据匹配成功（OK：Default model）的基础上，查看量表的验证性因子分析结果图（图 2-1）和拟合指标输出结果报表（表 2-14）。表 2-14 是贵州民族地区中学体育教师职业认同各验证性因子分析的模型适配度摘要表，9 个指标中，所有指标全部达到了可接受的范围，其中的 χ^2/df、CFI、IFI 这 3 个指标还达到了优秀标准。GFI、AGFI、NFI、CFI、IFI、TLI 这 6 个指标同时大于 0.7，这样的模型拟合情况，说明贵州民族地区中学体育教师职业认同的测评量表，即《贵州民族地区中学体育教师职业认同量表》（第二稿）与实际调查数据之间的契合度较好。

从图 2-1 中可以看出，在贵州民族地区中学体育教师职业认同的整体测评模型中：持续认同因子中，6 个题项的因子载荷介于 0.607 至 0.753 之间；价值认同因子中，5 个题项的因子载荷介于 0.383 至 0.857 之间；能力认同因子中，4 个题项的因子载荷介于 0.608 至 0.788 之间；沟通与交流因子中，3 个题项的因子载荷介于 0.737 至 0.916 之间。所有题项的因子载荷均大于 0.32，只有题项 11 的因子载荷的估计值为 0.382，其余的均大于 0.4。在"Estimates/Bootstrap"下属的"Bias-corrected percentile method"中，可以看到 95%置信区间的显著性概率值，题项 11 具有显著性（表 2-15）。

经过验证性因子分析之后，数据结果支持《贵州民族地区中学体育教师职业认同量表》（第二稿）是与当地中学体育教师的实际情况相契合的。验证性因子分析之后的量表可以作为贵州民族地区中学体育教师职业认同的最终测评量表。虽然验证性因子分析中，没有题项被删除，最终的量表可以采用第二稿的结构进行排列，但为呈现出量表的整个修正过程，《贵州民族地区中学体育教师职业认同量表》(正式稿)还是兼顾《贵州民族地区中学体育教师职业认同量表》的探索性因子分析和验证性因子分析的相关数据来确定其各维度及题项的布局。具体来讲,正式稿中 4 个维度的顺序将按照探索性因子分析中 4 个公因子的特征值和方差贡献率的大小顺序进行排设。每个公因子内部各个题项顺序,将按照验证性因子分析结果中,因子内部各题项在该公因子上的载荷大小顺序来进行排列。为清晰呈现出题项在修正过程中的变化情况,表 2-16 罗列出了具体过程。

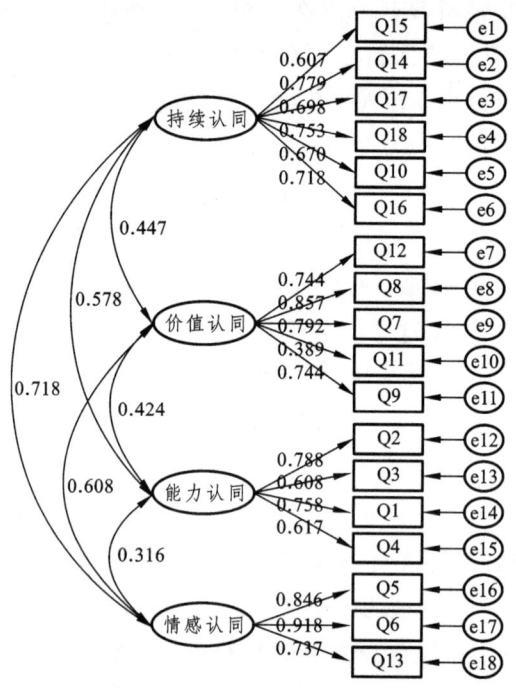

图 2-1 职业认同量表(第二稿)结构方程模型验证结果图
Chi-square=359.950(*p*=0.000); DF=129; RMSEA=0.079

表 2-14 职业认同量表(第二稿)验证性因子分析模型适配情况

拟合指标	GFI	AGFI	SRMR	RMSEA	NFI	CFI	IFI	TLI	χ^2/df
所测指标值	0.883	0.845	0.076	0.079	0.865	0.908	0.909	0.891	2.790

在非标准化参数中,持续认同因子 6 个题项的误差项估计系数介于 0.167 至 0.533 之间;价值认同因子 5 个题项的误差项估计系数介于 0.1 至 0.412 之间;能力认同因子 4 个题项的误差项估计系数介于 0.239 至 0.396 之间;情感认同因子 3 个题项的误差项估计系数介于 0.124 至 0.322 之间。模型中的所有

误差项估计系数均为正数，提示模型没有违反模型基本适配度检验标准。

表2-15 职业认同量表（第二稿）题项11的因子载荷显著性检验

题项（按照初始量表中的题项序号）	题项在所属因子的载荷		95%置信区间检验显著性
	所属维度	载荷	
11 通过我的努力学生在体育方面取得进步，我会非常高兴	价值认同	0.382	0.000

表2-16 职业认同量表修正过程中其题项序号及维度归属的变化一览表

正式稿中各题项及其编号	所属维度	题项编号	
		第一次修正后	原量表编号
1 我认为教师接受体育专业训练后，不应该随便换职业	持续认同	7	14
2 我愿意做一些对学生有利，但不一定有报酬的工作	持续认同	9	18（投入认同）
3 我因为喜欢体育才成为体育教师	持续认同	10	16
4 体育教师应该有终身学习的观念	持续认同	8	17（投入认同）
5 我对体育教育工作投入很多，现在不容易更换职业	持续认同	6	15
6 我乐意参加教研活动和业务学习	持续认同	11	10（投入认同）
7 我乐意与同事交流教学心得	价值认同	1	8
8 我希望通过我的努力，使体育工作得到学校更多的关注	价值认同	4	7
9 我要通过工作，培养学生对体育的兴趣	价值认同	3	12
10 我希望成为一名受学生欢迎的老师	价值认同	2	9
11 通过我的努力学生在体育方面取得进步，我会非常高兴	价值认同	5	11
12 我能够完成体育教师的各项工作	能力认同	12	2
13 在工作中遇到一些问题，我相信自己有能力解决	能力认同	13	1
14 我是一名非常称职的体育教师	能力认同	15	4
15 我掌握的知识和技能能够满足教学的要求	能力认同	14	3
16 体育教师的工作充满了激情和活力	情感认同	17	6
17 在工作中，我感到很快乐	情感认同	16	5
18 我觉得投身体育工作是一件很有意义的事情	情感认同	18	13

注：本表中的"第一次修正"，是指作者2018年对《中学体育教师职业认同量表》进行的修正。

以《中学体育教师职业认同量表》为贵州民族地区中学体育教师职业认同的初始量表，对问卷调查所获数据进行项目分析，无题项删除。进行探索性因子分析、区分效度和聚合效度分析，结果仍无题项删除。修正之后的量表效度良好。对 18 个题项进行 Cronbach's Alpha 系数和 Spearman-Brown 分半系数的检验，结果显示修正后的量表具有很好的信度。对探索性因子分析形成的测评模型进行验证性因子分析，结果显示测评模型具有较好的拟合度。因此，经修正而成的测评模型适合作为贵州民族地区中学体育教师职业认同调查的测评工具，为便于表述，在此为量表赋予"贵州民族地区中学体育教师职业认同量表（正式稿）"的称谓。

第三节　贵州民族地区中学体育教师胜任力量表

有关我国中学体育教师胜任力的研究成果丰硕，但将这些研究成果应用到我国民族地区中小学体育教师胜任力的相关研究却鲜有报道。而基于民族地区基础教育阶段学校体育教师胜任力量表的建构研究更是少之又少。当前，立足贵州民族地区的实际情况，基于胜任力的视角对当地中小学体育教师岗位素质进行较为全面的研究才开始起步。

笔者 2013 年在贵州民族地区高校参加工作，曾搜寻各种资料，没有发现相关研究报告。从 2015 年开始，笔者利用他人编制的量表调查了贵州民族地区中学体育教师胜任力现状。在 2016 年，笔者开始着手建构贵州民族地区中小学体育教师胜任力的测评体系，获得了当年贵州省教育厅高校人文社会科学青年课题资助。在梳理国内相关文献的基础上，笔者在贵州民族地区中小学体育教师胜任力的概念界定、理论模型搭建、测评量表建构等方面进行了大胆的尝试[1][2]。《贵州民族地区中小学体育教师胜任力量表》立足对当地中小学体育教师的调查而编制，可以作为当地中小学体育教师胜任力的调查工具。但由于该量表是针对贵州民族地区中小学体育教师胜任力的量表且存有些许待完善之处（后续有详细表述），因此，本研究需要立足《贵州民族地区中小

---

[1] 陈祖学. 贵州民族地区中小学体育教师胜任力模型建构[J]. 曲阜师范大学学报（自然科学版），2018，44（3）：92-96.
[2] 陈祖学，曲静. 贵州民族地区中小学体育教师胜任力量表的编制[J]. 安徽体育科技，2019，40（2）：64-67，79.

学体育教师胜任力量表》的原始题项，完善部分题项的内容，通过调查贵州民族地区中学体育教师，对贵州民族地区中学体育教师胜任力测评量表进行建构。因此，针对《贵州民族地区中小学体育教师胜任力量表》的"修正"，不是基于原来量表的修正，而是一次完整的建构。

为了让读者更加清晰地了解前期研制的《贵州民族地区中小学体育教师胜任力量表》。在建构《贵州民族地区中学体育教师胜任力量表》之前，有必要对《贵州民族地区中小学体育教师胜任力量表》的研制过程进行概述。

一、《贵州民族地区中小学体育教师胜任力量表》的研制过程

（一）贵州民族地区中小学体育教师胜任力的理论模型

贵州民族地区中小学体育教师胜任力是指贵州民族地区中小学体育教师具备的能在其教学岗位上根据当地实际情况创造出教学业绩且能甄别出优秀表现者和一般表现者的特征，这些特征通过当地中小学体育教师的知识、技能、个性、自我认知、态度、动机和职业价值观等具体地体现出来。胜任力具备岗位性、甄别性、可测量性等特征。在理论模型的指导下进行测评量表的建构是胜任力研究较为成熟的步骤。

笔者以中小学体育新课程标准为理论依据，以国家关于师资队伍建设相关文件为政策依据，以贵州民族地区城乡建设与发展的状况为现实依据，确定47个当地中小学体育教师胜任特征的初始指标。以从事体育教学研究的专家和当地一线中小学体育教师及教育行政部门的体育科室人员为调查对象，让其在47个指标中选择。利用帕雷托分析法，将进入累积频数80%的指标作为贵州省民族地区中小学体育教师胜任特征的初步指标，共34项，整理如表2-17。

在对学校体育学领域的专家、当地部分县市教育局和文体局科室人员、中小学校长、体育教研组负责人调查访谈的基础上，结合黔人社厅通〔2014〕374号文件中的职称评审条件、国办发〔2015〕43号、《贵州省乡村教师支持计划实施办法（2015—2020年）》等文件，确定了贵州省民族地区高绩效中小学体育教师的标准。符合以下标准之一即为高绩效中小学体育教师：（1）获得省级及以上骨干教师、学科带头人、优秀教师、教学优秀奖、优秀论文等称号或奖项；（2）经常指导学生训练，在地市及以上级别的运动竞赛中获得前三奖项；（3）担任地市（州）级体育教育协会负责人，或者省以上级别的

体育协会会员；（4）主持地厅及以上级别课题；（5）担任乡村名师工作室负责人。

表 2-17　贵州民族地区中小学体育教师胜任特征的初步指标

具体内容
持之以恒、传承民族体育文化、基础理论、教学风格、教学经验、教学总结反思能力、开拓创新、民族体育技术与知识、民族体育课程资源开发能力、体育教学设计能力、体育教学实施能力、仪表仪态、语言表达能力、运动技术、尊重理解学生、体育教学评价能力、关爱学生、职业理念、立德树人、爱岗敬业、沟通交流、贯彻教育方针、教学组织、教书育人、体育教学认知、因地制宜、教育理念、为人师表、专业知识、公正公平、课余训练知识与方法、心理素质、尊重民风民俗、终身学习

注：表格引自陈祖学《贵州民族地区中小学体育教师胜任力模型建构》，载《曲阜师范大学学报（自然科学版）》2018 年第 3 期。

将 47 个初始指标采用 Likert5 点记分法提请专家和当地一线体育教师进行选择。选择强度在 4 分及以上的题项有 21 项，这些题项形成了当地高绩效中小学体育教师的胜任特征体系。一般绩效者具备的胜任特征高绩效者也须具备，因此初步指标中剩下的 16 项指标为贵州省民族地区中小学体育教师一般绩效者和高绩效者共有的特征，理论模型具体见表 2-18。

表 2-18　贵州民族地区中小学体育教师胜任力理论模型

胜任特征类型	具体指标
共同胜任特征	持之以恒、传承民族体育文化、基础理论、教学风格、教学经验、教学总结反思能力、开拓创新、民族体育技术与知识、民族体育课程资源开发能力、体育教学设计能力、体育教学实施能力、仪表仪态、语言表达能力、运动技术、尊重理解学生、体育教学评价能力
高绩效胜任特征	关爱学生、职业理念、立德树人、爱岗敬业、沟通交流、贯彻教育方针、教学组织、教书育人、体育教学认知、因地制宜、果敢坚毅、人文关怀、教育理念、为人师表、专业知识、公正公平、课余训练知识与方法、心理素质、尊重民风民俗、包容体谅、终身学习

注：表格引自陈祖学《贵州民族地区中小学体育教师胜任力模型建构》，载《曲阜师范大学学报（自然科学版）》2018 年第 3 期。

（二）《贵州民族地区中小学体育教师胜任力量表》的编制过程

1. 项目分析

根据贵州民族地区中小学体育教师胜任力的理论模型及国内相关文献，

建立初始题（见表 2-19），共包含 68 个题项，题项采用李克特五点计分法，经过当地一线中小学体育教师及专家对各题的可读性、准确性进行校正，之后形成初始问卷。经过 3 轮问卷调查获得数据，分别用于项目分析、探索性因子分析和验证性因子分析。

表 2-19 《贵州民族地区中小学体育教师胜任力量表》的初始题集

题号	题项内容	题号	题项内容
1	我在体育教学中感到很满足，乐于投入其中	15	我不认为自己的能力比其他同事低
2	我所授课曾经被评为示范课或优质课	16	我经常上网或是阅读书报获取体育教学的最新信息
3	学生不注意运动安全，再怎么强调也没有用	17	我能根据自己工作的需要选择自己的学习内容
4	我经常观摩各种体育说课竞赛，且认真做好笔录	18	我经常与他人合作进行教学探讨
5	我认为民族地区体育教学工作是培养人的重要活动	19	面对大量的信息，我知道哪些是我所需要的
6	我时常设法与学生交流，了解他们的学习情况	20	我利用学生健康档案袋，分析每位学生的健康状况
7	我经常给学生讲解体育技术的原理及锻炼方法	21	我能客观分析和认识自己上课存在的问题并完善
8	我熟悉体育健康课程标准的各个领域目标	22	我的示范动作常能激起学生练习的热情
9	我经常抽出一定时间学习，提升自己	23	我能根据场地、器材和学生情况合理安排分组练习
10	我能在工作之余进行体育以外的知识学习	24	在给学生讲授新技术之前，我都要进行技术动作的复习
11	我喜爱当前从事的体育教学工作	25	我经常在网上查阅学生喜爱的体育运动的视频
12	我经常安排时间让学生进行讨论和比赛	26	我会用多媒体屏幕将不能做示范的动作展示给学生
13	我总能让学习兴趣不高的学生投入到体育学习中来	27	我会挤出时间搜集学生喜欢的项目，之后传授给他们
14	我能根据不同的情况选用适合的动作示范方式	28	尽管太阳很大，但我还是面向太阳上课

续表

题号	题项内容	题号	题项内容
29	我会将本地民族传统体育作为体育课教学内容	46	我经常参加各种级别的裁判工作
30	我所训练学生在县级及以上比赛中获得较好名次	47	我能根据学生个性特征采用不同语言方式与之沟通
31	我能较好地策划、组织学校师生的文体活动	48	我经常自愿承担各种分外的工作
32	我经常对学生进行课堂常规教育	49	在学校体育工作中我总以学生身心健康发展为己任
33	学生在我的体育课上表现活跃且秩序井然	50	与同事发生误会，我会主动沟通交流以消除误会
34	我参加过县市及以上级别的教学比赛，并获得优胜	51	我经常与体育同行交流自己对体育教学的看法
35	我认为学生需要锻炼并经常指导他们怎样锻炼	52	我经常向校领导汇报、交流体育教学情况
36	我给学生讲解动作技术要领，语言清楚、具体而简洁	53	学生上课消极胆怯时，我会和他们一起完成动作
37	我总是不满足自己的教学现状、方法与手段	54	我更侧重于考核学生在体育课堂上的表现
38	我时常注意留守学生在体育课堂上的感受	55	每当下课后，我都会总结当次课学生的学习情况
39	我有责任让留守学生在体育课上获得快乐的体验	56	在讲授本地传统体育时，我总会告诉学生其历史
40	我经常写论文发表观点，表达自己对体育教学的理解	57	我觉得自己从事的工作对民族地区有意义
41	我积极学习新的运动技能并能够满足教学需要	58	我愿意在民族地区继续从事体育教育工作
42	我的口令表达清晰准确，声音洪亮	59	我能克服工作中的各种困难并励志做得更好
43	我经常在一些报刊上发表体育类论文	60	我经常将当地传统体育改编之后纳入体育课堂教学
44	不管刮风下雨、风吹日晒，我都坚持上好体育课	61	每次上课前我都要将场地器材安全地布置
45	我积极参加中小学体育教师的各种再培训	62	我能较好地处理教学中出现的偶发事件

续表

题号	题项内容	题号	题项内容
63	我经常锻炼，始终保持较好的运动技能水平	66	我经常参加一些体育教改课题的研究
64	课堂上我能及时发现学生练习时的问题并及时调整	67	我会反思每次上课的情况并及时改正和完善
65	我能较好地完成学校布置的群体活动的组织工作	68	我在体育教学中尊重少数民族学生风俗习惯

经过项目分析，第3、28和37题被剔除，题项与总分相关性不具显著水平的题项，被删除，包括第2、8、9、13、14、15、17、20、21、22、23、24、25、29、32、38、40、41、42、44、47、49、54、55、56、58、61、62、63这29个题项。剩余36个题项组成贵州民族地区中小学体育教师胜任力的初始量表随之进入探索性因子分析。

2. 探索性因子分析

通过主成分分析法和正交转轴法进行探索性因子分析。将变量共同度大于0.2、因子方差贡献（特征值）大于1、主轴旋转因子载荷大于0.4、公因子项目数不低于3这4个指标作为保留题项的依据。结果变量共同度值最小为0.406，多数值在0.55至0.70之间，远远高于0.2的标准，因子方差贡献大于1的公因子共有4个，每个公因子题项数目介于3至11之间，每个题项在所属公因子上的载荷介于0.453至0.765之间。4个因子的累计方差贡献率为60.664%，大于60%，因此本次提取的4个公因子，其建构效度较好。4个因子分别命名为"教学能力""职业坚守与沟通交流能力""探索与发现能力""自我反思与学习能力"（见表2-20）。

表2-20 《贵州民族地区中小学体育教师胜任力量表》的探索性因子分析结果

题项	各题项在公因子上的载荷				共同度
	F1	F2	F3	F4	
33 学生在我的体育课上表现活跃且秩序井然	0.453				0.406
27 我会挤出时间搜集学生喜欢的项目，之后传授给他们	0.562				0.628
12 我经常安排时间让学生进行讨论和比赛	0.575				0.664

续表

题 项	各题项在公因子上的载荷				共同度
	F1	F2	F3	F4	
64 课堂上我能及时发现学生练习时的问题并及时调整	0.576				0.561
26 我会用多媒体屏幕将不能做示范的动作展示给学生	0.618				0.518
19 面对大量的信息,我知道哪些是我所需要的	0.626				0.609
35 我认为学生需要锻炼并经常指导他们怎样锻炼	0.652				0.696
6 我时常设法与学生交流,了解他们的学习情况	0.661				0.539
36 我给学生讲解动作技术要领,语言清楚、具体而简洁	0.663				0.609
31 我能较好地策划、组织学校师生的文体活动	0.702				0.565
7 我经常给学生讲解体育技术的原理及锻炼方法	0.713				0.611
51 我经常与体育同行交流自己对体育教学的看法		0.487			0.47
5 我认为民族地区体育教学工作是培养人的重要活动		0.528			0.596
39 我有责任让留守学生在体育课上获得快乐的体验		0.562			0.575
18 我经常与他人合作进行教学探讨		0.578			0.542
50 与同事发生误会,我会主动沟通交流以消除误会		0.582			0.545
11 我喜爱当前从事的体育教学工作		0.627			0.684
53 学生上课消极胆怯时,我会和他们一起完成动作		0.632			0.704
52 我经常向校领导汇报、交流体育教学情况		0.643			0.689
59 我能克服工作中的各种困难并立志做得更好		0.715			0.655
45 我积极参加中小学体育教师的各种再培训		0.739			0.695
57 我觉得自己从事的工作对民族地区有意义		0.765			0.688
66 我经常参加一些体育教改课题的研究			0.530		0.554

续表

题 项	各题项在公因子上的载荷				共同度
	F1	F2	F3	F4	
43 我经常在一些报刊上发表体育类的论文			0.732		0.625
60 我经常将当地传统体育改编之后纳入体育课堂教学			0.774		0.682
10 我能在工作之余进行体育以外的知识学习				0.483	0.637
16 我经常上网或是阅读书报获取体育教学的最新信息				0.510	0.568
4 我经常观摩各种体育说课竞赛,且认真做好笔录				0.661	0.585
67 我会反思每次上课的情况并及时改正和完善				0.730	0.695
特征值	5.948	5.517	3.223	2.905	
累计方差贡献率/%	20.509	19.025	11.112	10.018	60.664

注：表格引自陈祖学《贵州民族地区中小学体育教师胜任力量表的编制》，载《安徽体育科技》2019 年第 2 期。

《贵州民族地区中小学体育教师胜任力量表》中，各公因子及总量表的 Cronbach's Alpha 系数介于 0.695 至 0.944 之间，其分半系数介于 0.631 至 0.901 之间，各公因子之间的相关系数介于 0.575 至 0.642 之间，各公因子与总量表之间的相关系数介于 0.787 至 0.894 之间。因此，编制的结构效度较好。

3. 验证性因子分析

《贵州民族地区中小学体育教师胜任力量表》的验证性因子分析中，笔者选择 χ^2（CMIN）、df、χ^2/df、GFI、AGFI、CFI、NFI、PGFI 和 RMSEA 作为适配度指标。经过 AMOS26.0 运算之后结果表明，各题项在所属公因子上的载荷介于 0.44 至 0.76 之间，均大于 0.3。该模型 χ^2/df 值为 2.550。GFI、AGFI、CFI、NFI、PGFI、RMSEA 值均处于可接受范围，模型适配度完全可接受。

（三）《贵州民族地区中小学体育教师胜任力量表》的简要评析

通过鉴别度分析、探索性因子分析、验证性因子分析等步骤，证明笔者编制的《贵州民族地区中小学体育教师胜任力量表》，具有较好的信度和效度。但在量表编制并发表之后，笔者及当年课题组成员在与贵州民族地区中小学体育教师交流及在咨询从事学校体育学研究的高校教师的过程中，发现原量表存有尚待完善之处。具体表现在高绩效教师标准需要完善与拓展，少数题项表达需更加具体，少数题项的归属有待商榷。

出现这些问题的可能原因：首先，用于探索性因子分析的问卷调查对象以黔东南、黔南、黔西南3个民族自治州首府所在城市的中小学体育教师居多，而在具体的县（市）乡镇发放的份额偏低。其次，少数题项的表达方式欠细致，也可能影响调查对象在填写问卷时的选择。本研究的调查对象是当地中学体育教师，因此，为了较为全面、真实地反映贵州民族地区中学体育教师胜任力的信息，需要以当地中学体育教师为调查对象，建构一份《贵州民族地区中学体育教师胜任力量表》。

二、《贵州民族地区中学体育教师胜任力量表》的建构

在《贵州民族地区中小学体育教师胜任力量表》的基础上进行修正可以获得《贵州民族地区中学体育教师胜任力量表》，但基于前述原因，应该建构一份《贵州民族地区中学体育教师胜任力量表》。

既然是建构一份针对贵州民族地区中学体育教师胜任力的测评量表，就不能在《贵州民族地区中小学体育教师胜任力量表》的基础上进行修正，而是在之前研究的初始题集上进行建构。首先将《贵州民族地区中小学体育教师胜任力量表》初始题集中少部分题项的表述进行完善，使之内容效度更好。其次对完善后的68个题项进行鉴别度分析、效度分析、信度分析。

（一）《贵州民族地区中小学体育教师胜任力量表》有待完善的具体内容

将《贵州民族地区中小学体育教师胜任力量表》初始题集及高绩效教师标准递交给5位专家审核。其中1位专家系长期从事学校体育研究的高校教授、硕士研究生导师、体育学院副院长。2位专家为从事体育人文社会学质性研究的体育学博士、专业体育院校副教授。2位专家为从事文字研究的贵州民族地区高校副教授。同时，咨询了11位贵州省黔西南布依族苗族自治州一线体育教师，请他们对内容完善之后的初始题集进行阅读，以此查验完善后的初始题集是否存有读不通、读不懂或是不理解的表达。需要完善之处具体有如下3方面。

1. 高绩效教师标准需要完善与拓展

（1）原指标中，"获得省级及以上骨干教师、学科带头人、优秀教师、教学优秀奖、优秀论文等称号或奖项"需要完善。这样的标准其实是晋升中小学教师高级职称的标准，每年能得到这样称号或者奖励的全省中学体育教师极少，民族地区中学体育教师就更少。建议将"省级及以上"修改为"地厅级及以上"。如果有集体获奖，那么增设"集体奖项排前三"。

（2）原指标中，"经常指导学生训练，在地市及以上级别的运动竞赛中获得前三奖项"需要完善。由于诸如篮球、足球等同场对抗类的团体项目竞争激烈，其同时上场参赛的人数众多，训练过程中，技术、战术需要同时兼顾，竞赛过程中临场因素多，作为教练员，当地带队的中学体育教师在此工作中，付出更多。因此建议增列"团体项目取得前五名次"。

（3）原指标中，"主持地厅及以上级别课题"需要完善，应该增列"课题成员排前三"。

归纳起来，贵州民族地区高绩效中小学体育教师标准需要完善，具体如下：① 获得地厅及以上级别骨干教师、学科带头人、优秀教师、优秀工作者等称号；② 获得地厅及以上级别的教学优秀奖、优秀论文等奖项，包括集体奖项排前三；③ 经常指导学生训练，在地市及以上级别的运动竞赛中获得单项前三名奖项、集体项目前五名奖项；④ 担任地市（州）级体育教育协会负责人，或者省以上级别的体育协会会员；⑤ 主持或者作为前三参与人进行地厅及以上级别课题研究；⑥ 担任名师工作室负责人。

2. 少数题项的表达需要进一步清晰具体

经过整理，所咨询的 5 位专家对初始题集的建议如下：贵州民族地区的部分中学的某些学科师资较为匮乏，部分体育教师也在兼任这些科目的任课教师，尤其是进入工作岗位的年轻体育教师。近些年来，这些新进中学体育教师的学历都是本科及以上学历，一旦出现了非体育科目师资紧张的情况，部分学校的体育教师就会临时担任这些科目的任课教师。这其中的部分体育教师由于良好的教学业绩，被学校长期委任非体育科目的教学。因此，原量表的题项 2，即"我所授课曾经被评为示范课或优质课"需要更为具体地表达为"我的体育课曾经被评为示范课或者优质课"。同时，贵州民族地区众多，其中既包括州府所在城市，也包括乡镇地区。为了更为准确地测量出当地中学体育教师对当地体育教育教学事业的归属感,题项58需要更为具体的表述。另外30、48两个题项的表述应该简洁明了。具体完善内容见表2-21。

表2-21 《贵州民族地区中小学体育教师胜任力量表》初始题集部分题项内容的完善

题号	原量表题项内容	完善后的题项内容
2	我所授课曾经被评为示范课或优质课	我的体育课曾经被评为示范课或者优质课
30	我所训练学生在县级及以上比赛中获得较好名次	我训练的学生在县级及以上比赛中获得较好名次
48	我经常自愿承担各种分外的工作	我经常自愿承担学校的各种分外工作
58	我愿意在民族地区继续从事体育教育工作	我愿意继续留在现在的地方从事体育教学工作

3. 少部分题项归属有待商榷

《贵州民族地区中小学体育教师胜任力量表》中一共有4个维度、29个题项。从题项内容来看,多数题项可以作为所属公因子的观察指标。但有少数题项归属值得商榷。原量表通过论文公开发表后,在与同行交流的过程中,多数同行表示原本属于"职业坚守与沟通交流能力"因子的题项,"我积极参加中小学体育教师的各种再培训",从题项表达的内涵上应该归属于当地中学体育教师的在岗培训,属于学习提升方面的能力。初始题集中,涵盖了教师的讲解、示范、纠错、课堂调整、运动训练、多媒体运用等能力,但在原量表中,却没有运动训练的题项。从事体育心理学方向研究的博士提出,从量表的结构来看,其题项分布均衡性较差,即"教学能力""职业坚守与沟通交流能力"2个维度各有11个题项,而"探索与发现能力""自我反思与学习能力"分别只有3个题项、4个题项。但从初始题集中可以看出"探索与发现能力""自我反思与学习能力"这2个方面的题项远不止7项。题项归属有待商榷,题项分布尚待进一步均衡。克服问题的方法就是立足另外的调查样本,在初始题集的基础上建构适合当地中学体育教师胜任力测评的工具。

同时,作者也意识到,《贵州民族地区中小学体育教师胜任力量表》是贵州民族地区中小学体育教师胜任力的测评量表,但本研究的调查对象是贵州民族地区中学体育教师。结合前述信息,为了使贵州民族地区中学体育教师胜任力的测评工具更加全面而细致、科学而严谨,使其能在贵州民族地区具有更加广泛的普适意义,原量表不能直接用于贵州民族地区中学体育教师的调查，需要在原量表初始题集的基础上进行建构。为了将以上完善了的初始题集与《贵州民族地区中小学体育教师胜任力量表》的初始题集区分开来，后续表述中，将内容完善之后的题集称为《贵州民族地区中学体育教师胜任力量表》（初始稿），具体题项见附录1的第二部分。

（二）鉴别度分析

通过项目分析、题项与量表总分相关性检验对初始题集的68个题项进行鉴别度检验。第一次调查、回收的问卷中，有161份有效应答。那么高低分组的理论样本数量是161×27%=43.47，四舍五入，各自为43人。高分组从总量表得分高低排序的第一个样本开始往后数到43，其得分介于251至217之间，但第44个样本得分也是217，那么高分组实际上就是44人。同样，低分组理论上的样本是从量表总得分排名第161位的调查对象往前数至排名第119位的调查对象，分数介于174至198之间，但第118位的样本也是198，那么低分组样本量实际上是44。

1. 项目分析

打开"数据1"，在SPSS21.0软件的数据库中，建立数据，将高分组和低分组总分进行高低排序。对高低分组样本在68个题项上的得分进行T检验，在"分组变量"处，将高分组设置在前，低分组设置在后，这样可以使 T 值为正。之后进行T检验。结果显示，完善之后的初始题集中，1、3、8、9、13、14、15、20、21、22、23、24、25、28、29、37、38、40、41、42、46、47、48、49、54、55、61、62、63、65、68编号的题项，其高分组与低分组的得分差异没有达到显著性。说明完善之后的初始题集中，这些题项在贵州民族地区中学体育教师群体中不能起到鉴别胜任力高低水平的作用，因此予以删除。具体删除题项及其内容、T 值、显著性概率值详见表2-22。由于题项有68个，如果全部罗列出每个题项的T检验信息，将会占据很大篇幅。因此，这里将被删除的31个题项的T检验信息罗列。

2. 题项与量表总分相关性检验

在项目分析之后，经完善之后的初始题集被删除了31个题项。接下来将通过计算余下的37个题项与总分之间的相关性来决定这37个题项的去留。如果题项与量表总体相关系数未达到0.4，则考虑将其删除。打开"数据1"，对余下的 37 个题项数据进行整理，计算出 37 个题项的总分，通过 SPSS21.0 软件对这 37 个题项与总分的相关性进行检验，结果发现，第 7、27、32、56 这 4 个题项的相关性虽然达到了显著性，但没有达到 0.4。虽然相关系数为 0.3 可以接受，但为了题项与量表之间联系更加紧密，因此考虑将该题项删除，详见表 2-23、表 2-24。为便于表述，将删除后余下的 33 个题项组成的题集称为《贵州民族地区中学体育教师胜任力量表》（第一稿）。

表 2-22　胜任力初始题集在项目分析中被删除的题项

序号	题项内容	T值	P（双侧）	序号	题项内容	T值	P（双侧）
1	我在体育教学中感到很满足，乐于投入其中	0.698	0.487	38	我时常注意留守学生在体育课堂上的感受	0.868	0.388
3	学生不注意运动安全，再怎么强调也没有用	1.355	0.179	40	我经常写论文发表观点，表达自己对体育教学	1.624	0.108
8	我熟悉体育健康课程标准的各个领域目标	1.178	0.242	41	我积极学习新的运动技能并能够满足教学需要	1.846	0.068
9	我经常抽出一定时间学习，提升自己	0.813	0.418	42	我的口令表达清晰准确，声音洪亮	1.702	0.092
13	我总能让学习兴趣不高的学生投入到体育学习中	1.354	0.179	46	我经常参加各种级别的裁判工作	0.347	0.729
14	我能根据不同的情况选用适合的动作示范方式	1.319	0.191	47	我能根据学生个性特征采用不同语言方式与之沟	0.703	0.484
15	我不认为自己的能力比其他同事低	1.514	0.134	48	我经常自愿承担学校的各种分外工作	1.467	0.146
20	我利用学生健康档案袋，分析每位学生的健康	1.702	0.092	49	在学校体育工作中我总以学生身心健康发展为己	1.771	0.080
21	我能客观分析和认识自己上课存在的问题并完善	1.129	0.262	54	我更侧重于考核学生在体育课堂上的表现	1.316	0.192
22	我的示范动作常能激起学生练习的热情	0.826	0.411	55	当下课后，我都会总结当次课学生的学习情况	1.387	0.169
23	我能根据场地、器材和学生情况合理安排分组练	1.068	0.289	61	每次上课前我都要将场地器材安全地布置	0.877	0.383
24	在给学生讲授新技术之前，我都要进行技术动作	0.414	0.68	62	我能较好地处理教学中出现的偶发事件	1.144	0.256
25	我经常在网上查阅学生喜爱的体育运动的视频	0.811	0.42	63	我经常锻炼，始终保持较好的运动技能水平	1.387	0.169

续表

序号	题项内容	T值	P(双侧)	序号	题项内容	T值	P(双侧)
28	尽管太阳很大，但我还是面向太阳上课	1.657	0.101	65	我能较好地完成学校布置的群体活动的组织工作	1.596	0.114
29	我会将本地民族传统体育作为体育课教学内容	0.366	0.715	68	我在体育教学中尊重少数民族学生风俗习惯	1.586	0.116
37	我总是不满足自己的教学现状、方法与手段	0.601	0.549				

表2-23 胜任力初始题集项目分析后保留题项与总分相关性检验

编号	与总量表得分的相关	编号	与总量表得分的相关
2	0.512**	35	0.521**
4	0.433**	36	0.437**
5	0.627**	39	0.717**
6	0.577**	43	0.401**
7	0.221**	44	0.460**
10	0.610**	45	0.478**
11	0.614**	51	0.524**
12	0.397**	52	0.536**
16	0.402**	53	0.560**
17	0.418**	54	0.686**
18	0.553**	56	0.246**
19	0.637**	57	0.715**
26	0.419**	58	0.450**
27	0.345**	59	0.613**
30	0.462**	60	0.445**
31	0.584**	64	0.461**
32	0.291**	66	0.527**
33	0.468**	67	0.491**
34	0.522**		

注："**"表示具有高度显著性。

表 2-24 胜任力初始题集项目分析保留题项与总分相关性检验删除的题项

序号	题 项	相关性（Pearson 相关性）
7	我经常给学生讲解体育技术的原理及锻炼方法	0.221
27	我会挤出时间搜集学生喜欢的项目，之后传授给他们	0.345
32	我经常对学生进行课堂常规教育	0.291
56	在讲授本地传统体育时，我总会告诉学生其历史	0.246

（三）效度检验

经过鉴别度的检验之后，贵州民族地区中学体育教师胜任力初始题集中的题项数量由 68 减至 33。接下来对这 33 个题项进行效度检验。首先进行探索性因子分析，之后做聚合效度和区分效度检验。

1. 探索性因子分析

打开"数据 2"，选择贵州民族地区中学体育教师胜任力的数据。在 SPSS21.0 的"Analyze"模块的"Factor Analysis"选择 33 个胜任力题项，之后进行参数量的勾选，采用主成分分析法求得因子分析的初始解，再经过正交旋转获得最终的因子载荷矩阵。

在探索性因子分析的设置中，勾选巴特利特球形检验（Bartlett's Test of Sphericity）、KMO 检验（Kaiser-Meyer-Olkin Measure of Sampling Adequacy）两个指标来探查数据是否可以做探索性因子分析。表 2-25 就是巴特利特球形检验、KMO 检验的具体结果。KMO 检验值为 0.924，远大于 0.5。而巴特利特球形检验具有高度显著性（小于 0.01）。说明剩下的 33 个题项具有相似的特质，如果进行探索性因子分析，能够借助主成分分析并从中综合出反映各题项共同特征的公因子变量。

表 2-25 胜任力量表（第一稿）KMO 检验与巴特利特球形检验

KMO 检验与 Bartlett 球形检验		
Kaiser-Meyer-Olkin 检验		0.924
Bartlett 球形检验	近似卡方	7.919
	自由度	528
	显著性	0.000

表 2-26 是探索性因子提取和因子旋转结果，"Initial Eigenvalues（初始解）"栏是探索性因子分析的初始解。经过探索性因子分析，"Extraction Sums of Squared Loadings（特征值大于 1 的因子）"是特征值大于 1 的因子信息。"Rotation Sums of Squared Loadings（转轴后的信息）"是经过正交旋转之后，所提取 5 个公因子的信息。从表 2-26 信息可知，经过探索性因子分析，特征值大于 1 的有 5 个因子。转轴之前，这 5 个因子的特征值分别为 14.918、3.099、1.918、1.524、1.210。转轴之后的特征值分别为 6.149、5.795、3.966、3.727、3.032。转轴后，5 个公因子的方差贡献率依次为 18.633、17.560、12.018、11.293、9.189。提取的 5 个公因子，累计方差贡献率为 68.694%，表明 5 个公因子可以解释原始变量总方差的 68.694%。

表 2-26　胜任力量表（第一稿）的因子提取和因子旋转结果

成分	初始特征值			提取平方和载入			旋转平方和载入		
	特征值	解释方差/%	累计解释方差/%	特征值	解释方差/%	累计解释方差/%	特征值	解释方差/%	累计解释方差/%
1	14.918	45.206	45.206	14.918	45.206	45.206	6.149	18.633	18.633
2	3.099	9.391	54.597	3.099	9.391	54.597	5.795	17.560	36.193
3	1.918	5.813	60.409	1.918	5.813	60.409	3.966	12.018	48.211
4	1.524	4.617	65.027	1.524	4.617	65.027	3.727	11.293	59.505
5	1.210	3.668	68.694	1.210	3.668	68.694	3.032	9.189	68.694
6	0.981	2.972	71.667						
7	……	……	……						

经过探索性因子分析后，贵州民族地区中学体育教师胜任力的题项内容、因子载荷、共同度的信息见表 2-24。从表 2-24 中具体信息可以看出，各题项在所属公因子上的载荷最小值为 0.497，最大值为 0.836，均大于 0.4。30 个题项的共同度，最小值为 0.429，最大值为 0.861。这些值均处于较好的范围，说明经过修正之后形成的《贵州民族地区中学体育教师胜任力量表》的建构效度较好。

表 2-27 胜任力量表（第一稿）探索性因子分析之后的题项内容、因子载荷、共同度

题项（按照初始量表中的题项序号）	题项在所属因子的载荷					共同度
	F1	F2	F3	F4	F5	
36 我给学生讲解动作技术要领，语言清楚、具体而简洁	0.794					0.740
12 我经常安排时间让学生进行讨论和比赛	0.785					0.702
35 我认为学生需要锻炼并经常指导他们怎样锻炼	0.724					0.711
2 我的体育课曾经被评为示范课或者优质课	0.724					0.649
53 学生上课消极胆怯时，我会和他们一起完成动作	0.719					0.591
33 学生在我的体育课上表现活跃且秩序井然	0.689					0.665
30 我训练的学生在县级及以上比赛中获得较好名次	0.687					0.595
26 我会用多媒体屏幕将不能做示范的动作展示给学生	0.685					0.586
34 我参加过县市及以上级别的教学比赛，并获得优胜	0.649					0.465
64 课堂上我能及时发现学生练习时的问题并及时调整	0.634					0.561
44 不管刮风下雨、风吹日晒，我都坚持上好体育课		0.836				0.812
59 我能克服工作中的各种困难并立志做得更好		0.797				0.800
58 我愿意继续留在现在的地方从事体育教学工作		0.760				0.833
11 我喜爱当前从事的体育教学工作		0.750				0.843
57 我觉得自己从事的工作对民族地区有意义		0.730				0.809
39 我有责任让留守学生在体育课上获得快乐的体验		0.704				0.761
5 我认为民族地区体育教学工作是培养人的重要活动		0.657				0.733
43 我经常在一些报刊上发表体育类的论文			0.808			0.861

续表

题项（按照初始量表中的题项序号）	题项在所属因子的载荷					共同度
	F1	F2	F3	F4	F5	
66 我经常参加一些体育教改课题的研究			0.792			0.831
17 我能根据自己工作的需要选择自己的学习内容			0.786			0.846
19 面对大量的信息，我知道哪些是我所需要的			0.615			0.643
60 我经常将当地传统体育改编之后纳入体育课堂教学			0.608			0.694
51 我经常与体育同行交流自己对体育教学的看法				0.731		0.821
18 我经常与他人合作进行教学探讨				0.704		0.756
31 我能较好地策划、组织学校师生的文体活动				0.683		0.574
50 与同事发生误会，我会主动沟通交流以消除误会				0.583		0.591
52 我经常向校领导汇报、交流体育教学情况				0.564		0.720
6 我时常设法与学生交流，了解他们的学习情况				0.556		0.662
10 我能在工作之余进行体育以外的知识学习					0.753	0.632
16 我经常上网或是阅读书报获取体育教学的最新信息					0.722	0.546
4 我经常观摩各种体育说课竞赛，且认真做好笔录					0.719	0.602
67 我会反思每次上课的情况并及时改正和完善					0.708	0.602
45 我积极参加中小学体育教师的各种再培训					0.497	0.429

注：为了清晰地呈现完善后的初始题集及其题项归属的变化过程，表格中的题项编号均来自初始题集的编号。

表 2-27 中，5 个公因子的先后顺序是按照因子特征值和方差贡献率的大小进行排设，在每个公因子内部，其题项先后顺序是按照因子内部各题项在所属公因子上的载荷大小进行先后排设的。

因子 1，包括 10 个题项。这 10 个题项可以用简洁的词语来表达：讲解、安排、指导、优质课、完成动作、秩序井然、训练学生、用多媒体、教学比赛、及时调整。这 10 个短语是贵州民族地区中学体育教师运用教学方法、手段的能力，在课余指导学生运动训练的行为，故此公因子称为"教学与训练"。

因子2，包括7个题项。这7个题项可以用简洁的短语来表达：坚持上好体育课、克服困难、继续留在当地、热爱体育教学工作、自己的工作对民族地区有意义、让留守儿童在体育课中获得快乐、体育教学是培养人的活动。这7个短语是当地中学体育教师对当前自己所从事职业意义的认知，是当地中学体育教师坚守自己所从事职业的品质，故此公因子名为"职业坚守"。

因子3，包括5个题项。这5个题项可以用简洁的短语来表达：发表体育论文、参加体育教改课题、选择学习内容、选择各种信息、将当地传统体育纳入课堂。这5个短语表现了当地中学体育教师发现问题或者发现新事物、探索问题、解决问题的能力，故此公因子名为"探索与发现"。

因子4，包含6个题项。这6个题项可以用短语来表达：与同事交流教学、与他人合作、组织学校师生文体活动、主动与同事沟通、向校领导汇报工作、了解学生学习情况。这6个短语表现了当地中学体育教师与学生交流、与同事交流、与领导交流的能力，故此公因子名为"沟通与交流"。

因子5，包括5个题项。可以用短语表达：工作之余学习、上网搜集专业前沿信息、观摩说课、反思上课情况、参加再培训。显然，这5个短语侧重考查当地中学体育教师平时工作之余的业务自学，观摩他人优质课，学习他人优秀的教学技能，反思自己的上课情况，参加各种在岗培训。故此公因子名为"反思与学习"。

经过探索性因子分析后建构的《贵州民族地区中学体育教师胜任力量表》一共含33个题项，分别归属于5个公因子。按照因子方差贡献大小依次为教学与训练、职业坚守、探索与发现、沟通与交流、反思与学习。这5个公因子是测评贵州民族地区中学体育教师胜任力的5个维度。为了便于区别，将经探索性因子分析之后的《贵州民族地区中学体育教师胜任力量表》称为"《贵州民族地区中学体育教师胜任力量表》（第二稿）"。

建构的《贵州民族地区中学体育教师胜任力量表》（第二稿），其初始题集是经完善笔者之前课题成果初始题集而来，量表一共含33个题项，分为5个维度。为了便于比较，两个量表中的所有题项编号均采用初始题集中的编号。《贵州民族地区中小学体育教师胜任力量表》为29个题项，原来的量表中，除了题项7、题项27外，其余27个题项均在后来重构的量表中，即《贵州民族地区中学体育教师胜任力量表》（第二稿）中的33个题项，保留了《贵州民族地区中小学体育教师胜任力量表》中的 27 个题项，保留率为 93.10%（27/29）。而《贵州民族地区中小学体育教师胜任力量表》中的 27 个题项在后来建构的《贵州民族地区中学体育教师胜任力量表》（第二稿）中的保留率为81.82%（27/33）。这也从侧面印证了笔者当年编制的《贵州民族地区中小学体育教师胜任力量表》具有一定的信效度。

2. 聚合效度检验和区分效度检验

在 SPSS 数据库中，打开"数据 2"，按照《贵州民族地区中学体育教师胜任力量表》探索性因子分析后 33 个题项的因子归属，计算各维度的总分及量表的总分。之后，进行各维度之间的相关性分析、各维度与总量表之间的相关性分析。结果如表 2-28。各维度之间的相关系数介于 0.367 至 0.764 之间，各维度与总量表之间的相关系数介于 0.631 至 0.895 之间。每个相关系数均具有高度显著性，同时多数量表之间的相关系数小于各维度与总量表之间的相关系数，说明探索性因子分析后的量表区分效度和聚合效度良好。

表 2-28　胜任力量表（第二稿）的相关系数矩阵

	教学与训练	职业坚守	探索与发现	沟通与交流	反思与学习	量表总体
教学与训练	1					
职业坚守	0.597**	1				
探索与发现	0.531**	0.701**	1			
沟通与交流	0.501**	0.764**	0.701**	1		
反思与学习	0.367**	0.470**	0.449**	0.508**	1	
量表总体	0.782**	0.895**	0.838**	0.857**	0.631**	1

注："**"表示具有高度显著性。

（四）信度检验

通过 SPSS 软件的"Scale"模块对《贵州民族地区中学体育教师胜任力量表》（第二稿）进行 Cronbach's Alpha 系数和 Spearman-Brown 分半系数的检验，详见表 2-29。5 个维度的 Cronbach's Alpha 系数介于 0.773 至 0.956 之间，5 个维度的 Spearman-Brown 分半系数介于 0.779 至 0.948 之间。量表总体的 Cronbach's Alpha 系数为 0.960，Spearman-Brown 分半系数为 0.859。这些统计量均达到了良好的范围，说明修正后的量表信度上佳。

表 2-29 胜任力量表（第二稿）的信度检测

	教学与训练	职业坚守	探索与发现	沟通与交流	反思与学习	量表总体
题项数目	10	7	5	6	5	33
Cronbach's Alpha	0.920	0.956	0.903	0.926	0.773	0.960
Spearman-Brown	0.906	0.902	0.948	0.874	0.779	0.859

从严谨角度而言，经过探索性因子分析、聚合效度和区分效度分析、信效度分析之后形成的《贵州民族地区中学体育教师胜任力量表》（第二稿）还不能成为贵州民族地区中学体育教师胜任力量表，要成为真正的测评贵州民族地区中学体育教师胜任力的工具，还需要经进一步的验证分析。

（五）验证性因子分析

《贵州民族地区中学体育教师胜任力量表》（第二稿）是经探索性因子分析建构而成，其模型结构得到了探索性因子分析检测结果的有力支撑，且具有良好的信度。但量表是否与当地中学体育教师胜任力的实际情况具有统计学意义上的契合度呢？需要进行验证性因子分析。

同时，由于建构的《贵州民族地区中学体育教师胜任力量表》（第二稿），不是在《贵州民族地区中小学体育教师胜任力量表》的基础上修正的，而是在后者初始题集基础上重建而来，尤其是初始题集中的题项 2、题项 17、题项 30、题项 34、题项 44、题项 58。因此，进行验证性因子分析可以验证这些题项进入量表之后，新的量表结构是否与贵州民族地区中学体育教师胜任力的实际情况相契合。

启动 SPSS21.0，打开"数据 3"，选择贵州民族地区中学体育教师胜任力的相关数据。为了清晰地呈现出验证性因子分析结果中，33 个题项在所属公因子上的载荷，本次统计仍然保留各个题项的原始编号。整理好数据之后启动 AMOS26.0，导入"数据 3"，建立模型图。启动估计运算（Calculate estimate）之后，在模型与样本数据匹配成功（OK：Default model）的基础上，看输出结果。表 2-30 是验证因子分析的模型适配度摘要表，除了适配度指标 NFI 没有达到可接受的范围外，其他 8 个指标均达到了可接受的范围，且卡方自由度比值在优秀范围，结合 GFI、AGFI、NFI、CFI、IFI、TLI 这 6 个指标同时大于 0.7 的情况，说明贵州民族地区中学体育教师胜任力的模型与实际调查数据之间的契合度可以接受。

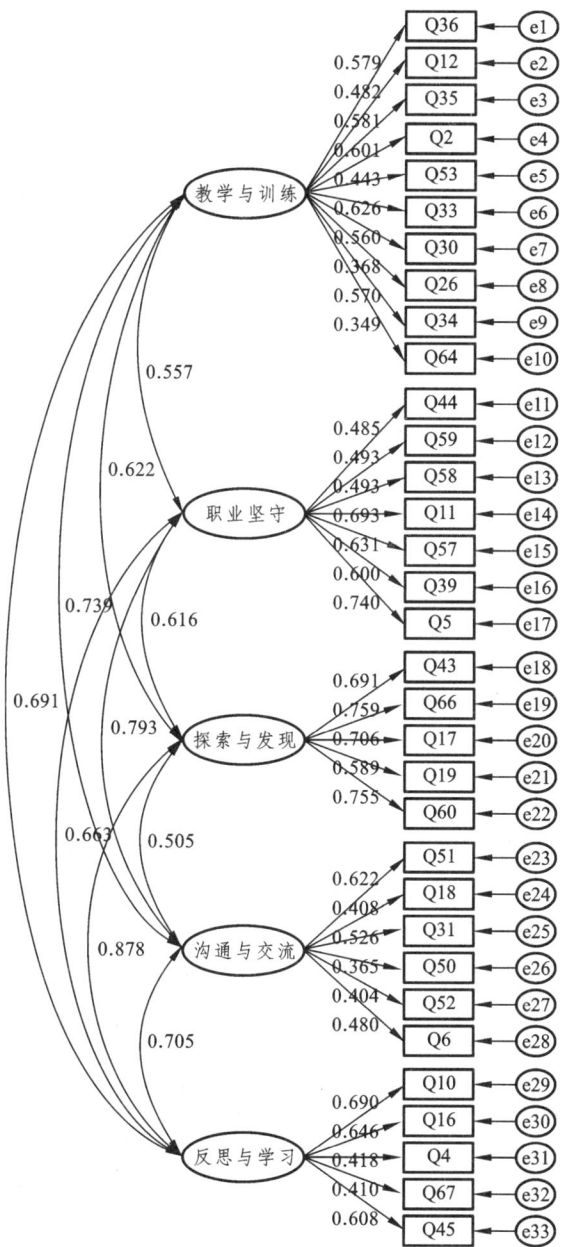

图 2-2 胜任力量表（第二稿）结构方程模型验证结果图
Chi-square=938.488（p=0.000）；DF=485；RMSEA=0.057

在非标准化参数中，教学与训练因子 10 个题项的误差项估计系数介于 0.294 至 0.995 之间；职业坚守因子 7 个题项的误差项估计系数介于 0.368 至

0.962 之间；探索与发现因子 5 个题项的误差项估计系数介于 0.296 至 0.596 之间；沟通与交流因子 6 个题项的误差项估计系数介于 0.559 至 0.890 之间；反思与学习因子 5 个题项误差项估计系数介于 0.691 至 0.804 之间。模型中的所有误差项估计系数均为正数，提示模型没有违反模型基本适配度检验标准。

表 2-30　胜任力量表（第二稿）验证性因子分析模型适配情况

拟合指标	GFI	AGFI	SRMR	RMSEA	NFI	CFI	IFI	TLI	χ^2/df
所测指标值	0.835	0.809	0.058	0.057	0.716	0.837	0.839	0.822	1.935

做验证性因子分析的另一作用是查验题项 2、题项 17、题项 30、题项 34、题项 44、题项 58 这 6 个题项进入量表后是否可作为贵州民族地区中学体育教师胜任力的有效测量指标。图 2-2 是贵州民族地区中学体育教师胜任力模型的验证图谱，从图中可以看出，在贵州民族地区中学体育教师胜任力的整体测评模型中：教学与训练维度中，10 个题项的因子载荷介于 0.349 至 0.626 之间；职业坚守维度中，7 个题项的因子载荷介于 0.485 至 0.740 之间；探索与发现维度中，5 个题项的因子载荷介于 0.589 至 0.759 之间；沟通与交流维度中，6 个题项的因子载荷介于 0.365 至 0.622 之间；反思与学习维度中，5 个题项的因子载荷介于 0.410 至 0.690 之间。所有题项的因子载荷均大于 0.32，只有题项 26、题项 64、题项 50 这 3 个题项的因子载荷介于 0.3 至 0.4 之间，通过 95%置信区间检验，3 个题项均具有显著性，这 3 个题项的载荷分别为 0.368、0.349 和 0.365。表 2-31 是因子载荷低于 0.4 的题项的显著性检验表。我们所关心的题项 2、题项 17、题项 30、题项 34、题项 44、题项 58 这 6 个题项在所属维度的因子载荷依次为 0.601、0.706、0.560、0.570、0.485、0.493，说明这 6 个题项能够成为贵州民族地区中学体育教师胜任力的有效测量指标。

表 2-31　胜任力量表（第二稿）验证性因子分析后低因子载荷题项的显著性检验

题项（按照初始量表中的题项序号）	题项在所属因子的载荷		95%置信区间检验的显著性
	所属维度	载荷	
26 我会用多媒体屏幕将不能做示范的动作展示给学生	教学与训练	0.368	0.000
64 课堂上我能及时发现学生练习时的问题并及时调整	教学与训练	0.349	0.001
50 与同事发生误会，我会主动沟通交流以消除误会	沟通与交流	0.365	0.001

《贵州民族地区中学体育教师胜任力量表》（第二稿）经受住了验证因子分析的考验。验证性因子分析的数据证明《贵州民族地区中学体育教师胜任力量表》（第二稿）是与当地中学体育教师的实际情况相契合的。验证性因子分析之后的量表可以作为贵州民族地区中学体育教师胜任力的最终测评量表。虽然验证性因子分析中，没有题项被删除，且没有题项归属发生变化，最终的量表可以采用第二稿的结构进行排列，但为呈现出量表的整个建构过程，《贵州民族地区中学体育教师胜任力量表》的正式稿还是兼顾探索性因子分析和验证性因子分析的相关数据来确定其各维度及题项的布局。具体来讲，正式稿中5个维度的顺序，将按照探索性因子分析中，5个公因子的特征值和方差贡献率的大小顺序进行排设。每个公因子内部各个题项顺序，将按照验证性因子分析结果中，因子内部各题项在该公因子上的载荷大小顺序来进行排列。具体如下。

本节完善了《贵州民族地区中小学体育教师胜任力量表》的初始题集，以此题集作为贵州民族地区中学体育教师胜任力量表编制的初始题集，共68个题项。经过鉴别度分析之后，有35个题项被删除。余下的33个题项进入探索性因子分析，提取了5个公因子，分别为"教学与训练""职业坚守""探索与发现""沟通与交流""反思与学习"。5个公因子即《贵州民族地区中学体育教师胜任力量表》（第二稿）的5个维度，能代表33个题项68.694%的特征。5个维度之间的相关性小于各维度与总量表的相关性。Cronbach's Alpha系数为0.960，Spearman-Brown分半系数为0.859。通过验证性因子分析验证了5个维度的架构与调查样本有着较好的适配度，最后形成了贵州民族地区中学体育教师胜任力量表》（正式稿）。

表2-32 胜任力量表建构过程中其题项序号及维度归属的变化一览表

正式稿中各题项及其编号	正式稿中的维度归属	中小学教师胜任力量表中的维度归属	初始题集中题项序号
1 学生在我的体育课上表现活跃且秩序井然	教学与训练	教学能力	33
2 我的体育课曾经被评为示范课或者优质课	教学与训练	新进题项	2
3 我给学生讲解动作技术要领，语言清楚、具体而简洁	教学与训练	教学能力	36
4 我认为学生需要锻炼并经常指导他们怎样锻炼	教学与训练	教学能力	35
5 我参加过县市及以上级别的教学比赛，并获得优胜	教学与训练	新进题项	34

续表

正式稿中各题项及其编号	正式稿中的维度归属	中小学教师胜任力量表中的维度归属	初始题集中题项序号
6 我训练的学生在县级及以上比赛中获得较好名次	教学与训练	新进题项	30
7 我经常安排时间让学生进行讨论和比赛	教学与训练	教学能力	12
8 学生上课消极胆怯时，我会和他们一起完成动作	教学与训练	职业坚守与沟通交流	53
9 我会用多媒体屏幕将不能做示范的动作展示给学生	教学与训练	教学与训练	26
10 课堂上我能及时发现学生练习时的问题并及时调整	教学与训练	教学能力	64
11 我认为民族地区体育教学工作是培养人的重要活动	职业坚守	职业坚守与沟通交流	5
12 我喜爱当前从事的体育教学工作	职业坚守	职业坚守与沟通交流	11
13 我觉得自己从事的工作对民族地区有意义	职业坚守	职业坚守与沟通交流	57
14 我有责任让留守学生在体育课上获得快乐的体验	职业坚守	职业坚守与沟通交流	39
15 不管刮风下雨、风吹日晒，我都坚持上好体育课	职业坚守	新进题项	44
16 我愿意继续留在现在的地方从事体育教学工作	职业坚守	新进题项	58
17 我能克服工作中的各种困难并立志做得更好	职业坚守	职业坚守与沟通交流	59
18 我经常参加一些体育教改课题的研究	探索与发现	探索与发现	66
19 我经常将当地传统体育改编之后纳入体育课堂教学	探索与发现	探索与发现	60
20 我能根据自己工作的需要选择自己的学习内容	探索与发现	新进题项	17
21 我经常在一些报刊上发表体育类的论文	探索与发现	探索与发现	43
22 面对大量的信息，我知道哪些是我所需要的	探索与发现	教学能力	19
23 我经常与体育同行交流自己对体育教学的看法	沟通与交流	职业坚守与沟通交流	51
24 我能较好地策划、组织学校师生的文体活动	沟通与交流	教学能力	31
25 我时常设法与学生交流，了解他们的学习情况	沟通与交流	教学能力	6
26 我经常与他人合作进行教学探讨	沟通与交流	职业坚守与沟通交流	18
27 我经常向校领导汇报、交流体育教学情况	沟通与交流	职业坚守与沟通交流	52

续表

正式稿中各题项及其编号	正式稿中的维度归属	中小学教师胜任力量表中的维度归属	初始题集中题项序号
28 与同事发生误会,我会主动沟通交流以消除误会	沟通与交流	职业坚守与沟通交流	50
29 我能在工作之余进行体育以外的知识学习	反思与学习	自我反思与学习	10
30 我经常上网或是阅读书报获取体育教学的最新信息	反思与学习	自我反思与学习	16
31 我积极参加中小学体育教师的各种再培训	反思与学习	职业坚守与沟通交流	45
32 我经常观摩各种体育说课竞赛,且认真做好笔录	反思与学习	自我反思与学习	4
33 我会反思每次上课的情况并及时改正和完善	反思与学习	自我反思与学习	67

总之,《贵州民族地区中学体育教师胜任力量表》(正式稿)有着良好的内容效度、鉴别度、结构效度和信度,可以作为测量贵州民族地区中学体育教师胜任力的工具。

第四节 贵州民族地区中学体育教师职业幸福感量表

一、原始量表的选取

近些年,关于教师职业幸福感的相关量表相继出现,对本研究均具有较大的参考价值。尤其是伍麟、胡小丽等编制的《中学教师职业幸福感问卷》,开启了国内中学教师职业幸福感量表建构的研究工作[1],此研究对后来者的启发较大。徐姗姗在梳理总结前人相关文献的基础上,通过开放式问卷调查编制了《中学教师职业幸福感问卷》[2]。2022年年底,由李广、李海民、梁红梅等著的《中国教师发展报告(2020—2021):中小学教师职业幸福感发展态势、面临挑战与提升举措》一书出版,书中编制了我国教师职业幸福感测评量表。书中的量表可以为后来者提供重要的参考,也可以为本研究提供贵州民族地区中学体育教师职业幸福感测评体系的初始题项[3]。但遗憾的是,该书中并未将测

---

[1] 伍麟,胡小丽,邢小莉,等. 中学教师职业幸福感结构及其问卷编制[J]. 心理研究,2008,1(2):47-51.
[2] 徐姗姗. 中学教师职业幸福感及其影响因素研究[D]. 桂林:广西师范大学,2013.
[3] 李广,柳海民,梁红梅,等. 中国教师发展报告(2020—2021):中小学教师职业幸福感发展态势、面临挑战与提升举措[M]. 北京:科学出版社,2022:86-90.

评量表具体题项呈现给读者。因此，本研究也就没能参考到重要的信息。

因此，本研究采用徐姗姗编制的《中学教师职业幸福感问卷》，问卷中有中学教师职业幸福感测评量表，以其中的题项作为本研究初始量表的题项。问卷中量表的建构经历了题项收集、项目分析、探索性因子分析、验证性因子分析等环节。在探索性因子分析过程中，成功提取特征值大于1的5个公因子，分别为需要满足感、职业认同感、成效满意感、价值实现感、友好体验。这5个公因子是《中学教师职业幸福感问卷》的5个维度，一共32个题项。所提取的5个公因子的累计方差贡献率为68.646%，即5个公因子的累计方差贡献能解释总变差的68.646%，说明提取的公因子具有较强的代表性。经过正交旋转后得到各因子的具体载荷，各题项在所属公因子的因子载荷均在0.5以上，各题项的共同度均大于0.5。总量表的Cornbach's Alpha系数为0.964，5个维度的Cornbach's Alpha系数介于0.798至0.927之间。总量表的分半系数为0.915，5个维度分半系数介于0.815至0.932之间。各维度与量表总分的相关性介于0.772至0.937之间，各维度之间相关性介于0.571至0.772之间。作者通过验证性因子分析进一步检核了32个题项的契合度，结果显示各项指标均达到了结构方程模型的要求，说明该量表具有良好的效度和信度。

但在对徐姗姗的硕士论文进行认真仔细阅读后，发现其中尚存有待完善之处，具体表现在项目分析这一环节所采用的数据来源有待进一步清晰地陈述，同时调查样本覆盖的区域较小，附录中各阶段调查问卷的题项编号存有微小笔误。笔者最初打算弃用此量表，另寻其他文献的测评工具。但在咨询5位教育学博士之后，获得了建议：所参考文献的初始题集其实是在以往有关教师职业幸福感研究的基础上建立起来的，其量表就是综合前人的研究，是针对中学教师职业幸福感的测评工具，其初始题集还是具有参考价值的。因此，可以在参考文献的初始题集基础上进行信效度的检验。

基于以上情况，为了使贵州民族地区中学体育教师职业幸福感的调查更加准确，本研究决定不直接采纳徐姗姗建构的《中学教师职业幸福感问卷》具体题项作为本研究初始稿的题项，而是立足其初始题集进行一次量表重构。初始题集的42个题项，是作者基于前人研究成果的梳理，同时结合开放式问卷调查总结而来，这些题项可以成为本研究贵州民族地区中学体育教师职业幸福感测评工具的初始题项。为了统一称谓，这里将《中学教师职业幸福感问卷》的初始题集称为《贵州民族地区中学体育教师职业幸福感量表》(初始稿)。

二、量表的重构

为了使《中学教师职业幸福感问卷》中的 42 个题项（见表 2-33）更加适合贵州民族地区中学体育教师群体，使其在贵州民族地区的使用中也具有较好的信效度。本研究将对《贵州民族地区中学体育教师职业幸福感量表》（初始稿）进行一系列的检测。遵循鉴别度检验、效度检验、信度检验等检验程序，逐步对量表进行检验。具体用到项目分析、探索性因子分析、聚合效度和区分效度检验，Cornbach's Alpha 检验、分半系数检验、验证性因子分析等方法和手段。

表 2-33 职业幸福感量表的初始题集

题号	题项内容	题号	题项内容
1	我的工作得到了社会的认可和尊重	13	我们能够以自己的身份和学识来影响身边的人
2	我的工作得到了学生、家长的理解和支持	14	我认为教师是一个很有价值的职业
3	领导重视老师,学校有较强的人文关怀	15	我对于现在的工作收入非常满意
4	在工作中遇到困难时,同事能提供力所能及的帮助	16	我对自己的教学成效非常满意
5	家人对我的工作很支持	17	我对学生取得的成绩进步非常满意
6	学校的管理体制很科学、人性化,让我有归属感	18	我认为自己的工作能力强、教学成绩显著
7	学校的工作环境很适合我个人的发展	19	通过自己的努力将后进生转为优等生,这使我很有成就感
8	我们的工作对社会有积极的贡献	20	我的工作成效能够得到领导和同事们的肯定
9	通过教书育人,能够实现自己的人生价值	21	在教育教学实践中,我的教育理念能够很好地得以推广和运用
10	学生在我的教育下学有所获、健康成长,是我的价值所在	22	我能从我的工作中得到自身能力的提升
11	我对学生未来的发展能起到积极作用	23	目前的工作能给我提供较多自由发挥的空间
12	学生对我的真情回报和懂得感恩让我感到很自豪	24	我认为自己的知识和能力非常适合从事现在这个工作

续表

题号	题项内容	题号	题项内容
25	我对上级部门及学校提供的培训、学习和升职机会非常满意	34	我喜欢教师相对单纯的工作内容和工作环境
26	工作以来，我对自己的身体健康状况非常满意	35	教师被认为是知识的化身，受人尊重
27	我能从自身的修养和教学水平不断提升中获得满足感	36	主动与其他老师交流和相互学习，这使我感到非常快乐
28	我能通过良好的专业成长来实现自身的和谐发展	37	生动而富有成效的课堂使我感到非常愉快和满足
29	我非常热爱教师这个职业	38	学校宽松的人文环境使我感到非常愉快
30	我认为教学是我非常喜爱也非常适合的工作	39	我的工作与家庭之间的关系非常和谐
31	教师有双休日和节假日让我更加喜欢这个职业	40	我经常能够以积极的心态来对待工作
32	教学是我的兴趣所在，能把兴趣和职业结合在一起是很幸福的	41	我能从课余时间与学生的交流中获得快乐
33	和其他行业相比，我感觉教师的社会地位相对较高	42	我经常能感受到教师工作给自己带来的乐趣

（一）鉴别度检验

本研究通过项目分析、题项与量表总分相关性检验对原始量表进行鉴别度检验。通过第一次调查、回收，受调查的贵州民族地区中学体育教师填写的问卷中有 152 份问卷为有效作答，即第一次调查所获的《贵州民族地区中学体育教师职业幸福感量表》（第一稿）有效样本量为 152 个，那么高低分组的理论样本数量是 $152\times27\%=41.04$，四舍五入，各自为 41 人。高分组从总量表得分高低排序的第一个受试者开始往后数到 41，其得分介于 156 至 131 之间，但第 42、43 位受试者得分也是 131，那么高分组实际上有 43 人。同样，低分组理论上的样本是从量表总得分排名第 152 位的调查对象往前数至排名第 112 位，分数介于 98 至 119 之间，第 111 位调查对象的得分是 120，那么低分组样本量就是 41。

1. 项目分析

打开"数据 1"，通过数据的整理，将 152 个样本总得分进行高低排序，之后筛选出总量表得分高低排序序列中的 43 个高分组样本，41 个低分组样本。通过 SPSS21.0 软件，对高低分组样本在 42 个题项上的得分进行 T 检验，在"分组变量"处，将高分组设置在前，低分组设置在后，故 T 值就全部以正数呈现。结果如表2-34。初始量表中，第 1、7、13、15、28、30、33、39 题，共计 8 个题项的高分组得分与低分组得分差异没有达到显著性。说明初始量表中，这 8 个题项，在贵州民族地区中学体育教师群体中未能起到鉴别不同被试的作用，因此考虑将这 8 个题项予以删除。

表 2-34 职业幸福感量表初始题集项目分析

题项编号	组别	样本	均值	T 值	题项编号	组别	样本	均值	T 值
总分	低分组	41	110.17	18.419**	1	低分组	41	2.00	0.524
	高分组	43	136.26			高分组	43	2.07	
2	低分组	41	2.74	5.496**	11	低分组	41	2.45	4.315**
	高分组	43	3.49			高分组	43	3.00	
3	低分组	41	3.36	2.609*	12	低分组	41	2.76	4.705**
	高分组	43	3.72			高分组	43	3.37	
4	低分组	41	2.81	4.588**	13	低分组	41	3.21	1.155
	高分组	43	3.40			高分组	43	3.40	
5	低分组	41	1.67	15.028**	14	低分组	41	2.81	5.097**
	高分组	43	3.56			高分组	43	3.47	
6	低分组	41	2.31	3.651**	15	低分组	41	2.83	1.377
	高分组	43	2.84			高分组	43	3.00	
7	低分组	41	3.12	1.292	16	低分组	41	2.95	2.893**
	高分组	43	3.30			高分组	43	3.33	
8	低分组	41	2.05	4.304**	17	低分组	41	2.48	4.209**
	高分组	43	2.53			高分组	43	3.05	
9	低分组	41	2.64	6.618**	18	低分组	41	2.48	2.397*
	高分组	43	3.51			高分组	43	2.77	
10	低分组	41	2.31	4.865**	19	低分组	41	2.33	5.738**
	高分组	43	3.02			高分组	43	3.05	

续表

题项编号	组别	样本	均值	T值	题项编号	组别	样本	均值	T值
20	低分组	41	2.79	5.583**	32	低分组	41	2.60	8.582**
	高分组	43	3.51			高分组	43	3.60	
21	低分组	41	2.48	3.541**	33	低分组	41	3.38	0.639
	高分组	43	2.91			高分组	43	3.47	
22	低分组	41	1.88	8.434**	34	低分组	41	2.71	5.688**
	高分组	43	2.95			高分组	43	3.42	
23	低分组	41	2.07	7.081**	35	低分组	41	2.90	6.785**
	高分组	43	2.88			高分组	43	3.65	
24	低分组	41	2.69	6.799**	36	低分组	41	2.81	6.445**
	高分组	43	3.51			高分组	43	3.67	
25	低分组	41	2.57	4.187**	37	低分组	41	1.67	10.423**
	高分组	43	3.07			高分组	43	2.79	
26	低分组	41	2.74	6.794**	38	低分组	41	2.90	4.625**
	高分组	43	3.51			高分组	43	3.51	
27	低分组	41	2.81	5.105**	39	低分组	41	3.33	0.734
	高分组	43	3.47			高分组	43	3.42	
28	低分组	41	2.60	0.725	40	低分组	41	2.48	4.538**
	高分组	43	2.70			高分组	43	2.98	
29	低分组	41	2.62	8.954**	41	低分组	41	2.62	7.455**
	高分组	43	3.58			高分组	43	3.67	
30	低分组	41	2.62	0.851	42	低分组	41	2.81	6.490**
	高分组	43	2.74			高分组	43	3.58	
31	低分组	41	2.71	8.827**					
	高分组	43	3.86						

注：*表示双侧检验具有显著性，**表示双侧检验具有高度显著性。

表 2-35 职业幸福感量表初始题集项目分析后被删除题项的具体内容

序号	题项内容	T值	P（双侧）
1	我的工作得到了社会的认可和尊重	0.524	0.602
7	学校的工作环境很适合我个人的发展	1.292	0.200
13	我们能够以自己的身份和学识来影响身边的人	1.155	0.251
15	我对于现在的工作收入非常满意	1.377	0.172
28	我能通过良好的专业成长来实现自身的和谐发展	0.725	0.470
30	我认为教学是我非常喜爱也非常适合的工作	0.851	0.397
33	和其他行业相比，我感觉教师的社会地位相对较高	0.639	0.525
39	我的工作与家庭之间的关系非常和谐	0.734	0.465

2. 题项与量表总分相关性检验

结果显示，中学教师职业幸福感初始量表中原来的题目有42个题项，但经过项目分析之后，初始量表有8个题项被删除，剩下34个题项。采用同质性检验结果作为这34个题项保留与否的依据。如果其中的题项与总量表相关性较高，该题项与量表整体的同质性就较高，其内容与所研究对象的特质很接近。打开"数据1"，整理数据，检测余下34个题项与其题项总分之间的相关性，通过SPSS21.0软件的相关性检验，获得34个题项与总分的相关性检验结果，见表2-36。结果表明，经相关性检验之后，在余下的34个题项中，第3、6、12、16题这4个题项与总分之间的相关系数小于0.4。虽然相关系数在0.3左右也可以接受，但考虑到题项与量表整体之间的聚合程度更加紧密，因此将这4个题项删除（见表2-37），剩下的30个题项进入后续检验。这30个题项组成了本研究《贵州民族地区中学体育教师职业幸福感量表》（第一稿）。

表 2-36 职业幸福感量表初始题集项目分析后题项与总分相关性检验结果

编号	与总量表得分的相关	编号	与总量表得分的相关
2	0.531**	8	0.424**
3	0.265**	9	0.439**
4	0.465**	10	0.415**
5	0.706**	11	0.453**
6	0.367**	12	0.374**

续表

编号	与总量表得分的相关	编号	与总量表得分的相关
14	0.534**	27	0.546**
16	0.355**	29	0.616**
17	0.436**	31	0.590**
18	0.401**	32	0.621**
19	0.516**	34	0.521**
20	0.504**	35	0.516**
21	0.437**	36	0.506**
22	0.552**	37	0.629**
23	0.472**	38	0.499**
24	0.575**	40	0.430**
25	0.433**	41	0.554**
26	0.527**	42	0.495**

注："**"表示具有高度显著性。

表 2-37　职业幸福感量表初始题集项目分析后题项与总分相关性检测删除的题项

序号	题项	相关性（Pearson 相关性）
3	领导重视老师，学校有较强的人文关怀	0.265
6	学校的管理体制很科学、人性化，让我有归属感	0.367
12	学生对我的真情回报和懂得感恩让我感到很自豪	0.374
16	我对自己的教学成效非常满意	0.355

（二）效度检验

经过鉴别度检验之后，初始量表还剩下 30 题，对这 30 个题项进行效度检验。首先进行探索性因子分析以检验其结构效度，之后作聚合效度和区分效度检验。

1. 探索性因子分析

打开"数据 2"，将余下的 30 个题项数据保留在 SPSS21.0 数据窗口中，在其"Analyze"模块的"Factor Analysis"进行参数量的勾选，采用主成分分析法求得因子分析的初始解，再经过正交旋转获得最终的因子载荷矩阵。

解读探索性因子分析输出结果的第一步，是查验数据是否适合做因子分析。如果数据不适合做因子分析，那么后面具体的探索性因子分析结果也就失去了进一步解读的意义。一般采取巴特利特球形检验（Bartlett's Test of Sphericity）、KMO 检验（Kaiser-Meyer-Olkin Measure of Sampling Adequacy）两个指标来判断数据是否可以做探索性因子分析。在 SPSS 软件的探索性因子输出结果中，包含了巴特利特球形检验、KMO 检验的输出值。巴特利特球形检验看统计量的显著性，KMO 检验看统计量的数值范围。依据 Kaiser（1974）的观点，KMO 值介于 0 至 1 之间，统计值介于 0.5 至 1 之间，说明数据适合做探索性因子分析[①]。

表 2-38 就是巴特利特球形检验、KMO 检验的具体结果。KMO 检验值为 0.921，远大于 0.5。而巴特利特球形检验具有高度显著性（小于 0.01）。说明剩下的 30 个题项具有相似的特质，如果进行探索性因子分析，能够借助主成分分析方法从中提取出反映各题项共同特征的公因子变量。

表 2-38　职业幸福感量表（第一稿）KMO 检验与巴特利特球形检验

KMO 检验与 Bartlett 球形检验		
Kaiser-Meyer-Olkin 检验		0.921
Bartlett 球形检验	近似卡方	7.718
	自由度	435
	显著性	0.000

表 2-39 是探索性因子分析提取和因子旋转结果，"Initial Eigenvalues（初始解）"栏是探索性因子分析的初始解。"Extraction Sums of Squared Loadings（特征值大于 1 的因子）"是特征值大于 1 的因子信息。"Rotation Sums of Squared Loadings（转轴后的信息）"是经过正交旋转之后，所提取的 5 个因子的信息。经过探索性因子分析，特征值大于 1 的有 5 个因子。转轴之前，这 5 个因子的特征值分别为 14.400、2.502、2.056、1.486、1.303。转轴之后的特征值分别为 5.374、4.718、4.045、3.937、3.673。转轴后，5 个公因子的方差贡献率依次为 17.914、15.727、13.482、13.125、12.243。提取的 5 个公因子，累计方差贡献率为 72.490%，表明 5 个公因子可以解释原变量总方差的 72.490%。

---

① 梅雪雄. SPSS 在体育统计中的应用[M]. 北京：人民体育出版社，2008：344.

表 2-39　职业幸福感量表（第一稿）的因子提取和因子旋转结果

成分	初始特征值			提取平方和载入			旋转平方和载入		
	特征值	解释方差/%	累计解释方差/%	特征值	解释方差/%	累计解释方差/%	特征值	解释方差/%	累计解释方差/%
1	14.400	47.999	47.999	14.400	47.999	47.999	5.374	17.914	17.914
2	2.502	8.341	56.340	2.502	8.341	56.340	4.718	15.727	33.641
3	2.056	6.853	63.193	2.056	6.853	63.193	4.045	13.482	47.123
4	1.486	4.955	68.148	1.486	4.955	68.148	3.937	13.125	60.248
5	1.303	4.342	72.490	1.303	4.342	72.490	3.673	12.243	72.490
6	0.895	2.983	75.473						
7	……	……	……						

经过探索性因子分析后，贵州民族地区中学体育教师职业幸福感的题项内容、因子载荷、共同度的信息见表 2-40。从表 2-40 中具体信息可以看出，各题项在所属公因子上的载荷最小值为 0.537，最大值为 0.840，均大于 0.4。30 个题项的共同度，最小值为 0.527，最大值为 0.868。经过探索性因子分析之后形成了《贵州民族地区中学体育教师职业幸福感量表》（第二稿），其建构效度较好。

表 2-40　职业幸福感量表（第一稿）
探索性因子分析之后的题项内容、因子载荷、共同度

题项（按照初始量表中的题项序号）	各题项在所属因子的载荷					共同度
	F1	F2	F3	F4	F5	
42 我经常能感受到教师工作给自己带来的乐趣	0.840					0.827
14 我认为教师是一个很有价值的职业	0.794					0.842
31 教师有双休日和节假日让我更加喜欢这个职业	0.786					0.863
34 我喜欢教师相对单纯的工作内容和工作环境	0.748					0.867
29 我非常热爱教师这个职业	0.696					0.819
32 教学是我的兴趣所在，能把兴趣和职业结合在一起是很幸福的	0.655					0.781
24 我认为自己的知识和能力非常适合从事现在这个工作	0.607					0.761

续表

题项（按照初始量表中的题项序号）	各题项在所属因子的载荷					共同度
	F1	F2	F3	F4	F5	
35 教师被认为是知识的化身，受人尊重		0.782				0.738
2 我的工作得到了学生、家长的理解和支持		0.780				0.798
25 我对上级部门及学校提供的培训、学习和升职机会非常满意		0.764				0.737
27 我能从自身的修养和教学水平不断提升中获得满足感		0.752				0.739
20 我的工作成效能够得到领导和同事们的肯定		0.706				0.647
41 我能从课余时间与学生的交流中获得快乐		0.696				0.698
17 我对学生取得的成绩进步非常满意			0.786			0.841
26 工作以来，我对自己的身体健康状况非常满意			0.765			0.671
18 我认为自己的工作能力强、教学成绩显著			0.732			0.760
40 我经常能够以积极的心态来对待工作			0.631			0.729
19 通过自己的努力将后进生转为优等生，这使我很有成就感			0.550			0.527
21 在教育教学实践中，我的教育理念能够很好地得以推广和运用			0.543			0.692
10 学生在我的教育下学有所获、健康成长，是我的价值所在				0.785		0.868
8 我们的工作对社会有积极的贡献				0.765		0.805
9 通过教书育人，能够实现自己的人生价值				0.754		0.851
11 我对学生未来的发展能起到积极作用				0.667		0.685
23 目前的工作能给我提供较多自由发挥的空间				0.537		0.598
36 主动与其他老师交流和相互学习，这使我感到非常快乐					0.762	0.661
38 学校宽松的人文环境使我感到非常愉快					0.749	0.641
37 生动而富有成效的课堂使我感到非常愉快和满足					0.692	0.624
22 我能从我的工作中得到自身能力的提升					0.684	0.608
5 家人对我的工作很支持					0.682	0.542
4 在工作中遇到困难时，同事能提供力所能及的帮助					0.671	0.525

表 2-40 中，5 个公因子的先后顺序是按照因子特征值和方差贡献率的大小进行先后排设的，每个公因子内部的题项先后顺序按照题项在所属公因子上的载荷大小进行先后排设。通过表 2-37 的具体信息可知，30 个题项进入探索性因子分析过程，题项 14、24、29、31、32、34、42 因子载荷集中在 F1 上，这几个题项的主题为教师是有价值的职业、我适合这个工作、热爱这个职业、喜爱这个职业、我工作是幸福的、喜欢教师工作环境、感受教师工作乐趣，这些是考察当地中学体育教师对当地中学体育教育教学职业的认知以及由此而产生的主观体验，显然，这种体验越强烈，其职业的归属感就越高。因此将 F1 命名为"职业归属"。题项 2、20、25、27、35、41 的因子载荷集中在 F2 上，这几个题项的主题为教师受人尊敬、工作得到了学生及家长支持、工作获得了同事及领导的认可、自己获得了职业发展，这些是考察当地中学体育教师在工作中获得尊重和自身发展、生活体验，是关注当地中学体育教师的基本需要，因此将 F2 命名为"需要满足"。题项 17、18、19、21、26、40 的因子载荷集中在 F3，这些题项的主题是对学生的成绩满意、对自己工作业绩满意，是考察当地中学体育教师对自己教学成效满意的程度，因此将 F3 命名为"成效满意"。题项 8、9、10、11、23 的因子载荷集中在 F4 上，这些题项的主题为教学中学生有所获、自己能实现自身价值，这些主题是考察当地中学体育教师对自身在工作中的价值实现的认知，因此将 F4 命名为"价值认同"。题项 4、5、22、36、37、38 的载荷集中在 F5 上，这些题项的主题是考察当地中学体育教师在工作中获得家人帮助、获得同事业务支持、体验工作本身乐趣的情况，因此将 F5 命名为"友好体验"。经过探索性因子分析后的量表，对比其中探索性因子后题项的归属，笔者发现本研究探索性因子分析之后的具体题项、题量、题项归属与参考文献存有较大变化[①]，见表 2-41。

表 2-41 职业幸福感量表（第二稿）各题项的因子归属

维度	所属量表	初始题集题项编号
职业归属	修正之后	14、24、29、31、32、34、42
	原量表	27、28、29、30、31、32、39
需要满足	修正之后	2、20、25、27、35、41
	原量表	1、2、3、6、7、14、19、20、22、24、35

---

① 徐姗姗. 中学教师职业幸福感及其影响因素研究[D]. 桂林：广西师范大学，2013.

续表

维度	所属量表	初始题集题项编号
成效满意	修正之后	17、18、19、21、26、40
	原量表	15、16、17、18、37
价值认同	修正之后	8、9、10、11、23
	原量表	8、9、10、11、
友好体验	修正之后	4、5、22、36、37、38
	原量表	4、5、21、33、34

注：原量表中"职业认同"维度，在后面的命名为"职业归属"。

2. 聚合效度检验和区分效度检验

在 SPSS 数据库中，打开"数据2"，按照探索性因子分析后 30 个题项的因子归属，计算各维度的总分及量表的总分。之后，进行各维度之间的相关性分析、各维度与总量表之间的相关性分析。结果如表 2-42。各维度之间的相关系数介于 0.389 至 0.753 之间，各维度与总量表之间的相关系数介于 0.627 至 0.901 之间。每个相关系数均具有高度显著性，同时多数量表之间的相关性小于维度与总量表之间的相关性，说明探索性因子分析后的量表，其区分效度和聚合效度良好。

表 2-42 职业幸福感量表（第二稿）的相关系数矩阵

	职业归属	需要满足	成效满意	价值实现	友好体验	量表总体
职业归属	1					
需要满足	0.650**	1				
成效满意	0.563**	0.753**	1			
价值实现	0.611**	0.715**	0.665**	1		
友好体验	0.389**	0.411**	0.426**	0.462**	1	
量表总体	0.790**	0.901**	0.853**	0.855**	0.627**	1

注：**表示具有高度显著性。

（三）信度检验

通过 SPSS 软件的"Scale"模块对修正后的量表进行 Cronbach's Alpha 系数和 Spearman-Brown 分半系数的检验，详见表 2-43。5 个维度的 Cronbach's

Alpha 系数介于 0.833 至 0.963 之间，5 个维度的 Spearman-Brown 分半系数介于 0.776 至 0.952 之间。量表总体的 Cronbach's Alpha 系数为 0.954，Spearman-Brown 分半系数为 0.893。这些统计量均达到了良好的范围，说明职业幸福感量表（第二稿）的信度上佳。

表 2-43　职业幸福感量表（第二稿）信度检测

	职业归属	需要满足	成效满意	价值实现	友好体验	量表总体
题项数目	7	6	6	5	6	30
Cronbach's Alpha	0.963	0.910	0.900	0.919	0.833	0.954
Spearman-Brown	0.952	0.943	0.865	0.943	0.776	0.893

（四）验证性因子分析

经过探索性因子分析之后，初始量表中的 30 个题项得以保留，且形成了《贵州民族地区中学体育教师职业幸福感量表》（第二稿），其模型结构获得到了探索性因子分析检测指标的有力支撑。为了检验其与来自当地中学体育教师职业幸福感的实际情况之间的契合度，接下来，需要进行验证性因子分析。

启动 SPSS21.0，打开"数据 3"，为了在验证性因子分析结果中能给读者清晰地呈现出 30 个题项在所属公因子上的载荷，本次统计仍然保留初始量表中各题项的原始编号。整理好数据之后启动 AMOS26.0，从 SPSS21.0 导入"数据 3"，建立结构方程模型图。启动估计运算（Calculate estimate）之后，在模型与样本数据匹配成功（OK：Default model）的基础上，查看拟合指标输出结果报表（表 2-44）可知，9 个指标中，所有指标全部达到了可接受的范围。其中，χ^2/df、CFI、IFI、TLI 这 4 个指标达到了优秀标准。GFI、AGFI、NFI、CFI、IFI、TLI 这 6 个指标同时大于 0.7，从图 2-3 可知，所有题项在各自所属因子的载荷介于 0.476 至 0.930 之间。这说明贵州民族地区中学体育教师职业幸福感的模型与实际调查数据之间的契合度较好。

在非标准化参数中，职业归属 7 个题项的误差项估计系数介于 0.245 至 0.596 之间；需要满足因子 6 个题项的误差项估计系数介于 0.153 至 0.512 之间；成效满意因子 6 个题项的误差项估计系数介于 0.380 至 0.708 之间；价值实现因子 5 个题项误差项估计系数介于 0.184 至 0.574 之间；友好体验因子 6 个题项误差项估计系数介于 0.221 至 0.6 之间。模型中的所有误差项估计系数均为正数，提示模型没有违反模型基本适配度检验标准。

表 2-44 职业幸福感量表（第二稿）验证性因子分析模型适配情况

拟合指标	GFI	AGFI	SRMR	RMSEA	NFI	CFI	IFI	TLI	χ^2/df
所测指标值	0.845	0.817	0.060	0.056	0.847	0.922	0.923	0.914	1.866

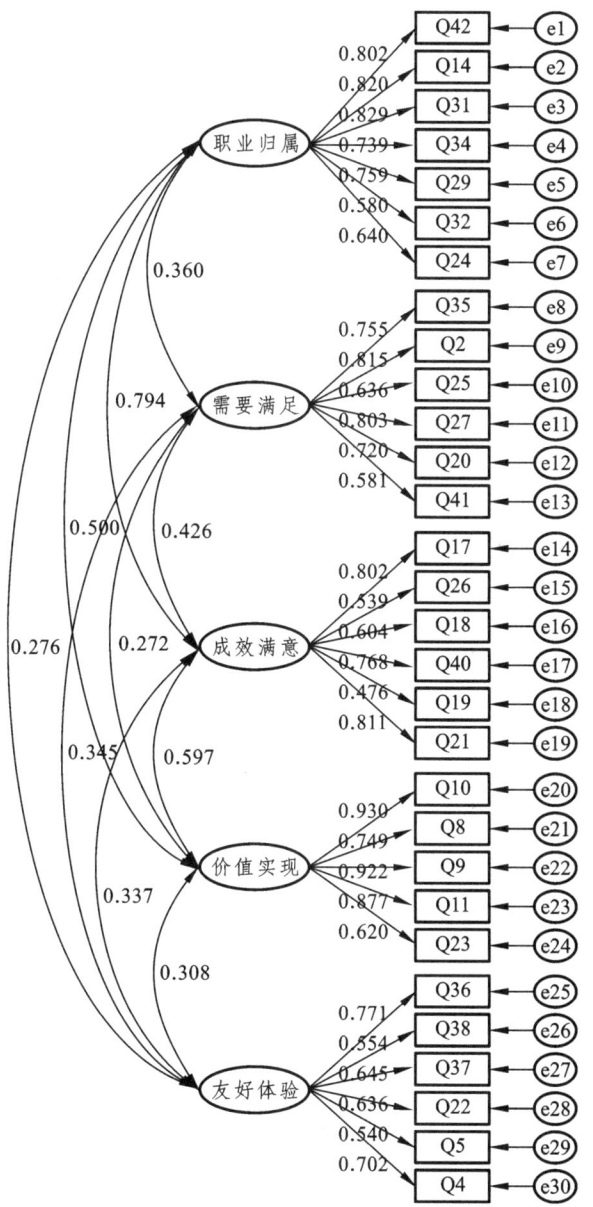

图 2-3 职业幸福感量表（第二稿）结构方程模型验证结果图
Chi-square=737.119（p=0.000）；DF=395；RMSEA=0.056

经验证性因子分析之后的测评量表成为能够测量贵州民族地区中学体育教师职业幸福感的最终量表，但最终的正式稿，其内部各维度下属题项的具体排位还需结合探索性因子分析和验证性因子分析的具体数据确定。《贵州民族地区中学体育教师职业幸福感量表》(第二稿)是与当地中学体育教师的实际情况相契合的。为呈现出量表的整个修正过程，《贵州民族地区中学体育教师职业幸福感量表》的正式稿兼顾探索性因子分析和验证性因子分析的相关数据来确定其各维度及题项的布局。具体来讲，正式稿中 5 个维度的顺序，将按照探索性因子分析中 5 个公因子的特征值和方差贡献率的大小顺序进行排设。每个公因子内部各个题项顺序，将按照验证性因子分析结果中因子内部各题项在该公因子上的载荷大小顺序进行排列。具体如表 2-45。

表 2-45 职业幸福感量表重构过程中其题项序号及维度归属的变化一览表

当前编号	题项内容	初始题项编号	当前所属维度
1	教师有双休日和节假日让我更加喜欢这个职业	31	职业归属
2	我认为教师是一个很有价值的职业	14	职业归属
3	我经常能感受到教师工作给自己带来的乐趣	42	职业归属
4	我非常热爱教师这个职业	29	职业归属
5	我喜欢教师相对单纯的工作内容和工作环境	34	职业归属
6	我认为自己的知识和能力非常适合从事现在这个工作	24	职业归属
7	教学是我的兴趣所在，能把兴趣和职业结合在一起是很幸福的	32	职业归属
8	我的工作得到了学生、家长的理解和支持	2	需要满足
9	我能从自身的修养和教学水平不断提升中获得满足感	27	需要满足
10	教师被认为是知识的化身，受人尊重	35	需要满足
11	我的工作成效能够得到领导和同事们的肯定	20	需要满足
12	我对上级部门及学校提供的培训、学习和升职机会非常满意	25	需要满足
13	我能从课余时间与学生的交流中获得快乐	41	需要满足
14	在教育教学实践中，我的教育理念能够很好地得以推广和运用	21	成效满意
15	我对学生取得的成绩进步非常满意	17	成效满意

续表

当前编号	题项内容	初始题项编号	当前所属维度
16	我经常能够以积极的心态来对待工作	40	成效满意
17	我认为自己的工作能力强、教学成绩显著	18	成效满意
18	工作以来,我对自己的身体健康状况非常满意	26	成效满意
19	通过自己的努力将后进生转为优等生,这使我很有成就感	19	成效满意
20	学生在我的教育下学有所获、健康成长,是我的价值所在	10	价值实现
21	通过教书育人,能够实现自己的人生价值	9	价值实现
22	我对学生未来的发展能起到积极作用	11	价值实现
23	我们的工作对社会有积极的贡献	8	价值实现
24	目前的工作能给我提供较多自由发挥的空间	23	价值实现
25	主动与其他老师交流和相互学习,这使我感到非常快乐	36	友好体验
26	在工作中遇到困难时,同事能提供力所能及的帮助	4	友好体验
27	生动而富有成效的课堂使我感到非常愉快和满足	37	友好体验
28	我能从我的工作中得到自身能力的提升	22	友好体验
29	学校宽松的人文环境使我感到非常愉快	38	友好体验
30	家人对我的工作很支持	5	友好体验

以《中学教师职业幸福感问卷》测评量表的初始题集为贵州民族地区中学体育教师职业幸福感的初始量表,对问卷调查所获数据进行项目分析,之后对保留的 30 个题项进行了探索性因子分析、区分效度和聚合效度分析,结果显示修正之后的量表效度良好。对 30 个题项进行 Cronbach's Alpha 系数和 Spearman-Brown 分半系数的检验,结果显示修正后的量表具有很好的信度。对探索性因子分析形成的测评模型进行验证性因子分析,结果显示测评模型具有较好拟合度。因此,经修正而成的测评模型适合用于调查贵州民族地区中学体育教师职业幸福感,即《贵州民族地区中学体育教师职业幸福感量表》(正式稿)形成。

第五节　本章小结

本章对《中学体育教师职业认同量表》(周珂，2010)进行了修正，对作者之前研制的《贵州民族地区中小学体育教师的胜任力量表》的初始题集进行了建构，对《中学教师职业幸福感问卷》(徐姗姗，2013)进行了重构，最终形成了适切于贵州民族地区的调查工具，即《贵州民族地区中学体育教师职业认同量表》《贵州民族地区中学体育教师胜任力量表》《贵州民族地区中学体育教师职业幸福感量表》。3份量表具有良好的信效度、区分度、聚合度和适配度，可以分别作为测量贵州民族地区中学体育教师职业认同、胜任力及职业幸福感的测评工具。

第三章 贵州民族地区中学体育教师职业认同、胜任力、职业幸福感的特征分析

基于理论梳理，本书在第一章提出假设，认为贵州民族地区中学体育教师职业认同越高，其职业幸福感就越高，即当地中学体育教师职业认同是其职业幸福感的前因变量。当贵州民族地区中学体育教师的胜任力介入其职业认同与职业幸福感之间，原来存在于职业认同与职业幸福感之间的依存关系将会发生改变，且随着胜任力水平的变化，这种依存关系也会发生改变。这些改变是 3 个变量之间的可能关系，需要进一步求证。求证这样的关系，其目的是为教育行政部门提高贵州民族地区中学体育教师职业幸福感提供参考。后面的第四章、第五章、第六章，如果贵州民族地区中学体育教师职业认同是其职业幸福感的前因变量，且胜任力在其中起到了中介和调节作用这样的假设得到求证，就完全有理由确定，当地中学体育教师胜任力在其职业认同预测职业幸福感的过程中起到中介和调节作用。

但当地中学体育教师群体具有诸多人口统计学特征，不同人口统计学变量的当地中学体育教师的职业认同、胜任力、职业幸福感呈现出什么样的特征？第二章，我们修正并获得了贵州民族地区中学体育教师职业认同、胜任力、职业幸福感的测评量表，这 3 套测评工具均由诸多维度组成。那么哪些类别的当地中学体育教师的职业幸福感高或者低呢？即当地中学体育教师职业认同、职业幸福感、胜任力这 3 个变量内部的人口统计学特征是什么？此问题获得解答后，则可以明确贵州民族地区中学体育教师 3 个方面需要提升的具体群体。同时，当地中学体育教师在这些具体维度上呈现出的特征有哪些？哪些维度需要提升呢？这些问题得到回答后，则当地中学体育教师 3 个方面提升的具体内容就更加清晰具体，后面提出的提升当地中学体育教师职业幸福感的策略将更具针对性。因此，在求证贵州民族地区中学体育教师职业认同、胜任力、职业幸福感之间可能存在的关系之前，本章将探寻这 3 个变量在基本的人口统计学变量上呈现出的特征。

第一节　研究思路

一、研究内容

克林格（Kerlinger，1986）认为，人口统计学变量在社会科学领域具有十分重要的意义。运用人口统计学变量可以评估社会发展的现状，还可以评价个人的状况[①]。具体到某一特定区域或特定环境下，人口统计学变量涉及人口数量、性别、年龄、行业、文化、收入、婚姻等所显示的人口现象的数量特征。本研究将从自然特征、教育背景和专业素养这 3 个方面来确定分类变量。其中，自然特征变量包括性别、工作所在地、年龄、任教学年段，教育背景为学历变量，专业素养为职称和绩效变量。这里需要说明，严格意义上来讲，工作绩效不属于人口统计学变量，但我们必须考虑胜任力的特点来设置分类变量。胜任力的一个重要特征就是甄别性，能够将岗位上的高绩效者和一般绩效者区分开来。因此，绩效是胜任力一个重要指标，那么本研究将绩效作为贵州民族地区中学体育教师胜任力的一个分类变量时，也同时将其作为职业认同和职业幸福感的分类变量。由此，本章将探寻当地中学体育教师职业认同、胜任力、职业幸福感在这些人口统计学变量上呈现出的特征。

二、研究方法与工具

（一）问卷调查法

通过问卷调查的方式获得样本数据。调查工具，是本书第二章修正形成的《贵州民族地区中学体育教师职业认同量表》（正式稿）、《贵州民族地区中学体育教师胜任力量表》（正式稿）、《贵州民族地区中学体育教师职业幸福感量表》（正式稿）。将这三份量表的题项，加上卷首语、填答说明后进行整理，之后形成《贵州民族地区中学体育教师职业认同、胜任力、职业幸福感调查问卷》。问卷分为 3 部分：卷首语及填答说明；人口统计学变量内容，包括性别、工作所在地、年龄、任教学年段、学历、职称、绩效情况；《贵州民族地区中学体育教师职业认同量表》《贵州民族地区中学体育教师胜任力量表》《贵

[①] KERLINGER F N. Foundations of behavior research[M]. 3rd ed. New York: Harcourt Brace Jovanovich, 1986: 55.

州民族地区中学体育教师职业幸福感量表》。量表测试，采用李克特5级评分法进行，从弱到强，依次为"很不赞同""较不赞同""一般""比较赞同""很赞同"。由于在调查量表修正阶段进行了3次调查，因此，此次调查成为本研究的第四次调查。

本次调查，自2022年6月开始，至12月底结束。具体采用了多段抽样调查法。首先确定贵州省3个民族自治州所辖36个县（市）及其他10个少数民族自治县（三都水族自治县隶属黔南布依族苗族自治州管辖）共46个县（市）为问卷发放范围。随机选取其中的县市，对其初级中学和高级中学的部分体育教师发放问卷。问卷采用邮寄问卷给所在地域的教师，委托其发放和回收问卷，同时通过网络问卷形式在黔东南苗族侗族自治州的剑河县、黎平县、凯里市，黔南布依族苗族自治州的都匀市、紫云苗族布依族自治区、罗甸县，黔西南布依族苗族自治州的兴义市、望谟县，毕节市威宁彝族回族苗族自治县，遵义市道真仡佬族苗族自治县等县（市）发放问卷。问卷的具体发放形式：①通过邮寄纸质问卷的方式集中邮寄给当地少部分体育教师，这些教师借助所在县市召开体育教师培训的机会分发给各参培教师；②通过网络问卷的形式发给当地部分体育教师，委托其转发至当地体育教师线上交流群，提请当地中学体育教师填答问卷；③作者本人利用工作之余，将问卷发给兴义城区及周边中学体育教师，同时利用黔西南州义龙新区举办该区教师棒垒球培训的机会，向参培的中学体育教师发放问卷；④作者本人利用带队参加贵州省第五届学生运动会的机会，对来自民族县（市）的部分中学竞赛组教练员进行问卷调查。

通过以上形式，共发放760份问卷，回收686份，剔除有规律勾选或勾选不完整的问卷，最终的有效问卷651份。将有效问卷的数据输入SPSS21.0的数据库，记为本研究的"数据4"。"数据4"将作为后面第四章、第五章、第六章统计分析的数据基础。由于各量表下属的维度中，题项数目不一致，而本研究某些地方需要描述每个维度得分之间的差距，为统一数据格式，本研究将呈现各维度所有题项的均值及其标准差。

（二）数理统计法

1. 平均数检验

对于变量分类之间的比较，如果仅停留在数据描述层面，就不能更为准确而深入地揭示数据之间的联系，必须进行样本采集，借助推断统计来预测样本所属总体的规律。抽样调查获取样本，其目的就是通过获得样本具有的特征来推断整体的特征及发展规律。推断统计借助调查样本的信息，运用概率理论对数据进行统计、分析，从而对总体分布特征进行科学有力的推测[①]。平均数分析，就是一种统计推断方法。本研究要比较不同分类变量下贵州民族地区中学体育教师职业认同、职业幸福感、胜任力的各分类群体的特征，当样本属于两类独立样本时，就需要进行两类样本之间的平均数检验。给定显著性为 $0.01 < p \leqslant 0.05$，高度显著性为 $P \leqslant 0.01$。SPSS21.0 模块提供样本 T 检验，以此推断两类样本平均数是否存有显著性差异。本研究将采取两个独立样本 T 检验的方法来检测两个不同类别群体职业认同、胜任力、职业幸福感的差异。此统计分析，要求判定数据方差是否齐性，根据齐性结果的情况来选取 T 统计量。平均数 T 检验，是进行对比分析的一个很常见的检验方法，在此不对其原理进行详述。

2. 方差分析

平均数检验，用于两个平均数的比较。当需要对 2 类以上样本的平均数进行比较的时候，如果将 2 个平均数进行逐一配对检验，其检验的准确性将大为降低。因此，当需要比较 2 个以上分类群体的均值时，就需要用到方差分析。研究对象的特性叫作"指标"或者观测变量，而影响指标的条件叫作"因素"或者控制变量。因素的不同状态叫作"水平"。当只有一个因素的时候，方差分析叫作单因素方差分析。方差分析要求样本是独立随机样本，且来自正态总体，要求这种正态总体的方差齐性。体育领域的绝大多数变量，其总体服从正态分布，进行方差分析时并不刚性要求进行总体正态性检验[②]。本次问卷发放，以贵州 3 个民族自治州所辖 36 个县（市）及其他 10 个少数民族自治县（三都水族自治县隶属黔南布依族苗族自治州管辖）共 46 个县（市）为问卷发放范围。随机选取其中的县（市），对其初级中学和高级中学的部分体育教师发放问卷，所获得样本是独立随机样本。

本次统计，在贵州民族地区部分中学体育教师群体中进行调查，所获样本的年龄、学历、职称这三个分类变量有多个水平，因此需要借助方差分析对这 3 个变量分类下各群体在职业认同、职业幸福感和胜任力方面呈现出的

---

① 梅雪雄. SPSS 在体育统计中的应用[M]. 北京：人民体育出版社，2008：146.
② 梅雪雄. SPSS 在体育统计中的应用[M]. 北京：人民体育出版社，2008：164.

特征。具体统计分析过程中，对这 3 个变量在其独自分类下不同类群体之间的均数进行比较，因此属于单因素方差分析（One-Way ANOVA）。单因素方差分析的统计量是 F 检验，这种检验是在各组均数相等的假设成立的前提下，将测试结果的总变差分解成组内方差和组间方差，之后检测二者之间的关系。当组内方差在总变差中占有的比例较大，则说明总变差是由测验误差造成。当组间方差在总变差中占有的比例较大，则认为总变差是由条件误差引起，即总变差是因为同一因素的不同水平或者不同分类造成的。

组间方差为：

$$MSA = \frac{SSA}{K-1}$$

组内方差为：

$$MSE = \frac{SSE}{N-K}$$

"K-1"是组间自由度，"N-K"是组内自由度。

F 检验的统计量为：

$$F = \frac{MSA}{MSE}$$

SPSS21.0 进行方差分析，相应模块会自动给出 F 统计量大小，同时给出相应的概率。当方差齐性且 F 的概率小于或等于 0.05，则认为被检测的各组数据之间存有显著性差异，需要进一步分析到底是哪些组之间存有显著性差异，这就要进行"在此之后检验"，简称"事后检验"，采用 LSD（Least Significant Difference）多重比较法，此法就是采用 T 统计量进行各组均值的配对比较，具有很高的敏感度，各均值之间的微小差别都会被检测出来。如果方差不齐性，SPSS 21.0 提供了较方差分析更为稳健的 Brown-Forsythe 检验方法提供渐进 F 分布统计量并给出其概率值，当渐进 F 分布统计量小于或等于 0.05，提供 Games-Howell 方法进行均数差异两两比较的事后检验[①]。本章第二节的方差分析的相关表格中，"多重比较"一栏下面的数据，当方差齐性时输出的是方差分析和 LSD 检验结果，当方差不齐性时，呈现的是 Brown-Forsythe 和 Games-Howell 检验结果。

---

① 梅雪雄. SPSS 在体育统计中的应用[M]. 北京：人民体育出版社，2008：165-167.

三、数据正态分布检验

本研究第四次调查,《贵州民族地区中学体育教师职业认同、胜任力、职业幸福感调查问卷》(正式稿)共计81个量表题项,借助SPSS21.0对所获数据进行检验,之后发现所有题项的K-S检验显著性小于0.05,需要进一步参考偏度系数和峰度系数的情况。职业认同下属的18个题项,其偏度系数绝对值介于0.006至0.530之间,峰度系数绝对值介于0.103至0.894之间;胜任力下属的33个题项,其偏度系数绝对值介于0.002至0.829之间,峰度系数绝对值介于0.018至1.013之间;职业幸福感下属的30个题项,其偏度系数绝对值介于0.045至0.699之间,峰度系数绝对值介于0.015至1.123之间。三个方面的偏度系数绝对值远小于3,峰度系数绝对值远小于10,提示,本研究第四次调查数据的正态分布情况可以接受,可以进行后续研究。

四、共同方法偏差的控制与检验

为了降低共同方法偏差对本研究结果的误导,本研究在本次问卷调查过程中及回收数据检测上需要采取措施尽量降低共同方法偏差对研究结果带来的负面影响。

(一)调查程序控制

限于研究时间的紧迫、课题组人力的紧缺等因素,本研究在调查时间和环境上不能避免一致性。因此采取了如下手段来尽量控制共同方法偏差,在问卷的卷首语设计上采取加粗"问卷是匿名填写且只用于科学研究,绝不针对任何个人,请您不要有任何顾虑"这样的方式以降低社会赞许性干扰,同时,随机排列三份量表的题项顺序,即各个量表内部题项不以维度范围成堆排列,而是进行跨维度随机排列。

(二)共同方法偏差的检验

本研究采取Harman单因子法对本次调查数据进行检测,将所有量表的题项数据放置一起,进行未旋转的探索性因子分析,查看未旋转的因子分析结果,第一个因子对方差变异解释程度不能超过50%,国内经验认为不能超过40%。本研究采用国内标准,超出了界定值可以认为研究数据的共同方法偏差明显(见表3-1)。

表 3-1　第四次调查数据的单因素未旋转探索性因子分析

成分	初始特征值			成分	初始特征值		
	特征值	解释方差/%	累计解释方差/%		特征值	解释方差/%	累计解释方差/%
1	17.320	21.383	21.383	13	1.205	1.487	47.072
2	3.044	3.758	25.141	14	1.173	1.448	48.520
3	2.500	3.086	28.227	15	1.129	1.394	49.914
4	2.150	2.654	30.881	16	1.117	1.379	51.293
5	1.947	2.404	33.286	17	1.107	1.366	52.659
6	1.641	2.026	35.312	18	1.081	1.335	53.994
7	1.542	1.904	37.216	19	1.066	1.315	55.309
8	1.446	1.785	39.001	20	1.031	1.272	56.582
9	1.420	1.753	40.755	21	1.011	1.248	57.830
10	1.373	1.695	42.450	22	0.959	1.184	59.014
11	1.309	1.616	44.065	23	0.954	1.177	60.191
12	1.231	1.519	45.584	24	……	……	……

《贵州民族地区中学体育教师职业认同、胜任力、职业幸福感调查问卷》（正式稿）3 个量表题项共计 81 项。从表 3-1 可知，系统共提取了 21 个特征值大于 1 的因子，其累计方差贡献率为 57.830%，而第一个因子的方差贡献率为 17.320%，远小于 40%，占据累计方差贡献率的 29.950%。这些指标提示，第三次调查数据的共同方法偏差不明显，可以接受。

五、被试的人口统计学特征

对 651 个有效样本的数据进行整理、录入后，其在所选 7 个人口统计学变量上的分布特征如表 3-2。

表 3-2　贵州民族地区中学体育教师胜任调查样本的人口统计学分布特征

一级变量	二级变量	人数	百分比
性别	女	245	37.634%
	男	406	62.366%
工作驻地	乡镇	266	40.860%
	县（市）	385	59.140%

续表

一级变量	二级变量	人数	百分比
年龄	30 岁以下	155	23.810%
	30 至 39 岁	282	43.318%
	40 至 49 岁	189	29.032%
	50 至 59 岁	25	3.840%
学年段	初中	506	77.727%
	高中	145	22.273%
学历	中专	60	9.217%
	大专	227	34.869%
	本科	336	51.613%
	研究生	28	4.301%
职称	三级	76	11.674%
	二级	350	53.763%
	一级	184	28.264%
	（副）高级	39	5.990%
	正高级	2	0.307%
绩效	一般绩效	553	84.946%
	高绩效	98	15.054%

注：本次调查，正高级职称的当地中学体育教师样本量极小，因此在后续的具体统计分析中，将 2 名正高级职称教师纳入高级职称教师中进行统计。

（一）性别变量

男性教师居多，占 62.366%。可见，男性体育教师从数量上来讲是当地中学体育教师的主力军。民族地区基础教育阶段体育教师性别比例，从当地高校体育教育本科专业学生群体数量就可以看出。笔者所在的兴义民族师范学院，其体育教育本科专业学生中，每一届学生的男女生比例都在 3∶1 左右。这种比例和当地中学体育教师男女比例十分接近。

（二）工作地变量

城市教师多于乡镇教师，但相差不大。本次调查中，部分调查问卷是通过网络进行发放的，有的问卷是委托他人在当地中学体育教师交流群中发放，群中成员多是县城或者州城的中学体育教师。同时，当地高中几乎全部位于州城或者县城，这也在一定程度上提高了城市教师的比例。

（三）年龄变量

总体上呈现出两头小，中间大的态势。主要集中在 30~39 岁年龄段（43.318%）。说明贵州民族地区中学体育教师以青年教师为主。十多年来，贵州民族地区中学体育教师岗位都是面向社会公开招考大学本专科学历教师。贵州省在 2009 年开始积极响应国家"特岗教师"计划，到 2022 年，贵州省的"特岗计划"已经进行了 13 年，在这 13 年的前中期，贵州民族地区乡镇中学体育教师的来源主要为特岗教师。通过这种方式，贵州省招聘了大量的中学体育教师，这批体育教师成为近几年来贵州民族地区中学体育教师的生力军。通过上岗后 5~10 年的磨砺，其年龄刚好处于 30~39 岁年龄段。

（四）学年段变量

调查中，有的学校是九年一贯制学校，这种学校的体育教师同时担任小学部和初中部的体育教学，因此，将这种学校担任初中体育课程教学的教师也纳入调查范围。有的中学既有高中部也有初中部，体育教师同时担任初中部和高中部的体育教学，这种教师计入高中体育教师。初中体育教师数量（77.727%）远高于高中体育教师。我国普及九年义务教育之后，初级中学数量远远高于高级中学数量，有的县甚至只有 2 所高中，这必然使得初级中学体育教师数量远高于高级中学数量。本课题为了避免在调查过程中，高中体育教师样本过少，在学年段变量上，进行了有计划性甚至针对性的调查，在初中样本过多的情况下，及时针对性地向高中体育教研组组长发放问卷，向高中体育教师发放的问卷占据总发放量的 25%。最终回收的有效问卷中，高级中学体育教师占总的有效样本的 22.273%。

（五）学历变量

本研究所谓的学历，为全日制学习经历。可以看出，在中专、大专、本科、研究生这四个学历层次上，当地中学体育教师的分布呈现出中间多两端少的特点。近十年来，贵州民族地区通过特岗招聘等方式，提高了当地中学体育教师入职的学历门槛，调查对象中，超过 5 成的教师是本科学历。研究生学历的当地中学体育教师均为硕士学历，没有博士学历教师。这与当前国内体育学类博士培养规模较小有关。体育学类博士学位获得者是当前国内各大高校的抢手人才。当前，贵州民族地区乃至整个贵州省的中学，还没听闻有体育学专业博士学历体育教师，即使在全国中学也很少见博士学历体育教师。

（六）职称变量

有效样本中，超过半成的老师是中学二级职称。其次是一级教师（28.264%）。当地中学高级职称体育教师很少，且多是在县市中学工作的体育教师，以高级中学体育教师为主。本次调查中出现了正高级中学体育教师，但其样本量极小，只有2人，在具体统计中纳入高级教师职称。相比较于其他学科教师，体育教师在职称评定上毫无优势甚至处于劣势。由于高级职称的名额有限，在评聘高级职称时候，学校为了激发高考考试科目科任教师的积极性，会倾向于这些教师群体。正是由于这一点，2020年国家出台的《关于全面加强和改进新时代学校体育工作的意见》中指出"完善体育教师绩效工资和考核评价机制""确保体育教师在职务职称晋升、教学科研成果评定等方面，与其他学科教师享受同等待遇"。相信，在国家对体育教师工作空前重视的背景下，今后中学体育教师的职称晋升情况将有所改善。

（七）绩效变量

本次调查，高绩效教师的标准如下：① 获得地厅及以上级别骨干教师、学科带头人、优秀教师、优秀工作者等称号；② 获得地厅及以上级别的教学优秀奖、优秀论文等奖项，包括集体奖项排前三；③ 经常指导学生训练，在地市及以上级别的运动竞赛中获得单项前三名奖项，集体项目前五名奖项；④ 担任地市（州）级体育教育协会负责人，或者省以上级别的体育协会会员；⑤ 主持或者作为前三参与人进行地厅及以上级别课题研究；⑥ 担任名师工作室负责人。

在651个有效样本中，有98位教师符合高绩效教师的标准。当地中学体育教师群体中的高绩效教师，在当地学校体育教学、训练、竞赛及名师工作室的建设上，取得了突出的成绩。当地高绩效中学体育教师群体不论从胜任力还是职业认同上都是该群体的榜样和旗帜，是队伍中的佼佼者，在当地中学体育学科领域的标杆作用毋庸置疑。本次调查，高绩效教师占总体样本的15.054%，小于20%，从侧面反映本研究关于贵州民族地区中学体育教师高绩效标准的合理性。

第二节 贵州民族地区中学体育教师职业认同的特征分析

一、贵州民族地区中学体育教师职业认同各维度及整体水平特征

从表 3-3 可知，贵州民族地区中学体育教师职业认同的整体均值为 3.639。各维度的均值介于 3.510 至 3.740 之间。可以看出，当地中学体育教师的职业认同处于中等偏上的水平。当地体育教师对自己所从事职业的认同较高，在工作中的情感体验明显高于其他维度。但，包括总体得分在内的其他 4 个维度的得分均值都低于 4，说明当地中学体育教师职业认同的程度尚需进一步提升。

表 3-3 贵州民族地区中学体育教师职业认同的总体摘要

维度	题项数	有效样本量	均值	维度
持续认同	6	651	3.510±0.564	持续认同
价值认同	5	651	3.667±0.625	价值认同
能力认同	4	651	3.722±0.516	能力认同
情感认同	3	651	3.740±0.620	情感认同
整体量表	18	651	3.639±0.438	整体量表

本研究职业认同测评量表是基于周珂在其博士论文《中学体育教师职业认同研究》中编制的量表[①]。在第二章，《中学体育教师职业认同量表》修正后，最终形成的《贵州民族地区中学体育教师职业认同》（正式稿），没有题项删除。但原量表的"持续认同"和"投入认同"经探索性因子分析，合并为"持续认同"维度。周珂在建构《中学体育教师职业认同量表》的过程中，其调查样本来自我国华东、西北、华中、华北、华南地区，调查样本没有覆盖到东北和西南地区。因此，本研究可以将价值认同、能力认同、情感认同这三个维度及职业认同整体得分与文献中的数据进行对比（见表 3-4）。

---

① 周珂. 中学体育教师职业认同研究[D]. 开封：河南大学，2010.

表 3-4　贵州民族地区中学体育教师职业认同外向比较

维度	本研究数据	文献数据	T值（双侧）	显著性（P）
价值认同	3.667±0.625	4.654±0.419	40.310	0.000
能力认同	3.722±0.516	4.381±0.521	32.539	0.000
情感认同	3.740±0.620	4.317±0.612	23.741	0.000
职业认同	3.639±0.438	4.367±0.388	42.379	0.000

注："$P \leq 0.01$"代表高度显著性，"$0.01 < P \leq 0.05$"代表显著性。

从表 3-4 可知，不论是在职业认同整体量表上的得分均值，还是其下属价值认同、能力认同、情感认同三个维度得分均值，贵州民族地区中学体育教师均显著低于文献数据，即贵州民族地区中学体育教师的职业认同远低于其他地方中学体育教师。这提示，相对全国其他地方，贵州民族地区中学体育教师对自己的工作价值认知较低，对自己岗位业务能力自信度较低，对自己所从事职业的归属感较低。

二、不同性别贵州民族地区中学体育教师职业认同的特征分析

表 3-5 显示，贵州民族地区男女中学体育教师的职业认同整体得分均值及各维度得分均值介于 3.491 至 3.796 之间，得分没有超过"4"的水平，但多数得分在 3.5 以上，职业认同水平偏低。具体来看，在持续认同维度上，男性体育教师的得分均值为 3.491，女性教师得分均值为 3.541，得分差异没有显著性。在价值认同维度上，男性体育教师得分 3.607，女性体育教师得分 3.766，得分差异具有高度显著性。在能力认同维度上，男性教师得分 3.796，女性体育教师得分 3.600，得分差异具有高度显著性。在情感认同维度上，男性体育教师得分 3.722，女性体育教师得分 3.770，得分十分接近，差异很微弱，不具有显著性。职业认同整体得分均值，男性体育教师为 3.630，女性体育教师为 3.655，差异无显著性。

表 3-5　不同性别贵州民族地区中学体育教师职业认同的 T 检验

维度	性别	均数	T值（双侧）	显著性（P）
持续认同	女	3.541±0.559	1.093	0.275
	男	3.491±0.567		

续表

维度	性别	均数	T 值（双侧）	显著性（P）
价值认同	女	3.766±0.632	3.163	0.002
	男	3.607±0.614		
能力认同	女	3.600±0.538	-4.663	0.000
	男	3.796±0.489		
情感认同	女	3.770±0.632	0.949	0.343
	男	3.722±0.612		
整体均数	女	3.655±0.445	0.707	0.480
	男	3.630±0.435		

注："$P \leq 0.01$"代表高度显著性，"$0.01 < P \leq 0.05$"代表显著性。

三、不同工作地贵州民族地区中学体育教师职业认同的特征

表 3-6 是不同工作地贵州民族地区中学体育教师职业认同的平均数检验结果。乡镇中学体育教师在 4 个维度上的得分介于 3.437 至 3.719 之间，城市中学体育教师 4 个维度的得分介于 3.560 至 3.801 之间。在职业认同整体上的得分，乡镇中学体育教师为 3.593，而城市中学体育教师为 3.671。在价值认同、情感认同两个维度上，贵州民族地区的乡镇中学体育教师与城市中学体育教师无显著性差异，但在持续认同、能力认同和职业认同整体得分均值上显著低于城市中学体育教师。当地城乡中学体育教师得分均没有达到"4"的水平，说明当地城乡中学体育教师的职业认同程度较低。

表 3-6　不同工作驻地贵州民族地区中学体育教师职业认同的 T 检验

维度	工作驻地	均数	T 值（双侧）	显著性（P）
持续认同	乡镇	3.437±0.576	-2.758	0.006
	城市	3.560±0.551		
价值认同	乡镇	3.692±0.640	0.850	0.395
	城市	3.649±0.615		
能力认同	乡镇	3.609±0.527	-4.674	0.000
	城市	3.801±0.494		

续表

维度	工作驻地	均数	T值（双侧）	显著性（P）
情感认同	乡镇	3.719±0.645	-0.722	0.471
	城市	3.755±0.602		
整体均数	乡镇	3.593±0.454	-2.237	0.026
	城市	3.671±0.425		

注："$P \leqslant 0.01$"代表高度显著性，"$0.01 < P \leqslant 0.05$"代表显著性。

贵州民族地区多为喀斯特地貌区域，其乡镇交通不便，现成道路维护成本高，教育医疗资源缺乏且水平落后。这种城乡差距的影响延伸到当地学校，乡镇学校体育场地设施配置不齐，体育教学条件较差，各种体育教研活动在当地乡镇中学开展较少。这些现状不是当地中学体育教师所能扭转的，故其在岗位上的职业成就感相对较低，对所从事职业的归属感也相对较差。这一群体，主观上并不认为自身的能力与县城同行有多大差距。由于诸多客观条件，乡镇中学体育教师在职业认同第12、13题（能力认同维度）的得分显著低于县城中学体育教师。城市中学体育教学设施较齐全，各中学之间经常开展公开课，体育教师能够体验到自己所任教学科也和其他学科那样进行教学经验分享与交流，能力认同程度相对较高。由于场地条件优于乡镇中学，县（市）层面的运动会多在县市中学轮流举办，通过这些运动会平台，举办学校能在全县乃至全州（市）县市展示自己学校的形象，同时县市中学的体育竞技实力高于乡镇中学，获得体育奖项多于乡镇中学，学校体育工作就会获得更多的重视，职业认同就相对较高。综上，乡镇中学体育教师在岗位上的持续认同低于城市中学体育教师。

四、不同年龄贵州民族地区中学体育教师职业认同的特征

表3-7中，是不同年龄贵州民族地区中学体育教师职业认同的方差分析结果。数据显示：在持续认同维度上，得分均值按照30岁以下年龄段教师，50岁以上的教师，40至49岁教师，30至39岁教师依次递减。在价值认同维度上，得分均值按照50岁以上教师、30岁以下的教师、30至39岁教师、40至49岁教师的顺序依次递减。在能力认同维度上，得分均值按照40至49岁教师、50岁以上的教师、30至39岁教师、30岁以下教师的顺序依次递减。

在情感认同维度上,40至49岁教师得分均值最高,达到了3.907,其次为50岁以上的教师,得分均值为3.827,30岁以下的当地中学体育教师得分均值为3.849,30至39岁教师得分均值为3.561。在职业认同整体得分均值上,50岁以上的教师得分均值为3.745,30岁以下的当地中学体育教师得分均值为3.743,30至39岁教师得分均值为3.553,40至49岁教师得分均值为3.676。

职业认同总体得分中,30至39岁年龄段教师显著低于其他年龄段教师。30岁以下当地中学体育教师的持续认同显著高于30至39岁、40至49岁两个年龄段教师。在价值认同维度上,30岁以下教师和50岁以上教师得分均值高于30至39岁、40至49岁这两个年龄段教师。在能力认同维度上,30岁以下当地中学体育教师显著低于其他年龄段;而30至39岁年龄段当地中学体育教师的能力认同显著低于40至49岁、50岁以上两个年龄段教师。在情感认同维度上,30至39岁教师显著低于其他3个年龄段教师。总之,4个年龄段当地中学体育教师中,30岁以下、40至49岁两个年龄段教师的职业认同表现突出,30至39岁教师职业认同最低。4个年龄段的当地中学体育教师所有得分均值介于3.385至3.907,没有超过"4"的水平,说明4个年龄段上的当地中学体育教师,其职业认同总体水平有待提升。

表3-7 不同年龄贵州民族地区中学体育教师职业认同的方差分析

维度	年龄段	平均数	F值	事后多重比较	均数差值	显著性(P)
持续认同			15.601 $P=0.000$	Ⅰ	0.371	0.000
	30岁以下	3.756±0.523		Ⅱ	0.270	0.000
	30至39岁	3.385±0.583		Ⅲ	0.189	0.419
	40至49岁	3.486±0.502		Ⅳ	-0.100	0.192
	50岁以上	3.567±0.571		Ⅴ	-0.181	0.440
				Ⅵ	-0.081	0.906
价值认同			7.071 $P=0.000$	Ⅰ	0.233	0.000
	30岁以下	3.839±0.590		Ⅱ	0.248	0.000
	30至39岁	3.606±0.646		Ⅲ	-0.025	0.849
	40至49岁	3.590±0.597		Ⅳ	0.015	0.793
	50岁以上	3.864±0.591		Ⅴ	-0.258	0.045
				Ⅵ	-0.274	0.038

续表

维度	年龄段	平均数	F值	事后多重比较	均数差值	显著性（P）
能力认同			20.778 P=0.000	Ⅰ	-0.256	0.000
	30岁以下	3.477±0.458		Ⅱ	-0.419	0.000
	30至39岁	3.733±0.507		Ⅲ	-0.323	0.003
	40至49岁	3.897±0.501		Ⅳ	-0.164	0.000
	50岁以上	3.800±0.510		Ⅴ	-0.067	0.517
				Ⅵ	0.097	0.358
情感认同			17.175 P=0.000	Ⅰ	0.288	0.000
	30岁以下	3.849±0.622		Ⅱ	-0.057	0.381
	30至39岁	3.561±0.619		Ⅲ	0.023	0.861
	40至49岁	3.907±0.569		Ⅳ	-0.345	0.000
	50岁以上	3.827±0.463		Ⅴ	-0.265	0.035
				Ⅵ	0.080	0.533
整体均数			7.094 P=0.000	Ⅰ	0.179	0.000
	30岁以下	3.733±0.405		Ⅱ	0.056	0.230
	30至39岁	3.553±0.453		Ⅲ	-0.012	0.898
	40至49岁	3.676±0.429		Ⅳ	-0.123	0.003
	50岁以上	3.745±0.376		Ⅴ	-0.191	0.034
				Ⅵ	-0.068	0.459

注："$P \leqslant 0.01$"代表高度显著性，"$0.01 < P \leqslant 0.05$"代表显著性。"Ⅰ"代表30岁以下与30至39岁的比较，"Ⅱ"代表30岁以下与40至49岁的比较，"Ⅲ"代表30岁以下与50岁以上的比较，"Ⅳ"代表30至39岁与40至49岁的比较，"Ⅴ"代表30至39岁与50岁以上的比较，"Ⅵ"代表40至49岁与50岁以上的比较。

虽然，有学者发现国外教师的职业认知会随所从事职业年限的增长而变得更加积极。但我国学者却发现国内中学体育教师在40岁左右就会逐渐迎来职业认同的"高原期"[1]。贵州民族地区中学体育教师职业认同在30至39岁这一年龄段出现了下降，而之后年龄段教师的职业认同却又出现回升。30至

---

[1] 周细琴,王伟.中学体育教师职业声望的形成及其发展[J].体育学刊,2003,10(3):109-110.

39岁年龄段的教师，经历了入职选拔考验、岗位业务适应，对职业的认知应该有一个较高水平。这一年龄段，人的精力充沛，创造性思维活跃，加之日臻成熟的教学经验，岗位上的从业者对所从事职业应该有一个更为积极的态度。但当地30至39岁中学体育教师的职业认同在几个年龄段的教师中，却处于最低水平。将这样的现象放到当前我国社会大背景及贵州民族地区实际境况下进行分析，或可理解：30至39岁阶段教师生活压力大。这一群体面临组建家庭、养育孩子、还抵房贷、维持家庭生活开支等具体情况，需要在家庭与工作之间分配时间、精力。反观其他年龄段的当地中学体育教师，30岁以下教师成就动机较高，他们从学校毕业后，通过各种教师岗前准备进入中学体育教师岗位，在职业发展的初期有着强烈的职业成就动机，常以谦虚谨慎、乐于奉献、踊跃进取的表现来证明自己的职业态度。40岁及以上的当地中学体育教师逐渐反思自我，重新定位职业角色，随着教龄增大，职称提高，岗位薪酬也随之提高，职业归属感逐渐提高，其职业认同也得到了显著的提升。

五、不同学年段贵州民族地区中学体育教师职业认同的特征

表3-8中，是不同学年段贵州民族地区中学体育教师职业认同的平均数检验结果。当地初中体育教师在4个维度上的得分均值介于3.490至3.723之间，在职业认同整体上的得分均值为3.624。高中体育教师在4个维度上得分均值介于3.579至3.861之间，在职业认同整体上的得分均值为3.691。当地高中体育教师的情感认同得分均值显著高于初级中学体育教师。但当地两个学段体育教师的所有得分均没有超过"4"的水平。说明当地中学体育教师职业认同水平急需得到提高。

高级中学，是大学升学前的最后一个基础教育阶段。高级中学对学生的培养，在注重基础知识的同时，兼顾创新能力，以为高等教育分类输送合适的培养对象。体育学类本科专业学生也要在高中阶段进行体能训练，高中为高等体育院系输送体质良好、专项突出的合格人才。目前为止，贵州的高中体育学科还没有进入高考科目行列，为了向高等体育院系输送合格的体育考生，贵州民族地区高级中学都组建了"体训队"，以准备每年在省城举行的普通高校体育专业招生术科考试。当地高级中学体育教师担负着选拔、训练高考体育生的重任，即在平日的体育课堂上、校运会上发现体育成绩出众的学生，在紧张的课余时间组织训练，带队赴省城参加体育高考，为国内高等体

育院系输送人才的同时也为贵州民族地区的体育特长生指引了一条展示自我、发挥才能的道路。

高考体训队的训练、管理过程虽然艰苦，但却让当地高级中学体育教师锻炼了训练能力、管理能力，在与其他学科教师的交流中，赢得了尊重，获得了自信。当地有的高中为了提高升学率，在高考体育生的培养体制上也下了功夫。有的高中，为了激发体育教师的带队热情，将大学本科上线的高考体育生培养奖励的50%归于高考体训队教师。有的高中直接将体训队的高考上线学生数目单列出来对带队体育教师予以嘉奖。这些措施大幅提升了当地高中体育教师对工作的坚守信心。体育是贵州民族地区的中考科目之一，当地初级中学体育教师面对的是全体学生，教师与学生的交流较少，而高级中学体育教师和队员的交流多，在每天一训的接触中，教练和队员产生了较为浓厚的师生之情，这些情感促使教师对其中的困难队员进行多方无私关照。这样的经历，使得升入高等体育院系的同学终身铭记，奋发向上。"小学体育不晓得是谁带的，但高中体育老师，是我们的教练，那是绝对记得到的，还经常联系，寒暑假回家还聚会聊天"，这是笔者在与工作学校体育专业学生交谈中获得的信息。这些也使当地高中体育教师看到了自己所从职业的价值及自身在中学体育教学岗位上的价值，从而激发其较为强烈的职业情感。

表3-8 不同学年段贵州民族地区中学体育教师职业认同的T检验

维度	学段	均数	T值（双侧）	显著性（P）
持续认同	初级中学	3.490±0.561	-1.681	0.093
	高级中学	3.579±0.573		
价值认同	初级中学	3.656±0.626	-0.792	0.429
	高级中学	3.703±0.621		
能力认同	初级中学	3.723±0.514	0.084	0.917
	高级中学	3.719±0.525		
情感认同	初级中学	3.706±0.627	-2.667	0.008
	高级中学	3.861±0.580		
整体均数	初级中学	3.624±0.439	-1.642	0.101
	高级中学	3.691±0.433		

注："$P \leqslant 0.01$"代表高度显著性，"$0.01 < P \leqslant 0.05$"代表显著性。

六、不同学历贵州民族地区中学体育教师职业认同的特征

表3-9中，是不同学历贵州民族地区中学体育教师职业认同的平均数检验结果。在持续认同维度上，4个学历层次的当地中学教师群体的得分均值按照中专学历、大专学历、本科学历、研究生学历的顺序依次递增，尤其是研究生学历教师得分均值达到了4.060。在价值认同维度上，同样按照当地中专学历、大专学历、本科学历、研究生学历的顺序依次递增。在能力认同维度上，得分均值按照研究生学历、中专学历、本科学历、大专学历的次序依次递增。在情感认同维度上，得分均值按照大专学历教师、中专学历教师、本科学历教师、研究生学历教师的次序依次递增。研究生学历教师得分均值达到了4.095。在职业认同整体得分均值上，当地中专学历中学体育教师得分3.456，大专学历教师得分3.532，本科学历教师得分3.720，研究生学历教师3.925。所有学历的当地中学体育教师得分均值介于3.317至4.095之间。在持续认同和情感认同两个维度上，研究生学历教师的得分均值超过了"4"的水平。职业认同整体得分均值也逼近"4"的水平。

表3-9 不同学历贵州民族地区中学体育教师职业认同的方差分析

维度	学历	均数	F值	事后多重比较	均数差值	显著性（P）
持续认同				中专与大专的比较	-0.014	0.857
	中专	3.322±0.421		中专与本科的比较	-0.292	0.000
	大专	3.336±0.574	24.492	中专与研究生的比较	-0.737	0.000
	本科	3.615±0.536	P=0.000	大专与本科的比较	-0.278	0.000
	研究生	4.060±0.419		大专与研究生的比较	-0.723	0.000
				本科与研究生的比较	-0.445	0.000
价值认同				中专与大专的比较	-0.204	0.038
	中专	3.317±0.482		中专与本科的比较	-0.490	0.000
	大专	3.521±0.637	19.024	中专与研究生的比较	-0.605	0.000
	本科	3.807±0.603	P=0.000	大专与本科的比较	-0.286	0.000
	研究生	3.921±0.476		大专与研究生的比较	-0.401	0.001
				本科与研究生的比较	-0.115	0.631

续表

维度	学历	均数	F值	事后多重比较	均数差值	显著性（P）
能力认同	中专	3.654±0.523	1.111 P=0.344			
	大专	3.750±0.481				
	本科	3.726±0.544				
	研究生	3.598±0.432				
情感认同			5.371 P=0.001	中专与大专的比较	0.038	0.667
	中专	3.689±0.475		中专与本科的比较	-0.092	0.286
	大专	3.651±0.617		中专与研究生的比较	-0.406	0.004
	本科	3.781±0.639		大专与本科的比较	-0.130	0.014
	研究生	4.095±0.528		大专与研究生的比较	-0.445	0.000
				本科与研究生的比较	-0.314	0.009
整体均数			17.031 P=0.000	中专与大专的比较	-0.076	0.473
	中专	3.456±0.342		中专与本科的比较	-0.265	0.000
	大专	3.532±0.434		中专与研究生的比较	-0.469	0.000
	本科	3.720±0.437		大专与本科的比较	-0.189	0.000
	研究生	3.925±0.293		大专与研究生的比较	-0.393	0.000
				本科与研究生的比较	-0.204	0.009

注："$P \leqslant 0.01$"代表高度显著性，"$0.01 < P \leqslant 0.05$"代表显著性。

经过检测，在持续认同维度上，当地中学体育教师的持续认同随着学历层次的升高而增强，中专和大专学历教师显著低于其他年龄段的教师。在价值认同上，从中专学历到本科学历，当地中学体育教师的得分呈现出显著增加态势。在能力认同维度上，当地中学体育教师的得分差距没有显著性，说明4个学历层次的教师在此维度上没有显著性差异，故不进行事后多重检验。在情感认同维度上，大专学历和研究生学历的当地中学体育教师的得分显著高于中专学历和本科学历教师。在职业认同总体得分上，当地中学体育教师的职业认同及各维度得分均值总体上随着学历层次的升高而增强，这与相关研究具有一致性[1][2]。总之，本科学历、研究生学历的当地中学体育教师职业认同全面高于或显著高于中专学历、大专学历教师。

教师接受的师范教育历程越长，对学科教育教学理念体会得越深刻，对教学规律理解得越深入，对自己岗位素质越有信心。中专、大专学历体育师资培养主要在于技术的习得，而本科学历体育师资培养在于技术的应用、教育教学方法的习得。尤其是研究生学历的体育教师，通过研究生阶段的学习，将本科时期对体育的感性理解上升到理性深入层次，对体育塑造人的价值有了较为理性的分析，从强身健体的功能属性认识上升到塑造精神灵魂的层次。相应的，贵州民族地区研究生学历中学体育教师和本科学历教师职业认同也就高于大专和中专学历教师。十多年前的贵州民族地区，科班出身的中学体育教师紧缺，中学教师岗位入职门槛较低，多数中学体育教师来源于当地师范学校培养的大中专毕业生。当前，这一群体教师处于40至49岁年龄段，与后来的本科学历体育教师相比较，其虽然学历较低，但多年积累起来的教学经验较为丰富。这群教师自觉认知学历层次上的不足，希望在所从事职业上坚持工作、努力上进，其能力认同并不逊色于其他学历层次的教师。因此，在能力认同维度上，各学历层次上的当地中学体育教师得分均值没有显著性差异。

七、不同职称贵州民族地区中学体育教师职业认同的特征

表3-10中，是不同职称贵州民族地区中学体育教师职业认同的方差分析结果。在持续认同维度上，4个职称级别的当地中学体育教师得分均值按照二级教师、一级教师、三级教师、高级教师这样的顺序依次显著增高。高级教师得分4.191，但二级教师却只有3.274的得分。在价值认同维度上，4个职称级别的当地中学体育教师得分均值按照二级教师、一级教师、三级教师、高级教师这样的顺序依次显著增高，高级职称教师得分为4.380，但二级职称教师却只有3.402的得分。在能力认同维度上，高级职称教师得分均值显著高于其他3个职称级别的教师。二级职称教师和一级职称教师得分均值显著高于三级职称教师，高级职称教师得分达到了4.567。在情感认同维度上，4个

---

[1] 周珂. 中学体育教师职业认同特点的实证与分析[J]. 南京体育学院学报，2012，26（5）：72-78.

[2] 曲静，陈祖学. 贵州民族地区中学体育教师职业认同特征与分析[J]. 安徽体育科技，2019，40（6）：59-63.

职称级别的当地中学体育教师得分均值按照三级教师、二级教师、一级教师、高级教师这样的顺序依次显著增高。高级教师得分 4.455，但二级教师却只有 3.564 的得分。4 个职称级别的当地中学体育教师在所有方面的得分均值介于 3.274 至 4.567，跨度较大。当地高级职称中学体育教师在职业认同所有方面的得分均超过了"4"的水平。三级职称中学体育教师在价值认同维度得分均值也超过了"4"的水平。从各职称级别教师得分均值的总体趋势来看，除了能力认同维度之外，贵州民族地区中学体育教师的职业认同呈现出"两端大、中间小"的特征，而且是按照高级、三级、一级、二级职称的顺序依次降低或者显著降低。

表3-10 不同职称贵州民族地区中学体育教师职业认同的方差分析

维度	职称	均数	F值	事后多重比较	均数差值	显著性（P）
持续认同			92.850 P=0.000	三级与二级比较	0.577	0.000
	三级	3.851±0.427		三级与一级比较	0.186	0.013
	二级	3.274±0.523		三级与高级比较	-0.340	0.000
	一级	3.665±0.475		二级与一级比较	-0.391	0.000
	高级	4.191±0.339		二级与高级比较	-0.917	0.000
				一级与高级比较	-0.526	0.000
价值认同			97.425 P=0.000	三级与二级比较	0.622	0.000
	三级	4.024±0.448		三级与一级比较	0.160	0.060
	二级	3.402±0.601		三级与高级比较	-0.357	0.000
	一级	3.864±0.498		二级与一级比较	-0.462	0.000
	高级	4.380±0.354		二级与高级比较	-0.979	0.000
				一级与高级比较	-0.516	0.000
能力认同			72.578 P=0.000	三级与二级比较	-0.224	0.000
	三级	3.457±0.388		三级与一级比较	-0.264	0.000
	二级	3.681±0.486		三级与高级比较	-1.110	0.000
	一级	3.721±0.473		二级与一级比较	-0.040	0.794
	高级	4.567±0.296		二级与高级比较	-0.886	0.000
				一级与高级比较	-0.846	0.000

续表

维度	职称	均数	F值	事后多重比较	均数差值	显著性（P）
情感认同				三级与二级比较	0.537	0.000
	三级	4.101±0.591	49.794 P=0.000	三级与一级比较	0.333	0.000
	二级	3.564±0.583		三级与高级比较	-0.354	0.001
	一级	3.768±0.554		二级与一级比较	-0.204	0.000
	高级	4.455±0.407		二级与高级比较	-0.892	0.000
				一级与高级比较	-0.687	0.000
整体均数				三级与二级比较	0.405	0.000
	三级	3.853±0.295	148.547 P=0.000	三级与一级比较	0.103	0.065
	二级	3.448±0.404		三级与高级比较	-0.518	0.000
	一级	3.750±0.321		二级与一级比较	-0.302	0.000
	高级	4.371±0.221		二级与高级比较	-0.923	0.000
				一级与高级比较	-0.621	0.000

注："$P \leqslant 0.01$"代表高度显著性，"$0.01 < P \leqslant 0.05$"代表显著性。

教师职称级别的提升反映了教师在岗位上综合水平的提升，这也体现在职业认同方面。体育教师在与其他"主课"任课教师职称晋升的竞争中无优势。当地中学体育教师群体中，能评上高级职称的教师，在教学、训练、科研这些"硬指标"上是具备相当水准的，是学科同行乃至整个中学教师队伍的拔尖者。在学科领域内，高级职称中学体育教师拥有高水平教学训练和科研能力，职称成功晋升之后，较高的薪酬待遇及职称声誉，使得高级职称当地中学体育教师在与其他学科教师尤其是"主课"学科教师的交流中，具有足够的信心和较多的话语权，岗位归属感在这些过程中逐渐得到增强，其职业认同高于其他3个职称级别的当地中学体育教师。但从调查数据上看，当地三级职称中学体育教师的职业认同在当地教师队伍的状况与国内其他地方的情况有很大的出入[①]。当地三级职称中学教师的价值认同和情感认同，均显著高于二级职称和一级职称老师。原因可能是，当地三级职称中学体育教师队伍多由上岗不久的年轻教师组成，这一群体，对体育教育教学充满了热情、

---

① 周珂. 中学体育教师职业认同特点的实证与分析[J]. 南京体育学院学报，2012，26（5）：72-78.

好学多问、谦虚上进。这一群体多数成员表示今后会继续在当前岗位上"多观察、多学习,提高自己的业务能力",以使自己的职业生涯更加美好[①]。当地二级职称中学体育教师的职业认同几乎全面低于其他职称的同行。这一群体中的多数成员,年龄上处于 30 至 35 岁,这一时期,是其经济、时间较为紧张的人生时段,在各种压力叠加的情况下,这一群体教师在工作中的成功体验较低,对职业的情感归属较低。

八、不同绩效贵州民族地区中学体育教师职业认同的特征

表 3-11 中,是贵州民族地区不同绩效中学体育教师职业认同的得分情况。在 4 个维度上,一般绩效当地中学体育教师得分均值介于 3.483 至 3.710 之间,而高绩效体育教师得分均值介于 3.660 至 3.977 之间。职业认同整体得分均值上,一般绩效教师得分均值为 3.612,高绩效教师得分为 3.789。当地两种绩效类别的中学体育教师职业认同的总体得分均值及 4 个维度上的得分均值均未达到"4"的水平。在"价值认同"维度上,当地高绩效中学体育教师略高于一般绩效中学体育教师,但在职业认同整体得分均值及其他维度得分均值上,高绩效教师显著高于一般绩效教师。651 个有效样本中,有 98 位教师符合高绩效教师的标准。当地中学体育教师群体中的高绩效教师,是在当地中学体育教学、运动训练、探索发现、沟通与交流等方面的榜样和旗帜,其领头作用不可小觑。

表 3-11　不同绩效贵州民族地区中学体育教师职业认同的 T 检验

维度	绩效类别	均数	T 值(双侧)	显著性(P)
持续认同	一般绩效	3.483±0.540	-2.474	0.004
	高绩效	3.660±0.670		
价值认同	一般绩效	3.657±0.595	-0.771	0.442
	高绩效	3.720±0.773		
能力认同	一般绩效	3.677±0.490	-4.765	0.000
	高绩效	3.977±0.588		

---

① 曲静,陈祖学. 贵州民族地区中学体育教师职业认同特征与分析[J]. 安徽体育科技,2019,40(6):59-63.

续表

维度	绩效类别	均数	T值（双侧）	显著性（P）
情感认同	一般绩效	3.710±0.613	-2.985	0.003
	高绩效	3.912±0.632		
整体均数	一般绩效	3.612±0.405	-2.929	0.003
	高绩效	3.789±0.572		

注："$P \leq 0.01$"代表高度显著性，"$0.01 < P \leq 0.05$"代表显著性。

本研究的高绩效教师是在当地中学体育教学、训练、科研、沟通协调、学习等方面取得高水平成绩的群体。取得这些外显成绩需要当地高绩效中学体育教师热爱自己的岗位，在岗位上乐于奉献、勤于钻研、热爱体育教学，能深入理解体育与健康课程标准，关爱学生，将体育锻炼作为塑造学生身心的手段，让学生在体育课上体会到生活积极的方面。同时这一群体在勤于工作的同时，能够以工作为乐趣，在自己从事的岗位上有良好的情绪体验，工作中遇到困难能够积极主动寻求解决办法。因此，当地高绩效中学体育教师的职业认同必然具有较高水平。

第三节 贵州民族地区中学体育教师胜任力的特征分析

一、贵州民族地区中学体育教师胜任力各维度及整体水平特征

从表3-12可知，贵州民族地区中学体育教师胜任力的整体均值为3.701。其下属5个维度的均值介于3.429至3.892之间。可以看出，当地中学体育教师的胜任力处于中等水平。包括胜任力总体得分在内的其他5个维度的得分均值都低于"4"的水平，说明当地中学体育教师胜任力需要进一步提升。

表3-12 贵州民族地区中学体育教师胜任力的样品摘要

维度	题项数	有效样本量	平均值
教学与训练	10	651	3.892±0.475
职业坚守	7	651	3.707±0.621
探索与发现	5	651	3.429±0.660

续表

维度	题项数	有效样本量	平均值
沟通与交流	6	651	3.728±0.503
反思与学习	5	651	3.547±0.718
整体量表	33	651	3.701±0.428

二、不同性别贵州民族地区中学体育教师胜任力的特征

表 3-13 中，是不同性别贵州民族地区中学体育教师胜任力的平均数检验结果。此外，除了教学与训练维度得分均值临近 4，贵州民族地区男、女中学体育教师在整体胜任力及胜任力下属其他 4 个维度上的得分均值较低。在职业坚守维度上，男女中学体育教师均低于"3.5"的水平。这一点也反映在反思与学习维度上，在此维度上，男性教师的得分低于"3.5"的水平。男、女中学体育教师在胜任力总分均值以及各个维度上的得分均值差距不大，只有反思与学习维度，当地女中学体育教师显著高于男教师。

表 3-13　不同性别贵州民族地区中学体育教师胜任力的 T 检验

维度	性别	均数	T 值（双侧）	显著性（P）
教学与训练	女	3.879±0.503	-0.554	0.580
	男	3.900±0.458		
职业坚守	女	3.670±0.695	-1.141	0.254
	男	3.730±0.572		
探索与发现	女	3.484±0.604	1.643	0.101
	男	3.397±0.689		
沟通与交流	女	3.714±0.526	-0.534	0.593
	男	3.736±0.489		
反思与学习	女	3.630±0.613	2.432	0.015
	男	3.497±0.771		
整体均数	女	3.707±0.432	0.296	0.767
	男	3.697±0.427		

注："$P \leqslant 0.01$"代表高度显著性，"$0.01 < P \leqslant 0.05$"代表显著性。

当地中学体育教师，都是经过当地人事部门选拔程序考验而进入当地中学体育教师队伍的。在这一应聘过程中，符合条件的男、女应聘者在公开、公平的评审条件下完成技术技能、教学教法、知识素养的展示。能进入当地

中学体育教师队伍的女性，其在教学训练、职业情怀、自主学习、沟通交流等方面与男性教师不分伯仲。在反思与学习维度上，当地女性中学体育教师显著高于男性教师，这说明，当地女性中学体育教师对待教学比男性体育教师更加认真细致，课后勤于反思，外出培训做好笔记将优秀教学案例的经验带到自己的教学中。民族地区女性中学体育教师操持家务、喂养小孩，工作上还能不断进取，从而保持了与男性体育教师相近的胜任力水平。这方面，当地男性体育教师应该向女性体育教师学习。

三、不同工作地贵州民族地区中学体育教师胜任力的特征

表 3-14 中，是不同工作地贵州民族地区体育教师胜任力的平均数检验结果。城市中学体育教师的教学与训练维度靠近"4"的水平，说明当地城市中学体育教师教学与训练能力处于较高水平。此外，当地城市中学体育教师在职业坚守、沟通与交流、反思与学习、胜任力的整体得分均值超过了"3.5"的水平。乡镇中学体育教师在教学与训练、职业坚守、沟通与交流、反思与学习、胜任力上得分均值超过"3.5"的水平。当地乡镇中学体育教师在教学与训练、反思与学习两个维度与城市中学体育教师不相上下，但胜任力整体得分均值及其他维度得分均值显著低于城市中学体育教师。

表 3-14 不同工作地贵州民族地区中学体育教师胜任力的 T 检验

维度	工作驻地	均数	T 值（双侧）	显著性（P）
教学与训练	乡镇	3.855±0.472	-1.664	0.097
	城市	3.918±0.476		
职业坚守	乡镇	3.599±0.680	-3.729	0.000
	城市	3.782±0.566		
探索与发现	乡镇	3.367±0.640	-2.017	0.044
	城市	3.473±0.670		
沟通与交流	乡镇	3.674±0.527	-2.270	0.024
	城市	3.765±0.483		
反思与学习	乡镇	3.517±0.735	-0.882	0.378
	城市	3.568±0.707		
整体均数	乡镇	3.643±0.434	-2.887	0.004
	城市	3.741±0.420		

注："$P \leqslant 0.01$"代表高度显著性，"$0.01 < P \leqslant 0.05$"代表显著性。

贵州民族地区城市中学体育教师胜任力显著高于乡镇中学体育教师,这样的差距从入职之时就会出现。城市市区的交通条件、教育资源、医疗水平远远优于当地乡镇。因此,在当地城乡中学体育教师招考季,优秀的应聘者必然会将目光集中在城区学校,其次才是乡镇学校体育教学岗位。甄别性,是胜任力的特征之一,在应聘之际,高水平胜任力的应聘者就会留在条件较好的城市上岗就业,在县(市)城区应聘落选之后,退而进入乡镇面试应聘。笔者在贵州民族地区工作十余年,发现大多数当地乡镇中学体育教师设法往县城调动工作,而县城中学体育教师又不遗余力地设法往地市(州)城调动工作。在乡镇中学任教的多数当地教师,即使其工作单位在乡镇,其常住地也在县城,甚至在地市(州)城。其原因就是城市市政建设好于乡镇,子女受教育条件的选择范围宽于乡镇,医疗保健服务优于乡镇。城市的吸引力,必然使得当地城市中学体育教师的职业坚守高于乡镇中学体育教师。市区学校的体育场地器材较乡镇中学更为完善,市区中学体育教师有更大的空间在体育教学组织管理上灵活运用不同的教学方法,教学训练能力在实践中得到锻炼。同时,市区学校各片区中学之间的联系较各乡镇中学更为紧密。学术交流机会多、网络传媒设施完善,体育教学经验交流、培训机会多,县(市)城区中学体育教师胜任力在各种教学交流的过程也得到提升。但无可否认,无论是当地县(市)城区中学体育教师,还是当地乡镇中学体育教师,这一群体都坚守在贵州民族地区中学体育教学岗位,将自己学到的体育技术、保健知识传授给当地学生,为校园课外文体活动的丰富、为当地中学生的身心健康塑造贡献了自己的力量,奉献了自己的美好年华。这一点,必须得到认可与尊重。

四、不同年龄贵州民族地区中学体育教师胜任力的特征

表3-15中,是不同年龄贵州民族地区中学体育教师胜任力的方差检验结果。在教学与训练维度上,随着年龄的增长,当地中学体育教师教学与训练能力也在显著提升。40至49岁、50岁以上的教师得分均值超过了"4"的水平,且两个年龄段的教师教学能力没有显著性差异。在职业坚守维度上,呈现出两头大中间低的态势,即30岁以下和50岁以上当地中学体育教师群体得分显著高于30至39岁、40至49岁教师群体。在探索与发现维度上,当地中学体育教师发现问题、探索问题的能力较低,4个年龄段的教师在这一维度

上的得分介于3.394至3.521之间,30岁以下的教师群体稍高于其他群体,但没有显著性。说明当地中学体育教师在探索与发现维度没有明显差异,因此不做事后多重检验。在沟通与交流维度上,40至49岁教师群体得分最高,30至39岁教师群体得分最低。30岁以下、40至49岁2个年龄段教师得分显著高于30至39岁年龄段教师。在反思与学习维度上,50岁以上当地中学体育教师得分显著高于其他3个年龄段的教师。在胜任力总体得分上,50岁以上当地中学体育教师最高,30至39岁教师得分最低,30岁以下教师显著低于50岁以上教师,30至39岁教师显著低于40至49岁、50岁以上教师。整体看来,30至39岁教师群体在教学与训练维度上的得分显著高于30岁以下教师群体,除此之外,30至39岁教师群体在胜任力(整体)、职业坚守、探索与发现、沟通与交流、反思与学习上的得分均低于或者显著低于其他年龄段的当地中学体育教师。

表3-15 不同年龄贵州民族地区中学体育教师胜任力的方差分析

维度	年龄段	均数	F值	事后多重比较	均数差值	显著性(P)
教学与训练				Ⅰ	-0.152	0.001
	30岁以下	3.702±0.396		Ⅱ	-0.363	0.000
	30至39岁	3.854±0.448	23.085 P=0.000	Ⅲ	-0.506	0.000
	40至49岁	4.065±0.505		Ⅳ	-0.212	0.000
	50岁以上	4.208±0.403		Ⅴ	-0.354	0.000
				Ⅵ	-0.143	0.138
职业坚守				Ⅰ	0.310	0.000
	30岁以下	3.884±0.526		Ⅱ	0.171	0.032
	30至39岁	3.574±0.632	13.072 P=0.000	Ⅲ	-0.196	0.374
	40至49岁	3.713±0.632		Ⅳ	-0.139	0.092
	50岁以上	4.080±0.561		Ⅴ	-0.506	0.001
				Ⅵ	-0.367	0.023
探索与发现	30岁以下	3.521±0.704				
	30至39岁	3.394±0.642	1.388 P=0.245			
	40至49岁	3.404±0.650				
	50岁以上	3.456±0.621				

续表

维度	年龄段	均数	F值	事后多重比较	均数差值	显著性（P）
沟通与交流			9.402 $P=0.000$	Ⅰ	0.192	0.000
	30岁以下	3.802±0.379		Ⅱ	-0.010	0.935
	30至39岁	3.620±0.532		Ⅲ	0.025	0.814
	40至49岁	3.812±0.533		Ⅳ	-0.192	0.001
	50岁以上	3.787±0.389		Ⅴ	-0.167	0.107
				Ⅵ	0.025	0.809
反思与学习			3.384 $P=0.018$	Ⅰ	-0.010	0.885
	30岁以下	3.519±0.660		Ⅱ	-0.020	0.797
	30至39岁	3.529±0.760		Ⅲ	-0.473	0.002
	40至49岁	3.539±0.674		Ⅳ	-0.010	0.887
	50岁以上	3.992±0.791		Ⅴ	-0.463	0.002
				Ⅵ	-0.453	0.003
整体均数			7.763 $P=0.000$	Ⅰ	0.072	0.213
	30岁以下	3.705±0.336		Ⅱ	-0.059	0.531
	30至39岁	3.633±0.434		Ⅲ	-0.252	0.014
	40至49岁	3.764±0.473		Ⅳ	-0.132	0.013
	50岁以上	3.958±0.364		Ⅴ	-0.325	0.001
				Ⅵ	-0.193	0.096

注："$P \leqslant 0.01$"代表高度显著性，"$0.01 < P \leqslant 0.05$"代表显著性。"Ⅰ"代表30岁以下与30至39岁的比较，"Ⅱ"代表30岁以下与40至49岁的比较，"Ⅲ"代表30岁以下与50岁以上的比较，"Ⅳ"代表30至39岁与40至49岁的比较，"Ⅴ"代表30至39岁与50岁以上的比较，"Ⅵ"代表40至49岁与50岁以上的比较。

实践性知识是教师成长路径中的重要中介变量[1]，教师从新手到熟手再到专家型教师，需要经历一个较长的成长期。此阶段是一个不断提升的过程，尤其是课堂教学方法手段的应用、教学节奏的控制、教学效果的反馈、训练经验的获得等方面，均需要一个较长时期的积累。经验是制约新手教师教学设计的关键要素[2]。30岁以下的当地中学体育教师群体，多数是新进教师。一

---

[1] 王陆,彭功,马如霞,等. 大数据知识发现的教师成长行为路径[J]. 电化教育研究, 2019, 40 (1): 95-103.

[2] 康翠,刘美凤. 不同专业发展阶段教师教案编制的质性研究[J]. 中国电化教育, 2013 (11): 66-73.

个新手教师成长为熟手教师，需要有一个成长过程，这也是教师成长的规律。近10年，贵州民族地区响应贵州省特岗教师计划，充分利用此平台招聘合格的中学体育师资。这一群体正在经历从新手到熟手的过程。因此，30岁以下的当地中学体育教师教学与训练能力水平在众多年龄段的教师中最低，而50岁以上的当地中学体育教师群体教学与训练能力水平最高这样的现象就不难理解。

30岁以下的当地中学体育教师，上岗不久甚至初来乍到，他们更多关注的是自己在当地工作经验的积累、教学训练能力的提高。在平日教学中，积极与其他年龄群体的教师沟通以提升自己的实操能力。他们对在教学中遇到的新情况感到好奇，并且在工作之余借助各种网络平台查询资料，参考经验，积极寻求解决新问题的途径。近些年来，贵州中学教师学历的入职门槛是大学本科。30岁以下的贵州民族地区中学体育教师，刚从大学本科毕业，掌握了基本的科学研究方法，发现问题的能力和解决问题的思维能力优于其他年龄的当地中学体育教师。因此这一群体在职业坚守、探索与发现、沟通与交流这3个维度有着较好的表现。

30至39岁年龄段，生活上要拿出精力组建家庭，抽出时间养育孩子，经济上要攒积钱财还房贷，尤其对于家住县城而工作在乡镇的当地教师群体来讲，每周甚至每天都在乡镇与县（市）城区之间奔波，在时间分配上显得更为紧张。当地中学体育教师在完成教学任务之后，将时间精力投到了孩子上学放学接送、课后辅导上，来不及去探索、反思、交流，其胜任力在各年龄段中最为薄弱。40至49岁年龄段教师，其探索、反思、交流能力较前一年龄段教师群体有所上升。在调查交谈中，我们发现了一个关键的信息，一般来说，45至49岁的教师，其子女进入了初中之后，其自由支配的时间就会变充裕，但，随着二胎、三胎政策的放开，部分40至49岁年龄段当地体育教师又开始了第二波小孩养育的艰难生活历程。这将对这一群体胜任力的提升提出挑战，如何在精力不如40岁之前的情况下，既照顾好家庭，又提升自己的胜任力，是一个亟须思考、解决的现实问题。

五、不同学段贵州民族地区中学体育教师胜任力的特征

表3-16中，是不同学段贵州民族地区中学体育教师胜任力的平均数检验结果。贵州民族地区初级中学体育教师胜任力各维度得分介于3.414至3.895之间，高级中学体育教师的胜任力各维度得分均值及整体得分均值介于3.484

至 3.885 之间。胜任力整体得分均值，初中体育教师为 3.687，高中体育教师为 3.747。说明当地初、高中体育教师胜任力总体水平较低。当地高级中学体育教师沟通与交流、反思与学习这两个维度得分均值显著高于初级中学体育教师。

表 3-16　不同学段贵州民族地区中学体育教师胜任力的 T 检验

维度	学年段	均数	T 值（双侧）	显著性（P）
教学与训练	初级中学	3.895±0.468	0.218	0.828
	高级中学	3.885±0.501		
职业坚守	初级中学	3.696±0.629	-0.863	0.389
	高级中学	3.747±0.593		
探索与发现	初级中学	3.414±0.626	-1.125	0.261
	高级中学	3.484±0.765		
沟通与交流	初级中学	3.708±0.510	-1.967	0.048
	高级中学	3.797±0.474		
反思与学习	初级中学	3.509±0.716	-2.511	0.012
	高级中学	3.678±0.711		
整体均数	初级中学	3.687±0.424	-1.492	0.136
	高级中学	3.747±0.441		

注："$P \leq 0.01$"代表高度显著性，"$0.01 < P \leq 0.05$"代表显著性。

初级、高级中学体育师资选拔标准不一样，这一点在教师资格认证考试要求上就有所体现。在人员的选拔程序上，高中教师资格的报考条件、考试的难度都要大于初级中学教师资格。也因此，中小学教师资格证自上向下是可以兼容的，即初级中学教师资格证持有者可以担任初级中学、小学教师，而不能担任高级中学教师。那么在备考的过程中，高级中学教师资格备考者进行的考前复习范围和深度均要强于初级中学教师资格备考者。同时，相对初级中学体育教师来讲，高级中学体育教师面对的教学对象知识面更广，对事物的见解更加具有个性，在日常教学中，高中体育教师在信息、知识的获取上，需要更多的业余学习。

同时，高级中学体育教师还有一个重要任务就是要进行高考体育生的日常训练和管理，在训练过程中，要针对不同学生调整训练方法、监控训练成效，促使其运动能力得到提升。同时，训练过程本身就是一个在普适性训练理论指导下的经验累积过程，是一个不断用实践证明理论的过程。这样的过程能不断提高当地高中体育教师勇于反思训练、自主学习的意识。经常带队训练、赴省城参加体育高考的过程，又是一个需要多方沟通协调交流的过程，其间，必须与学校领导沟通、家长沟通，适时做好学生的思想工作，让其在学习和训练时做到张弛有度。

贵州民族地区的高级中学几乎都在县（市）城或州城，半数以上的初级中学在乡镇。城市中学体育教师与其他学校的交流机会更多。而由于各乡镇间隔较远，乡镇初级中学体育教师日常教学之外，交流不便，这在一定程度上拉低了当地初级中学体育教师沟通与交流维度的得分。

虽然在教学训练、职业坚守、探索与发现这 3 个维度上，当地高级中学体育教师得分有一定的优势，但这种优势没有显著性。原因可能是：当地初级、高级中学体育教师的选拔严格，被选上的教师是经过职前招聘考试的考验而被择优录用的。而且随着体育院系招生规模的扩大，贵州民族地区初、高级中学，在招聘体育师资时，均会有更宽的人才选择面，而这种情况对于面试者而言无疑增加了就业竞争性。因此被择优录用的教师均具备较高的胜任力水平，其教学与训练能力、探索与发现水平、职业坚守水平无明显的差距。

六、不同学历贵州民族地区中学体育教师胜任力的特征

表 3-17 是不同学历贵州民族地区中学体育教师胜任力得分均值的方差分析统计表。在教学与训练维度上，4 个学历层次的当地中学体育教师得分均值都没有超过"4"的水平，F 检验概率为 0.121，说明方差分析中，4 个学历层次的当地中学体育教师的教学与训练能力没有显著差异，因此不进行事后检验。在职业坚守维度上，4 个学历层次教师得分均值没有超过"4"的水平。本科学历和研究生学历的当地中学体育教师得分显著高于大专学历教师。在探索与发现维度上，中专学历教师与大专学历教师得分水平相近，从大专学历层次开始，总体上按照学历由低到高而呈现出显著性的增高。研究生学历教师得分均值达到了"4.486"的水平。但中专学历教师、大专学历教师得分均值没超过"3.5"的水平，本科学历教师刚过"3.5"的水平。在沟通与交流维度上，中专学历教师与大专学历教师得分水平相近，从大专学历层次开始，总体上按照学历由低到高呈现出显著性的增高。研究生学历教师得分均值达

到了"4.042"的水平。在反思与学习维度上，中专学历教师与大专学历教师得分水平相近，从大专学历层次开始，总体上按照学历由低到高呈现出显著性的增高。研究生学历教师得分均值达到了"4.436"的水平。但中专学历教师、大专学历教师得分均值没超过3.5，本科学历教师刚过"3.5"的水平。在胜任力总体得分上，中专学历教师与大专学历教师得分水平相近，从大专学历层次开始，总体上按照学历由低到高呈现出显著性的增高。研究生学历教师得分均值达到了"4.065"的水平。但中专学历教师、大专学历教师得分均值只是稍高于3.5。除了教学与训练维度之外，硕士研究生学历的当地中学体育教师的胜任力整体得分均值及其他维度得分均值几乎全面显著高于其他学历体育教师。

表3-17 不同学历贵州民族地区中学体育教师胜任力的方差分析

维度	学历	均数	F值	事后多重比较	均数差值	显著性（P）
教学与训练	中专	3.862±0.505	F=1.945 P=0.121			
	大专	3.865±0.467				
	本科	3.929±0.481				
	研究生	3.743±0.369				
职业坚守	中专	3.657±0.612	F=16.120 P=0.000	中专与大专的比较	0.140	0.414
				中专与本科的比较	-0.165	0.219
	大专	3.517±0.660		中专与研究生的比较	-0.323	0.017
	本科	3.822±0.576		大专与本科的比较	-0.305	0.000
	研究生	3.980±0.378		大专与研究生的比较	-0.462	0.000
				本科与研究生的比较	-0.157	0.201
探索与发现	中专	3.183±0.526	F=45.041 P=0.000	中专与大专的比较	-0.048	0.588
				中专与本科的比较	-0.336	0.000
	大专	3.231±0.560		中专与研究生的比较	-1.302	0.000
	本科	3.520±0.642		大专与本科的比较	-0.289	0.000
	研究生	4.486±0.629		大专与研究生的比较	-1.255	0.000
				本科与研究生的比较	-0.966	0.000

续表

维度	学历	均数	F值	事后多重比较	均数差值	显著性（P）
沟通与交流				中专与大专的比较	0.082	0.247
	中专	3.650±0.528	F=18.540	中专与本科的比较	-0.173	0.011
	大专	3.568±0.507	P=0.000	中专与研究生的比较	-0.392	0.001
	本科	3.823±0.472		大专与本科的比较	-0.255	0.000
	研究生	4.042±0.350		大专与研究生的比较	-0.473	0.000
				本科与研究生的比较	-0.218	0.020
反思与学习				中专与大专的比较	0.015	0.877
	中专	3.393±0.607	F=22.419	中专与本科的比较	-0.222	0.021
	大专	3.378±0.730	P=0.000	中专与研究生的比较	-1.042	0.000
	本科	3.615±0.677		大专与本科的比较	-0.237	0.000
	研究生	4.436±0.539		大专与研究生的比较	-1.058	0.000
				本科与研究生的比较	-0.821	0.000
整体均数				中专与大专的比较	0.039	0.509
	中专	3.607±0.396	F=25.153	中专与本科的比较	-0.171	0.003
	大专	3.567±0.420	P=0.000	中专与研究生的比较	-0.458	0.000
	本科	3.778±0.416		大专与本科的比较	-0.210	0.000
	研究生	4.065±0.265		大专与研究生的比较	-0.498	0.000
				本科与研究生的比较	-0.287	0.000

注："$P \leq 0.01$"代表高度显著性，"$0.01 < P \leq 0.05$"代表显著性。

体育学的中专、大专层次着重培养学生体育教学和训练技能，而体育学类本科专业不仅强调学生系统掌握基本理论和技能，还着眼于学生的德、智、体、美、劳全面发展，同时要求具备一定的体育科学研究能力和创新创业意识[1]。本次调查中的28位研究生学历教师，都有本科学习经历。因此4个学历层次的教师都经历了体育教学与训练的培训，在教学与训练的基本技能与方法应用上，4个学历层次的当地中学体育教师没有明显差距。但由于近几年才逐渐进入当地中学，刚入职的体育学研究生在教学和训练能力方面还是低

---

[1] 教育部高等学校教学指导委员会.普通高等学校本科专业类教学质量国家标准（上）[M].北京：高等教育出版社，2018：78.

于已入职多年的中专、大专学历教师。体育学类本科生不仅要接受技能培训，还要经历体育科学研究方法的培训，因此在探索与发现、沟通与交流、反思与学习维度显著高于中专学历和大专学历教师。本科教育注重专业知识的学习与应用，而研究生教育侧重培养学生发现问题、分析问题、解决问题的能力。研究生学历的当地中学体育教师在探索与发现、沟通与交流、反思与学习 3 个维度上比本科学历教师更具优势。但从调查样本量来看，贵州民族地区研究生学历中学体育教师在调查样本中的比例很小（4.30%）。由此可见，当地教育行政部门今后需要考虑引进高质量的师资，通过加大各种优惠政策来加强人才引进。当地地市（州）城区因为在当下针对研究生学历教师，设置了较为宽松的入职环境，硕士研究生学历教师多在地市（州）城区的中学任教，其职业坚守也就高于其他学历层次的教师。这也从侧面反映了加大人才引进的力度，制定科学、合理的人才引进机制是当务之急。

七、不同职称贵州民族地区中学体育教师胜任力的特征

表 3-18 是不同职称贵州民族地区中学体育教师胜任力的方差分析统计表。在教学与训练维度上，一级职称和高级职称的当地中学体育教师得分超过了"4"的水平，高级教师得分达到了 4.737，4 个职称级别的教师按照三级、二级、一级、高级的职称序列增加，其中一级教师和高级教师的教学与训练能力显著高于三级教师和二级教师。在职业坚守维度上，高级职称的当地中学体育教师得分依然最高，其次为三级教师，其得分接近"4"的水平。4 个职称级别的教师得分按照二级职称、一级职称、三级职称、高级职称的顺序递增，三级职称教师、高级职称教师得分显著高于二级教师。在探索与发现维度上，高级职称的当地中学体育教师得分最高，为 4.278，最低得分是二级职称教师，只有 3.156。4 个职称级别的教师得分按照二级职称、三级职称、一级职称、高级职称的顺序递增，一级职称教师、高级职称教师得分显著高于二级职称教师。在沟通与交流维度上，高级职称教师得分最高，为 4.476，二级职称教师得分最低，为 3.538。4 个职称级别的教师得分按照二级职称、一级职称、三级职称、高级职称的顺序递增，三级职称教师、高级职称教师得分显著高于二级教师。在反思与学习维度上，高级职称教师得分最高，超过了"4.5"的水平，得分最低的依然是二级教师，只有 3.255。4 个职称级别的教师得分按照二级职称、三级职称、一级职称、高级职称的顺序显著递增。

在胜任力（总体）上，高级职称教师得分超过了"4.5"的水平，得分最低的依然是二级教师，只有3.491。4个职称级别的教师得分按照二级职称、三级职称、一级职称、高级职称的顺序显著递增。总之，除了教学与训练维度之外，贵州民族地区中学体育教师的胜任力呈现出"两端大、中间小"的特征。二级职称教师得分显著低于其他职称级别的教师。

表3-18 不同职称贵州民族地区中学体育教师胜任力的方差分析

维度	职称	均数	F值	事后多重比较	均数差值	显著性（P）
教学与训练				三级与二级比较	-0.107	0.281
	三级	3.664±0.486		三级与一级比较	-0.364	0.000
	二级	3.771±0.388	94.080	三级与高级比较	-1.072	0.000
	一级	4.029±0.425	$P=0.000$	二级与一级比较	-0.257	0.000
	高级	4.737±0.195		二级与高级比较	-0.965	0.000
				一级与高级比较	-0.708	0.000
职业坚守				三级与二级比较	0.522	
	三级	3.979±0.499		三级与一级比较	0.076	0.679
	二级	3.457±0.596	90.548	三级与高级比较	-0.484	0.000
	一级	3.903±0.505	$P=0.000$	二级与一级比较	-0.446	0.000
	高级	4.463±0.280		二级与高级比较	-1.006	0.000
				一级与高级比较	-0.560	0.000
探索与发现				三级与二级比较	0.452	0.000
	三级	3.608±0.544		三级与一级比较	-0.079	0.763
	二级	3.156±0.519	78.901	三级与高级比较	-0.670	0.000
	一级	3.687±0.701	$P=0.000$	二级与一级比较	-0.531	0.000
	高级	4.278±0.405		二级与高级比较	-1.122	0.000
				一级与高级比较	-0.591	0.000
沟通与交流				三级与二级比较	0.337	0.000
	三级	3.875±0.405		三级与一级比较	0.013	0.832
	二级	3.538±0.482	93.729	三级与高级比较	-0.601	0.000
	一级	3.862±0.386	$P=0.000$	二级与一级比较	-0.325	0.000
	高级	4.476±0.280		二级与高级比较	-0.938	0.000
				一级与高级比较	-0.613	0.000

续表

维度	职称	均数	F 值	事后多重比较	均数差值	显著性(P)
反思与学习				三级与二级比较	0.279	0.000
	三级	3.534±0.527		三级与一级比较	-0.329	0.000
	二级	3.255±0.577	111.204	三级与高级比较	-1.115	0.000
	一级	3.863±0.722	$P=0.000$	二级与一级比较	-0.608	0.000
	高级	4.649±0.340		二级与高级比较	-1.394	0.000
				一级与高级比较	-0.786	0.000
整体均数				三级与二级比较	0.251	0.000
	三级	3.741±0.335		三级与一级比较	-0.154	0.005
	二级	3.491±0.330	209.179	三级与高级比较	-0.807	0.000
	一级	3.895±0.331	$P=0.000$	二级与一级比较	-0.404	0.000
	高级	4.548±0.147		二级与高级比较	-1.058	0.000
				一级与高级比较	-0.653	0.000

注："$P \leq 0.01$"代表高度显著性,"$0.01 < P \leq 0.05$"代表显著性。

岗位性,是胜任力的特征之一。胜任力是与个体在岗位上取得成效有关的动机、特质、技能、自我认识、社会角色或其他所使用的知识实体,是对关键产出至关重要的那部分知识或技能,斯潘塞认为人们可能在"一系列广泛的、甚至无限的岗位行为"中表现出来这些能力[1]。职称评定,是某一岗位从业者在岗综合能力的全面体现。因此,从胜任力岗位性特征这一视角来看,胜任力就是贵州民族地区中学体育教师职称的代名词。因此,当地中学体育教师要提高职称级别,必须提高自己的胜任力。《贵州民族地区中学体育教师胜任力量表》(正式稿)从教学与训练、职业坚守、探索与发现、沟通与交流、反思与学习这 5 个维度去测试当地中学体育教师的胜任力,能够全面体现出当地中学体育教师的胜任力水平,也能够反映出不同级别职称教师的胜任力水平。

表 3-18 中,职称级别从低到高,整体上呈现出二级教师居多,而三级教

---

[1] SPENCER L M, SPENCER S M. Competence at work: models for superior performance[M]. New York: John Wiley & Sons, Inc.: 1993: 53-55.

师和高级教师较少的趋势。三级职称教师是以新进教师为主。最近几年，当地中学体育教师的学历入职门槛就是本科，因此多数三级教师是大学本科毕业。近年来，贵州省中小学教师职称评定一直参照《贵州省中小学教师系列专业技术职务任职资格申报评审条件（试行）》（黔人社厅通〔2014〕374号）执行。其中大学本科毕业的入职教师，1年见习期期满考核合格，只要完成了教学业绩，无违纪违规行为，就可以成为中学二级职称教师。但从一级职称申报开始，除了申报条件外，还必须要求业绩成果。基于这样的情况，当地二级职称教师数量在4个职称级别中最多，也就不难理解了。这样的分布状况，就使得当地二级职称中学体育教师面临很大的职称晋升竞争。在职称晋升压力下，虽然面临经济、时间上的紧张状况，但这一群体中的少部分教师，还是在繁忙的工作、生活中挤出时间来改进自己的教学方法，在教学目标导引下探索体育教学的规律，选拔、训练学生参加地厅级比赛获得优等名次，这些积极的行为无形之中提高了他们的教学与训练水平，提升了他们的胜任力，使他们成功进入当地一级职称教师行列。而当地一级中学体育教师想要在职称上获得进一步晋升，就必须进一步提升自己的胜任力。因此，高级教师的胜任力显著高于其他职称的当地中学体育教师。

八、不同绩效贵州民族地区中学体育教师胜任力的特征

表3-19中，是不同绩效贵州民族地区中学体育教师胜任力的平均数检验结果。当地高绩效中学体育教师在胜任力的"探索与发现"维度得分不理想，但在其他维度及整体上的得分均值十分接近或超过了"4"的水平，在胜任力整体得分及其下属各维度上，全面显著高于一般绩效中学体育教师。651个有效样本中，有98位教师符合高绩效教师的标准。当地中学体育教师群体中的高绩效教师，是在当地中学的体育教学、运动训练、探索发现、沟通与交流等方面的榜样和旗帜，其学科领头作用不可小觑。

甄别性，是胜任力的特征之一。贵州民族地区中学体育教师胜任力的甄别性体现在能够将当地中学体育教学岗位上的高绩效者和一般绩效者区别开来。本研究对当地高绩效中学体育教师的界定标准是出现以上调查统计结果的关键。这也从侧面印证了本研究建构的《贵州民族地区中学体育教师胜任力量表》（正式稿）具有很好的甄别性。能达到高绩效标准的当地中学体育教

师，在教育教学、运动训练、探索与发现、与他人交流、在职学习等方面具有较高水平的表现，其胜任力及下属各维度上必然具有较高水平，而胜任力总体水平必然较一般绩效教师具有显著优势。

表 3-19　不同绩效贵州民族地区中学体育教师胜任力的 T 检验

维度	绩效水平	均数	T 值（双侧）	显著性（P）
教学与训练	一般绩效	3.839±0.442	-6.200	0.000
	高绩效	4.196±0.539		
职业坚守	一般绩效	3.682±0.606	-2.325	0.022
	高绩效	3.853±0.682		
探索与发现	一般绩效	3.396±0.621	-2.159	0.013
	高绩效	3.616±0.824		
沟通与交流	一般绩效	3.691±0.479	-3.905	0.000
	高绩效	3.934±0.580		
反思与学习	一般绩效	3.481±0.664	-4.696	0.000
	高绩效	3.920±0.883		
整体均数	一般绩效	3.657±0.385	-4.889	0.000
	高绩效	3.946±0.561		

注："$P \leqslant 0.01$"代表高度显著性，"$0.01 < P \leqslant 0.05$"代表显著性。

受调查的高绩效教师群体中，多数教师不仅职称达到了高级水平，且担任当地名师工作室负责人，有的教师甚至获得了 2022 年贵州省学校体育工作先进工作者的荣誉称号，这些教师在地（州）级别教学技能大赛，甚至省级教学技能大赛平台上获得过佳绩。部分老师训练的学生运动员多次在贵州省第四届、第五届学生运动会上获得过优胜。毫不夸张地讲，这些老师是贵州民族地区中学学校体育教学训练的顶梁柱、探索发现的先锋、岗位坚守的标兵。针对当地高绩效中学体育教师的胜任模型研究是一个值得深入的领域。

第四节 贵州民族地区中学体育教师职业幸福感的特征分析

一、贵州民族地区中学体育教师职业幸福感各维度及整体水平特征

从表 3-20 可知，贵州民族地区中学体育教师职业幸福感的整体均值为 3.492。其下属 5 个维度的均值介于 3.273 至 3.661 之间。可以看出，当地中学体育教师的职业幸福感处于中等水平，包括其职业幸福感总体得分在内的其他 5 个维度的得分均值，都低于 4，说明当地中学体育教师职业幸福感需要进一步提升。

表 3-20　贵州民族地区中学体育教师职业幸福感的数据摘要

维度	题项数	有效样本量	均数
职业归属	7	651	3.653±0.593
需要满足	6	651	3.359±0.524
成效满意	6	651	3.273±0.772
价值实现	5	651	3.486±0.612
友好体验	6	651	3.661±0.582
整体量表	30	651	3.492±0.467

二、不同性别贵州民族地区中学体育教师职业幸福感的特征

表 3-21 中，是不同性别贵州民族地区中学体育教师职业幸福感的平均数检验结果。在职业归属维度上，女教师得分均值为 3.594，男教师得分均值为 3.688，差异不显著。在需要满足维度上，女教师得分均值为 3.388，男教师得分均值为 3.341。在成效满意维度上，女教师得分均值为 3.350，男教师得分均值为 3.226。在价值实现维度上，女教师得分均值为 3.513，男教师得分均值为 3.469。在友好体验维度上，女教师得分均值为 3.686，男教师得分均值为 3.645。职业幸福感整体得分均值，女教师为 3.509，男教师为 3.481。从这几个维度的得分来看，当地男性、女性中学体育教师在需要满足、成效满意维度上的得分很低，低于"3.5"的水平。在其他维度及整体得分上，虽然超过或者接近"3.5"的水平，但都没能超过"4"的水平。女性中学体育教师在

职业归属维度上略低于男性中学体育教师（无显著性意义），其他维度上的得分均值均高于男教师，在成效满意维度上，女教师显著高于男教师。

表 3-21　不同性别贵州民族地区中学体育教师职业幸福感的 T 检验

维度	性别	均数	T值（双侧）	显著性（P）
职业归属	女	3.594±0.644	-1.908	0.057
	男	3.688±0.559		
需要满足	女	3.388±0.525	1.099	0.272
	男	3.341±0.523		
成效满意	女	3.350±0.734	1.991	0.047
	男	3.226±0.792		
价值实现	女	3.513±0.667	0.867	0.386
	男	3.469±0.577		
友好体验	女	3.686±0.575	0.881	0.379
	男	3.645±0.586		
整体均数	女	3.509±0.734	0.734	0.463
	男	3.481±0.448		

注："$P \leq 0.01$"代表高度显著性，"$0.01 < P \leq 0.05$"代表显著性。

经过当地中学体育教师公开招考，能进入当地中学体育教师队伍的就职人员，是在综合知识、教育教学知识与能力、学科教学知识与能力上达到选拔标准且在招聘过程中有上佳表现的优秀者。虽然是通过统一招考，择优录取，但由于体育在中学各学科中的地位尚待提升，当地中学体育教师的职业幸福感较低这一境况是群体性的。尤其在需要满足维度，当地男女中学体育教师得分均值只有 3.341 和 3.388。这说明当地中学体育教师获得家长、学校的重视还不够，工作未能获得同行及学校负责人的足够认可，外出培训的机会也没有获得充分保障，对所从事职业较低的归属感是没有男女性别之分的。因此，当地男女中学体育教师的职业归属感，需要满足、价值实现和友好体验的水平没有显著的差异。在成效满意维度上，女教师显著高于男教师，可能与女性整体气质偏向沉稳，性格温和而柔缓有一定关系。男性一般被认为是坚强、自信、能干、独立、责任、理智、成就动机强的形象[①]。成就动机强的个体往

---

① 李彦花. 中学教师专业认同研究[D]. 重庆：西南大学，2009.

往在成就动机中有回避失败倾向，而在获益情境中有冒险倾向[1]。体育成就动机是男性气概根本动力，强健体魄是男性气概外在体现[2]。男性体育教师多关注事业成就及外在声誉，期望在体育教学中获得与其他学科教师一样的成就，主观成就动机较高，而女性更多从工作生活细节中体验到幸福[3]。贵州民族地区的女性中学体育教师在生活、工作中较男性更加专注于体育课堂的教学，努力让每一位学生在体育课堂上有积极的情感体验，力争让每一位同学获得进步。当地女性中学体育教师比男性体育教师对自身取得的成效更为满意。

三、不同工作地贵州民族地区中学体育教师职业幸福感的特征

表 3-22 中，是不同工作地贵州民族地区中学体育教师职业幸福感的平均数检验结果。乡镇中学体育教师在职业幸福感总体得分及下属 5 个维度上的得分介于 3.284 至 3.595 之间，有 3 个维度得分均值没有达到"3.5"的水平。城镇中学体育教师的得分介于 3.265 至 3.706 之间。职业幸福感整体得分均值，乡镇中学体育教师为 3.431，城市中学体育教师为 3.533。当地城乡中学体育教师的职业幸福感总体得分及下属 5 个维度的得分均值均没有超过"4"的水平，尤其乡镇中学体育教师的得分均值令人担忧，其在需要满足维度、成效满意维度上紧贴着"3"的水平。在成效满意维度上，当地乡镇中学体育教师与城市中学体育教师不相上下，此外，在职业幸福感、职业归属、需要满足、价值实现、友好体验等维度上显著低于当地城市中学体育教师。

表 3-22 不同工作地贵州民族地区中学体育教师职业幸福感的 T 检验

维度	工作驻地	均数	T 值（双侧）	显著性（P）
职业归属	乡镇	3.534±0.641	-4.175	0.000
	城市	3.735±0.544		
需要满足	乡镇	3.302±0.551	-2.262	0.024
	城市	3.398±0.501		
成效满意	乡镇	3.284±0.725	0.323	0.747
	城市	3.265±0.805		

---

[1] 李洁，高定国．成就动机和性别对风险倾向的预测作用[J]．应用心理学，2005（3）：24-31．
[2] 程宇飞，范尧．社会性别视角下体育对男性青少年男性气概的影响研究[J]．成都体育学院学报，2022，48（3）：134-138．
[3] 姚新华．幸福心理结构模型建构及其跨群体研究[D]．长春：吉林大学，2017．

续表

维度	工作驻地	均数	T值（双侧）	显著性（P）
价值实现	乡镇	3.423±0.645	-2.167	0.031
	城市	3.529±0.586		
友好体验	乡镇	3.595±0.584	-2.387	0.017
	城市	3.706±0.577		
整体均数	乡镇	3.431±0.493	-2.745	0.006
	城市	3.533±0.445		

注："$P \leq 0.01$"代表高度显著性，"$0.01 < P \leq 0.05$"代表显著性。

早在 2015 年，贵州就成为我国西部地区第一个"县县通高速公路"的省份。但乡镇道路交通维护成本大，尤其是贵州南部的民族自治州，多地处于喀斯特地貌区域，大雨天气，局部泥石流频发，山地交通不便，物资流通缓慢。这让工作于此的中学教师群体感到生活上的诸多不便，尤其是家在县城，工作地却在乡镇的教师，常年需要在县城和乡镇奔走。部分地区的农村教师中存在"下不去、留不住、干不好"的尴尬状况。当地中学体育设施较差，尤其是乡镇中学体育教学设施配置与县城中学的配置有很大差距，体育教师在教学设计时"因为场地器材受限，常常表现得捉襟见肘、瞻前顾后"（与当地教师访谈时的对话），场地器材少，影响体育教学的乐趣体验，也不利于发挥教师的教学创造性。当前，体育升学考试，已经进入了贵州各地（市）中考科目行列，且分数高达 50 分。乡村中学体育教师的学科地位有一定的提升，若能进一步弥补乡镇中学场地器材的"先天不足"，便能让乡镇初中生在体育中考中与县市同年级学生处于更加平等的位置，乡镇中学体育教师的职业自尊也能够获得提升。

职称评聘，意味着薪酬待遇、工作地位的提升。当地中学体育教师的职称评聘多是以教学竞赛、学生运动竞赛获奖为条件。但带队参加地（市）级竞赛的教练员多是县（市）中学体育教师。县（市）中学体育教师在条件较好的县城能够有更多的机会发现体育苗子，有更好的训练条件让学生运动员成绩快速提升。乡镇中学涌现出的优秀苗子，最终还是输送至县（市），统一组建成各县代表队，前往高一级运动会中参赛。这让乡镇中学体育教师在职称评聘上处于劣势，也使其在需要满足、价值实现和成效满意三个维度的得分偏低。

反观当地城市中学体育教师职业幸福感，也不容乐观，虽然在多个维度及职业幸福感整体上显著高于乡镇中学体育教师，但在需要满足和成效满意两个维度上的得分均值分别为 3.426、3.277。这是当地中学体育教师职业幸福感亟须提高的缩影。

虽然乡镇有种种不尽如人意之处，但当地乡镇中学体育教师还是坚守在当地学校体育教育的前线履职尽责，他们的精神值得教育界的肯定，也应该受到全社会的尊重。

四、不同年龄贵州民族地区中学体育教师职业幸福感的特征

表 3-23 中，是不同年龄贵州民族地区中学体育教师职业幸福感的方差分析结果。在职业归属维度上，4 个年龄段的当地中学体育教师介于 3.513 至 3.977 之间，得分均值按照 50 岁以上、30 岁以下、40 岁至 49 岁、30 岁至 39 岁依次降低。50 岁以上、30 岁以下、40 岁至 49 岁的教师显著高于 30 岁至 39 岁的教师。在需要满足维度上，得分均值介于 3.271 至 3.540 之间，得分按照 50 岁以上、30 岁以下、40 岁至 49 岁、30 岁至 39 岁依次降低。50 岁以上、30 岁以下、40 岁至 49 岁的教师显著高于 30 岁至 39 岁的教师。在成效满意维度上，得分均值介于 3.163 至 3.867 之间，得分按照 50 岁以上、30 岁以下、40 岁至 49 岁、30 岁至 39 岁依次降低。50 岁以上教师显著高于其他 3 个年龄段教师，30 岁以下教师显著高于 40 岁至 49 岁、30 岁至 39 岁年龄段教师。在价值实现维度上，得分均值介于 3.372 至 3.784 之间，得分按照 50 岁以上、30 岁以下、40 岁至 49 岁、30 岁至 39 岁依次降低。50 岁以上、30 岁以下、40 岁至 49 岁教师显著高于 30 岁至 39 岁年龄段教师。在友好体验维度上，得分均值介于 3.572 至 5.734 之间，40 岁至 49 岁、50 岁以上、30 岁至 39 岁、30 岁以下年龄段教师得分依次降低。由于 F 检验的概率大于 0.05，说明 4 个年龄段在此维度上的得分均值差异不具显著性，因此不做事后检验。职业幸福感整体得分均值介于 3.400 至 3.780 之间，得分按照 50 岁以上、30 岁以下、40 岁至 49 岁、30 岁至 39 岁依次降低，50 岁以上、30 岁以下、40 岁至 49 岁教师得分显著高于 30 岁至 39 岁年龄段教师。除了友好体验维度，职业幸福感及其下属的其他维度上，30 岁至 39 岁的贵州民族地区中学体育教师的职业幸福感最低。

表 3-23　不同年龄贵州民族地区中学体育教师职业幸福感的方差分析

维度	年龄段	均数	F 值	事后多重比较	均数差值	显著性（P）
职业归属				Ⅰ	0.309	0.000
	30 岁以下	3.822±0.558		Ⅱ	0.143	0.093
	30 至 39 岁	3.513±0.604	12.667	Ⅲ	-0.155	0.206
	40 至 49 岁	3.679±0.581	P=0.000	Ⅳ	-0.166	0.016
	50 岁以上	3.977±0.319		Ⅴ	-0.464	0.000
				Ⅵ	-0.298	0.002
需要满足				Ⅰ	0.195	0.000
	30 岁以下	3.469±0.503		Ⅱ	0.098	0.080
	30 至 39 岁	3.274±0.534	5.883	Ⅲ	-0.071	0.524
	40 至 49 岁	3.370±0.516	P=0.001	Ⅳ	-0.096	0.049
	50 岁以上	3.540±0.426		Ⅴ	-0.266	0.014
				Ⅵ	-0.170	0.125
成效满意				Ⅰ	0.265	0.000
	30 岁以下	3.428±0.583		Ⅱ	0.196	0.059
	30 至 39 岁	3.163±0.783	9.459	Ⅲ	-0.439	0.015
	40 至 49 岁	3.232±0.854	P=0.000	Ⅳ	-0.069	0.809
	50 岁以上	3.867±0.637		Ⅴ	-0.704	0.000
				Ⅵ	-0.635	0.000
价值实现				Ⅰ	0.232	0.000
	30 岁以下	3.604±0.597		Ⅱ	0.085	0.192
	30 至 39 岁	3.372±0.614	7.524	Ⅲ	-0.180	0.166
	40 至 49 岁	3.519±0.590	P=0.000	Ⅳ	-0.146	0.010
	50 岁以上	3.784±0.627		Ⅴ	-0.412	0.001
				Ⅵ	-0.265	0.039
友好体验	30 岁以下	3.572±0.649				
	30 至 39 岁	3.657±0.562	2.244			
	40 至 49 岁	3.734±0.549	P=0.082			
	50 岁以上	3.700±0.569				

续表

维度	年龄段	均数	F 值	事后多重比较	均数差值	显著性（P）
整体均数	30 岁以下	3.586±0.408	9.328 $P=0.000$	Ⅰ	0.186	0.000
				Ⅱ	0.074	0.136
	30 至 39 岁	3.400±0.464		Ⅲ	-0.194	0.051
	40 至 49 岁	3.512±0.501		Ⅳ	-0.112	0.010
	50 岁以上	3.780±0.344		Ⅴ	-0.379	0.000
				Ⅵ	-0.268	0.006

注："$P\leqslant 0.01$"代表高度显著性，"$0.01<P\leqslant 0.05$"代表显著性。"Ⅰ"代表 30 岁以下与 30 至 39 岁的比较，"Ⅱ"代表 30 岁以下与 40 至 49 岁的比较，"Ⅲ"代表 30 岁以下与 50 岁以上的比较，"Ⅳ"代表 30 至 39 岁与 40 至 49 岁的比较，"Ⅴ"代表 30 至 39 岁与 50 岁以上的比较，"Ⅵ"代表 40 至 49 岁与 50 岁以上的比较。

30 岁以下的教师群体中绝大多数是工作经历少于 5 年的青年教师。他们刚进入工作，从学生成为老师，从台下的受教者成为台上的讲授者。角色的转换让他们对自己所从事的工作充满了期待。生活上，多数教师没有抚养孩子的压力，经济支出较少，能自由支配的时间也较多。由于年轻有朝气，在教学中与学生常沟通交流，更能受到学生的欢迎，面对学生的成长与进步也比较容易体会到自己劳动付出的收获感和成就感。故其职业幸福感在当地中学体育教师群体中表现出较高的水平。

人类毕生都在为幸福生活而努力。30 岁至 39 岁年龄段的人面临更多未知因素，个体情绪波动也会比其他年龄群体更大[1]，同时经济负担、孩子养育、事业进步等压力让这一年龄群体来不及关注自己的身体状况、情感状态、生命体验。国家体育总局发布的《2014 年全民健身活动状况调查公报》中，20 岁及以上人群各年龄组"经常参加体育锻炼"的人数百分比中，30～39 岁这个年龄段的人群占比例相对较少，仅有 12.4%，专家给出的解释是"这个年龄段正是社会和家庭双重负担非常重的阶段，这个群体是中坚力量"，30～39 岁是人生中最忙的时段[2]。家庭责任、社会期待、工作压力、自我价值期待方面的因素，

---

[1] 陈志霞，李启明. 不同年龄群体大五人格与幸福感关系[J]. 心理与行为研究，2014，12（5）：633-638.

[2] 30～39 岁人群最少"经常参加体育锻炼"王梅：要警醒[EB/OL]. (2015-11-19) https：//sports.people.com.cn/jianshen/n/2015/1119/c150958-27832863.htm

让这一年龄段当地中学体育教师的职业幸福感处于 4 个年龄段教师的最低水平。

40 岁至 50 岁的个体，在生活中总结经验，变得更加独立，工作经验和交往经验更加丰富，社会适应能力也在不断提升[①]。多数教师已经取得了一定的职业成就，各方面的发展空间逐渐减小，其成就动机下降，相比于其他年龄段教师，更专注于教学，其职业幸福感随之提高。

五、不同学段贵州民族地区中学体育教师职业幸福感的特征

表 3-24 中，是不同学段贵州民族地区中学体育教师职业幸福感的平均数检验结果。初中体育教师在职业幸福感整体上的得分均值为 3.476，在职业幸福感下属的 5 个维度上，得分均值介于 3.259 至 3.653 之间。高中体育教师在职业幸福感整体上的得分均值为 3.545，在职业幸福感下属 5 个维度上的得分均值介于 3.320 至 3.733 之间。两个学段中学体育教师职业幸福感总体得分及下属 5 个维度的得分均值均没有超过"4"的水平，初级中学体育教师在价值实现维度上的得分均值显著低于当地高级中学体育教师。

表 3-24　不同学段贵州民族地区中学体育教师职业幸福感的 T 检验

维度	学段	均数	T 值（双侧）	显著性（P）
职业归属	初级中学	3.653±0.575	0.055	0.953
	高级中学	3.651±0.356		
需要满足	初级中学	3.342±0.511	-1.490	0.137
	高级中学	3.416±0.564		
成效满意	初级中学	3.259±0.769	-0.829	0.407
	高级中学	3.320±0.784		
价值实现	初级中学	3.453±0.615	-2.509	0.012
	高级中学	3.597±0.592		
友好体验	初级中学	3.640±0.558	-1.709	0.088
	高级中学	3.733±0.654		
整体均数	初级中学	3.476±0.454	-1.567	0.118
	高级中学	3.545±0.509		

注："$P \leqslant 0.01$"代表高度显著性，"$0.01 < P \leqslant 0.05$"代表显著性。

---

① 陈志霞，李启明. 不同年龄群体大五人格与幸福感关系[J]. 心理与行为研究，2014，12（5）：633-638.

有人对不同学段教师的职业幸福感进行了调查，结果显示，职业幸福感按照初中教师、高中教师、小学教师、幼儿园教师的顺序依次递增[1]。这一点与贵州民族地区中学体育教师群体职业幸福的情况有出入。高中体育教师不但要上好体育课，而且担负着选拔、训练、管理高考体育生的重要任务。贵州民族地区基础教育较为薄弱，高考升学率较低。当地高考体育生成为高考升学的一个助推指标。身体素质较好的当地学生，可以通过勤练体育技能来考取大学。在当地，有的高中专门成立体育特长班，由体育教师担任班主任，体育特长班的本科升学率在同校班级位列前茅。既是体育课科任教师，又是体育高考考前教练，更是专业引路人，多重角色提升了当地高中体育教师的价值认同。

对工作的期待和兴趣、自我价值的实现、工作的成就感和挑战性，学校对工作的肯定性评价和积极鼓励引导，亲朋好友对工作的支持，是中小学体育教师职业幸福感最为重要的影响因素[2]。技能突出的贵州民族地区中学体育教师，通过训练学生，可以向学校其他学科教师展示运动训练特有的规律，在学校合适的公开场合展示运动训练的科学性；可以为当地体育特长生找到一条适合自己发展的途径，助力学校高考上线率从而获得同事、家长及社会人士的认可鼓励。因此，他们的职业体验比初级中学体育教师更加积极，价值实现体验也更强烈。

六、不同学历贵州民族地区中学体育教师职业幸福感的特征

表 3-25 中，是不同学历贵州民族地区中学体育教师职业幸福感的方差分析结果。在职业归属维度上，贵州民族地区中学体育教师得分按照中专、大专、本科、研究生学历的顺序依次递增。其中，中专和大专学历教师的得分十分接近。研究生学历教师的得分均值最高，为 4.046，显著高于其他三个学历的教师，本科学历教师显著高于中专学历和大专学历教师。在需要满足维度上，4 个学历层次的老师得分均没有超过 4 的水平，中专学历教师得分只有

---

[1] 刘文华. 教师幸福感：学段和性别的差异有多大？对 655 名教师职业幸福感的调查[J]. 中小学管理，2011 (7)：35-36.
[2] 孙卫红，王华倬，陈荔. 中小学体育教师职业幸福感的影响因素及提升策略：基于体育教师职业生存状态的分析[J]. 体育学刊，2016，23 (4)：106-109.

3.075分，各学历层次的得分按照中专、大专、本科、研究生学历的顺序依次显著递增。在成效满足维度上，4个学历层次的老师得分均没有超过"4"的水平，大专学历教师得分只有3.046分，各学历层次的得分按照大专、中专、本科、研究生学历的顺序依次递增。研究生学历教师显著高于其他三个学历的教师，本科学历教师显著高于中专学历和大专学历教师。在价值实现维度上，4个学历层次教师的得分按照大专、中专、本科、研究生学历的顺序依次递增。中专和大专学历教师的得分相近。研究生学历教师的职业幸福感得分最高，非常接近4的水平，显著高于其他三个学历层次的教师，本科学历教师显著高于中专学历和大专学历教师。在友好体验维度上，4个学历层次教师的得分按照大专、中专、本科、研究生学历的顺序依次递增。研究生学历教师的得分最高，达到了4.292的水平，显著高于其他三个学历层次的教师。职业幸福感整体得分，4个学历层次教师的得分按照大专、中专、本科、研究生学历的顺序依次递增，研究生学历教师的职业幸福感总体得分均值最高，非常接近4的水平，其得分显著高于其他三个学历的教师，本科学历教师显著高于中专学历和大专学历教师。

表3-25 不同学历贵州民族地区中学体育教师职业幸福感的方差分析

维度	学历	均数	F值	事后多重比较	均数差值	显著性（P）
职业归属				中专与大专的比较	-0.010	0.899
	中专	3.469±0.531		中专与本科的比较	-0.306	0.000
	大专	3.476±0.627	18.687	中专与研究生的比较	-0.579	0.000
	本科	3.772±0.549	P=0.000	大专与本科的比较	-0.296	0.000
	研究生	4.046±0.402		大专与研究生的比较	-0.570	0.000
				本科与研究生的比较	-0.274	0.015
需要满足				中专与大专的比较	-0.181	0.014
	中专	3.075±0.449		中专与本科的比较	-0.371	0.000
	大专	3.255±0.489	18.680	中专与研究生的比较	-0.681	0.000
	本科	3.446±0.531	P=0.000	大专与本科的比较	-0.190	0.000
	研究生	3.756±0.370		大专与研究生的比较	-0.501	0.000
				本科与研究生的比较	-0.310	0.002

续表

维度	学历	均数	F值	事后多重比较	均数差值	显著性（P）
成效满意	中专	3.167±0.655	16.343 $P=0.000$	中专与大专的比较	0.120	0.267
				中专与本科的比较	-0.229	0.029
	大专	3.046±0.760		中专与研究生的比较	-0.702	0.000
	本科	3.395±0.770		大专与本科的比较	-0.349	0.000
	研究生	3.869±0.474		大专与研究生的比较	-0.823	0.000
				本科与研究生的比较	-0.474	0.001
价值实现	中专	3.400±0.552	12.186 $P=0.000$	中专与大专的比较	0.064	0.458
				中专与本科的比较	-0.166	0.048
	大专	3.336±0.628		中专与研究生的比较	-0.521	0.000
	本科	3.566±0.591		大专与本科的比较	-0.230	0.000
	研究生	3.921±0.494		大专与研究生的比较	-0.586	0.000
				本科与研究生的比较	-0.355	0.003
友好体验	中专	3.564±0.449	18.065 $P=0.000$	中专与大专的比较	0.040	0.626
				中专与本科的比较	-0.153	0.051
	大专	3.524±0.543		中专与研究生的比较	-0.728	0.000
	本科	3.717±0.601		大专与本科的比较	-0.193	0.000
	研究生	4.292±0.359		大专与研究生的比较	-0.767	0.000
				本科与研究生的比较	-0.574	0.000
整体均数	中专	3.337±0.364	29.154 $P=0.000$	中专与大专的比较	0.004	0.916
				中专与本科的比较	-0.250	0.000
	大专	3.325±0.453		中专与研究生的比较	-0.644	0.000
	本科	3.586±0.454		大专与本科的比较	-0.254	0.000
	研究生	3.981±0.268		大专与研究生的比较	-0.649	0.000
				本科与研究生的比较	-0.395	0.000

注："$P \leq 0.01$"代表高度显著性，"$0.01 < P \leq 0.05$"代表显著性。

从以上数据可知，贵州民族地区中学体育教师的得分总体上较低，研究生学历教师的得分较好，其他学历层次的教师得分不容乐观。整体上，中专、大专学历教师的职业幸福感得分低于本科、研究生学历教师。而研究生学历教师的得分全面显著高于其他3个学历层次的教师。本科学历以上的教师在职业幸福感整体得分及下属5个维度的得分几乎全面显著高于中专、大专学历的体育教师，从这一点来看，本科学历是当地中学体育教师职业幸福感高低的"分水岭"。由此可见，学历是区分贵州民族地区中学体育教师职业幸福感的重要人口统计学变量。

本科教育不仅包括技能的学习，还要求本科生具备一定的体育科学研究能力和创新创业意识。研究生教育培养学生独立思考、发现问题、解决问题的能力。在教师资格证考试、入职后的职称评定等方面，高学历教师拥有更大的选择范围，其职业生涯的起点较高，在岗位上有更高的职业幸福感。近些年来，随着研究生招生规模的适当增大，每年毕业的体育学硕士研究生数量也在增多，加上省城贵阳及周边城市的中学体育教学岗位入职竞争日益紧张，民族地区中学体育教师队伍中逐渐出现了硕士研究生学历的教师。但数量很少，本次调查中，全日制硕士研究生学历的教师只有 28 位。这些年轻教师上岗之后，受到学校的重视，有更多的机会参加各种学术交流活动和技能大赛。他们对自己的职业发展也充满信心，与学校管理者、普通教师、学生家长的关系融洽，学生也对其尊敬有加，较其他学历的当地中学体育教师，其职业幸福感更高。

但一些当地中学管理者及体育教研组长反映，"新来的，其发现问题、思考问题的能力是比较强的，在对体育与健康课程标准的理解上、课程的设计理念和反思上要好于大专学历和中专学历教师，但在运动技能和教学过程方面，却稍逊于大专学历和中专学历教师，尤其在学生练习密度上还需要进一步探索"。这样的问题值得当地新进体育教师认真思考，这关乎他们自己的发展、学生的发展、体育与健康课程的发展。

七、不同职称贵州民族地区中学体育教师职业幸福感的特征

表 3-26 中，是不同职称贵州民族地区中学体育教师职业幸福感的得分情况。在职业归属维度上，高级职称教师得分较高，接近"4.5"的水平，二级教师得分最低。得分按照二级、一级、三级、高级的职称顺序依次显著升高。在需要满足维度上，高级职称教师得分最高（4.220）。最低为二级职称教师，得分仅为 3.117。得分按照二级、一级、三级、高级的顺序依次升高，其中高级职称教师显著高于其他职称教师，一级和三级职称教师显著高于二级职称教师。在成效满意维度上，高级职称教师得分较高，超过了"4.5"的水平，二级教师得分最低，只有 3.002。得分按照二级、三级、一级、高级的职称顺

序依次升高，其中高级职称教师显著高于其他职称教师，一级和三级职称教师显著高于二级职称教师。在价值实现维度上，高级职称教师得分较高（4.229），二级教师得分最低。得分按照二级、一级、三级、高级的职称顺序依次升高，其中高级职称教师显著高于其他职称教师，一级和三级职称教师显著高于二级职称教师。在友好体验维度上，得分按照二级、三级、一级、高级的职称顺序依次升高，其中高级职称教师显著高于其他职称教师，一级和三级职称教师显著高于二级职称教师。在职业幸福感整体得分上，高级职称教师得分较高（4.395），二级教师得分最低。得分按照二级、一级、三级、高级的职称顺序依次升高，其中高级职称教师显著高于其他职称教师，一级和三级职称教师显著高于二级职称教师。

表3-26 不同职称贵州民族地区中学体育教师职业幸福感的方差分析

维度	职称	均数	F值	事后多重比较	均数差值	显著性（P）
职业归属	三级	3.992±0.451	65.279 $P=0.000$	三级与二级比较	0.564	0.000
				三级与一级比较	0.226	0.002
	二级	3.429±0.563		三级与高级比较	-0.432	0.000
	一级	3.766±0.487		二级与一级比较	-0.338	0.000
	高级	4.425±0.402		二级与高级比较	-0.996	0.000
				一级与高级比较	-0.659	0.000
需要满足	三级	3.627±0.416	111.831 $P=0.000$	三级与二级比较	0.511	0.000
				三级与一级比较	0.111	0.057
	二级	3.117±0.434		三级与高级比较	-0.592	0.000
	一级	3.516±0.416		二级与一级比较	-0.400	0.000
	高级	4.220±0.422		二级与高级比较	-1.103	0.000
				一级与高级比较	-0.703	0.000
成效满意	三级	3.410±0.582	72.794 $P=0.000$	三级与二级比较	0.408	0.000
				三级与一级比较	-0.040	0.661
	二级	3.002±0.669		三级与高级比较	-1.122	0.000
	一级	3.450±0.755		二级与一级比较	-0.448	0.000
	高级	4.532±0.325		二级与高级比较	-1.530	0.000
				一级与高级比较	-1.082	0.000

续表

维度	职称	均数	F值	事后多重比较	均数差值	显著性（P）
价值实现	三级	3.732±0.544	57.796 $P=0.000$	三级与二级比较	0.477	0.000
				三级与一级比较	0.073	0.811
	二级	3.254±0.546		三级与高级比较	-0.498	0.000
	一级	3.659±0.554		二级与一级比较	-0.404	0.000
	高级	4.229±0.501		二级与高级比较	-0.975	0.000
				一级与高级比较	-0.571	0.000
友好体验	三级	3.592±0.716	75.747 $P=0.000$	三级与二级比较	0.142	0.026
				三级与一级比较	-0.301	0.051
	二级	3.450±0.432		三级与高级比较	-0.945	0.000
	一级	3.893±0.555		二级与一级比较	-0.443	0.000
	高级	4.537±0.275		二级与高级比较	-1.086	0.000
				一级与高级比较	-0.644	0.000
整体均数	三级	3.679±0.385	161.349 $P=0.000$	三级与二级比较	0.423	0.000
				三级与一级比较	0.019	0.696
	二级	3.256±0.366		三级与高级比较	-0.716	0.000
	一级	3.661±0.333		二级与一级比较	-0.404	0.000
	高级	4.395±0.272		二级与高级比较	-1.139	0.000
				一级与高级比较	-0.735	0.000

注："$P \leq 0.01$"代表高度显著性，"$0.01 < P \leq 0.05$"代表显著性。

表3-26中数据显示，在职业归属维度上，当地中学体育教师的得分按照二级、一级、三级、高级的职称顺序依次显著升高，除此维度之外的其他维度和总体得分，一级职称教师和三级职称教师的得分差异没有显著性，其中高级职称教师显著高于其他职称教师，一级和三级职称教师显著高于二级职称教师。

当地高级职称中学体育教师是在教学、训练上获得高成就的教师群体。其在当地中学教师队伍中有很大影响力。这一群体的工作受到学校管理者的重视，获得其他学科同行赞许，其职业幸福感因此较高。对于当地三级、二级、一级职称中学体育教师群体来讲，其职业幸福感总体得分和其他各维度得分不是按照职称水平由低到高逐次升高,而是大体按照二级、一级、三级的职称顺序升高,其中一级职称和三级职称教师显著高于二级职称教师。因此,二级职称教师的情况应该受到关注。原因可能是,贵州民族地区中小学教师的职称申报,是从一级职称申报开始要求申请者必须取得相应的硬性成果。因此,本科学历的教师很容易晋升到二级职称,但要申报一级职称就需要硬性条件,在一级职称教师名额有限且需要和其他学科教师竞争的情况下,二级职称教师晋升一级职称教师就显得困难重重。当地二级职称中学体育教师面临很大的职称晋升压力,而二级职称教师中的多数教师正处于 30~39 岁,正是家庭需要照顾、职业需要提升的关键时期。"除了忙,还是忙"正是这一群体生活的真实写照,其职业幸福感低于其他职称教师。参照《贵州省中小学教师系列专业技术职务任职资格申报评审条件(试行)》(黔人社厅通〔2014〕374 号)中的细则,对于本科学历的教师来讲,三级职称其实就是一个暂时"过渡"职称,本科学历的三级职称教师多为上岗不到三年的年轻教师。刚上岗的年轻教师,暂时没有家庭经济压力,有更多的时间、精力投入教学中,其对职业的归属感较强,对自己的职业信心很高,其职业幸福感自然高于二级职称教师。

八、不同绩效贵州民族地区中学体育教师职业幸福感的特征

表 3-27 中是不同绩效贵州民族地区中学体育教师职业幸福感的数据。两个绩效水平的当地中学体育教师的职业幸福感均未达到"4"的水平。具体来看,高绩效教师在职业幸福感的 5 个维度上得分均值介于 3.588 至 3.867 之间。在其他维度及职业幸福感整体得分均值均未超过"4"的水平。一般绩效教师在 5 个维度上得分介于 3.208 至 3.635 之间。在职业幸福感整体上的得分均值只有 3.451。高绩效教师的职业幸福感整体得分均值及 5 个维度的得分均值全部显著高于一般绩效教师。

表 3-27 不同绩效贵州民族地区中学体育教师职业幸福感的 T 检验

维度	绩效水平	均数	T 值(双侧)	显著性(P)
职业归属	一般绩效	3.615±0.573	-3.564	0.000
	高绩效	3.867±0.659		
需要满足	一般绩效	3.318±0.496	-4.134	0.000
	高绩效	3.588±0.613		

续表

维度	绩效水平	均数	T值（双侧）	显著性（P）
成效满意	一般绩效	3.208±0.739	-4.713	0.000
	高绩效	3.641±0.856		
价值实现	一般绩效	3.458±0.590	-2.407	0.018
	高绩效	3.641±0.709		
友好体验	一般绩效	3.635±0.549	-2.169	0.032
	高绩效	3.803±0.728		
整体均数	一般绩效	3.451±0.429	-4.206	0.000
	高绩效	3.715±0.593		

注："$P \leqslant 0.01$"代表高度显著性，"$0.01 < P \leqslant 0.05$"代表显著性。

本次调查中的高绩效教师，是指获得地厅及以上级别骨干教师、学科带头人、优秀教师、优秀工作者等称号，获得教学优秀奖、优秀论文等奖项，或者指导学生在地市及以上级别的运动竞赛中获得单项前三名奖项、集体项目前五名奖项，或者作为前三参与人主持或参与地厅及以上级别课题的教师。能获得如此成就的教师，必定是当地中学体育教师群体中的佼佼者。这些教师获得了令其他学科教师羡慕的工作业绩，其工作获得了学校管理者、学生的认可和尊重。在工作中，高绩效教师热爱体育教学和训练，能够将民族地区中学体育教学工作作为自己人生事业来对待，从对当地中学体育教学的有趣体验，再到乐趣享受，最后升华到志趣的高尚境界，为当地中学体育教育事业的健康、持续发展贡献自己的力量。当地中学高绩效体育教师在岗位上体现了自身的价值，在工作中就会有很高的幸福体验，其职业幸福感必然高于一般绩效中学体育教师。

第五节 本章小结

贵州民族地区中学体育教师职业认同及其部分维度、胜任力及其部分维度、职业幸福感及其部分维度在性别、工作地、年龄、学段、学历、职称、绩效这7个变量上具有显著性差异，本书第一章（绪论）的"假设1"获得了部分验证。其他部分维度呈现出了无显著性差异的情况。

一、性别变量上的特征

1. 职业认同

贵州民族地区女性中学体育教师在能力认同维度上显著低于男性教师，但在价值认同维度上却显著高于男性教师，在其他维度上无显著差异。

2. 职业幸福感

当地女性中学体育教师在职业归属维度略低于男教师，但在职业幸福感及其他维度上，全面高于或者显著高于男性体育教师。

3. 胜任力

当地女中学体育教师在反思与学习维度上显著高于男性教师。

二、工作地变量上的特征

1. 职业认同

贵州民族地区乡镇中学体育教师的持续认同、能力认同和职业认同显著低于城市中学体育教师。

2. 职业幸福感

当地乡镇中学体育的职业幸福感整体上及下属职业归属、需要满足、价值实现、友好体验这4个维度上显著低于当地城市中学体育教师。

3. 胜任力

当地乡镇中学体育教师的职业坚守、探索与发现、沟通与交流及胜任力整体上显著低于城市中学体育教师。

三、年龄变量上的特征

1. 职业认同

30岁以下、40至49岁两个年龄段的贵州民族地区中学体育教师的职业认同表现突出，30至39岁教师职业认同最低。

2. 职业幸福感

30至39岁的当地中学体育教师的职业幸福感最低。

3. 胜任力

30 岁以下、30 至 39 岁当地中学体育教师在教学与训练能力维度上显著低于 40 至 49 岁、50 岁以上年龄段教师。30 至 39 岁教师，除了在教学与训练能力维度上显著高于 30 岁以下教师，在胜任力总体水平及其他维度上均低于或者显著低于其他年龄段的当地中学体育教师。

四、学段变量上的特征

1. 职业认同

贵州民族地区高中体育教师的情感认同显著高于初级中学体育教师。

2. 职业幸福感

当地初中体育教师的价值实现显著低于当地高中体育教师。

3. 胜任力

当地高中体育教师在沟通与交流、反思与学习这 2 个维度上显著高于初中体育教师。

五、学历变量上的特征

研究生学历的贵州民族地区中学体育教师职业认同、职业幸福感、胜任力表现最为突出。本科学历教师在这 3 个方面高于或显著高于中专学历、大专学历教师。但在能力认同上，各学历水平的当地中学体育教师无显著差异。

六、职称变量上的特征

贵州民族地区中学体育教师的职业认同、职业幸福感、胜任力的水平在 4 个职称级别上呈现出"两端大、中间小"的特征。高级职称中学体育教师的职业认同、职业幸福感、胜任力的水平表现最高。二级职称中学体育教师职业认同、职业幸福感、胜任力的水平表现最低。

七、绩效变量上的特征

当地高绩效中学体育教师的职业认同、胜任力、职业幸福感全面高于一般绩效中学体育教师。

第四章　贵州民族地区中学体育教师职业认同对职业幸福感的预测机制

早在 20 世纪 60 年代，Wanner Wilson（1967）便对幸福感的有关研究进行了系统回顾。之后的 30 年，人们对幸福的研究不断拓展与深入，对幸福的研究实现了从主观体验式理解和人口统计变量描述到大胆转向探索实现幸福的途径及影响因素的深刻转变，职业认同便是教师职业幸福感重要的前因变量[1]。

John Retallick（2004）认为职业认同是教师在教育教学工作中得到满足感的主要因素之一。国内一线教师也认为职业认同是影响教师幸福感的内在因素[2]。

国内该方面的实证研究报告在 2009 年前后开始出现，研究结果均证实了教师职业认同与职业幸福感存在显著的正相关关系，教师职业认同程度对其职业幸福感具有显著的预测作用。汤国杰调查求证了高校教师职业认同通过工作满意度影响职业幸福感[3]。张清发现教师职业认同提高，其职业幸福感也随之升高[4]。此后，有人发现中小学教师职业认同能显著预测职业幸福感[5][6]，特殊教育教师和顶岗教育实习师范生职业认同与职业幸福感高度正相关[7]。还有

---

[1] 吴明霞. 30 年来西方关于主观幸福感的理论发展[J]. 心理学动态，2000（4）：23-28.
[2] 孙钰华. 教师职业认同对教师幸福感的影响[J]. 宁波大学学报（教育科学版），2008（5）：70-73.
[3] 汤国杰. 普通高校体育教师职业认同理论模型建构与实证研究. [J]北京体育大学学报，2009，32（3）：98-101.
[4] 张清. 论当代中学教师职业幸福感的提升[D]. 长沙：湖南师范大学，2008.
[5] 宋志斌. 中学教师职业认同、职业倦怠与幸福感状况及其关系研究[D]. 石家庄：河北师范大学，2016.
[6] 郭云贵. 中小学教师组织认同、职业认同与主观幸福感的关系研究[J]. 北京教育学院学报（自然科学版），2016，11（3）：1-5.
[7] 王鑫. 特殊教育教师职业认同、职业幸福感与工作投入的关系研究[D]. 重庆：西南大学，2017.

人发现民族地区特殊教育教师职业认同对其职业幸福感具有正向预测作用[①]。

但有关民族地区基础教育阶段体育教师职业认同对其职业幸福感的预测机制研究,尚待出现。关注贵州民族地区中学体育教师职业认同与其职业幸福感的关系,具有重要的理论意义和现实意义。本章将探讨贵州民族地区中学体育教师职业认同对其职业幸福感的预测机制。探索贵州民族地区中学体育教师职业幸福感的前因变量,是提升当地中学体育教师职业幸福感的基础。

第一节 研究思路

一、相关分析

当前学术界较多采用 Pearson 极差相关系数来刻画变量之间的相关。本研究通过统计贵州民族地区中学体育教师职业认同与其职业幸福感之间的相关系数,来检测贵州民族地区中学体育教师职业认同与其职业幸福感之间密切程度。相关分析的具体指标在第二章进行了叙述,这里就不赘述。

二、回归分析

相关分析只能从大概上去确定变量之间的关系,却不能准确地把握一个变量受其他变量影响的程度。要进一步探索一个变量是怎样受到另外一个变量或多个变量影响及对其影响的具体程度进行计算,需要借助回归分析这种数量分析方法。回归分析注重探究变量之间的数量变化规律,通过回归方程的形式来呈现变量之间的关系。探索因变量与自变量之间线性关系的回归模型为线性回归。

刻画一个变量对另外一个变量影响的线性关系的模型叫作一元线性回归,其数学模型如下:

$$Y = \beta_0 + \beta_1 X + \varepsilon \qquad ①$$

其中,β_0 为回归常数,β_1 为回归系数,ε 为随机误差。回归系数是刻画自变量对因变量影响程度的具体值。

[①] 拓小娟. 民族地区特教教师专业胜任力、工作绩效及职业幸福感的关系研究[D]. 重庆:西南大学,2019.

刻画多个变量对一个变量影响的线性关系的模型叫作多元线性回归，其数学模型如下：

$$Y = \beta_0 + \beta_1 X_1 + \beta_2 X_2 + \beta_3 X_3 + \cdots + \beta_k X_k + \varepsilon \quad ②$$

其中，β_0 为回归常数，β_1、β_2、β_3、β_k 为偏回归系数，ε 为随机误差。偏回归系数刻画各自变量对因变量影响程度的具体值。

以上两个模型中，探索自变量对因变量的影响机制，就必须计算出回归常数和回归系数。

为探索贵州民族地区中学体育教师职业幸福感与其职业认同的依存关系，尤其深入探究当地中学体育教师职业认同对其职业幸福感预测和控制的具体程度，本研究拟通过回归分析来建立当地中学体育教师职业幸福感对其职业认同的回归模型，考察当地中学体育教师职业认同下属 4 个维度对其职业幸福感的具体预测机制。

三、研究假设

假设 1：贵州民族地区中学体育教师职业认同的各维度与职业幸福感之间存有显著的正相关关系。

假设 2：贵州民族地区中学体育教师职业幸福感对其职业认同（各维度）的回归模型存在显著性。

四、研究的具体路径

当前学术界较多采用 Pearson 极差相关系数来刻画变量之间的相关，而回归分析则极为广泛地被学术界运用到探究变量之间的数量变化规律，通过建立回归方程的形式来描述和反映变量之间的变化关系。基于这种情况，将对贵州民族地区中学体育教师职业认同与职业幸福感的关系进行相关分析和回归分析。为了深入考察当地中学体育教师职业认同对其职业幸福感预测的内部机制，本研究以职业认同下属 4 个维度为自变量，以职业幸福感为因变量，建立职业幸福感对职业认同的多元线性回归模型。

虽然，多元线性回归方程模型可以借助后面第五、六章用到的结构方程模型（AMOS）来进行验证，但结构方程模型只能给出模型的回归权重及显著性，而在回归模型的评估方面没有回归分析细致具体。因此，本研究考察以贵州民族地区中学体育教师职业幸福感为因变量，职业认同下属 4 个维度为自变量的回归模型，将借助回归分析来建构模型，同时给出模型评估数据。

五、研究方法与研究工具

（一）研究方法

1. Pearson 极差相关系数

本研究将采用 Pearson 极差相关系数（双侧）来表示贵州民族地区中学体育教师职业认同各维度与职业幸福感的相关性。

2. 多元线性回归分析

本研究将揭示贵州民族地区中学体育教师职业认同的各维度与其职业幸福感的线性关系，因此必须采用多元线性回归分析的方法来考察职业认同下属的持续认同、价值认同、能力认同、情感认同这 4 个变量对职业幸福感预测的具体机制。

回归分析的具体步骤有 2 个，首先根据相关理论的梳理，建立回归方程。其次借助统计软件对所建立回归方程的合理性和有效性进行检验和评价。

（二）研究工具

借助 SPSS21.0 软件，统计贵州民族地区中学体育教师职业认同的各维度与其职业幸福感的相关性，建立当地中学体育教师职业幸福感对其职业认同下属 4 个维度的回归模型，且进行模型的总体评估。

六、多元线性回归模型的求解思路

（一）多元线性回归方程的求解

总体回归方程，$Y = \beta_0 + \beta_1 X_1 + \beta_2 X_2 + \beta_3 X_3 + \cdots + \beta_k X_k + \varepsilon$ 中，β_0、β_1、β_2、$\beta_3 \cdots \beta_k$，这些参数是未知的，因此，解答回归方程模型的这些参数是建构多元线性回归方程的关键。在实践中，人们多是通过调查获取样本数据来计算样本的多元线性回归方程。

$$\hat{y} = b_0 + b_1 X_1 + b_2 X_2 + b_3 X_3 + \cdots + b_k X_k \qquad ③$$

③中的 $\hat{y}$ 是因变量 Y 的预测值，而 b_0、b_1、b_2、$b_3\cdots b_k$ 则是对 β_0、β_1、β_2、$\beta_3\cdots \beta_k$ 的估计。实际观测值 Y 与预测值 $\hat{y}$ 是不一致的，二者之间存在一定的差值，学术界一般称为残差。那么在具体操作中，求得 b_0、b_1、b_2、$b_3\cdots b_k$ 的具体值，所求解的回归方程便获得解答。

为了直观地理解多元线性回归方程的解答过程，可以通过一元线性回归的求解过程为例来促进理解。在由 x 轴和 y 轴构成的直角坐标系中，每个自变量 x 就有相应的因变量 y 与之相对应，这些由 x、y 构成的散点图中，可以用诸多直线来表示 x 与 y 的关系。如果自变量 x 与因变量 y 不是确定的函数关系，那么这些散点就不可能落在这些直线的其中一条上。但在诸多直线中，肯定有一条直线最有代表性。这条直线能使所有的散点到其相应点的纵向距离总和为最小。那么这条直线就是回归直线。

在坐标系中，以某一个点来说明，回归直线上与 x_i 对应的点 $\hat{y}_i$，但与 x_i 相对应的实际观测点通常是不在回归直线上的 y_i。在多元线性回归中，有的 y_i 高于预测值，有的低于预测值。$y_i - \hat{y}_i$ 就叫作残差[①]，如图4-1。为了克服这种高于或者低于预测值有可能使得 $\sum(y_i - \hat{y}_i)$ 为零的情况，统计学家将残差平方。那么，回归直线应该是能使 $\sum(y_i - \hat{y}_i)^2$ 达到最小的那条直线。这就是统计学中的"最小二乘法"。多元线性回归方程，$\hat{y} = b_0 + b_1X_1 + b_2X_2 + b_3X_3 + \cdots + b_kX_k$ 中，有诸多的 b_0、b_1、b_2、$b_3\cdots b_k$ 值，但应该在所有可能的 b_0、b_1、b_2、$b_3\cdots b_k$ 值中选取能使残差平方和最小的那一组值。

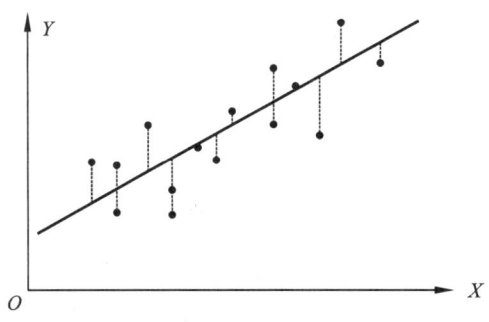

图4-1 观测值与回归值的残差

[①] 梅雪雄. SPSS在体育统计中的应用[M]. 北京：人民体育出版社，2008：262.

(二) 多元线性回归方程模型的评估

当一个多元线性回归方程模型得以建构之后，为了保证模型的科学性、合理性，应该对这个模型进行多方评价。

1. 多元线性回归方程显著性的检验

这种检验是考察因变量与所有自变量之间线性关系显著性的假设检验。具体操作是采用方差分析统计出 F 值来进行检验。原假设是回归方程不显著，备择假设是回归方程显著。结合具体实例可以帮助我们理解检验的原理。这里以一元线性回归方程的 F 检验为例。

在一元线性回归方程中，自变量的变化会引起因变量的变化，但其他诸多随机因素的影响，也会引起因变量的变化。图 4-2 中[①]，所有散点中的任意一点 (x、y)，与均数 $\bar{y}$ 的纵向距离 $y - \bar{y}$，由两部分组成，一部分为该散点到回归直线纵向距离 $y - \hat{y}$，另一部分为回归线上的点到均值的纵向距离 $\hat{y} - \bar{y}$。

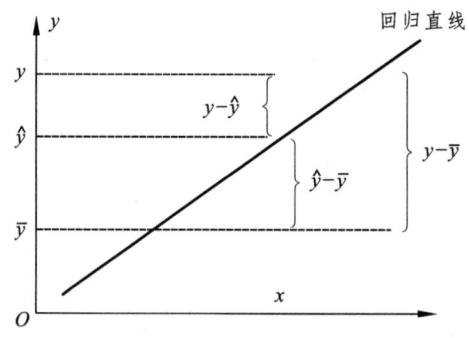

图 4-2 y 的变差分解

显然，我们希望的是各散点分布在离回归直线很近的地方，理想状态就是在回归直线上。如果 $y - \bar{y}$，$y - \hat{y}$ 所占份额较大，那么建立的回归方程误差较大。因变量 y 的总变差可以用离差平方和（L_{yy}）表示，可以证明：

$$L_{yy} = \sum(y - \bar{y})^2 = \sum(y - \hat{y})^2 + \sum(\hat{y} - \bar{y})^2$$

由回归直线上的所有点至 $\bar{y}$ 的纵向距离的离差平方和叫作回归平方和，这是由于自变量 x 与因变量 y 的线性关系引起的，可以表示为：

$$U = \sum(\hat{y} - \bar{y})^2$$

[①] 梅雪雄. SPSS 在体育统计中的应用[M]. 北京：人民体育出版社，2008：262.

由所有实际观测散点至回归直线的纵向距离的离差平方和叫作残差平方和,这是自变量 x 对因变量 y 的线性影响之外的其他一切因素所引起的,可以表示为:

$$Q = \sum(y - \hat{y})^2$$

显然,$L_{yy} = U + Q$。一个回归方程质量的优劣,就取决于 U、Q 在 L_{yy} 中的份额。如果 U/L_{yy} 远大于 Q/L_{yy},那么回归方程就很优秀。F 检验的统计量如下:

$$F = \frac{U/k}{Q/(n-k-1)}$$

其中,k 为回归自由度,$n-k-1$ 为剩余自由度。

通过 SPSS 统计软件,可以计算出 F 值,同时给出显著性概率值。本研究给定显著性水平为 0.05,当 $P \leq 0.05$,认为回归方程具有显著性。

2. 拟合优度检验

在回归方程的检验中,拟合优度是评估自变量与因变量线性关系的指标,一般采用复相关系数和判定系数。

复相关系数:$F = \sqrt{\dfrac{U}{L_{yy}}}$

判定系数:$F = \dfrac{U}{L_{yy}}$

这两个系数的数学意义是一致的,都反映了回归平方和在总离差平方和中的份额,取值介于 0 至 1 之间,越接近 1 回归方程拟合度越好。但为了克服自变量数量对拟合优度的影响,在评估回归方程模型的拟合优度时,一般采用校正判定系数。

$$\text{Adjusted} R^2 = 1 - \frac{Q/n-k-1}{L_{yy}/(n-1)}$$

3. 回归常数与偏相关系数检验

在建立的多元线性回归模型中,所获取的回归常数 b_0,偏相关系数 b_1、b_2、$b_3 \cdots b_k$ 必须要经过检验,在统计学上具有显著性才能被认为是有意义。

(1)回归常数 b_0 的显著性检验

回归常数的统计量为:

$$t = \frac{b_0}{S_{b0}}$$

式中，S_{b0}是回归常数b_0的标准误，本研究给定回归常数的显著性水平为0.05，当P≤0.05，回归方程具有显著性。

（2）偏回归系数b_i的显著性检验

偏回归系数的统计量为：

$$t = \frac{b_i}{S_{bi}}$$

式中，S_{bi}是偏回归系数b_i的标准误。本研究给定偏回归系数的显著性水平为0.05，当P≤0.05，回归方程具有显著性。由于偏回归系数是判定自变量对因变量重要性的指标，因此当某一个自变量的偏回归系数不具显著性时，应该将此自变量从方程中删除。

（3）标准偏回归系数b_i的显著性检验

当自变量之间的均值和变异程度较大时，借助偏回归系数不能比较各自变量对因变量影响的大小，因此需要查看标准偏回归系数，其大小可以直接反映出各自变量对因变量的影响程度，其值越大，对因变量的重要性就越大。SPSS软件在多元线性回归分析结果中会给出标准偏回归系数。

4. 共线性诊断

如果自变量之间彼此相关性较高，部分或者某一个自变量可以用其他自变量来表示，这种情况就叫作变量的共线性。在做回归分析时，如果自变量间存有共线性，则模型的解释将会变得模糊。因此，回归分析中，需要做共线性诊断。在后面用到的结构方程模型中，虽然能求解回归模型的各项指标，但在共线性诊断上，却只能给出自变量两两相关系数r或者复相关系数R来反映共线性，而没有专门回归分析的多样诊断指标。

（1）容许度

容许度的计算式为$1-R^2$，容许度越接近1，说明共线性情况越弱。

（2）方差膨胀因子

容许度的倒数$1/1-R^2$，叫作方差膨胀因子，显然，其值越接近1，说明共线性越弱。

当容忍度数值小于0.1或方差膨胀因子大于10，则认为自变量之间存有较强的共线性[①]。

5. 最优回归方程的常用方法

不是所有预设的自变量最终都会进入到回归方程中，而是只有对因变量显著的自变量才会保留在回归方程中。为了建立回归方程，本研究在统计工具中采用逐步筛选法。在建立的回归方程中，采纳最优回归方程。

回归方程的所有自变量都对因变量具有显著的预测作用，没有显著预测作用的自变量将被方程剔除，这种回归方程才是一个有意义的优秀方程，叫作最优回归方程。逐步筛选法（Stepwise）就是较快实现最优回归方程的方法。

回归分析中，逐步筛选的方法可以在较少的步骤基础上搭建最优方程。具体过程是系统每引进一个自变量进入回归方程后，都要重新进行计算回归方程中既有自变量在新引入变量进入之后是否还具有统计学意义。如果没有统计学意义，那么该自变量将会被方程自动剔除。

七、数据来源

本次统计立足本研究第四次调查所获数据。在 SPSS21.0 数据文件中，整理录入第四次调查获得的数据，计算并整理好贵州民族地区中学体育教师职业认同、胜任力、职业幸福感 3 个量表各自的总分及 3 个量表下属各维度的总分，3 个量表下属各维度的具体题项得分。同时增列到事先的 SPSS21.0 数据窗口中，为了便于管理数据，将此次整理而成的数据单列形成"数据 5"。

第二节 贵州民族地区中学体育教师职业幸福感对职业认同的回归模型

一、贵州民族地区中学体育教师职业认同与职业幸福感的相关分析

在 SPSS 软件中进行相关分析，是一个很常规的操作，借助 SPSS21.0 很容易就能完成。利用 SPSS21.0 软件将事先建好的"数据 5"打开。在"Analyze"模块中进入"Correlate"，勾选 Pearson 极差相关系数，输出结果如表 4-1。表

---

① 吴明隆. 问卷统计分析实务：SPSS 操作与应用[M]. 重庆：重庆大学出版社，2010：379.

中系数显著性为双侧检验，贵州民族地区中学体育教师职业幸福感与职业认同各维度的相关系数介于 0.409 至 0.740 之间，均具有高度显著性，说明当地中学体育教师职业幸福感与其职业认同之间存在显著正相关。

表 4-1 贵州民族地区中学体育教师职业认同（各维度）与职业幸福感（各维度）的相关系数矩阵（$N=651$）

	持续认同	价值认同	能力认同	情感认同	职业归属	需要满足	成效满意	价值实现	友好体验	职业认同	职业幸福感
持续认同	1										
价值认同	0.599**	1									
能力认同	0.299**	0.276**	1								
情感认同	0.468**	0.460**	0.212**	1							
职业归属	0.643**	0.563**	0.329**	0.447**	1						
需要满足	0.709**	0.600**	0.358**	0.467**	0.672**	1					
成效满意	0.374**	0.313**	0.220**	0.226**	0.313**	0.401**	1				
价值实现	0.637**	0.523**	0.306**	0.432**	0.616**	0.598**	0.377**	1			
友好体验	0.515**	0.408**	0.369**	0.329**	0.448**	0.551**	0.341**	0.521**	1		
职业认同	0.855**	0.834**	0.550**	0.675**	0.690**	0.746**	0.395**	0.662**	0.557**	1	
职业幸福感	0.740**	0.621**	0.409**	0.488**	0.796**	0.824**	0.681**	0.789**	0.732**	0.786**	1

注："**"表示具有高度显著性。

二、贵州民族地区中学体育教师职业幸福感对职业认同的回归模型建构

教师职业认同对职业幸福感具有显著的正向预测作用。随着人们对职业幸福感、职业认同的研究不断拓展与深入，对二者关系的研究也逐渐由体验式理解和人口统计学变量描述式叙述向科学的深入调查、统计分析转变。职业认同是教师职业幸福感的影响因素之一。要准确把握贵州民族地区中学体育教师职业幸福感被职业认同下属各维度影响的具体机制，必须进行多元线性回归分析。

本次统计，利用 SPSS21.0 软件打开事先建好的"数据 5"。在"Analyse"模块中进入"Regression"，在"Linear Regression"中将职业幸福感量表总分选入因变量框，将职业认同下属持续认同、价值认同、能力认同、情感认同

这 4 个维度各自的总分选入自变量框。在"Method"栏选择"Stepwise",即逐步筛选法。勾选各种输出统计量之后,系统将会输出统计结果。

表 4-2 中,第四列是引入或剔除回归方程变量的标准,本次统计采用系统默认值,即引入(enter)回归方程的 F 概率值为小于等于 0.05,剔除(remove)回归方程的 F 概率值为大于等于 0.10。从表中可知,第一步引入了持续认同,第二步引入了价值认同,第三步引入了能力认同,第四步引入了情感认同。每一步引入回归方程一个自变量,且没有变量被移除。

表 4-2　逐步筛选的每一步引入或剔除回归方程的自变量

模型	输入的变量	移去的变量	方法
1	持续认同		步进(准则\: F-to-enter 的概率<=.050,F-to-remove 的概率>=.100)
2	价值认同		
3	能力认同		
4	情感认同		

注：因变量为职业幸福感。

表 4-3 中,第二列是回归方程的复相关系数,第三列就是判定系数,第四列是矫正判定系数。可以看出,随着回归模型中自变量的增加,3 个拟合优度指标值也在增加,且 F 检验显著性概率改变量具有高度显著性。从矫正判定系数来看,第 4 个模型,其矫正判定系数最大为 0.633,其中包含了持续认同、价值认同、能力认同、情感认同这 4 个自变量。因此,从拟合优度来看,第 4 个模型最为可取。

表 4-3　回归模型概述

模型	R	R 方	调整 R 方	统计量的变化				
				R 方更改	F 更改	df1	df2	Sig. F 更改
1	0.740[a]	0.548	0.548	0.548	787.622	1	649	0.000
2	0.773[b]	0.597	0.596	0.049	78.549	1	648	0.000
3	0.791[c]	0.626	0.624	0.029	50.073	1	647	0.000
4	0.797[d]	0.636	0.633	0.010	16.915	1	646	0.000

注：a. 预测变量：(常量),持续认同。b. 预测变量：(常量),持续认同,价值认同。c. 预测变量：(常量),持续认同,价值认同,能力认同。
　　d. 预测变量：(常量),持续认同,价值认同,能力认同,情感认同。
　　e. 因变量：职业幸福感。

表 4-4 中,"模型"一栏是本次统计给出的 4 个备择模型,以及各个模型的常数项和偏回归系数。根据"未标准化回归系数"和"标准化回归系数"两栏,可以分别写出贵州民族地区中学体育教师职业幸福感对其职业认同的未标准化回归方程和标准化回归方程。由于第 4 个模型纳入了 4 个自变量,其拟合优度最佳,本研究选取第 4 个模型,因此只对第四个模型进行讨论。但为了清晰地呈现出逐步进入的具体程序,表 4-4 中又罗列出了其他 3 个模型。

表 4-4　回归方程的回归系数检验表

模型		未标准化系数		标准系数	t	Sig.	相关性			共线性统计量	
		B	标准误	Beta			零阶	偏相关	部分	容差	VIF
1	(常量)	40.155	2.331		17.225	0.000					
	持续认同	3.067	0.109	0.740	28.065	0.000	0.740	0.740	0.740	1.000	1.000
2	(常量)	31.872	2.393		13.318	0.000					
	持续认同	2.382	0.129	0.575	18.464	0.000	0.740	0.587	0.460	0.641	1.560
	价值认同	1.239	0.140	0.276	8.863	0.000	0.621	0.329	0.221	0.641	1.560
3	(常量)	19.210	2.920		6.579	0.000					
	持续认同	2.226	0.126	0.537	17.620	0.000	0.740	0.569	0.424	0.621	1.609
	价值认同	1.118	0.136	0.249	8.229	0.000	0.621	0.308	0.198	0.631	1.585
	能力认同	1.220	0.172	0.180	7.076	0.000	0.409	0.268	0.170	0.896	1.116
4	(常量)	15.566	3.018		5.158	0.000					
	持续认同	2.089	0.129	0.504	16.165	0.000	0.740	0.537	0.384	0.580	1.724
	价值认同	0.978	0.138	0.218	7.061	0.000	0.621	0.268	0.168	0.593	1.687
	能力认同	1.181	0.171	0.174	6.922	0.000	0.409	0.263	0.164	0.893	1.120
	情感认同	0.864	0.210	0.114	4.113	0.000	0.488	0.160	0.098	0.728	1.374

从模型 4 的"未标准化系数"具体值可知回归方程的未标准化形式为:

$$\hat{y} = 15.566 + 2.089x_1 + 0.978x_2 + 1.181x_3 + 0.864x_4$$

由于本研究中,贵州民族地区中学体育教师职业幸福感的计分方式是 651 个样本在各自职业幸福感下属 5 个维度得分的求和,而职业认同计分方式是 651 个样本在持续认同、价值认同、能力认同、情感认同这 4 个维度上各题项得分的求和,计分上没有数量级的不同。因此,贵州民族地区中学体育教师职业幸福感对其职业认同的回归方程可以其未标准化回归方程为准。此方程反映了贵州民族地区中学体育教师职业认同对职业幸福感预测的机制。

"标准化回归系数"下面的 Beta 绝对值,是比较同一回归方程中各个自变量影响因变量大小的判断值,是评估各自变量对因变量影响权重大小的指标[①]。Beta 的绝对值越大的自变量对因变量贡献就越大,反之,Beta 的绝对值越小的自变量对因变量贡献就越小。从前面未标准化回归方程中,不能确定各自变量对因变量影响的大小,但通过标准化回归方程,可以确定。第 4 个模型中,其标准化回归方程可写为:

$$\hat{y} = 0.504x_1 + 0.218x_2 + 0.174x_3 + 0.114x_4$$

从标准化回归方程可知,贵州民族地区中学体育教师职业认同的四个维度对其职业幸福感的影响程度依次为持续认同(0.504)、价值认同(0.218)、能力认同(0.174)、情感认同(0.114)。在"相关"一栏下,给出了零阶相关系数、偏相关系数、部分相关系数,其中偏相关系数和部分相关系数可以用来佐证自变量对因变量影响程度的强弱。从表中具体值来看,偏相关系数和部分相关系数支持标准化回归方程中,各自变量对因变量影响权重的正确性。

表 4-4 中给出了共线性诊断指标、容许度和方差膨胀因子。前面已经陈述,当自变量的容许度越大(接近于 1)、方差膨胀因子越小(越接近于 1),其共线性就越弱。从表中数据可知,模型 4 中,各自变量的容许度均大于 0.55(远大于 0.10),方差膨胀因子均小于 2(远小于 10),因此可以认为,4 个自变量的共线性较弱。

由此,本章假设 1,贵州民族地区中学体育教师职业认同的各维度与职业幸福感之间存有显著意义的相关性成立。本章假设 2,贵州民族地区中学体育教师职业幸福感对其职业认同(各维度)的回归模型存在显著性获得验证。

第三节 本章小结

贵州民族地区中学体育教师职业幸福感对其职业认同下属 4 个维度的相关性为中等相关。贵州民族地区中学体育教师职业认同对其职业幸福感的预测机制可以从贵州民族地区中学体育教师职业幸福感对其职业认同下属 4 个维度的回归方程模型看出。多元线性回归方程具体如下:

---

① 梅雪雄. SPSS 在体育统计中的应用[M]. 北京:人民体育出版社,2008:278.

$$\hat{y} = 15.566 + 2.089x_1 + 0.978x_2 + 1.181x_3 + 0.864x_4$$

多元线性回归方程的 F 检验具有高度显著性，其拟合优度良好。职业认同下属 4 个维度对职业幸福感影响强度依次为持续认同、价值认同、能力认同、情感认同。其标准化回归方程系数、偏回归系数及部分相关系数支持这样的强度顺序。同时，该方程的共线性较弱。总之，贵州民族地区中学体育教师职业认同可以正向预测其职业幸福感，本书第一章（绪论）的"假设 2"获得验证。贵州民族地区中学体育教师职业幸福感对其职业认同的回归模型，可以用作当地中学体育教师职业认同预测其职业幸福感的机制。

第五章 贵州民族地区中学体育教师胜任力在职业认同与职业幸福感之间的中介作用

在绪论一章，我们提出了假设：中学体育教师职业认同越高，其职业幸福感就越高，职业认同会促进中学体育教师提升自己的胜任力，胜任力水平则会影响职业幸福感。在前面章节，我们已经验证了贵州民族地区中学体育教师职业认同能够预测其职业幸福感，从而求证了其职业认同是影响其职业幸福感的重要前置变量。而贵州民族地区中学体育教师胜任力在其职业认同和职业幸福感之间可能存有中介机制和调节机制，这是我们关注的焦点。

贵州民族地区中学体育教师职业认同对其职业幸福感的预测机制及胜任力在二者之间的中介与调节机制将会呈现出当地区域性特点。但这只是一个可能性推断，需要求证。当地中学体育教师职业认同与职业幸福感之间到底存有何种关系？胜任力是否在二者之间存有作用机制？

胜任力在变量之间具备的作用机制已受到了学界关注。因此胜任力很可能在贵州民族地区中学体育教师职业认同与职业幸福感之间具有中介作用和调节作用。当前，有关体育教师胜任力具备的中介作用和调节作用的研究尚未出现。有关贵州民族地区中学体育教师胜任力作用机制的研究也有待起步。

本章将求证贵州民族地区中学体育教师胜任力在其职业认同预测职业幸福感的过程中，是否具备中介作用。

第一节 研究思路与方法

一、中介效应

（一）简单中介效应模型

两个变量，其中一个是自变量 X，另一个是因变量 Y，因变量 Y 与自变量 X 之间的关系可以用 $Y = aX + e_1$ 来刻画。

在我们实际生活中，由于第三方变量介入之后，原本发生于两个变量之间的事件，就会通过第三方变量而发生，甚至全部通过第三方变量的介入而发生。就像一名职业球员，本可以直接与俱乐部洽谈劳资、转会等问题，但由于自身需要长期全天候地进行训练、比赛，无暇分身，因此没办法与俱乐部发生直接的联系，必须通过经纪人与俱乐部进行洽谈。如果球员与俱乐部的联系全依赖经纪人的作用，那么经纪人就起着完全中介作用。如果球员在经纪人介入之后，自身也和俱乐部管理层发生一定联系，那么经纪人在球员和俱乐部之间所起作用就是部分中介作用。

温忠麟[①]教授对中介效应的表述及检验程序进行了详细的介绍，即在自变量 X 对因变量 Y 的影响的过程中，如果 X 通过影响变量 M 来影响 Y，则称 M 为中介变量[②]，中介作用是中介变量中介效应的具体应用，其是否具备中介作用，需要检验其中介效应。只有一个中介变量介入的模型，就叫作简单中介模型，其概念模型和统计模型如图 5-1 所示。

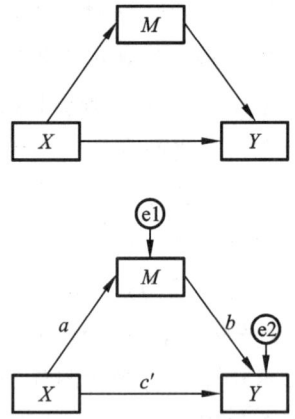

图 5-1　简单中介的概念模型与统计模型

当变量已经中心化或者标准化，三个变量之间的关系就可以用上图的路径图和相应的方程来刻画。自变量 X 与中介变量 M 之间的关系，可以用 $M = aX + e_2$ 来刻画，而中介变量 M 与因变量 Y 之间的关系可以用 $Y = cX + bM + e_3$ 来刻画。为了更为直观地展示三者之间的函数关系，现将三个方程式罗列至下方。

---

① 温忠麟．张雷，侯杰泰，等．中介效应检验程序及其应用[J]．心理学报，2004（5）：614-620．
② 温忠麟，侯杰泰，张雷．调节效应与中介效应的比较和应用[J]．心理学报，2005（2）：268-274．

$$Y = cX + e_1 \quad \text{①}$$
$$M = aX + e_2 \quad \text{②}$$
$$Y = c'X + bM + e_3 \quad \text{③}$$

c 是一元一次回归方程①的斜率,表示 X 对 Y 的影响。a 是②式中的斜率,表示 X 对 M 的影响。③是二元一次方程,但将②代入③可以得到一元一次方程:

$$Y = (c' + ab)X + e_4 \quad \text{④}$$

不难看出,④中,$c' + ab$ 就是该回归方程直线的斜率,代表 X 对 Y 的影响。因此,c 是 X 对 Y 的总效应,ab 是经过中介变量 M 的中介效应(mediating effect),c' 是直接效应。当只有一个中介变量时,各效应之间有如下关系[①]。

$$c = c' + ab$$

那么中介效应的大小就用 $c-c'$ 来衡量。

基于以上基本原理的介绍,第三方事物的介入是否会改变原来两事物之间的联系,改变的程度又有多大,需要进行求证。针对上述各个回归方程式可以有如下的步骤[②]。

(1)证明 $c \neq 0$

如果 $c = 0$,即 $c' + ab = 0$,意味着 $Y = (c' + ab)X + e_4$ 中,Y 与 X 根本没有任何关系,如果没关系,也就没有证明后续中介效应的必要了。

(2)证明 $a \neq 0$ 且 $b \neq 0$,即 $ab \neq 0$

$c \neq 0$,即 $c' + ab \neq 0$,但存在 $c' = 0$、$ab \neq 0$,$c' \neq 0$、$ab = 0$,$c' \neq 0$、$ab \neq 0$ 这三种情况。图中,如果中介变量 M 具备中介效应,那么就必须保证 a、b 不能同时为零,也就是在 $c' + ab \neq 0$ 中,a 和 b 不能为 0,M 的中介效应就存在。

(3)证明 $c' = 0$ 或 c' 不显著,$ab \neq 0$,且 ab 的作用显著

当 $c' = 0$ 或 c' 不显著,而 $ab \neq 0$,且 ab 的作用显著,说明当 M 介入到自变量与因变量之间,之后自变量 X 与因变量 Y 的关系,全部通过变量 M 在二者之间的作用。也就是自变量 X 与因变量之间没有直接关系了,自变量必须通过介入变量 M 的"斡旋"才能与因变量 Y 发生联系。

(4)证明 $c \neq 0$,且 c' 的作用显著,$ab \neq 0$,且 ab 的作用显著

$ab \neq 0$,且 ab 的作用显著,M 在 X 与 Y 之间的中介效应显著,但必须关

[①] 温忠麟,张雷,侯杰泰,等. 中介效应检验程序及其应用[J]. 心理学报,2004(5):614-620.
[②] 温忠麟,侯杰泰,张雷. 调节效应与中介效应的比较和应用[J]. 心理学报,2005(2):268-274.

照 $c'≠0$，且其作用显著的情况。这种情况下，随着第三方变量 M 的介入，自变量 X 随即可以影响 M，继而 M 又影响因变量，且两个影响路径综合作用显著。虽然 M 的介入导致了 X 对 Y 的影响下降，但 X 对 Y 还存有显著的影响，那么 $c = c' + ab$ 中，c'、ab 均对 c 具有显著的贡献。说明 M 在 X 与 Y 之间所起的作用只是部分中介作用。

以上求证的步骤可以简要总结如下：

$c' ≠ 0$，且 c' 的作用显著，即 $c' = 0$ 的假设被拒绝；

a 显著，即 $a = 0$ 的假设被拒绝，且 b 显著，即 $b = 0$ 的假设被拒绝；

这两个条件同时满足，则说明变量在 X 和 Y 之间的中介效应显著。如果 $c' = 0$ 或 c' 不显著，那么就是完全中介作用，如果 $c' ≠ 0$，且 c' 的作用显著，则中介作用属于部分中介作用。

（二）多重中介模型

以上是自变量与因变量之间直接介入一个变量时，检验这个介入变量在自变量与因变量之间扮演角色（完全中介作用还是部分中介作用的角色）的基本原理。理解了单一中介变量的检验原理，有助于理解多重中介变量的检验。

实际生活中，两事物之间往往不可能只有单一因素的介入，而是多种因素的介入。即使自变量与因变量之间只有一个事物介入，但介入事物内部却存在多个因素。若介入事物在自变量与因变量之间存在中介作用，那其内部各因素对这种中介作用有什么贡献呢？要弄清楚这个问题就必须用到多重中介效应分析的知识。

当自变量与因变量之间有多个变量介入，且这些介入变量能在自变量影响因变量的过程中起到中介作用，这些变量就叫作多重中介变量。有多个中介变量的模型就是多重中介模型。当中介变量之间存在先后关系或者依存关系时，这种中介叫作链式多重中介（模型见图 5-2 下）。当中介变量之间不存在依存关系时，这种多重中介就叫作单重中介，也叫作平行中介（模型见图 5-2 上）[1]。

相对于只有一个中介变量的简单中介模型，多重中介模型用于中介效应的检验具有更多的优势：① 多重中介模型可以获得总的中介效应；② 在控制其他中介变量的前提下获得某一特定中介变量的中介效应；③ 在②的基础上

---

[1] 柳士顺，凌文辁. 多重中介模型及其应用[J]. 心理科学，2009，32（2）：433-435.

能够对各个中介变量的中介效应进行对比[①]。

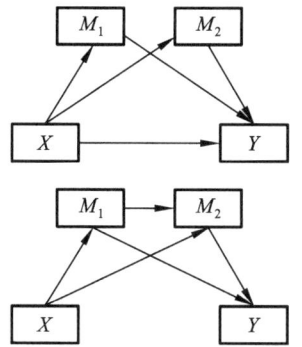

图 5-2 多重中介的概念模型

针对中介变量在 X 和 Y 之间的中介效应，必须进行严格的统计检验才具有说服力，从而获得人们的认可。中介效应的检验方法在 21 世纪受到了国内学者的重点关注，尤其是现就职于华南师范大学的温忠麟教授，其在梳理、总结国外中介效应检验方法的基础上，不断探索，在检验方法及步骤上获得了突破[②③④⑤]。即使通过观察法获得的数据，观察变量属于定性的观察内容，其数据也要转换成量化分数进行统计。心理科学必须借助数理统计来清晰明确地呈现心理现象之间的关系。贵州民族地区中学体育教师胜任力在其职业认同和职业幸福感之间存有的可能中介作用，也必须经过严格的中介效应检验。

如果一个变量与自变量或因变量相关不大，那么它就不可能成为中介变量[⑥]。表 5-1 是基于本研究第四次调查所获数据，计算出的贵州民族地区中学体育教师职业认同、胜任力、职业幸福感指标的相关性矩阵。从该矩阵可以看到，胜任力与职业认同的相关系数为 0.757，与职业幸福感相关系数为 0.796，属于中、高度相关。因此可以做后续的中介效应检验。

---

① 方杰，温忠麟，张敏强，等. 基于结构方程模型的多重中介效应分析[J]. 心理科学，2014，209（3）：735-741.
② 温忠麟，张雷，侯杰泰，等. 中介效应检验程序及其应用[J]. 心理学报，2004（5）：614-620.
③ 温忠麟，侯杰泰，张雷. 调节效应与中介效应的比较和应用[J]. 心理学报，2005（2）：268-274.
④ 温忠麟，刘红云，侯杰泰. 调节效应和中介效应分析[M]. 北京：教育科学出版社，2012：32-48.
⑤ 温忠麟，叶宝娟. 中介效应分析：方法和模型发展[J]. 心理科学进展，2014，22（5）：731-745.
⑥ 温忠麟，侯杰泰，张雷. 调节效应与中介效应的比较和应用[J]. 心理学报，2005（2）：268-274.

表 5-1 贵州民族地区中学体育教师胜任力与职业认同、职业幸福感的相关矩阵

	教学与训练	职业坚守	探索与发现	沟通与交流	反思与学习	胜任力
持续认同	0.384**	0.637**	0.529**	0.540**	0.463**	0.681**
价值认同	0.389**	0.520**	0.439**	0.389**	0.370**	0.570**
能力认同	0.621**	0.316**	0.242**	0.268**	0.275**	0.489**
情感认同	0.323**	0.421**	0.318**	0.364**	0.320**	0.471**
职业认同	0.557**	0.661**	0.539**	0.542**	0.493**	0.757**
职业归属	0.414**	0.644**	0.471**	0.633**	0.433**	0.671**
需要满足	0.511**	0.617**	0.519**	0.579**	0.506**	0.727**
成效满意	0.376**	0.365**	0.348**	0.295**	0.370**	0.478**
价值实现	0.431**	0.666**	0.495**	0.543**	0.412**	0.671**
友好体验	0.498**	0.504**	0.469**	0.502**	0.516**	0.658**
职业幸福感	0.580**	0.720**	0.596**	0.658**	0.583**	0.796**
教学与训练	1					
职业坚守	0.399**	1				
探索与发现	0.339**	0.442**	1			
沟通与交流	0.383**	0.601**	0.421**	1		
反思与学习	0.409**	0.391**	0.647**	0.433**	1	
胜任力	0.723**	0.772**	0.737**	0.732**	0.753**	0.692**

注:"P≤0.01"代表高度显著性,"0.01＜P≤0.05"代表显著性。

二、研究假设

本课题,需要求证贵州民族地区中学体育教师胜任力在其职业认同和职业幸福感之间是否存有中介作用。而本研究编制的胜任力测评量表有教学与训练、职业坚守、探索与发现、沟通与交流、反思与学习这 5 个维度。如果胜任力在职业认同与职业幸福感之间存在中介效应,那么其下属的 5 个维度在这种中介效应中到底扮演着什么样的角色?扮演角色分量如何?这样的问题获得解答后,才能较为深入地揭示由多维度构成的胜任力在职业认同和职业幸福感之间的中介机制,进而为研究者判断胜任力下属 5 个维度各自中介作用提供依据。

同时对比 5 个维度的中介效应能使人们判断 5 个维度中，哪个维度更有意义。在此基础上，才能有针对性地提出提升贵州民族地区中学体育教师胜任力的对策进而提升其职业幸福感，由此可为当地教育行政部门提供精准施策的参考。在提出假设之前，须明确本研究中的中介模型是一个多重中介模型。

由表 5-1 的信息可知，胜任力 5 个维度两两之间的相关系数介于 0.339~0.647 之间，属于低、中度相关。同时，在本书第二章第三节，基于本研究第二次调查的数据，对探索性因子分析之后的《贵州民族地区中学体育教师胜任力量表》进行了各维度相关性检验，结果显示各维度之间的相关系数介于 0.367 至 0.764 之间，对《贵州民族地区中学体育教师胜任力量表》(第二稿)进行验证因子分析结果可知，该量表的结构合理，各维度之间没有明显的依存关系。因此，胜任力下属 5 个维度在职业认同与职业幸福感之间作为平行中介变量出现。根据图 5-2 中平行多重中介的概念模型，贵州民族地区中学体育教师胜任力各维度在职业认同和职业幸福感之间的平行多重中介模型的概念模型如图 5-3。

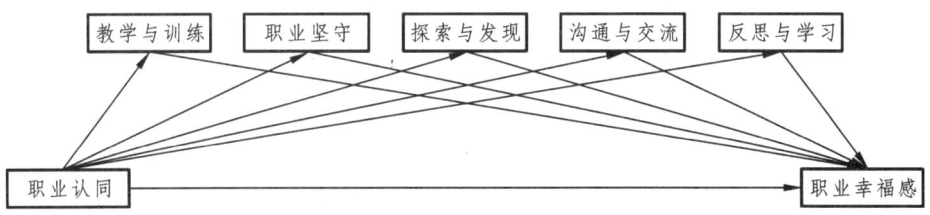

图 5-3 胜任力各维度平行中介效应的概念模型

确定胜任力及其各维度的中介作用，就必须进行中介效应检验，在进行本研究中的中介效应检验之前，首先提出假设：

假设 1：贵州民族地区中学体育教师胜任力在其职业认同和职业幸福感之间存有中介效应。

假设 2：贵州民族地区中学体育教师教学与训练在其职业认同和职业幸福感之间存有中介效应。

假设 3：贵州民族地区中学体育教师职业坚守在其职业认同和职业幸福感之间存有中介效应。

假设 4：贵州民族地区中学体育教师探索与发现在其职业认同和职业幸福感之间存有中介效应。

假设 5：贵州民族地区中学体育教师沟通与交流在其职业认同和职业幸福

感之间存有中介效应。

假设6：贵州民族地区中学体育教师反思与学习在其职业认同和职业幸福感之间存有中介效应。

三、研究思路

本章的目标是运用量化的检验方法，借助统计工具查验贵州民族地区中学体育教师胜任力在职业认同影响其职业幸福感的过程中是否存有中介效应以此确证其是否具有中介作用，检验与确证是本章的核心工作。

（一）检验的具体流程

结构方程模型用于潜变量中介效应检验，本研究将借助 AMOS26.0 检验贵州民族地区中学体育教师胜任力在职业认同与职业幸福感之间的中介效应，从前面对中介效应模型的介绍可知，求证中介效应的步骤大致可以分为两个步骤。

第一步是通过计算变量之间的回归系数来探察变量之间存有的关系，并进行系数的显著性检验。如前面"图 5-1 简单中介的概念模型与统计模型"中，计算系数 a、b、c' 的数值，并进行显著性检验，本研究要检验的是多重中介模型，具体检验思路在后面进行专门陈述。

第二步就是通过系数乘积的形式来确定中介效应的大小及中介效应是完全中介效应还是不完全中介效应。通过计算前面系数 a、b 的乘积及其显著性，再查看 c' 的数值及其显著性，可以确定贵州民族地区中学体育教师胜任力在职业认同影响其职业幸福感的过程中是完全中介作用还是部分中介作用。结构方程模型的中介检验程序，将沿着这样的步骤进行检验。

需要注意的是，在借助结构方程模型检验中介效应的过程中，在进行以上两个步骤之前必须关照模型的适配度。系数的有效性以关键的模型适配度达标为前提，即只有模型适配度合适之后，才能进行后续的中介效应检验。

（二）检验的具体操作

本研究在 AMOS26.0 平台上，画出路径图，将职业认同、职业幸福感及胜任力下属的 5 个维度作为潜变量，将职业认同下属各维度、职业幸福感下属各维度、胜任力下属 5 个维度所属的题项作为显变量，导入数据进行具体的统计。

四、研究方法

（一）系数乘积法

当前，逐步检验、系数乘积、差异检验这三种检验方法是中介检验采取的 3 种方法。其中，系数乘积法在学界普遍采用，即通过检验前述 ab 是否为 0 来验证中介效应。

为了能够使用系数乘积法，本研究将采用当前学术界应用较多的 Bootstrap 抽样法和结构方程模型验证贵州民族地区中学体育教师胜任力在其职业认同和职业幸福感之间可能存有的中介作用。

（二）Bootstrap 抽样法

在所给样本中随机抽取一定次数的样本，计算出标准误，根据标准误计算出 95%的置信区间。当置信区间的上下限不包括 0 就说明 $ab \neq 0$，反之，则说明 $ab = 0$。

（三）结构方程模型（Structural Equation Modeling，SEM）

结构方程模型也被称为潜在变量路径分析，其本质就是验证事先根据理论提出的假设模型[1]，是当前心理学和社会科学领域研究的重要统计方法，其综合了传统多变量统计分析中的"因子分析"和"线性模型的回归分析"统计技术优点，能够同时检验模型中的潜在变量、观测变量之间的关系。研究者在此基础上可以获得自变量对因变量起作用的直接效果、间接效果和总效果。可以对各种因果模型进行识别、验证。当前，SEM 已然成为量化研究数据分析的一门显学。在结构方程模型中，系统通过回归方程计算来检验模型中各变量间的系数，潜在变量对观察变量的标准化回归系数就是因子载荷量，潜在变量之间的标准化回归系数也可以称为潜在变量之间的路径系数，因而，各潜在变量之间关系的标准化数值，叫作路径系数[2]。

这里须要明确的是，为了实现系数乘积法检验中介效应，本研究在结构方程模型中，通过回归方程的标准化回归系数来呈现自变量和因变量之间的路径系数。在结构方程模型检验法的具体实现过程中需要使用到后面即将介

---

[1] 吴明隆. 结构方程模型：AMOS 操作与应用[M]. 2 版. 重庆：重庆大学出版社，2010：1-2.
[2] 吴明隆. 结构方程模型：AMOS 操作与应用[M]. 2 版. 重庆：重庆大学出版社，2010：324.

绍的统计软件 Analysis of Moment Structures（AMOS）。本章将借助 AMOS26.0 版本进行统计分析，具体统计过程中，在统计路径系数值的同时也通过 Bootstrap 抽样法来估算置信区间，从而确定路径系数的显著性，具体操作在 AMOS 的"Analysis properties"工具栏中设置。因此，Bootstrap 抽样法是为了实现系数乘积检验而采取的实施方法。结构方程模型是利用绘制先验性的中介模型图，提供模型适配指标来判断先验模型是否拟合所调查的数据，但此法也要利用 Bootstrap 抽样法来检验系数 a 和系数 b 的乘积范围是否具有显著性。Bootstrap 抽样法是其检验步骤的重要环节。而下面将要介绍的 AMOS26.0 统计软件，是为了实现结构方程模型检验和系数乘积检验而采取的具体工具。

五、研究工具

Analysis of Moment Structures26.0 统计软件（简称 AMOS26.0）是 SPSS 家族的系列软件之一。AMOS 具有图形绘制模型功能，研究者可以事先在 AMOS 的绘图区绘制先验模型，之后在绘图界面直接导入数据，这些数据可以直接调取 SPSS 保存的数据。SPSS 软件统计包使用率较高，因此，当前借助 AMOS 统计软件进行 SEM 分析的研究者越来越多。本研究将借助 AMOS26.0 统计软件，在其绘图区绘制中介模型，导入本研究第四次问卷调查采集的数据。通过计算各变量之间回归数据来检验路径系数。软件在统计结果中，会给出自变量职业认同对中介变量胜任力的影响系数、中介变量胜任力对因变量职业幸福感的影响系数、职业认同对职业幸福感的影响系数。通过检验系数乘积大小及显著性来验证贵州民族地区中学体育教师胜任力在其职业认同和职业幸福感之间所起到的中介效应。

六、验证思路

（一）平行中介效应的统计模型

根据相关文献对多重中介效应模型的具体应用经验及平行多重中介效应的概念模型，可以画出多重中介效应的统计模型[1]，以下是 2 个平行中介变量

---

[1] 柳士顺，凌文辁. 多重中介模型及其应用[J]. 心理科学，2009，32（2）：433-435.

的统计模型（图 5-4），以此为例介绍平行多重中介模型的验证原理。

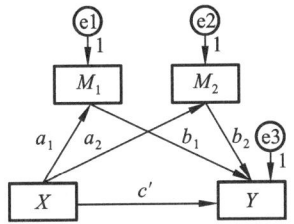

图 5-4　多重平行中介效应的统计模型

图 5-4 中，可以写出如下回归方程：

$$Y = cX + e_0 \quad ①$$
$$M_1 = a_1X + e_1 \quad ②$$
$$M_2 = a_2X + e_2 \quad ③$$
$$Y = c'X + b_1M_1 + b_2M_2 + e_3 \quad ④$$

将②③代入④，整理可得：

$$Y = (a_1b_1 + a_2b_2 + c')X + b_1e_1 + b_2e_2 + e_3 \quad ⑤$$

从⑤可知，$a_1b_1 + a_2b_2 + c'$ 体现的是自变量 X 与中介变量 M_1、M_2 对因变量 Y 的总体影响系数。其中 $a_1b_1 + a_2b_2$ 为间接效应，即总中介效应，c' 为直接效应。M_1 的中介效应为 a_1b_1，M_2 的中介效应为 a_2b_2。

由①和⑤可知 $c' = c - (a_1b_1 + a_2b_2)$。$c'$ 为 M_1、M_2 介入之后，X 对 Y 的直接效应。

统计过程中要验证的内容：

M_1 的中介效应 a_1b_1

M_2 的中介效应 a_2b_2

总中介效应 $a_1b_1 + a_2b_2$

直接效应 c'

M_1 和 M_2 中介效应的差异：$a_1b_1 - a_2b_2$

当 a_1b_1 显著，那么 M_1 在 X 和 Y 之间具有中介效应，反之，则没有中介效应。

当 a_2b_2 显著，那么 M_2 在 X 和 Y 之间具有中介效应，反之，则没有中介效应。

当 $a_1b_1 + a_2b_2$ 显著，则总中介效应显著。

当 $a_1b_1 + a_2b_2$ 不显著，那么 M_1、M_2 在 X 和 Y 之间没有中介效应。

当 c' 显著，$a_1b_1 + a_2b_2$ 也显著，那么 M_1、M_2 在 X 和 Y 之间起着不完全中介效应。

当 c' 不显著，$a_1b_1 + a_2b_2$ 显著，那么 M_1、M_2 在 X 和 Y 之间起着完全中介效应。

当 $a_1b_1 - a_2b_2$ 显著，则 M_1 比 M_2 的中介效应大，反之，则两者的中介效应无差异。

（二）贵州民族地区中学体育教师胜任力的平行中介模型

由于贵州民族地区中学体育教师胜任力量表由教学与训练、职业坚守、探索与发现、沟通与交流、反思与学习这 5 个维度组成。因此，在具体统计中，将胜任力所包含的 5 个维度作为平行中介变量。那么，贵州民族地区中学体育教师胜任力下属 5 个维度在其职业认同与职业幸福感之间的中介作用的统计模型如图 5-5。

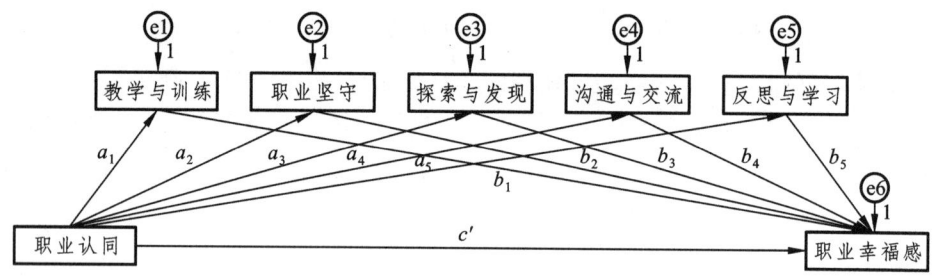

图 5-5 胜任力五个维度的平行中介效应统计模型

为了更为直观地展示模型的具体路径，图中用了各变量的实名。但在具体回归方程中，为了便于描述，将使用字母来代替各变量名称。具体如下：X 为职业认同、Y 为职业幸福感、M_1 为教学与训练、M_2 为职业坚守、M_3 为探索与发现、M_4 为沟通与交流、M_5 为反思与学习。在此统计模型中，回归方程如下。

$$Y = cX + e_0 \quad ①$$
$$M_1 = a_1X + e_1 \quad ②$$
$$M_2 = a_2X + e_2 \quad ③$$
$$M_3 = a_3X + e_3 \quad ④$$
$$M_4 = a_4X + e_4 \quad ⑤$$
$$M_5 = a_5X + e_5 \quad ⑥$$

$$Y = c'X + b_1M_1 + b_2M_2 + b_3M_3 + b_4M_4 + b_5M_5 + e_6 \quad ⑦$$

将②③④⑤⑥代入⑦，整理可得

$$Y = (a_1b_1 + a_2b_2 + a_3b_3 + a_4b_4 + a_5b_5 + c')X + b_1e_1 + b_2e_2 + b_3e_3 + b_4e_4 + b_5e_5 + e_6 \quad ⑧$$

从⑧可知，$a_1b_1 + a_2b_2 + a_3b_3 + a_4b_4 + a_5b_5 + c'$体现职业认同与胜任力的5个维度对因变量 Y 的总体影响。其中 c' 为职业认同的直接效应，$a_1b_1 + a_2b_2 + a_3b_3 + a_4b_4 + a_5b_5$ 为胜任力总的中介效应。教学与训练的中介效应为 a_1b_1，职业与坚守的中介效应为 a_2b_2，探索与发现的中介效应为 a_3b_3，沟通与交流的中介效应为 a_4b_4，反思与学习的中介效应为 a_5b_5。

由①和⑧可知 $c' = c - (a_1b_1 + a_2b_2 + a_3b_3 + a_4b_4 + a_5b_5)$。$c'$为 M_1、M_2、M_3、M_4、M_5 介入之后，X 对 Y 的直接效应。

利用系数乘积法进行如下统计：

如果 $a_1b_1 + a_2b_2 + a_3b_3 + a_4b_4 + a_5b_5$ 显著，则胜任力的总中介效应显著。

当 a_1b_1 显著，那么教学与训练在职业认同和职业幸福感之间具有中介效应，反之，则没有中介效应。

当 a_2b_2 显著，那么职业坚守在职业认同和职业幸福感之间具有中介效应，反之，则没有中介效应。

当 a_3b_3 显著，那么探索与发现在职业认同和职业幸福感之间具有中介效应，反之，则没有中介效应。

当 a_4b_4 显著，那么沟通与交流在职业认同和职业幸福感之间具有中介效应，反之，则没有中介效应。

当 a_5b_5 显著，那么反思与学习在职业认同和职业幸福感之间具有中介效应，反之，则没有中介效应。

当 c' 显著，$a_1b_1 + a_2b_2 + a_3b_3 + a_4b_4 + a_5b_5$ 也显著，那么胜任力 5 个维度在职业认同和职业幸福感之间起着不完全中介效应。

当 c' 不显著，$a_1b_1 + a_2b_2 + a_3b_3 + a_4b_4 + a_5b_5$ 显著，那么胜任力 5 个维度在职业认同和职业幸福感之间起着完全中介效应。

为了对比胜任力 5 个维度的中介效应大小，则进行如下验证：

$a_1b_1 - a_2b_2$ 显著，则教学训练的中介效应显著高于职业坚守。

$a_1b_1 - a_3b_3$ 显著，则教学训练的中介效应显著高于探索与发现。

$a_1b_1 - a_4b_4$ 显著，则教学训练的中介效应显著高于沟通与交流。

$a_1b_1 - a_5b_5$ 显著，则教学与训练的中介效应显著高于反思与学习。

$a_2b_2 - a_3b_3$ 显著，则职业坚守中介效应显著高于探索与发现。

$a_2b_2 - a_4b_4$ 显著，则职业坚守的中介效应显著高于沟通与交流。

$a_2b_2 - a_5b_5$ 显著，则职业坚守的中介效应显著高于反思与学习。

$a_3b_3 - a_4b_4$ 显著，则探索发现的中介效应显著高于沟通与交流。

$a_3b_3 - a_5b_5$ 显著，则探索与发现的中介效应显著高于反思与学习。

$a_4b_4 - a_5b_5$ 显著，则沟通与交流的中介效应显著高于反思与学习。

七、数据来源

在 SPSS21.0 数据文件中，打开第四章保存的"数据5"，即贵州民族地区中学体育教师职业认同、胜任力、职业幸福感3个量表各自的总分及3个量表下属各维度的总分，3个量表下属各维度的具体题项得分。

第二节 胜任力中介作用的结构方程模型检验

本研究采用的测量工具是经过修正且适合贵州民族地区中学体育教师的职业认同、胜任力、职业幸福感的三份测试量表。职业认同量表有持续认同、价值认同、能力认同、情感认同这 4 个维度。胜任力有教学与训练、职业坚守、探索与发现、沟通与交流、反思与学习这 5 个维度。职业幸福感有职业归属、需要满足、成效满意、价值实现、友好体验这 5 个维度。由于每个量表内部各维度之间发生一定的内在联系，且量表内部各维度的数据特征有可能对所属量表与其他量表关系存有一定的影响。因此，需要进一步将各维度纳入统计分析过程，以此探明贵州民族地区中学体育教师胜任力在职业认同和职业幸福感之间的具体中介机制。

一、结构方程模型的建构与相关说明

（一）先验模型的建构

借助 AMOS 则可以实现结构方程模型验证分析，根据假设画出先验性的路径图，将职业认同、职业幸福感及胜任力下属的 5 个维度作为潜变量，将职业认同、职业幸福感下属各维度及胜任力下属 5 个维度所属题项作为显变

量，导入数据之后经统计，根据适配度的各项指标就可以验证这种假设模型。

由于中介效应是间接效应，无论变量是潜变量还是显变量，都可以借助结构方程模型分析中介效应。用统计软件都可以得到相应的结果[①]。

有人总结，使用结构方程模型进行多重中介检验优于其他方法，尤其是结构方程模型中的"Bootstrap"抽样误差95%置信区间检验系数乘积的显著性较其他检验更加快捷[②]。

SEM 的本质就是验证事先建构的模型，在本章的研究假设中，我们提出的假设中介模型，将借助 AMOS 统计软件进行验证。统计数据为本研究第四次调查所形成的"数据5"。Amos Graphics 可以直接读取 SPSS 统计软件中的原始数据文件。AMOS 与 SPSS 是同一家族系列的统计平台，SPSS 文件中的变量名称也可以被 AMOS 直接读取。SPSS 数据文件中的变量名称可以直接拖动至 AMOS 绘图区的方框中，但不能拖动到绘图区的椭圆形（圆形）中。因此，AMOS 椭圆形框中的变量只能是抽象的潜变量，其名称不能与 SPSS 数据文件中的变量名称相同。

本研究编制的胜任力测评量表有教学与训练、职业坚守、探索与发现、沟通与交流、反思与学习这 5 个维度。如果胜任力在职业认同与职业幸福感之间存在中介作用，那么需要探明其下属 5 个维度在这种中介作用中的具体作用机制。为了准确地探索胜任力下属 5 个维度在这种部分中介作用过程中的具体作用机制，本次统计，将胜任力下属 5 个维度作为 5 个平行中介变量，同时，本研究将这 5 个维度的具体题项作为各自维度的观测变量纳入结构方程模型中。

结构方程模型中的正方形或者长方形表示指标变量也叫作观测变量，如果以整个量表作为指标变量，那么观察变量可以是量表个别题项上的得分，也可以是多个题项加总之后的分数[③]。当前，以结构方程模型做中介分析，都是基于这样的思想进行具体操作。基于这样的分析，在进行结构方程模型实际统计之前，本研究构思了一个先验性的模型（见图 5-6）。后续将借助 AMOS26.0 软件，进行具体的验证操作。此模型与第一节中的图 5-5 是一致的，

[①] 温忠麟,侯杰泰,张雷.调节效应与中介效应的比较和应用[J].心理学报,2005(2):268-274.
[②] 方杰,温忠麟,张敏强,等.基于结构方程模型的多重中介效应分析[J].心理科学, 2014, 209 (3): 735-741.
[③] 吴明隆.结构方程模型:AMOS 操作与应用[M].2 版.重庆:重庆大学出版社,2010:21-22.

但更加清晰具体地包含了贵州民族地区中学体育教师职业认同、胜任力、职业幸福感 3 个变量下属的信息。

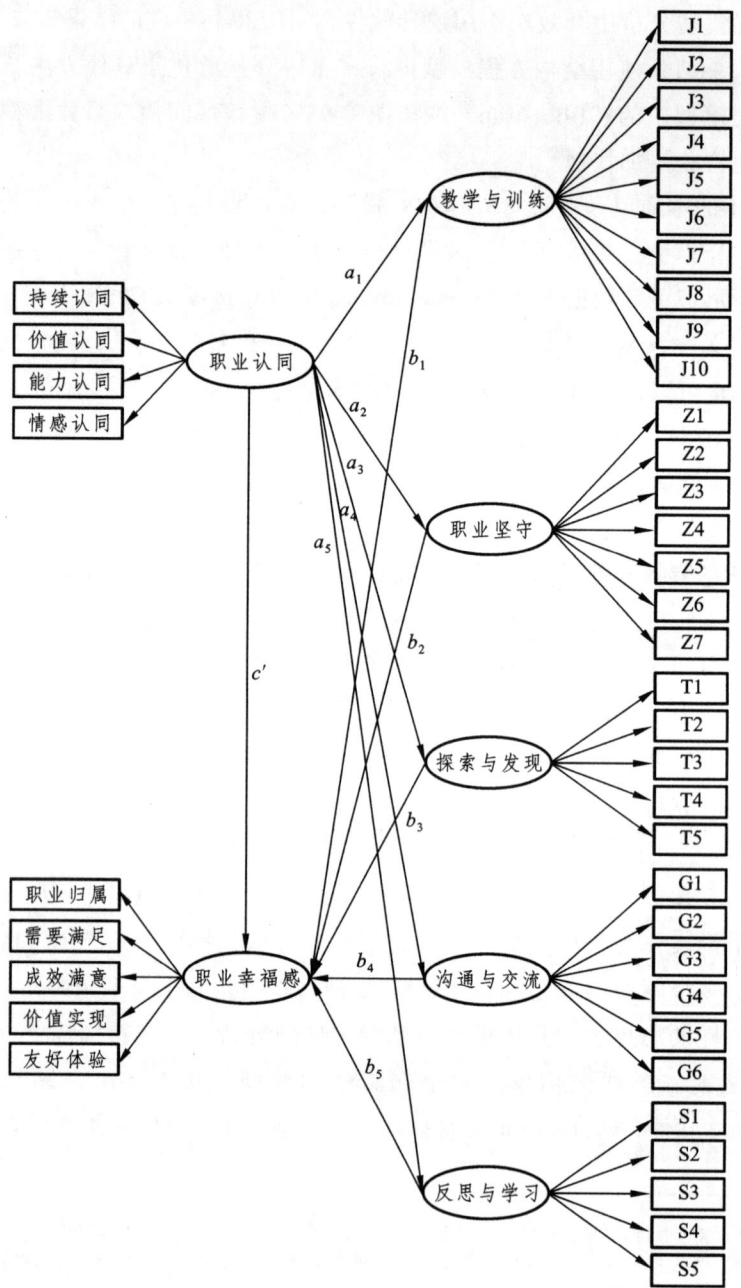

图 5-6　胜任力在职业认同影响职业幸福感过程中的先验性中介模型

本次检测，将职业认同、职业幸福感各维度的具体题项在该维度上进行汇总，之后该维度就有了确定的分数，就可以作为观测变量进入 AMOS26.0 软件中进行分析。职业认同潜变量下属有持续认同、价值认同、能力认同和情感认同 4 个观察变量，职业幸福感下属有职业归属、需要满足、成效满意、价值实现、友好体验这 5 个观察变量。胜任力潜变量下属的教学与训练、职业坚守、探索与发现、沟通与交流、反思与学习这 5 个变量以潜变量的形式作为并行中介变量，将这 5 个维度的具体题项得分纳入中介效应分析统计过程。这样就能从统计输出结果中清晰地看到胜任力各维度在职业认同和职业幸福感之间的中介机制。为了清晰完整地将结构方程模型中的潜变量、观察变量直接呈现给读者，本课题将潜变量也进行命名。为了尽量将模型更加简洁地呈现给读者，将 5 个中介变量的具体题项用题项所属维度名称的汉字拼音首字母的大写形式进行命名。如"教学与训练"维度的 10 个题目，第一个题目命名为"J_1"，第二个题目命名为"J_2"，以此类推。由于有些文献用 F（factor）给变量命名，因此，为了不引起误解，"反思与学习"维度的每个题项就以 S 字头命名。这样，"数据 5"可以直接用于 AMOS 软件中进行模型验证。

（二）模型的适配检验操作

要进行贵州民族地区中学体育教师胜任力下属 5 个维度在职业认同和职业幸福感之间的平行多重中介效应的检验，需要探寻先验模型是否有统计学上的数据指标作支撑，这就要进行模型的适配验证。

打开 AMOS26.0 软件，在"Amos Graphics"的绘图窗口中绘制图形，职业认同、职业幸福感为潜变量，两个潜变量下属的维度作为各自的观察变量。胜任力下属 5 个维度作为平行中介变量，为了使信息更加全面，将 5 个中介变量下属具体题项作为各自的观察变量。从 SPSS21.0 数据文件中导入"数据 5"。

启动 AMOS26.0 程序，"Amos Graphics"可以直接读取"数据 5"的 SPSS 数据文件。AMOS26.0 软件如果不经过 Bootstrap 计算 95%置信区间获得显著性，那么只能在统计结果中的"Amos Output"的"Estimates"下属栏看到 Regression Weights：（Group number 1-Default model）未标准化的回归系数和显著性。而这里的回归系数和显著性都是基于 651 个样本数据统计而来，是抽样调查，就有抽样误差，故这里的数据还有待进一步检验。因此，必须要经过 Bootstrap 计算 95%置信区间获得显著性。

AMOS 统计软件里面有 Bootstrap 模块，由于 AMOS 软件能通过 Bootstrap 计算出未标准化和标准化回归系数 95%置信区间的上下限，同时给出显著性，为了清晰地呈现模型验证的全程，在后续的模型验证过程中，在主要模型适配指标不达标的情况下，模型回归系数的显著性都进行 5000 次的 Bootstrap 计算，这样可以查看各回归系数未标准化值和标准化值，同时将 95% 置信区间的显著性值呈现给读者。因此，本研究在模型验证及适配度没有大面积达到理想状态的时候，将借助 Bootstrap 模块进行标准化回归系数的 95%置信区间的显著性计算。模型需要修正，那么每一步修正也进行 95% 置信区间的显著性计算，直至主要适配指标大面积地达标为止。本次操作中，在"Estimation"中选择"maximum likelihood"，即采用极大似然法估计各回归系数值。在"output"处勾选"standardized estimate""Modification Indices""indirect, direct & total effect"，在"Bootstrap"处，将"Perform bootstrap"设置"5000"，"Bias-corrected confidence intervals"处设置成"95%"。

（三）数据呈现和模型修正的说明

1. 回归系数值及各种效应值以标准化值为主

标准化系数可以最为直观地看出自变量对因变量的影响程度。因此，课题在 AMOS 中介模型验证图中输出标准化系数。在 AMOS26.0 中介效应统计过程中，我们利用函数命令编辑的"多重中介变量脚本"，设置了各效应值的标准化值，胜任力下属 5 个变量各自中介效应在总中介效应中的比值，这 5 个变量两两之间的差值只设置了未标准化的统计值。本课题统计所用到的各变量数据的量纲没有差异，虽然标准化数据也能真实反映各变量之间的关系。但为了进行数据的全面比较，本课题在适当之处又同时呈现各效应系数的非标准化值。

2. 结构模型修正说明

当一个先验性的模型提出之后，经结构方程模型的检验，其适配度与调查数据的契合度不达标或是不理想，那么需要对这一个模型加以修正。借助 AMOS26.0 可以进行结构方程模型的验证，在 AMOS 提供的检验结果中，可以根据修正指标（Modification indices）一栏提供的数据进行。方程模型的修正，最好是一次只对一个参数进行修正。如果修正指标值众多，那就首选修正指标值较大且与之对应的期望参数改变量也较大的指标进行修正。若修正指标值不是很大但期望参数改变的绝对值很大，则考虑将对应的指标进行修正。但由于这种期望参数改变量对于模型的可识别非常敏感，导致其绝对值很难解释。所以，当一个结构模型需要修正时，在诸多的修正方案中应该考虑"一个大的修正指标连接一个大的期望参数改变值较有实质的意义"，但由于参数改变量绝对值较难解释，因此研究者应该先根据最大的修正指标值来对模型进行修正。对模型的修正，要给出合理的解释。同时，结构方程模型（SEM）对修正也有原则上的规定。即：① 自变量与因变量的观察变量之间没有直接关系，因变量与自变量的观察变量之间没有直接关系，因变量的观察变量与自变量的观察变量之间没有直接关系；② 具体到每一个测量模型中，各指标变量的残差项与潜在变量之间不能在修正时增列成共变关系，指标变量的残差项之间可以是共变关系，但不能建立路径因果关系[①]。

虽然，初始测量模型分析中，一般都认为测量误差之间是彼此独立的，也即从事统计分析人士说的残差独立。结构方程模型的验证分析中提供测量指标各测量误差之间的共变关系。但是测量模型中各指标的测量误差相互独立本就是一种基本假设，这种测量误差彼此不独立，几乎无可避免。测量误差相关是理论建构无法解释的变异量，在不同测量指标上发生共变现象。在同一个测量模型中，如果出现测量误差相关，其原因在于：① 各测量指标（题项）之间可能存在相关，存有共变关系的题项可能测量的是调查对象某些相似的特质；② 诸如被调查对象填答问卷时有社会赞许效应这样的系统反映偏差。结构方程模型是由测量模型和结构模型组成的。如果整个结构方程模型的验证适配度不是上佳状态，需要修正，那么可能原因是变量间非直线性关系，缺失值太多，序列误差。通常来讲，结构方程模型的修正，主要是对方程内在序列误差进行处理，如探察模型中是否遗漏了变量间的重要连接。针对初始模型的实际情况，对其进行修改或调整进而提高模型的适配度。但，修正之后的模型必须具备合理性、明确性、可解释性[②]。

从结构方程模型（SEM）工具书的相关知识点中，我们可以总结如下的要点：① 结构方程模型的验证结果中，如果适配度不佳，那么需要予以修正；② 修正需要遵守结构方程模型的原则规定；③ 如需要多次修正模型，那么每一次只能修正一个指标，即每次修正只增列一对共变关系；④ 模型的修正能

[①] 吴明隆. 结构方程模型：AMOS 操作与应用[M]. 2 版. 重庆：重庆大学出版社，2010：156-163.
[②] 吴明隆. 结构方程模型：AMOS 操作与应用[M]. 2 版. 重庆：重庆大学出版社，2010：13-31.

够得到合理的解释；⑤在结构方程模型（SEM）的测量模型修正过程中，测量误差之间存有共变关系不违反 SEM 的假定；⑥AMOS 提供的修正数据中，参考一个大的修正指标，也同样需要考虑一个大的期望参数改变量，这样的修正才具备修正的实质意义[①]。

本研究在阅读文献之后，基于文献信息，提出了贵州民族地区中学体育教师胜任力在职业认同与职业幸福感之间具有中介作用这样的假设，进而搭建了先验模型。模型中，职业认同、职业幸福感及胜任力的 5 个维度是潜在变量，职业认同下属 4 个维度、职业幸福感下属 5 个维度，教学与训练下属 10 个题项、职业坚守下属 7 个题项、探索与发现下属 5 个题项、沟通与交流下属 6 个题项、反思与学习下属 5 个题项为观测变量。所建构的先验模型，是一个完整的结构方程模型，也叫潜在变量的路径分析，其中包括 1 个结构模型，7 个测量模型。具体说来，职业认同、职业幸福感、胜任力下属 5 个维度共 7 个潜变量组成了 1 个结构模型，而 7 个潜变量与各自下属的观测变量形成了 7 个测量模型。7 个潜在变量之间的标准化回归系数也称为路径系数。

通过本章第一节"表 5-1"，贵州民族地区中学体育教师胜任力与职业认同、职业幸福感的相关矩阵可以看出，中介变量胜任力及其下属 5 个维度与职业认同及其下属 4 个维度、职业幸福感及其下属 5 个维度之间共有 66 个相关系数，其中，有 48 个系数大于 0.4，有 60 个系数大于 0.3，所有相关性均具有高度显著性。正是由于胜任力在职业认同与职业幸福感之间存有这种相关，本研究在后续的中介模型检验中，在 AMOS26.0 输出的验证结果"Modification indices"一栏必将出现高共变关系，故本研究将根据修正提示对模型进行相应的修正。即使 9 个适配指标均达到可接受的程度，本研究也要进行修正，这样做的目的是将当地中学体育教师胜任力在职业认同影响职业幸福感的过程中真正的中介机制清晰地呈现给读者。

二、模型适配度检验的流程及结果

打开 AMOS26.0 软件，在"Amos Graphics"的绘图窗口中绘制图形，设置好变量，导入数据，对模型路径系数的显著性进行 5000 次的 Bootstrap 计算。点击"Calculate estimates"按钮，启动软件计算程序，点击"Unstandardized

---

[①] 吴明隆. 结构方程模型：AMOS 操作与应用[M]. 2 版. 重庆：重庆大学出版社，2010：232.

estimate",在非标准化参数中,7个潜变量下属共42个显变量的误差项估计系数介于0.324至16.542之间,均为正数,提示模型没有违反模型基本适配度检验标准。点击"View the output path diagram",之后点击"standardized estimate"得出如下的输出结果(见图5-7)。

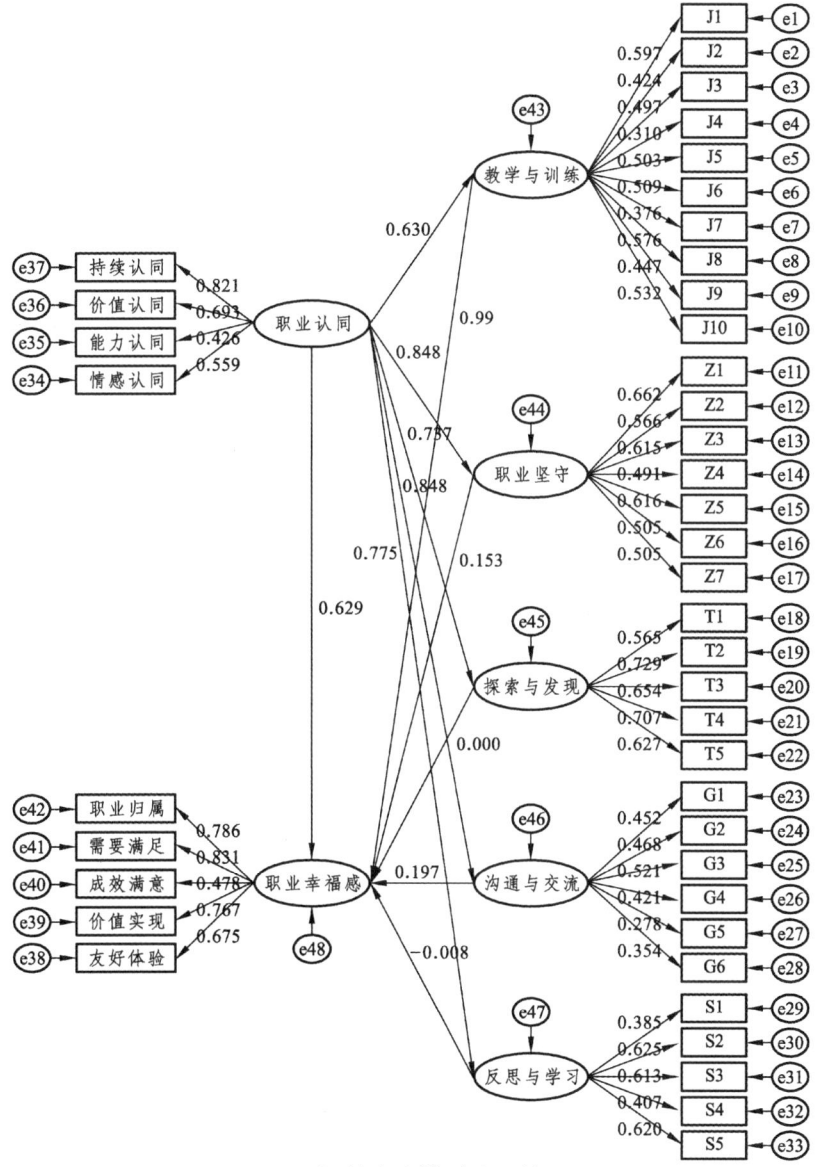

图 5-7 初始中介模型验证结果图
Chi-square=2204.571(p=0.000);DF=809;RMSEA=0.052

（一）初始模型的检验

经 AMOS 检验之后，输出窗口（Amos output）中，在其"Estimates"下属的"Regression Weights""Standardized Regression Weights"可以分别看到 a_1、a_2、a_3、a_4、a_5、b_1、b_2、b_3、b_4、b_5、c' 的未标准化系数和标准化系数、95%置信区间的上下限值和系数的显著性，数据汇总见表 5-2。AMOS26.0 统计中的未标准化回归系数及其显著性在"Regression Weights"中直接给出，而标准化回归系数（路径系数）在"Estimates/Bootstrap"下属的"Bias-corrected percentile method"中，可以看到95%置信区间的显著性概率值。统计结果显示，a_1、a_2、a_3、a_4、a_5 这5个路径系数值均具有高度显著性，提示初始模型中，职业认同对5个中介变量均具有显著影响。系数 b_1、b_2、b_4 的值具有显著性，说明教学与训练、职业坚守、沟通与交流对职业幸福感的影响显著。c' 的值显著，提示当贵州民族地区中学体育教师胜任力介入职业认同与职业幸福感之间后，职业认同对职业幸福感的直接效应显著。

表 5-2 初始结构方程模型的回归权重摘要

路径标签	路径指向	未标准化回归系数		标准化回归系数	
		系数值	P	系数值	P
a_1	教学与训练<---职业认同	0.240	0.000	0.630	0.000
a_2	职业坚守<---职业认同	0.459	0.000	0.848	0.000
a_3	探索与发现<---职业认同	0.357	0.000	0.737	0.000
a_4	沟通与交流<---职业认同	0.320	0.000	0.848	0.000
a_5	反思与学习<---职业认同	0.252	0.000	0.775	0.000
b_1	职业幸福感<---教学与训练	0.768	0.001	0.099	0.003
b_2	职业幸福感<---职业坚守	0.626	0.001	0.153	0.001
b_3	职业幸福感<---探索与发现	-0.012	0.888	0.000	0.969
b_4	职业幸福感<---沟通与交流	1.170	0.002	0.197	0.002
b_5	职业幸福感<---反思与学习	-0.041	0.868	-0.008	0.837
c'	职业幸福感<---职业认同	1.395	0.001	0.629	0.000

在借助 AMOS 进行统计分析的时候，必须要考虑研究人员通过调查所搜集到的数据是否与结构方程模型相匹配。模型是否合理，必须参考统计学家

们长期总结得出的指标来衡量。国外学者 Bogozzi、Yi（1998）及 Hair 等人（1998）一致认为，研究者事先搭建的假设模型和搜集到的数据是否契合，须考虑基本适配指标、整体适配指标和模型内在适配指标[①]。

我国学者吴明隆在梳理大量国外成果的基础上，总结出了绝对适配度指数、增值适配度指数和简约适配度指数，具体数据参见吴明隆教授著作《结构方程模型——AMOS 操作与应用》[②]。这一参考标准最为关键的标准就是绝对适配度指标，其次是增值适配度指标。大量的心理行为科学研究报告都在这三个指标体系间进行选择。

但在某些适配度指标的范围上，不同学者根据研究经验，认为绝对适配指标中，AGFI>0.90、SRMR<0.05、RMSEA<0.05，在此范围，模型适配度才被认为是优秀的。也有人认为 AGFI≥0.80、(Marsh，Balla，McDonald，1988）SRMR≤0.10（Kline，2005）、RMSEA<0.08（Hair et al，2006）结构方程模型的适配度依旧优秀，这些指标在世界权威期刊都获得了认可并得到引用[③]。在实践应用中，国外研究者认为应该以卡方值大小、显著性、RMSEA 值、SRMR 值、GFI 值、NFI 值、CFI 值、IFI 值、TFI 值等适配度指标来判别方程模型是否与样本数据达到契合[④]。吴明隆教授认为较宽松的 χ^2/df 规定值为 5[⑤]。

由此可知，在实际应用中，以上指标是检验模型与样本数据契合情况的常规标准，这些标准其实就是绝对适配度指标和增值适配度指标。

同时，有学者指出，没有理想化的模型适配指标值[⑥]。国外对模型匹配指标值的范围存有较大争议。在国内的实际研究中，对模型验证适配指标存的争议更大。即使在一些工具书的实例中，也极少出现所有适配指标达到优秀的情况。国内多数研究者在适配指标的选择上，也极少同时将前述所有指标

---

① BAGOZZI R P, YI Y. On the evaluation of structural equation models[J]. Academic of marketing science, 1998（16）: 76-94.
② 吴明隆. 结构方程模型：AMOS 操作与应用[M]. 2 版. 重庆：重庆大学出版社，2010：37-53，235.
③ PACII B M. The impact of cultural collectivism on knowledge sharing among information technology majoring undergraduates[J]. Computers in human behavior, 2016（56）: 65-71.
④ DIAMANTOPOULOS A, SIGUAW J A. Introducing LISREL: a guide for the uninitiated[M]. Thousand Oaks: Sage, 2000: 53-54.
⑤ 吴明隆. 结构方程模型：AMOS 操作与应用[M]. 2 版. 重庆：重庆大学出版社，2010：37-53，235.
⑥ 董军，李洪玉，杜晖，等. 自编《中小学生非智力因素评价量表》的信效度研究[J]. 心理学探新，2002，22（2）: 82.

罗列出来，一般是在统计结果中挑选达到了良好标准的适配指标。国内多数研究报告中，认为 NFI、CFI、IFI、TLI 增值适配度指标大于 0.8 即可，在心理领域的分析中，鉴于所分析现象的复杂性，甚至有学者认为只要 GFI、AGFI、CFI、NFI 等指标同时大于 0.7，就认为所验证的模型与样本数据的契合度可接受①②。

此处，本课题借助 AMOS26.0 作为统计工具，其结果将罗列出绝对适配度指标、增值适配度指标及简约适配度指标，这些指标具体包括 4 个绝对适配度指标、4 个增值适配度指标和 1 个简约适配度指标。这样做，其目的是不在众多适配指标中"趋利避害"，即不在众多适配指标中只是有选择性地罗列达到可接受标准的指标，而是将所选择的 9 个具有代表性的指标值在每一个模型验证结果中均呈现给读者。

从表 5-3 可以看出，对初始模型进行检验之后，结构方程模型的适配度指标多数不在良好范围内，虽然自由度卡方比值在优秀范围，但指标 NFI 值还没有达到可接受范围，说明假设模型与搜集到的数据契合程度有待提高。要使假设模型与样本数据具有较佳的适配度，接下来就必须结合"Modification Indices"（模型修正指标）中的信息来对模型进行修正。上述模型只能作为初始模型，将借助 AMOS26.0 对其进行验证，本研究也就叫作初始验证。

表 5-3　初始结构方程模型适配度摘要

拟合指标	GFI	AGFI	SRMR	RMSEA	NFI	CFI	IFI	TLI	χ^2/df
所测指标值	0.857	0.840	0.0574	0.052	0.768	0.839	0.840	0.828	2.725

初始结构方程模型运算结果中，在"Modification Indices"（简称 MI）一栏的"Covariances:（Group number 1-Default model）"罗列出了需要修订的指标 MI（Modification Indices）。"Par Change"一栏是增列共变关系后，预测的估计参数改变量，这个值亦正亦负，一般都是以绝对值来衡量改变量的大小③。表 5-4 罗列出初始模型验证后，大小处于前 3 位的指标值："e_{35}<-->e_{43}""e_9<-->e_{10}""e_{45}<-->e_{47}"。由于 e_9<-->e_{10}""e_{45}<-->e_{47}"二者的指标值相差不大，但"Par Change"值却相差较大，因此在第一次修改后，如果模型适配不理想且二者间还是这样的趋势，那么就增列 e_9<-->e_{10} 的共变关系进行模型的二次

---

① 陈作松. 身体锻炼对高中学生主观幸福感的影响及其心理机制的研究[D]. 上海：华东师范大学，2004.
② 姚继伟. 城市社区体育公共服务公众满意度测评理论与实证研究[D]. 福州：福建师范大学，2013.
③ 吴明隆. 结构方程模型：AMOS 操作与应用[M]. 2 版. 重庆：重庆大学出版社，2010：232.

修正，以此类推。限于篇幅，本书在呈现结构方程模型共变关系时，只在表格中罗列该模型卡方值减少幅度前两位（便于比较，有的地方为前三位）的共变关系对，本章此后及第六章的相关地方，均如此处理。

表 5-4 初始结构方程模型的高共变关系摘要

共变关系	**Modification Indices**	Par Change
e_{35}<-->e_{43}	175.584	0.406
e_9<-->e_{10}	120.769	0.377
e_{45}<-->e_{47}	141.211	0.065

（二）模型第一次修正

1. 模型第一次修正之后的参数概要

本课题遵循每一次修正只修正一个参数的原则。首先增列 e_{35}<-->e_{43} 的路径进行第一次修正。借助 AMOS 软件进行中介分析的过程中需要利用其中"Bootstrap"抽样标准误计算出的 95% 置信区间来检验各条路径系数的显著性。

根据初始模型检验结果中"Modification Indices"的提示，将"教学与训练"与"能力认同"的误差变量设置成共变关系，然后在"Estimation"中选择"maximum likelihood"，即采用极大似然法估计各路径系数值。在"output"处勾选"standardized estimate""Modification Indices""indirect, direct & total effect"（后续的检验均为如此步骤）。经过运算，得出如下的输出结果（见图 5-8）。

模型经过检验之后，在非标准化参数中，7 个潜变量下属共 42 个显变量的误差项估计系数介于 0.327 至 16.547 之间，均为正数，提示模型没有违反模型基本适配度检验标准。通过表 5-5、表 5-6、表 5-7 的数据可知，在增列"教学与训练"与"能力认同"的误差变量成共变关系之后，模型的适配度指标值朝着积极的方向发生变化。绝对适配度指标 GFI、AGFI、SRMR 已经达到了可以接受的范围，而 RMSEA 达到了优秀水平。GFI、AGFI、NFI、CFI、IFI、TLI 这 6 个指标同时超过了 0.7 的水平。这也说明了模型修正的必要性。但还是有 7 项指标未能达到优秀的标准，从表 5-7 的"Modification Indices"（模型修正指标）中的信息来看，教学与训练维度下属的题项"9"和"10"，二者误差之间设为共变关系之后，卡方值将减少 110.050，期望改变值为"0.348"，提示在第一次修正之后，模型还是有较大的修正空间，因此，增列 e_9<-->e_{10} 成共变关系，后续将对模型进行二次修正及检验。

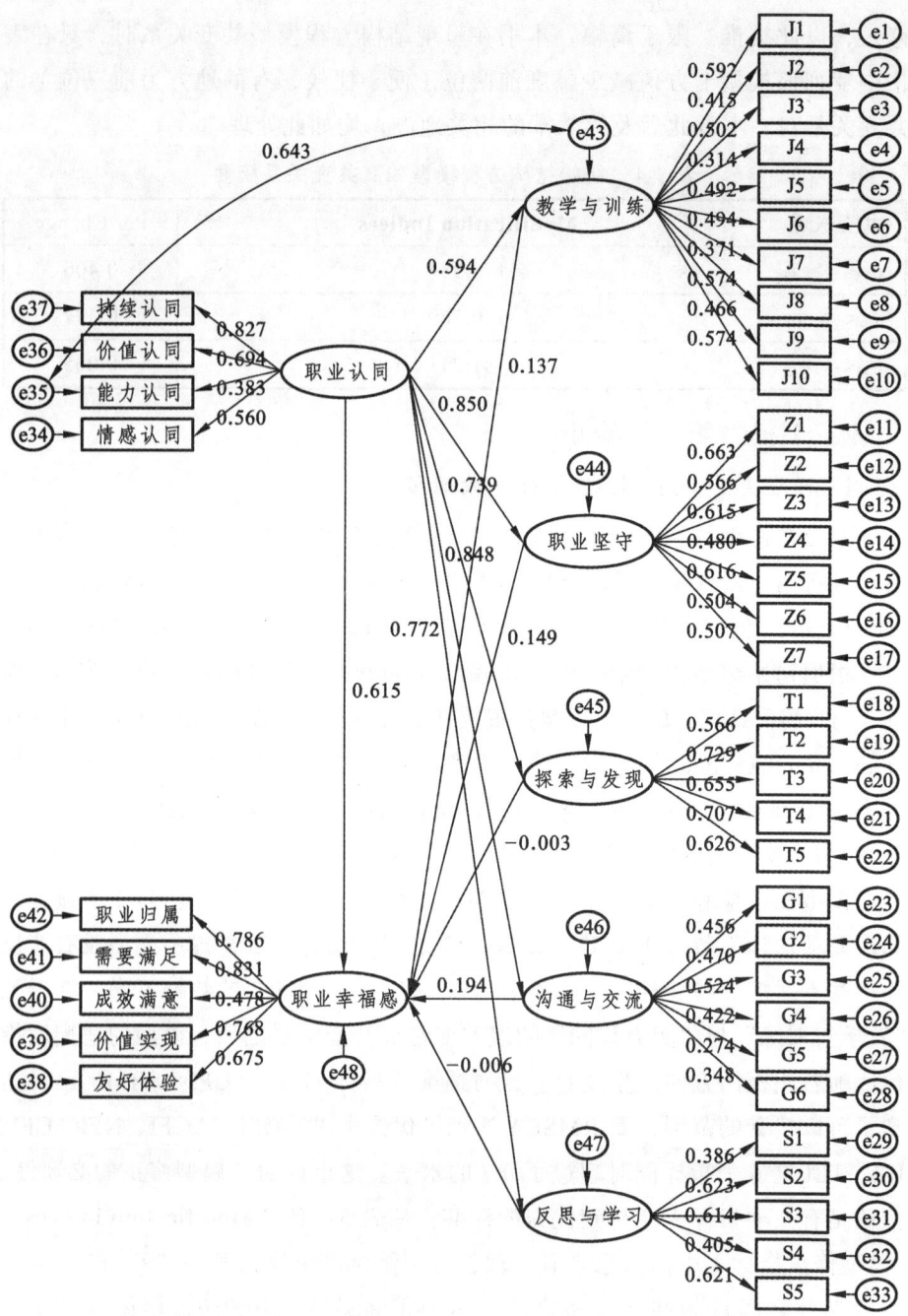

图 5-8 中介模型第一次修正后的验证结果图
Chi-square=2002.912（p=0.000）；DF=808；RMSEA=0.048

表 5-5 结构方程模型第一次修正后的回归权重摘要

路径标签	路径指向	未标准化回归系数		标准化回归系数	
		系数值	P	系数值	P
a_1	教学与训练<---职业认同	0.240	0.000	0.594	0.000
a_2	职业坚守<---职业认同	0.459	0.000	0.85	0.000
a_3	探索与发现<---职业认同	0.357	0.000	0.739	0.000
a_4	沟通与交流<---职业认同	0.32	0.000	0.848	0.000
a_5	反思与学习<---职业认同	0.252	0.000	0.772	0.000
b_1	职业幸福感<---教学与训练	0.768	0.001	0.137	0.001
b_2	职业幸福感<---职业坚守	0.626	0.001	0.149	0.001
b_3	职业幸福感<---探索与发现	-0.012	0.888	-0.003	0.889
b_4	职业幸福感<---沟通与交流	1.170	0.002	0.194	0.002
b_5	职业幸福感<---反思与学习	-0.041	0.868	-0.006	0.872
c'	职业幸福感<---职业认同	1.395	0.001	0.615	0.001

表 5-6 结构方程模型第一次修正后的适配度摘要

拟合指标	GFI	AGFI	SRMR	RMSEA	NFI	CFI	IFI	TLI	χ^2/df
所测指标值	0.868	0.852	0.0533	0.048	0.789	0.862	0.863	0.853	2.479

表 5-7 结构方程模型第一次修正后高共变关系摘要

共变关系	Modification Indices	Par Change
e_9<-->e_{10}	110.050	0.348
e_{45}<-->e_{47}	141.902	0.065
e_{30}<-->e_{32}	56.434	-0.269

2. 模型第一次修正的可能原因

"e_{35}<-->e_{43}"的指标值是 175.584，表示将两个残差之间增列为共变关系后，即将潜变量"教学与训练"与观察变量"能力认同"的测量误差变量设置成有共变关系，那么卡方值将减少 175.584。究其原因，是被设置成共变关系的两个变量所对应的某些题项所测量的心理特质存有类同。具体到"e_{35}<-->e_{43}"这组共变关系，"教学与训练"与"能力认同"两个变量分别属于胜任力、职业认同，教学与训练能力是贵州民族地区中学体育教师所具备的基础能力，是体育学科教学区别于其他学科教学的本质特征。表 5-8 中，教学与训练维度的 10 个题项是从教学方法、手段、运动竞赛等方面考察当地中学体育教师的能力。而能力认同下属的 4 个题项中，第 1、2、3 这 3 个题项是从宏观上考察当地中学体育教师的综合能力，这些综合能力也包括教学与训练能力。而第 7 题，直接考察当地中学体育教师的教学能力。

同时，当地中学体育教师对自己的能力认知倾向于体育教学与训练方面的能力，在被问及能力或者自己能够完成任务时，其首先想到的是教学与训练能力。在本章"表 5-1"中，贵州民族地区中学体育教师教学与训练能力与能力认同的得分相关系数为 0.621，二者之间呈现出较高的正相关。因此两个维度在测试当地中学体育教师体育教学能力和运动训练能力方面存有一定的同质性。

表 5-8 教学与训练、能力认同的具体题项

教学与训练	能力认同
1 学生在我的体育课上表现活跃且秩序井然	12 我能够完成体育教师的各项工作
2 我所授体育课曾经被评为示范课或者优质课	13 在工作中遇到一些问题，我相信自己有能力解决
3 我给学生讲解动作技术要领，语言清楚、具体而简洁	14 我是一名非常称职的体育教师
4 我认为学生需要锻炼并经常指导他们怎样锻炼	15 我掌握的知识和技能能够满足教学的要求
5 我参加过县市及以上级别的教学比赛，并获得优胜	
6 我训练的学生在县级及以上比赛中获得较好名次	
7 我经常安排时间让学生进行讨论和比赛	
8 学生上课消极胆怯时，我会和他们一起完成动作	
9 我会用多媒体屏幕将不能做示范的动作展示给学生	
10 课堂上我能及时发现学生练习时的问题并及时调整	

（三）模型第二次修正

1. 模型第二次修正之后的参数概要

在第一次修正的基础上，将 e_9 和 e_{10} 增列成共变关系，进行模型的第二次修正，经 AMOS26.0 检测之后，在非标准化参数中，7 个潜变量下属共 42 个

显变量的误差项估计系数介于 0.332 至 16.565 之间,均为正数,提示模型没有违反模型基本适配度检验标准。模型的标准化参数,其结果如图 5-9。

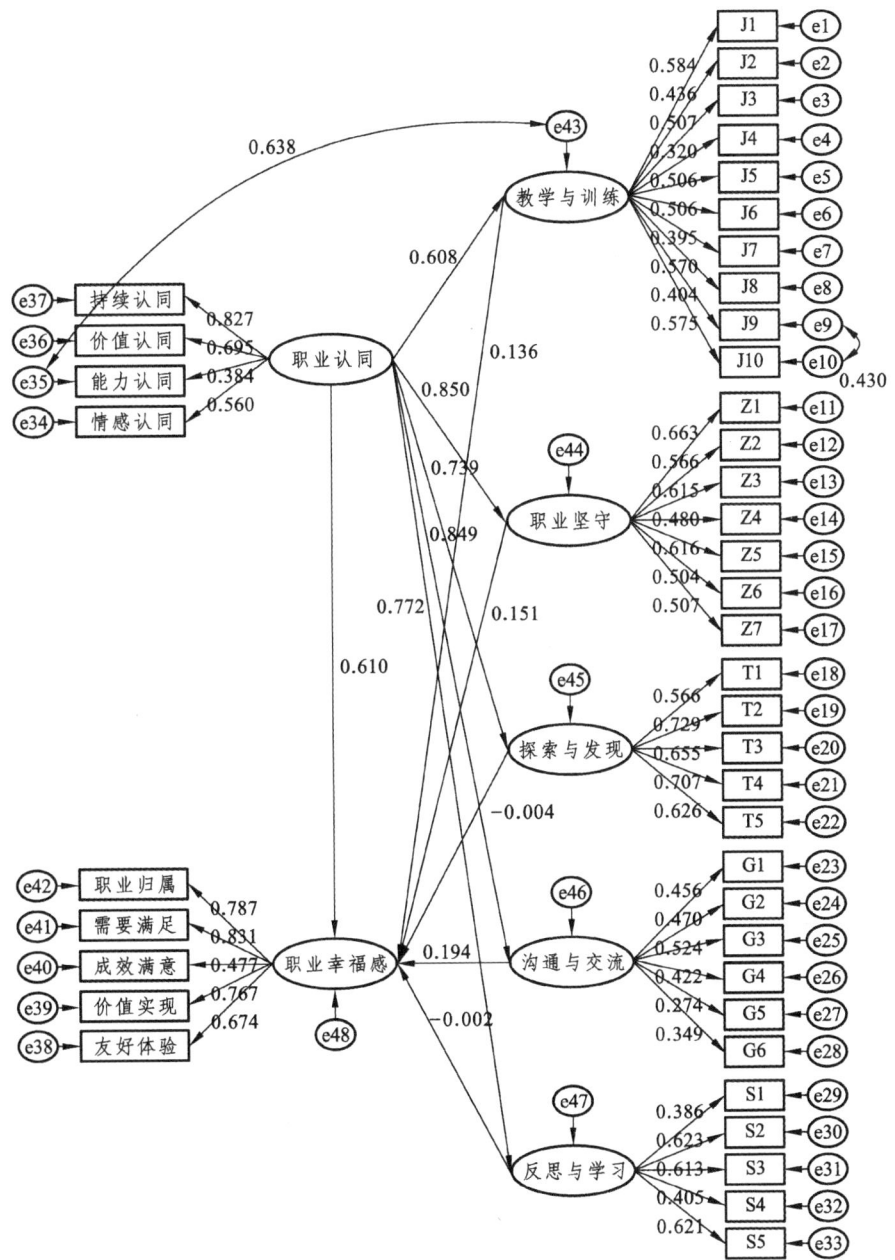

图 5-9 中介模型第二次修正后的验证结果图
Chi-square=1883.229(p=0.000);DF=807;RMSEA=0.045

结构方程模型经 AMOS26.0 检验，从表 5-9、表 5-10、表 5-11 的数据可知，在增列 e_9<-->e_{10} 成共变关系之后，模型的适配度指标值继续朝着积极的方向发生变化，均在朝着好的指标范围靠近。指标 NFI 达到了 0.802 的水平，进入了可接受范围。但在前两次修正的基础上，优秀指标依然只有 RMSEA 和卡方自由度比值这两个指标，从表 5-11 的"Modification Indices"（模型修正指标）中的信息来看，经过第二次修正之后的模型仍然存有高共变关系，提示模型还有较大的修正空间。教学与训练维度下属题项"45"和"47"，二者误差之间设为共变关系之后，卡方值将减少 142.188。考虑其改变的卡方值远超第二、三对高共变关系，因此，增列 e_{45}<-->e_{47} 成共变关系，对模型进行第三次修正及检验。

表 5-9 结构方程模型第二次修正的回归权重摘要

路径标签	路径指向	未标准化回归系数		标准化回归系数	
		系数值	P	系数值	P
a_1	教学与训练<---职业认同	0.242	0.000	0.608	0.000
a_2	职业坚守<---职业认同	0.458	0.000	0.85	0.000
a_3	探索与发现<---职业认同	0.356	0.000	0.739	0.000
a_4	沟通与交流<---职业认同	0.32	0.000	0.849	0.000
a_5	反思与学习<---职业认同	0.252	0.000	0.772	0.000
b_1	职业幸福感<---教学与训练	0.774	0.001	0.136	0.001
b_2	职业幸福感<---职业坚守	0.636	0.001	0.151	0.001
b_3	职业幸福感<---探索与发现	-0.02	0.867	-0.004	0.864
b_4	职业幸福感<---沟通与交流	1.165	0.002	0.194	0.003
b_5	职业幸福感<---反思与学习	-0.014	0.946	-0.002	0.953
c'	职业幸福感<---职业认同	1.383	0.001	0.61	0.001

表 5-10 结构方程模型第二次修正适配度摘要

拟合指标	GFI	AGFI	SRMR	RMSEA	NFI	CFI	IFI	TLI	χ^2/df
所测指标值	0.876	0.862	0.0515	0.045	0.802	0.875	0.876	0.867	2.334

表 5-11　结构方程模型第二次修正后高共变关系摘要

共变关系	Modification Indices	Par Change
$e_{45}<-->e_{47}$	142.188	0.066
$e_{30}<-->e_{32}$	56.459	−0.269
$e_{30}<-->e_{31}$	52.437	0.245

2. 模型第二次修正的可能原因

表 5-12 中，是贵州民族地区中学体育教师教学与训练维度内部各题项测试的内涵。在教学上，本维度包含了讲解、示范、保护、帮助等具体的体育课堂教学方法，在课的整体把握上，包含了体育课堂的组织、教学方法运用、教学手段选取、课堂临场应变能力、教学竞赛。在课外训练上，包含了课外锻炼指导、训练参赛。本研究第四次调查中获得的数据，在当地中学体育教师胜任力介入职业认同与职业幸福感之间的中介效应模型检验中，"J_9""J_{10}"两个测量变量之间存有高共变关系。由于第四次调查的题项顺序是按照第二章胜任力测评量表验证性因子分析中每个维度内部各题项在该维度上的因子载荷大小顺序排序，故胜任力测评量表的"教学与训练"维度，其内部的第 9、10 两题对应中介模型检验中"J_9""J_{10}"两个测量变量。

表 5-12　教学与训练维度所测试的内容解释

教学与训练维度各题项	测评的具体内涵
1 学生在我的体育课上表现活跃且秩序井然	课堂组织能力
2 我所授体育课曾经被评为示范课或者优质课	教学综合测评
3 我给学生讲解动作技术要领，语言清楚、具体而简洁	讲解中的语言表达能力
4 我认为学生需要锻炼并经常指导他们怎样锻炼	课外锻炼指导能力
5 我参加过县市及以上级别的教学比赛，并获得优胜	教学竞赛
6 我训练的学生在县级及以上比赛中获得较好名次	训练能力
7 我经常安排时间让学生进行讨论和比赛	教学方法运用
8 学生上课消极胆怯时，我会和他们一起完成动作	保护帮助
9 我会用多媒体屏幕将不能做示范的动作展示给学生	教学手段选取
10 课堂上我能及时发现学生练习时的问题并及时调整	课堂临场应变能力

"我会用多媒体屏幕将不能做示范的动作展示给学生""课堂上我能及时发现学生练习时的问题并及时调整"，这两个题项分别测试当地中学体育教师

教学手段的选取能力，体育课堂上临场应变能力。在测评量表初始题集中，研究者设置了诸多测试教学手段选取及课堂临场应变能力的题项。在量表修正之后，这两个题项符合当地中学体育教师群体的实际情况而得以保留下来。

这两个题项具体测试当地中学体育教师创造性教学的能力。教学有一般教学形式和特殊教学形式。通过一般教学形式，学生获得普适性的理论知识和技能，特殊教学形式却"强调具体教学内容和教学情境对教学活动的影响"[①]。中学体育教师通过普适性的教学方法帮助学生掌握体育动作、保健知识，但要让学生在体育课堂上发挥个性、享受乐趣、健全人格、锤炼意志，就必须发挥教师的创造性，将体育教学内容融入一定的教学情境，让学生在运动乐趣中得到锻炼。在具体教学手段上，要求当地中学体育教师借鉴、学习他人教学手段，合理选取课程资源，将现代教育教学技术手段如网络平台、多媒体、数码摄影等创造性地应用到体育课程中去。教学中的适时调整，是根据学生学习的情况做出针对性的临场应变，在应变中需要将常规的教学方法、手段临场进行重组。因此，从教学方法手段运用的角度来讲，这两个题在测试被试教学能力特质方面存有一定程度上的类同。

（四）模型第三次修正

在第二次修正的基础上，将 e_{45} 和 e_{47} 增列成共变关系，进行模型的第三次修正，经 AMOS26.0 检测之后，在非标准化参数中，7 个潜变量下属共 42 个显变量的误差项估计系数介于 0.331 至 16.577 之间，均为正数，提示模型没有违反模型基本适配度检验标准。模型的标准化参数，其结果如图 5-10。

1. 模型第三次修正之后的参数概要

结构方程模型经 AMOS 检验，从表 5-13、表 5-14、表 5-15 的数据可知，在增列 e_{45}<-->e_{47} 成共变关系之后，模型的适配度指标值继续朝着积极的方向发生变化，继续朝着好的指标范围靠近。SRMR 值达到了优秀的水平。虽然有 4 个增值适配指标还是未能达到优秀水平，但其中的 CFI、IFI、TLI 这 3 个增值适配指标已经十分接近优秀水平。"表 5-15"的"Modification Indices"（模型修正指标）中的信息提示第三次修正之后的模型仍存有修正的空间，反思与学习下属的第二题和第三题存有较大共变性。增列"e_{30}<-->e_{31}"成共变

---

① 金心红,徐学福. 教学研究中的领域一般与领域特殊之争[J]. 教育发展研究,2015,35(Z2): 83-89.

关系，能释放 57.123 个卡方值，且该变量期望值在修正指标共变关系前三位中最高。因此，考虑继续对模型进行修正。

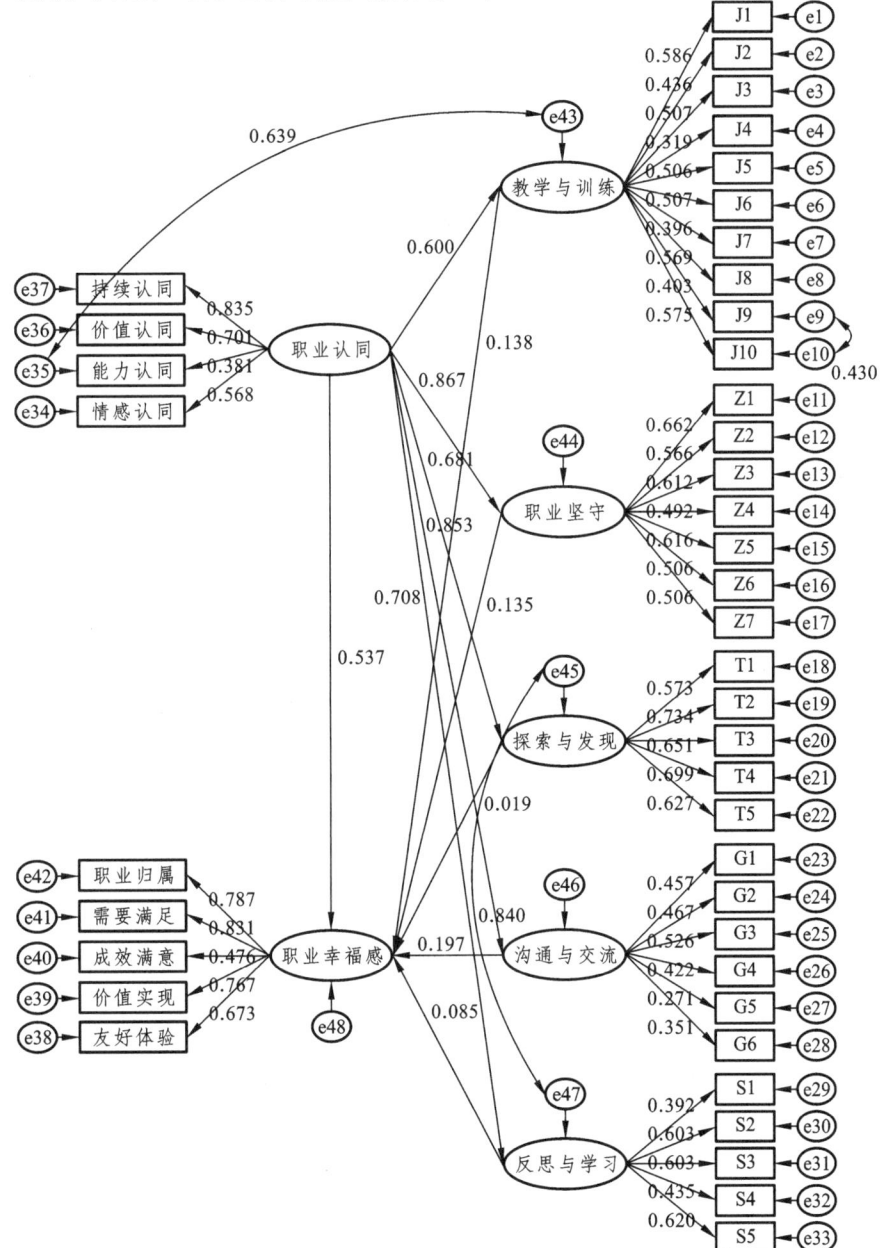

图 5-10　中介模型第三次修正后的验证结果图
Chi-square=1717.694（p=0.000）；DF=806；RMSEA=0.042

表 5-13 结构方程模型第三次修正的回归权重摘要

路径标签	路径指向	未标准化回归系数		标准化回归系数	
		系数值	P	系数值	P
a_1	教学与训练<---职业认同	0.237	0.000	0.600	0.000
a_2	职业坚守<---职业认同	0.461	0.000	0.867	0.000
a_3	探索与发现<---职业认同	0.328	0.000	0.681	0.000
a_4	沟通与交流<---职业认同	0.318	0.000	0.853	0.000
a_5	反思与学习<---职业认同	0.232	0.000	0.708	0.000
b_1	职业幸福感<---教学与训练	0.783	0.001	0.138	0.001
b_2	职业幸福感<---职业坚守	0.568	0.013	0.135	0.014
b_3	职业幸福感<---探索与发现	0.088	0.867	0.019	0.824
b_4	职业幸福感<---沟通与交流	1.183	0.002	0.197	0.003
b_5	职业幸福感<---反思与学习	0.58	0.227	0.085	0.218
c'	职业幸福感<---职业认同	1.198	0.001	0.537	0.000

表 5-14 结构方程模型第三次修正适配度摘要

拟合指标	GFI	AGFI	SRMR	RMSEA	NFI	CFI	IFI	TLI	χ^2/df
所测指标值	0.886	0.872	0.0469	0.042	0.819	0.895	0.895	0.887	2.131

表 5-15 结构方程模型第三次修正后高共变关系摘要

共变关系	Modification Indices	Par Change
e_{30}<-->e_{31}	57.123	-0.264
e_{30}<-->e_{32}	56.981	0.252
e_4<-->e_6	43.581	-0.153

2. 模型第三次修正的可能原因

"探索与发现"与"反思与学习"两者同属于胜任力量表,从维度层面来看,这两个变量的实质是贵州民族地区中学体育教师在教学岗位上学习新知识、在学习中探索思考的能力。虽然从两个维度的具体题项内容来看,探索与发现维度侧重于观察事物、搜索各种问题、解决问题,而反思与学习维度侧重于学习教学业务知识、提升体育教学能力。探索也是一种学习,而反思教学也是一种思考探索,从这个角度上来看,二者存有一定的同质性。

表5-16 探索与发现维度与反思与学习维度的具体题项

探索与发现	反思与学习
18 我经常参加一些体育教改课题的研究	29 我能在工作之余进行体育以外的知识学习
19 我经常将当地传统体育改编之后纳入体育课堂教学	30 我经常上网或是阅读书报获取体育教学的最新信息
20 我能根据自己工作的需要选择自己的学习内容	31 我积极参加中小学体育教师的各种再培训
21 我经常在一些报刊上发表体育类的论文	32 我经常观摩各种体育说课竞赛,且认真做好笔录
22 面对大量的信息,我知道哪些是我所需要的	33 我会反思每次上课的情况并及时改正和完善

(五)模型第四次修正

1. 模型第四次修正之后的参数概要

在第四次修正的基础上,将 e30 和 e31 增列成共变关系,进行模型的第四次修正,经 AMOS26.0 检测之后,在非标准化参数中,7 个潜变量下属共42 个显变量的误差项估计系数介于 0.331 至 16.561 之间,均为正数,提示模型没有违反模型基本适配度检验标准。模型的标准化参数,其结果如图5-11。

从表5-17、表5-18、表5-19 的数据可知,在增列"e30<-->e31"成共变关系之后,结构方程模型经 EMOS 检验,模型的适配度指标值达标的数量就发生了较大的变化。其中,CFI、IFI 两个指标已经达到了优秀水平,而且 TLI 非常靠近优秀水平了。加之 SRMR、RMSEA、卡方自由度比值,已经有 5 个适配度指标达到了优秀水平,可以说本次修正让中介模型的适配水平发生了质的改变。从表5-19 的"Modification Indices"(模型修正指标)中的信息来看,有 3 对高共变关系,模型还有进一步修正的空间,虽然"e_{30}<-->e_{32}"的修正指标略低于其他 2 对,但其期望参数改变量要远大于其他 2 对。兼顾一个大的修正指标与大的期望参数改变的原则,考虑增列"e_{30}<-->e_{32}"为共变关系,继续进行一次模型的修正。

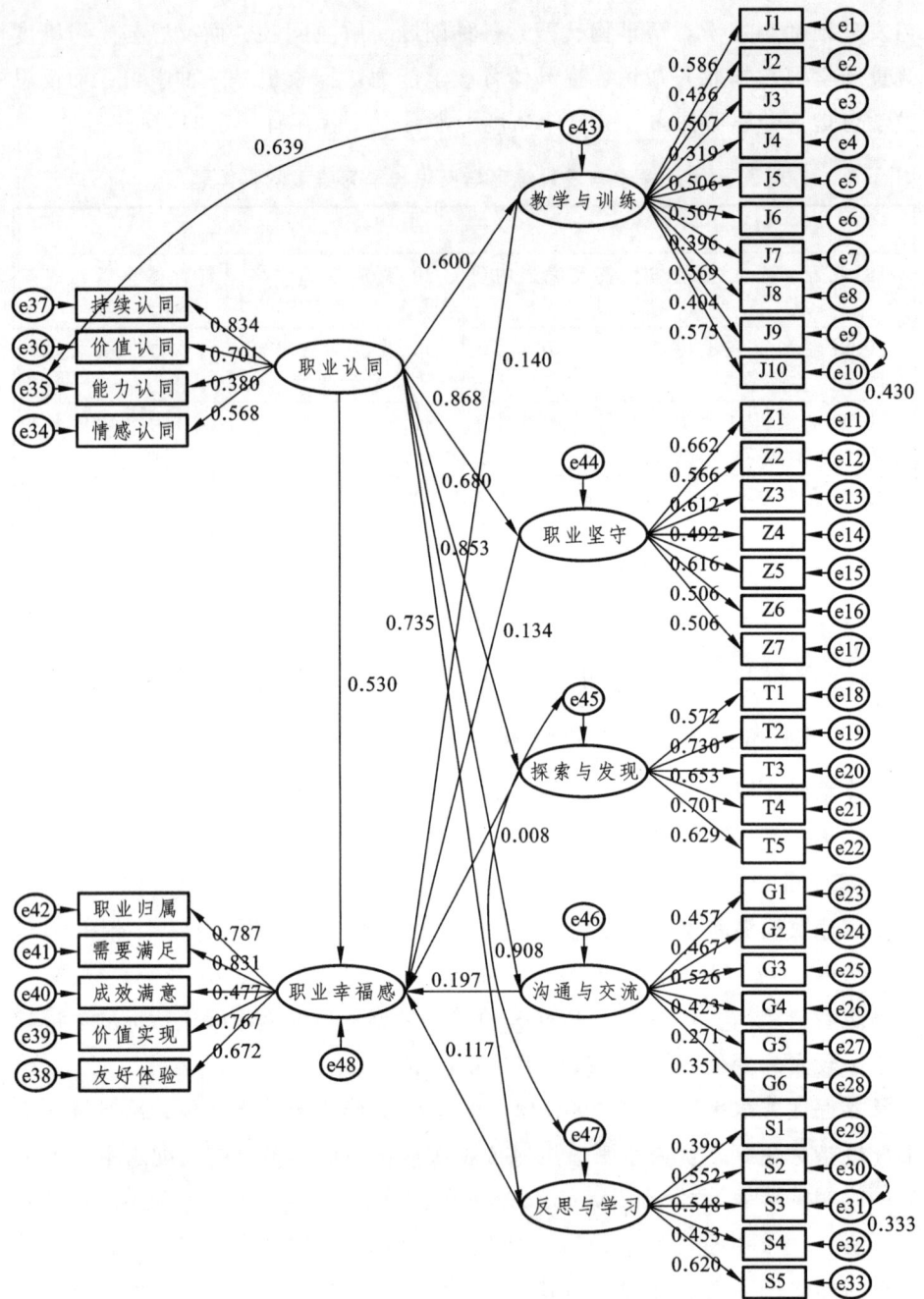

图 5-11 中介模型第四次修正后的验证结果图
Chi-square=1654.069（p=0.000）；DF=805；RMSEA=0.040

表 5-17 结构方程模型第四次修正的回归权重摘要

路径标签	路径指向	未标准化回归系数		标准化回归系数	
		系数值	P	系数值	P
a_1	教学与训练<---职业认同	0.236	0.000	0.600	0.000
a_2	职业坚守<---职业认同	0.461	0.000	0.868	0.000
a_3	探索与发现<---职业认同	0.327	0.000	0.680	0.000
a_4	沟通与交流<---职业认同	0.317	0.000	0.853	0.000
a_5	反思与学习<---职业认同	0.245	0.000	0.735	0.000
b_1	职业幸福感<---教学与训练	0.790	0.000	0.140	0.000
b_2	职业幸福感<---职业坚守	0.563	0.039	0.134	0.043
b_3	职业幸福感<---探索与发现	-0.037	0.851	-0.008	0.851
b_4	职业幸福感<---沟通与交流	1.181	0.005	0.197	0.005
b_5	职业幸福感<---反思与学习	0.778	0.189	0.117	0.202
c'	职业幸福感<---职业认同	1.181	0.019	0.530	0.021

表 5-18 结构方程模型第四次修正后的适配度摘要

拟合指标	GFI	AGFI	SRMR	RMSEA	NFI	CFI	IFI	TLI	χ^2/df
所测指标值	0.889	0.876	0.0463	0.040	0.826	0.902	0.902	0.895	2.055

表 5-19 结构方程模型第四次修正后高共变关系摘要

共变关系	Modification Indices	Par Change
e_{30}<-->e_{32}	40.733	-0.211
e_4<-->e_6	43.565	-0.153
e_{18}<-->e_{20}	42.725	-0.151

2. 模型第四次修正的可能原因

反思与学习维度的题项包含了贵州民族地区中学体育教师体育学科以外的素养知识学习、收集体育教学信息、通过在职培训提升教学能力、通过教学交流借鉴教学经验、积极进行教学反思。在本研究的中介模型中，第 30、31、32，这 3 个误差项对应的题项分别是 S_2、S_3、S_4，通过核查第二章胜任力测评量表修正后的正式稿，这 3 个题分别对应的是"我经常上网或是阅读书报获取体育教学的最新信息""我积极参加中小学体育教师的各种再培训"

"我经常观摩各种体育说课竞赛，且认真做好笔录"，题号编码是 30、31、32。这 3 个题项，内涵分别是看书上网提高教学能力、在职培训提高教学能力、教学交流提升教学能力。3 个题项，是从 3 个方面测评贵州民族地区中学体育教师提高自身教学水平采取的途径和措施，其实质是当地中学体育教师提高自身教学能力的行为。因此，这 3 个题目具有一定的同质性，引起了其测量误差之间的关联（见表5-20）。

表 5-20 反思与学习维度所测试的内涵

反思与学习	测评的具体内涵
29 我能在工作之余进行体育以外的知识学习	素养知识学习
30 我经常上网或是阅读书报获取体育教学的最新信息	收集教学信息
31 我积极参加中小学体育教师的各种再培训	通过再培训提升教学能力
32 我经常观摩各种体育说课竞赛，且认真做好笔录	通过教学交流形式进行教学借鉴
33 我会反思每次上课的情况并及时改正和完善	教学反思

（六）模型第五次修正

通过前四次的模型修正，已经有 5 个指标达到了优秀水平，在第四次修正的基础上，将 e_{30} 和 e_{32} 增列成共变关系，进行模型的第四次修正，经 AMOS26.0 检测之后，在给出的 9 个适配度指标中，有 5 个指标已经达到了优秀水平。但在模型第四次修正之后，我们分析了反思与学习维度所属的 30、31、32 这 3 个题项，在测试当地中学体育教师教学能力提高的途径方面，具有一定的同质性。因此，决定增列"e_{30}<-->e_{32}"成共变关系，进行第五次修正。在非标准化参数中，7 个潜变量下属共 42 个显变量的误差项估计系数介于 0.331 至 16.555 之间，均为正数，提示模型没有违反模型基本适配度检验标准。模型的标准化参数，其结果如图5-12。

由表 5-21、表 5-22 可知，在经过 5 次修正之后，结构方程模型的适配度指标较第四次修正结果有了进一步的改善。SRMR、RMSEA、CFI、IFI、TLI、卡方自由度比值，这 6 个指标达到了优秀水平，GFI 值非常接近优秀水平。说明 5 次模型修正极大地改善了模型的适配状况。模型第五次修正的可能原因在第四次修正之后进行了分析，在此不再赘述。

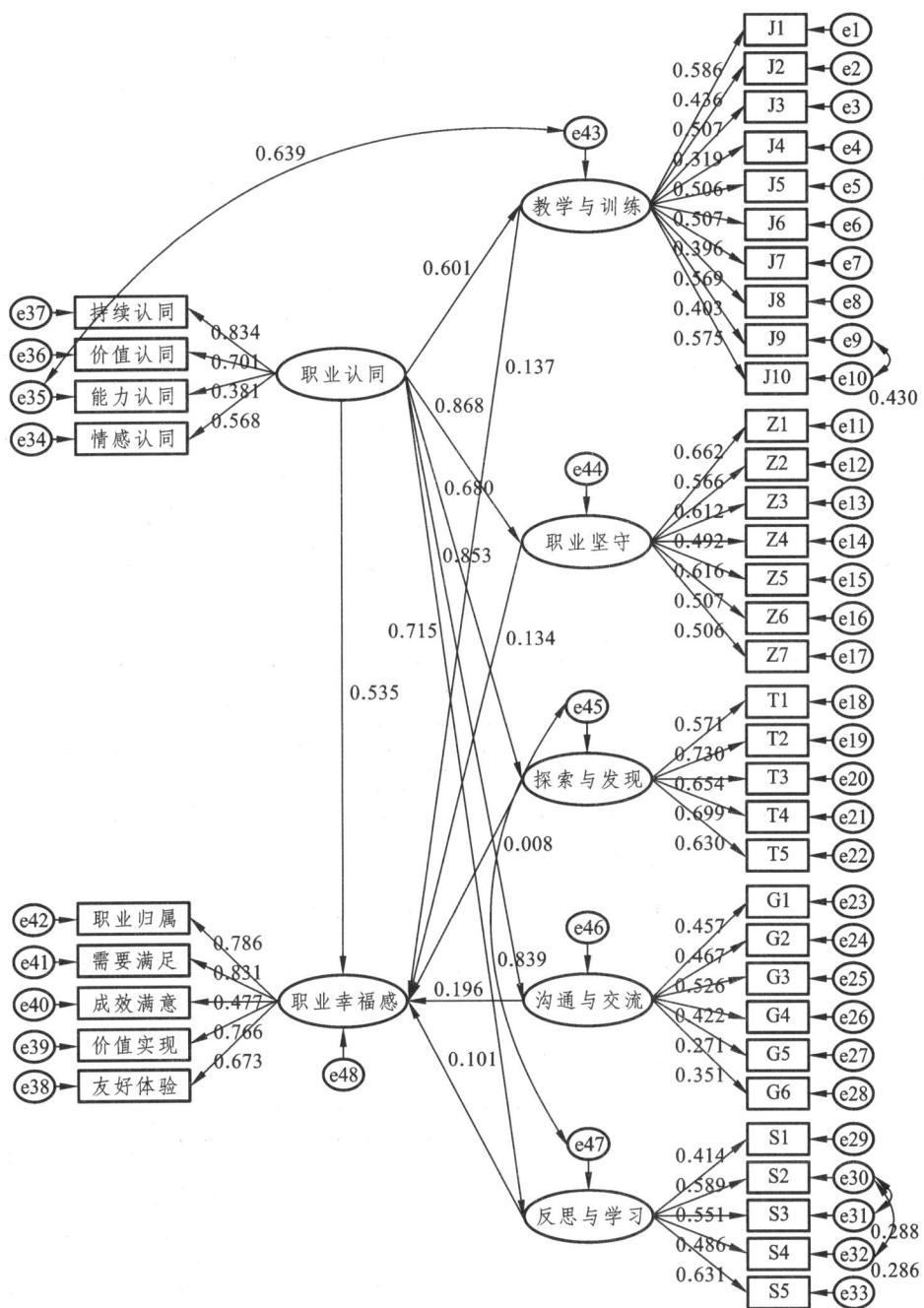

图 5-12 中介模型第五次修正后的验证结果图
Chi-square=1606.764（p=0.000）; DF=804; RMSEA=0.039

表 5-21 结构方程模型第五次修正的回归权重摘要

路径标签	路径指向	未标准化回归系数 系数值	P	标准化回归系数 系数值	P
a_1	教学与训练<---职业认同	0.236	0.000	0.601	0.000
a_2	职业坚守<---职业认同	0.461	0.000	0.868	0.000
a_3	探索与发现<---职业认同	0.327	0.000	0.680	0.000
a_4	沟通与交流<---职业认同	0.317	0.000	0.853	0.000
a_5	反思与学习<---职业认同	0.247	0.000	0.715	0.000
b_1	职业幸福感<---教学与训练	0.779	0.001	0.137	0.001
b_2	职业幸福感<---职业坚守	0.562	0.016	0.134	0.018
b_3	职业幸福感<---探索与发现	0.038	0.940	0.008	0.941
b_4	职业幸福感<---沟通与交流	1.177	0.002	0.196	0.003
b_5	职业幸福感<---反思与学习	0.651	0.155	0.101	0.161
c'	职业幸福感<---职业认同	1.194	0.001	0.535	0.001

表 5-22 结构方程模型第五次修正后的适配度摘要

拟合指标	GFI	AGFI	SRMR	RMSEA	NFI	CFI	IFI	TLI	χ^2/df
所测指标值	0.892	0.879	0.0457	0.039	0.832	0.907	0.908	0.901	1.998

（七）模型修正前后的对比

为了直白地呈现出 5 次修正后各指标的改变量，在此将中介效应结构方程模型中的标准化回归系数（路径系数）、模型适配度指标进行修正前后的对比，如表 5-23、表 5-24。因此，整体而言，从主要适配度指标来看，经过 5 次修正后的模型整体适配度良好。

表 5-23 结构方程模型修正前后的标准化回归权重的对比

路径标签	路径指向	初始模型标准化回归系数 系数值	P	第五次修正之后模型标准化回归系数 系数值	P
a_1	教学与训练<---职业认同	0.630	0.000	0.601	0.000
a_2	职业坚守<---职业认同	0.848	0.000	0.868	0.000
a_3	探索与发现<---职业认同	0.737	0.000	0.680	0.000

续表

路径标签	路径指向	初始模型标准化回归系数		第五次修正之后模型标准化回归系数	
		系数值	P	系数值	P
a_4	沟通与交流<---职业认同	0.848	0.000	0.853	0.000
a_5	反思与学习<---职业认同	0.775	0.000	0.715	0.000
b_1	职业幸福感<---教学与训练	0.099	0.003	0.137	0.001
b_2	职业幸福感<---职业坚守	0.153	0.001	0.134	0.018
b_3	职业幸福感<---探索与发现	0.000	0.969	0.008	0.941
b_4	职业幸福感<---沟通与交流	0.197	0.002	0.196	0.003
b_5	职业幸福感<---反思与学习	-0.008	0.837	0.101	0.161
c'	职业幸福感<---职业认同	0.629	0.000	0.535	0.001

表 5-24 结构方程模型修正前后的适配度对比

拟合指标	GFI	AGFI	SRMR	RMSEA	NFI	CFI	IFI	TLI	x^2/df
初始模型	0.857	0.840	0.0574	0.052	0.768	0.839	0.840	0.828	2.725
第五次修正模型	0.892	0.879	0.0457	0.039	0.832	0.907	0.908	0.901	1.998
优秀指标值范围	>0.90	>0.90	<0.05	≤0.05	>0.9	>0.9	>0.9	>0.9	1~3
可接受值的范围	≥0.80	≥0.80	≤0.10	<0.08	>0.8	>0.8	>0.8	>0.8	<5

根据第五次模型修正验证输出结果"Modification Indices"中的提示，虽然在第五次修正之后，仍然有些误差变量之间的关系可以调整为共变关系，从而进一步释放卡方值，完善模型的适配度。说明第五次修正后的模型还有一定的修正空间。但不能忽视，结构方程模型在第五次修正后的路径验证图（图 5-12）中，模型的各路径系数结果显示胜任力下属的"职业坚守"对职业认同的路径系数从初始模型中的 0.85 升到了 0.87。方程模型中，各变量的路径系数不能超过或者非常接近 1，其上限为 0.95，更严谨的考虑是不能超过 0.9[1]。研究者在理论指导下建构模型，之后再参考适配度系数来斟酌模型的合理性，在有合理解释的情况下，可以对模型进行多次修正，但不是一味地根

---

[1] BYME B M. Structural equation modeling with AMOS: basic concepts, applications and programming[M]. New Jersey: Lawrence Erlbaum Associates, 2001: 53.

据适配度来调整模型，这样才是科学进步的本意[①]。这提示作者，在模型修正时，不能完全依据 AMOS 提供的修正指标来修改模型，而是尽早摆脱以数据为导向的模型修正，"兼顾理论建构与实际意义"，同时在修正模型时尤其要注意"不要让一个可以识别的模型"经过修正反而"变成一个无法识别的模型"[②]。这是本研究在第五次模型修正后，即停止修正的主要原因。

三、本研究模型修正的讨论

本研究采用 3 套测评量表，分别调查了贵州民族地区中学体育教师职业认同、胜任力、职业幸福感，三个变量及其下属各维度之间的相关性均具有高度显著性。前面提到，国内有文献在 GFI、AGFI、NFI、CFI、IFI、TLI，这几个指标值同时达到 0.7 就认为被验证模型可以被接受。从这个角度来看，本研究胜任力的中介模型在第二次修正后，其适配度就可以接受。本研究所采用的 3 套测评工具，其下属各维度在测评当地中学体育教师职业心理方面具有一定的同质性。在胜任力中介作用的结构方程模型分析过程中，根据检验结果提示，模型有较大的修正空间。在初始模型检验之后，本研究根据检验结果提示，进行了前后共 5 次的修正，每一次的修正，都对指标存有共变关系的可能原因进行了简要分析。在此，对这 5 次修正中，各共变关系的可能原因进行一次总结，见表 5-25。

表 5-25　5 次模型修正中，各共变关系的可能原因总结

共变关系残差对应的变量	可能原因
能力认同<-->教学与训练	被试的能力认知倾向于体育教学与训练方面，在被问及能力时，其首先想到的是教学与训练能力
J_9<-->J_{10}	两个题项在测评当地中学体育教师课堂灵活运用教学方法、手段方面存有同质性
探索与发现<-->反思与学习	两个维度在测评当地中学体育教师发现问题、学习新知识方面存有同质性
S_2<-->S_3	两个题项在测评当地中学体育教师提高自身教学能力方面存有同质性
S_2<-->S_4	两个题项在测评当地中学体育教师提高自身教学能力方面存有同质性

[①] BAGOZZI R P, YI Y. On the evaluation of structural equation models[J]. Academic of marketing science, 1988 (16): 76-94.

[②] 吴明隆. 结构方程模型: AMOS 操作与应用[M]. 2 版. 重庆: 重庆大学出版社, 2010: 159-160.

之所以在第二次修正之后，本研究还继续进行修正，其主要目的是考虑真实地呈现各变量在模型中的作用。笔者在与从事心理学领域研究的 5 位专家的交谈中发现，对模型的修正问题，有不同的声音。有人提出，模型的验证不需要修正，甚至有人认为修正模型其实是"违反了残差独立"，所以建议不要修正。也有专家认为，由于模型涉及自变量、因变量、中介变量，几个变量本来就要求有一定的相关性，如有必要，应该予以修正。

一般认为测量误差之间是彼此独立的，即"残差独立"。但在结构方程模型中，各指标的测量误差独立其实本就是一种基本假设，而实际调查统计中，这种测量误差彼此不独立，几乎无可避免。吴明隆教授在查阅大量的文献之后总结道："在 SEM 测量模型修正中，允许测量误差间有共变关系并不违反 SEM 的假定。"[①]如果出现测量误差相关，其原因在于：① 存有共变关系的变量可能测量的是调查对象某些相似的特质；② 调查数据存有系统反映偏差，如被调查对象填答问卷时有社会赞许效应，没有按其本意填答问卷；③ 如果整个结构方程模型的验证适配度不是上佳状态，需要修正，那么可能原因是变量间非直线性关系，缺失值太多，且有序列误差。通常来讲，结构方程模型的修正主要对方程的内在序列误差进行处理，通常就是将有共变关系的变量进行连接。针对初始模型的实际情况，对其进行修改或调整进而提高模型的适配度。但，修正之后的模型必须具备合理性、明确性、可解释性，同时在修正结构方程模型之后，必须对修正的可能原因予以陈述。

本研究根据过往文献的信息，建构了贵州民族地区中学体育教师胜任力在职业认同与职业幸福感之间可能起到中介作用的先验模型。在模型修正的每一步，均对修正的可能原因进行了分析。从总体上来看，本次检验，初始模型适配度不太理想，但借助 AMOS26.0 软件进行 5 次修正之后，模型能够与 651 个样本数据实现良好的契合。通过这 5 次模型的修正，每一次修正结果都清晰、具体地呈现出来，为读者提供了贵州民族地区中学体育教师胜任力在其职业认同和职业幸福感之间的中介机制。经修正之后的模型，成为分析贵州民族地区中学体育教师胜任力在其职业认同和职业幸福感之间所起中介效应的模型，其适配度良好，其中的路径关系及系数明确、具体，以此为基础后续将进行胜任力中介效应检验。

---

① 吴明隆. 结构方程模型：AMOS 操作与应用[M]. 2 版. 重庆：重庆大学出版社，2010：232.

四、基于结构方程模型的胜任力中介效应检验

在前文中,我们搭建了贵州民族地区中学体育教师胜任力下属 5 个维度在职业认同与职业幸福感之间的平行多重中介模型,经过检验与修正,模型的适配度良好。而课题关注的重点是这 5 个维度在职业认同与职业幸福感之间是否具有中介作用,如有中介作用,那么其具体机制是什么。中介模型的搭建、检验、修正,其目的就是借助模型为我们提供各潜在变量之间具体的路径系数,为我们进行胜任力中介效应的量化计算提供具体数据。接下来,将根据胜任力中介模型中的具体数据计算胜任力具体的中介效应。

根据本章第一节中的验证思路及先验模型中的路径假设,接下来通过数据计算验证如下假设。

当 $a_1b_1 + a_2b_2 + a_3b_3 + a_4b_4 + a_5b_5$ 显著,则贵州民族地区中学体育教师胜任力的总中介效应显著。

当 a_1b_1、a_2b_2、a_3b_3、a_4b_4、a_5b_5 分别显著,那么贵州民族地区中学体育教师教学与训练、职业坚守、探索与发现、沟通与交流、反思与学习这 5 个维度各自的中介效应显著。反之,则没有中介效应。

当 c' 显著,且 $a_1b_1 + a_2b_2 + a_3b_3 + a_4b_4 + a_5b_5$ 也显著,那么胜任力 5 个维度在职业认同和职业幸福感之间起着不完全中介效应。

当 c' 不显著,而 $a_1b_1 + a_2b_2 + a_3b_3 + a_4b_4 + a_5b_5$ 显著,那么胜任力 5 个维度在职业认同和职业幸福感之间起着完全中介效应。

为了对比胜任力 5 个维度各自中介效应的大小,则进行 a_1b_1、a_2b_2、a_3b_3、a_4b_4、a_5b_5 两两之间的差距验证。

第 5 次修正的模型经 AMOS26.0 检验之后,在输出窗口(Amos output)中,"Estimates"下属的"Regression Weights""Standardized Regression Weights",可以分别看到 a_1、a_2、a_3、a_4、a_5、b_1、b_2、b_3、b_4、b_5、c' 的未标准化系数和标准化系数、95%置信区间的上下限值和系数的显著性。这里直译过来称为回归权重或回归系数,结构方程模型是一种潜变量的路径分析,潜变量之间的标准化回归系数也称为路径系数。在结构方程模型第五次修正的回归权重中,我们可以看到各条路径的未标准化回归系数、标准化回归系数(见表 5-22)。第 5 次修正之后的模型,其中未标准化回归系数和标准化回归系数(路径系数)及显著性清晰具体地呈现在表 5-26 中。

表 5-26 结构方程模型第五次修正之后的回归系数

路径标签	路径指向	未标准化回归系数		标准化回归系数	
		系数值	P	系数值	P
a_1	教学与训练<---职业认同	0.236	0.000	0.601	0.000
a_2	职业坚守<---职业认同	0.461	0.000	0.868	0.000
a_3	探索与发现<---职业认同	0.327	0.000	0.680	0.000
a_4	沟通与交流<---职业认同	0.317	0.000	0.853	0.000
a_5	反思与学习<---职业认同	0.247	0.000	0.715	0.000
b_1	职业幸福感<---教学与训练	0.779	0.001	0.137	0.001
b_2	职业幸福感<---职业坚守	0.562	0.016	0.134	0.018
b_3	职业幸福感<---探索与发现	0.038	0.940	0.008	0.941
b_4	职业幸福感<---沟通与交流	1.177	0.002	0.196	0.003
b_5	职业幸福感<---反思与学习	0.651	0.155	0.101	0.161
c'	职业幸福感<---职业认同	1.194	0.001	0.535	0.001

表 5-26 中,回归系数的未标准化数值为 $a_1=0.236$、$a_2=0.461$、$a_3=0.327$、$a_4=0.317$、$a_5=0.247$,$b_1=0.779$、$b_2=0.562$、$b_3=0.038$、$b_4=1.177$、$b_5=0.651$、$c'=1.194$,标准化数值为 $a_1=0.601$、$a_2=0.868$、$a_3=0.680$、$a_4=0.853$、$a_5=0.715$,$b_1=0.137$、$b_2=0.134$、$b_3=0.008$、$b_4=0.196$、$b_5=0.101$、$c'=0.535$。通过 Bootstrap 估计之后,系统给出了这些系数的显著性。可以看到,探索与发现对职业幸福感、反思与学习对职业幸福感这 2 条路径系数没有显著性(P>0.05)。同时,在"Matrices"处可以看到胜任力下属 5 个维度中介效应总和的非标化值和标准化值及相应的显著性,还能查询到总效应 c 的非标准化值和标准化值及相应的显著性,如表 5-27。

表 5-27 职业认同与胜任力下属 5 个变量对职业幸福感的效应概要

效应名称	未标准化值		标准化值	
	值	P	值	P
胜任力下属 5 个变量中介效应总和	0.990	0.005	0.444	0.005
职业认同对职业幸福感的直接效应	1.194	0.001	0.535	0.001
总效应（c）	2.184	0.000	0.979	0.000

从表 5-27 的信息可知，胜任力下属 5 个维度中介效应总和的标准化值为 0.444，职业认同对职业幸福感的直接效应 c' 的标准化值为 0.535，总效应 c 的值为 0.979，3 个数值均具有高度显著性。$c \neq 0$，且显著；$c' \neq 0$，且显著；$a_1b_1 + a_2b_2 + a_3b_3 + a_4b_4 + a_5b_5 \neq 0$，且显著。因此，可以确定贵州民族地区中学体育教师胜任力在职业认同影响职业幸福感的过程中具有不完全的中介效应。但是，贵州民族地区中学体育教师胜任力在职业认同影响职业幸福感过程中的具体中介机制是本课题需要求证的重点问题，这要求继续探寻胜任力下属 5 个维度在职业认同影响职业幸福感的过程中具体的中介机制。

对于胜任力下属的 5 个维度，可以借助系数乘积的方法手动计算出 5 个平行中介变量各自中介效应的未标准化值（$a_1b_1 = 0.184$、$a_2b_2 = 0.259$、$a_3b_3 = 0.012$、$a_4b_4 = 0.373$、$a_5b_5 = 0.161$）和标准化值（$a_1b_1 = 0.083$、$a_2b_2 = 0.116$、$a_3b_3 = 0.005$、$a_4b_4 = 0.167$、$a_5b_5 = 0.072$）。但结构方程模型检验不能直接提供这 5 个中介变量各自中介效应的对比情况及其显著性。为了解决这个问题，本研究借助 AMOS26.0 统计软件包编写命令来实现。

在 AMOS26.0 的"define new estimands"进行命令语法输入，由于 AMOS26.0 统计软件不能识别 c'，因此将职业认同指向职业幸福感的回归权重命名为"cplus"。函数命令界定了胜任力下属 5 个变量的中介效应及总和，职业认同直接效应，职业认同与胜任力下属 5 个变量对职业幸福感效应的总和，胜任力下属 5 个变量各自的中介效应在总中介效应中的份额，5 个变量各自中介效应两两之间的差额。为了能够同时输出各效应指标的非标准化值和标准化值，本研究编辑了计算非标准化值和标准化值的函数命令。图 5-13 是非标准化函数命令，表 5-28 是命令的注解。图 5-14 是标准化函数命令，表 5-29 是命令的注解。

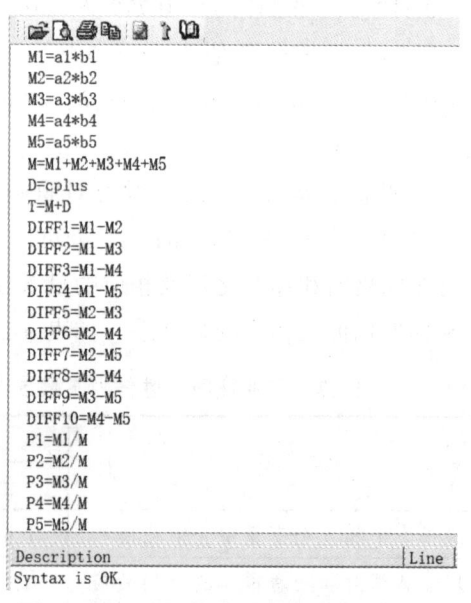

图 5-13　函数命令编辑
（各种效应的非标准化值）截图

表 5-28 函数命令中各效应指标非标准化值的注解

效应指标	注解	效应指标	注解
M1	教学与训练中介效应	DIFF5	职业坚守中介效应减探索与发现中介效应
M2	职业坚守中介效应	DIFF6	职业坚守中介效应减沟通与交流中介效应
M3	探索与发现中介效应	DIFF7	职业坚守中介效应减反思与学习中介效应
M4	沟通与交流中介效应	DIFF8	探索与发现中介效应减沟通与交流中介效应
M5	反思与学习中介效应	DIFF9	探索与发现中介效应减反思与学习中介效应
M	总中介效应	DIFF10	沟通与交流中介效应减反思与学习中介效应
D	职业认同对职业幸福感的直接效应	P1	教学与训练占总中介效应比值
T	总效应	P2	职业坚守占总中介效应比值
DIFF1	教学与训练中介效应减职业坚守中介效应	P3	探索与发现占总中介效应比值
DIFF2	教学与训练中介效应减探索与发现中介效应	P4	沟通与交流占总中介效应比值
DIFF3	教学与训练中介效应减沟通与交流中介效应	P5	反思与学习占总中介效应比值
DIFF4	教学与训练中介效应减反思与学习中介效应		

```
STDa1=E.StandardizedDirectEffect(F2,F1)
STDb1=E.StandardizedDirectEffect(F7,F2)
STDa2=E.StandardizedDirectEffect(F3,F1)
STDb2=E.StandardizedDirectEffect(F7,F3)
STDa3=E.StandardizedDirectEffect(F4,F1)
STDb3=E.StandardizedDirectEffect(F7,F4)
STDa4=E.StandardizedDirectEffect(F5,F1)
STDb4=E.StandardizedDirectEffect(F7,F5)
STDa5=E.StandardizedDirectEffect(F6,F1)
STDb5=E.StandardizedDirectEffect(F7,F6)
STD1=STDa1*STDb1
STD2=STDa2*STDb2
STD3=STDa3*STDb3
STD4=STDa4*STDb4
STD5=STDa5*STDb5
STDITD=STD1+STD2+STD3+STD4+STD5
STDD=E.StandardizedDirectEffect(F7,F1)
STDT=STDITD+STDD

Description                              | Line
Syntax is OK.
```

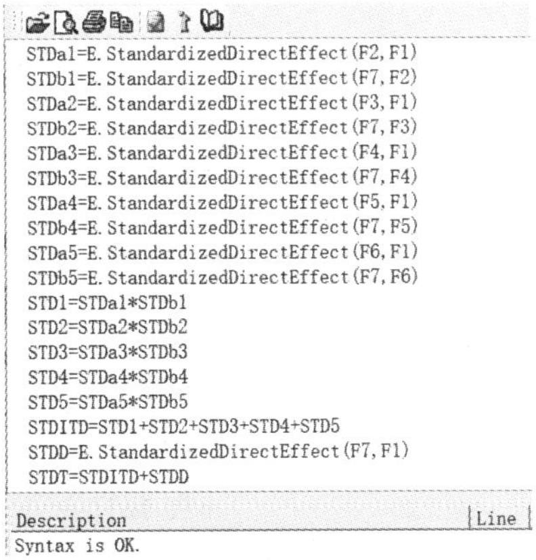

图 5-14 函数命令编辑（各种效应的标准化值）截图

表 5-29　函数命令中各效应指标标准化值的注解

效应指标	注解	效应指标	注解
F1	职业认同	STD2	职业坚守中介效应标准化值
F2	教学与训练	STD3	探索与发现中介效应标准化值
F3	职业坚守	STD4	沟通与交流中介效应标准化值
F4	探索与发现	STD5	反思与学习中介效应标准化值
F5	沟通与交流	STDITD	总中介效应标准化值
F6	反思与学习	STDD	职业认同对职业幸福感直接效应的标准化值
F7	职业幸福感	STDT	总效应的标准化值
STD1	教学与训练中介效应标准化值		

函数命令设置好之后，将整个函数命令命名为"多重中介变量脚本"，之后予以保存供后续统计使用。打开 AMOS26.0 界面，打开"Analysis properties"，点击"output"模块，在"Estimation"中选择"maximum likelihood"，即采用极大似然法估计各系数值。在"output"处勾选"standardized estimate""Modification Indices""indirect, direct & total effect"。继而在"Bootstrap"模块中，在"Number of bootstrap samples"中输入"5000"，这样的设置使抽样推断更加稳健，在"PC confidence level""BC confidence level"处均设置"95"。点击确定，之后输出结果。在"Estimates"下的"Scalars"处就可以看到"多重中介变量脚本"，点开之后，结果便一目了然（见表5-30）。

表 5-30　多重中介变量脚本的输出结果

效应/指标	未标准化		标准化	
	估计值	P	估计值	P
教学与训练中介效应	0.184	0.000	0.083	0.000
职业坚守中介效应	0.259	0.016	0.116	0.016
探索与发现中介效应	0.013	0.941	0.006	0.939
沟通与交流中介效应	0.374	0.002	0.167	0.002
反思与学习中介效应	0.161	0.151	0.072	0.153
总中介效应	0.990	0.005	0.444	0.005

续表

效应/指标	未标准化		标准化	
	估计值	P	估计值	P
职业认同对职业幸福感的直接效应	1.194	0.001	0.535	0.001
总效应	2.184	0.000	0.979	0.000
教学与训练占总中介效应比值	0.186	0.005		
职业坚守占总中介效应比值	0.261	0.015		
探索与发现占总中介效应比值	0.013	0.933		
沟通与交流占总中介效应比值	0.377	0.006		
反思与学习占总中介效应比值	0.162	0.154		
教学与训练中介效应减职业坚守中介效应	-0.075	0.479		
教学与训练中介效应减探索与发现中介效应	0.172	0.106		
教学与训练中介效应减沟通与交流中介效应	-0.189	0.089		
教学与训练中介效应减反思与学习中介效应	0.023	0.859		
职业坚守中介效应减探索与发现中介效应	0.246	0.085		
职业坚守中介效应减沟通与交流中介效应	-0.115	0.472		
职业坚守中介效应减反思与学习中介效应	0.098	0.576		
探索与发现中介效应减沟通与交流中介效应	-0.361	0.025		
探索与发现中介效应减反思与学习中介效应	-0.148	0.445		
沟通与交流中介效应减反思与学习中介效应	0.213	0.214		

要清晰地理解表5-30中的数据，须结合图5-13、图5-14中函数命令的含义。由于本研究所用的各变量数据没有量纲上的差异，故职业认同对职业幸福感的直接效应和胜任力下属5个变量各自的中介效应，其显著性概率值一致或者非常接近。因此，胜任力下属5个变量各自中介效应占总中介效应的比值及各变量中介效应的差值，其非标准化值的显著性能够代表标准化值的显著性。总体来看，总中介效应的标准化值为0.444，95%置信区间检验显著。同时直接效应标准化值为0.535，经检验显著。总效应标准化值为0.979，经检验显著。具体来看，胜任力下属5个维度的中介效应标准化值，从大到小依次为0.167（沟通与交流），0.116（职业坚守），0.083（教学与训练），0.072（反思与学习），0.006（探索与发现）。从显著性来看，探索与发现、反思与学

习这两个变量的中介效应不显著。教学与训练、职业坚守、沟通与交流的中介效应显著。

  胜任力下属 5 个变量各自的中介效应占总中介效应的比值中，探索与发现、反思与学习的占比不显著，而教学与训练、职业坚守、沟通与交流各自的中介效应与总效应的比值具有显著性意义。5 个中介变量，两两之间的中介效应相比较的检验，只有探索与发现减沟通与交流的差值的 95%置信区间具有显著性。除此之外，其他两两间的中介效应差值没有显著性，提示教学与训练、职业坚守、沟通与交流、反思与学习的中介效应之间的差距不明显。在表 5-30 中，从各变量中介效应的显著性，以及各变量中介效应在总中介效应中的占比份额显著性来看，5 个平行中介变量在胜任力整体上的中介效应中，重要性的先后顺序为：教学与训练、沟通与交流、职业坚守、反思与学习、探索与发现。但从 5 个中介变量的中介效应数值及其在总中介效应的比值来看，5 个平行中介变量在胜任力整体上的中介效应中，重要性的先后顺序为：沟通与交流、职业坚守、教学与训练、反思与学习、探索与发现。

  通过 AMOS26.0 软件的统计验证得到：

$c \neq 0$，且显著；

$c' \neq 0$，且显著；

$a_1b_1 + a_2b_2 + a_3b_3 + a_4b_4 + a_5b_5 \neq 0$，且显著；

$a_1b_1 \neq 0$，且显著；

$a_2b_2 \neq 0$，且显著；

$a_3b_3 \neq 0$，但不显著；

$a_4b_4 \neq 0$，且显著；

$a_5b_5 \neq 0$，但不显著。

  由此可以确定，AMOS 中介效应检验结果显示，在本章第一节的 6 个假设中，假设 4、假设 6 不成立。而假设 1、假设 2、假设 3、假设 5 成立。

  因 $a_1b_1 + a_2b_2 + a_3b_3 + a_4b_4 + a_5b_5 \neq 0$，且显著，故贵州民族地区中学体育教师胜任力在职业认同和职业幸福感之间所起的总中介效应显著。

  因 $a_1b_1 \neq 0$，且显著，故贵州民族地区中学体育教师教学与训练在职业认同和职业幸福感之间所起的中介效应显著。

  因 $a_2b_2 \neq 0$，且显著，故贵州民族地区中学体育教师职业坚守在职业认同和职业幸福感之间所起的中介效应显著。

因 $a_3b_3 \neq 0$，但不显著，故贵州民族地区中学体育教师探索与发现在职业认同和职业幸福感之间所起的中介效应不显著。

因 $a_4b_4 \neq 0$，且显著，故贵州民族地区中学体育教师沟通与交流在职业认同和职业幸福感之间所起的中介效应显著。

因 $a_5b_5 \neq 0$，但不显著，故贵州民族地区中学体育教师反思与交流在职业认同和职业幸福感之间所起的中介效应不显著。

因 $c' \neq 0$，且显著，故贵州民族地区中学体育教师职业认同在胜任力介入下，对职业幸福感预测作用显著。同时，$a_1b_1 + a_2b_2 + a_3b_3 + a_4b_4 + a_5b_5 \neq 0$，且总中介效应显著，故贵州民族地区中学体育教师胜任力在职业认同和职业幸福感之间所起的总中介效应是一种不完全中介效应。

从本章表 5-1 数据可知，探索与发现、反思与学习两个维度的相关性为 0.647，为胜任力下属 5 个维度中各维度之间关系的最高相关性。这两个维度指代的都是不断探索思考，其实质都是学习。从题项内容来看，探索与发现侧重于观察事物、解决问题、发现资源，而反思与学习侧重于学习教学业务知识、提升教学能力。二者相关系数相应地较高（0.647），也是二者之间关系的真实反映。二者在贵州民族地区中学体育教师职业认同影响职业幸福感的路径中的中介效应均为不显著，这样的检验结果与二者较高相关性的情况吻合，这也从另一个角度说明了课题第四次调查数据的合理性。

总之，贵州民族地区中学体育教师胜任力在职业认同影响职业幸福感的路径中起到不完全的中介作用，本书第一章（绪论）中的"假设 3"获得验证。胜任力下属的沟通与交流、职业坚守、教学与训练在贵州民族地区中学体育教师职业认同影响职业幸福感的路径中具有显著的中介作用。从显著性来看，依次为教学与训练、沟通与交流、职业坚守。从中介作用值的大小来看，沟通与交流的作用最大，其次为职业坚守，再次为教学与训练。

第三节 本章小结

基于本研究第 4 次调查获得的数据，本课题采用 AMOS26.0 软件对贵州民族地区中学体育教师胜任力在职业认同影响职业幸福感过程中的中介作用进行了检验，从而确证了贵州民族地区中学体育教师胜任力在职业认同影响职业幸福感的过程中，起到了部分中介作用。胜任力内部的 5 个维度在这一过程中的中介效应呈现出不同态势，探索与发现、反思与学习在这一过程中的中介效应不显著。另外 3 个维度各自的中介效应显著。在这一过程中，具有显著中介作用的 3 个维度，其重要性也不同，从中介作用的显著性来看，依次为教学与训练、沟通与交流、职业坚守。从中介作用数值的大小来看，沟通与交流的作用最大，其次为职业坚守，再次为教学与训练。

通过本章的求证，可以确定，贵州民族地区中学体育教师胜任力在其职业认同影响职业幸福感过程中存在部分中介作用。

第六章 贵州民族地区中学体育教师胜任力在职业认同与职业幸福感之间的调节作用

在前述章节的研究中，贵州民族地区中学体育教师胜任力在其职业认同和职业幸福感之间的中介作用，已经由 AMOS26.0 进行中介效应分析并获得了验证，贵州民族地区中学体育教师胜任力在职业认同影响职业幸福感的过程中具有部分中介作用。职业认同、胜任力和职业幸福感 3 个量表分别有 4、5、5 个维度，那么事先建构的中介模型中，3 个量表作为潜变量进入分析过程，潜变量作为一级指标，而 3 个量表下属的几个维度作为二级指标。经检验，先验性的中介模型获得了 AMOS26.0 软件的验证。课题组事先提出的贵州民族地区中学体育教师胜任力在其职业认同和职业幸福感之间具有中介作用这一假设成立。对于给定的自变量和因变量，有的变量做中介变量和调节变量都是合适的，都可以从理论上给予解释[1]。多数情况下，在两个变量之间起着中介作用的变量，很可能也起到调节作用。因此，本章将检验贵州民族地区中学体育教师胜任力在职业认同影响其职业幸福感的关系中是否存有调节作用。

第一节 研究思路与方法

自变量 X 对因变量 Y 能够直接产生影响，但如果这种影响的大小可以随着介入的第三变量 M 的变化而发生变化，那么变量 M 就是调节变量。比如学生运动员要参加竞赛，那么就要进行科学合理的赛前运动训练，训练对其运动成绩有直接的促进作用，但这种作用的大小会受学生训练态度的影响，如运动员态度积极，能保质保量完成训练任务，其运动成绩就会得到大幅提高。若其训练态度消极，那么运动成绩就会大打折扣。如果变量 Y 与变量 X 的关

---

[1] 温忠麟,侯杰泰,张雷. 调节效应与中介效应的比较和应用[J]. 心理学报,2005(2):268-274.

系是变量 M 的函数，则 M 就为调节变量[①]。这里的运动训练就是自变量 X，运动成绩是因变量 Y，训练态度就是调节变量 M。

前面第五章的中介变量，是第三方变量介入到自变量和因变量间后，自变量可以通过第三方变量与因变量发生联系，即中介变量介入到自变量与因变量间，原来单纯的由自变量对因变量的影响效应，有一部分或者全部要经过中介变量而发生。但在前面的举例中，训练态度（M）在训练（X）和运动成绩（Y）之间起到的作用就是调节效应。训练可以不需要经过第三方因素的介入就会直接提升运动成绩，但提升的幅度会受到训练态度的影响而有所不同。

一、调节效应

有调节变量的模型一般可以用图 6-1（在数据中心化的前提下）来表示[②]。

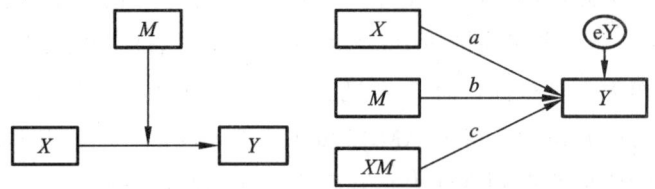

图 6-1　调节效应的概念模型与统计模型

上图是调节效应的概念模型及相应的统计模型[③]，统计模型的表达式为 $Y = aX + bM + cXM + e$，

上式与图 6-1 中的 a 是自变量 X 对因变量 Y 的影响，b 是调节变量 M 对因变量 Y 的影响，c 是自变量 X 和调节变量 M 二者对因变量 Y 的交互影响。那么这种二者联合起来对 Y 的交互影响就称为调节效应，用方程式中 X 与 M 的乘积系数 c 来刻画。

当 c 等于 0 或者其值经过统计工具检验不具有显著性，那么自变量与调节变量的调节效应就不显著，即事先假设的调节变量在自变量与因变量之间没有调节作用。

c 其实代表了 X 与 M 的交互效应，可以用交互效应的统计分析方法求解

[①] JAMES L R, BRETT J M. Mediators, moderators and tests for mediation[J]. Journal of applied psychology, 1984, 69（2）: 307-321.

[②] 温忠麟,侯杰泰,张雷. 调节效应与中介效应的比较和应用[J]. 心理学报,2005(2):268-274.

[③] 方杰，温忠麟，梁东梅，等. 基于多元回归的调节效应分析[J]. 心理科学，2015, 38（3）: 715-720.

贵州民族地区中学体育教师胜任力在其职业认同与职业幸福感之间的调节效应。温忠麟[①]教授认为虽然交互效应和调节效应在概念上存有不同，交互效应中，两个自变量的地位可以是对等的，其中任何一个自变量都是调节变量，也可以是不对等的，但只要其中一个起到了调节作用，交互效应就存在。而调节效应中，自变量和调节变量是非常明确的，当两个变量中，自变量和调节变量一经确定，那么就可以用交互效应的统计方法来做调节效应的统计分析。在一个确定的调节模型中，只要将自变量和调节变量加以明确，那么调节效应与交互效应从统计分析的角度看可以说是一样的。故从统计分析的角度来看，贵州民族地区中学体育教师胜任力在职业认同与职业幸福感之间的调节作用可以采取交互效应分析的方法来求解，c 丈量了胜任力调节效应（moderating effect）的大小，只要求出 c 的值，胜任力的调节作用将获得求解，如果 c 不等于 0 且在统计学上具有显著性意义，那么就认为 m 的调节效应显著。

由此可见，拟求证变量是否具备调节作用，就必须求证 c 不等于 0，且在统计学上存有显著性。当 c 的绝对值越大，自变量与调节变量的交互效应就越大，调节效应就越大，反之，则越小。

二、研究假设

基于回归方程 $Y = aX + bM + cXM + e$，我们要求证 c 的情况，即 $c = 0$ 或者 $c \neq 0$，如果 $c \neq 0$，在统计学上有显著性吗？这就需要借助统计软件进行统计。证明 $c \neq 0$ 且显著。

如果 $c = 0$，意味着第三方变量 M 没有调节作用。

如果 $c \neq 0$，且显著，意味着第三方变量 M 存有调节作用。

由此，本研究中的调节效应检验，首先提出假设：

假设 1：贵州民族地区中学体育教师胜任力在其职业认同和职业幸福感之间不存有调节效应。

假设 2：贵州民族地区中学体育教师胜任力在其职业认同和职业幸福感之间存有调节效应。

图 6-2 为调节效应的统计模型：

[①] 温忠麟，吴艳. 潜变量交互效应建模方法演变与简化[J]. 心理科学进展，2010，18（8）：1306-1313.

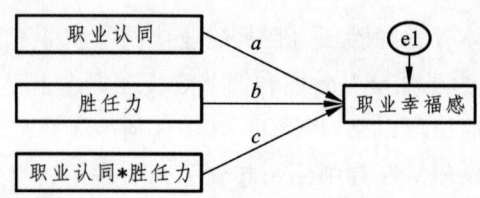

图 6-2 胜任力在职业认同影响职业幸福感过程中调节作用的统计模型

三、研究思路

本章最终目的是运用量化的检验方法，借助统计工具查验贵州民族地区中学体育教师胜任力在其职业认同影响职业幸福感的过程中是否存有调节作用。检验与确证是本章的核心工作。

（一）研究的整体思路

要求证贵州民族地区中学体育教师胜任力在职业认同影响职业幸福感的过程中，是否具有调节作用，就必须求证职业认同与职业幸福感的交互项系数 c 的值是否具有统计学上的显著性。Process 与结构方程模型（SEM）检验都能做带乘积项的回归模型，其中 Process 插件直接提供调节效应检验的模型，数据导入后，插件通过计算，根据交互项系数 c 的值及其显著性就能够直接确定调节作用是否存在。而结构方程模型（SEM）能够在其绘图区绘制先验性的待验证模型，数据导入后，系统会进行各回归系数的计算，职业认同与胜任力的交互项对职业幸福感的影响路径系数及其显著性就会得到直接呈现，据此也能确定胜任力是否存有调节作用。

本章，我们所要求证的贵州民族地区中学体育教师胜任力是调节变量，即胜任力在职业认同与职业幸福感之间存有调节作用。调节作用通过调节效应来体现，故，探寻胜任力调节作用的具体工作，是求证其是否具有调节效应。具体的统计分析方法将采取交互效应分析方法。为了统一称谓，后面的图谱及陈述中，胜任力与职业认同的交互项，就统一称为"调节项"。

（二）检验的具体流程

Process 插件与结构方程模型的调节检验可以通过两个步骤来完成。

第一步，通过计算变量之间的回归权重来探察变量之间存有的关系，并进行系数的显著性检验。如"调节效应的概念模型与统计模型"（图6-1）中，

计算系数 a、b、c 的数值，并对这 3 个数值进行显著性检验。

第二步，通过系数乘积的形式来确定调节效应的数值及调节效应是否存有显著性。通过计算前面系数 a 与 b 的乘积及其显著性，再查看 c 的数值及其显著性，之后就可以确定贵州民族地区中学体育教师胜任力在其职业认同影响职业幸福感的过程中是否具有调节作用。本研究借助的 Process 插件与结构方程模型的调节作用检验程序，将沿着这样的步骤进行检验。

结构方程模型检验中，查看系数之前必须关照模型的适配度。系数的有效性以模型适配度达标为前提，即只有模型适配度合格之后，才能进行调节效应的后续计算。同时，结构方程模型正式检验之前，需要对自变量下属各维度与拟将验证的调节变量下属各维度，依据一定的原则进行配对。这个在后面具体研究步骤中会给出详细的陈述。

（三）两种方法联合检验的说明

当前学术界较多采用 SPSS 软件（21.0 版本以上）扩展插件 Process 和结构方程模型（SEM）进行调节效应的检验。Process 用于显变量调节效应检验，而结构方程模型较多用于潜变量调节效应检验。

在调节效应的检验上，Process 与 SEM 检验各有所长。Process 插件检验，只能将变量以显变量的形式纳入检验程序。如果是潜变量的调节效应检验，则先要将潜变量的下属各变量进行数据求和，以此作为潜变量的数据，这样，原本的潜变量就成为显变量或者观察变量进入 Process 统计检验程序。如果检测的调节变量是潜变量，且下属还有潜变量，那么这样的操作将会缺失各题项上的具体信息从而给检验结果带来诸多不确定性。

本研究中，3 个变量的内涵均由下属潜变量或题项来具体呈现。自变量、调节变量对因变量的作用系数，采用自变量与调节变量的配对乘积的系数来刻画自变量与调节变量的调节效应。SEM 检验调节效应过程中的自变量、调节变量、因变量均为潜变量，当自变量、调节变量下属的维度数目或题项数目对等的时候，自变量与调节变量的配对将会顺利进行。但当这两个潜变量下属的维度数目或题项数目不对等的时候，将采取舍弃某些潜变量或者题项的方式来进行配对，这样就无可避免地造成数据信息的遗漏，具体细节将在后续 AMOS26.0 调节统计过程中进行详细叙述。

本研究中，自变量职业认同只有 4 个维度，而胜任力则有 5 个维度。如果借助 Process 插件从胜任力总体上去检验其调节效应，那么就会模糊职业认同及胜任力下属各维度题项的具体信息。如果采用 SEM 分析，将深入职业认同、胜任力下属各维度具体信息上进行统计，由于职业认同和胜任力下属维度的数目不对等，变量配对过程中就必须舍弃某一维度，这样就无可避免地造成数据舍弃，因此就会出现数据遗漏。由此，笔者对 Process 和 SEM 的检验结果均存有顾虑。为了克服这一困难，笔者将采取 Process 和结构方程模型联合检验的方式。综合两种检测工具的检验结果验证本章提出的假设，这是为了较为真实地反映出贵州民族地区中学体育教师胜任力在职业认同和职业幸福感之间是否具备调节作用，同时可以对比显变量验证和潜变量验证在本研究中呈现出的特征，可以为从事贵州民族地区体育师资相关研究的后来者在统计验证方法、手段上的选取提供些许参考。而检验贵州民族地区中学体育教师胜任力在其职业认同影响职业幸福感过程中的调节效应，由于现行的 Process 和 AMOS 两种工具在检验调节效应过程中，各有长短，为了保证检验的严谨性、结果的真实性，本课题将联合应用两种工具进行检验。

四、研究方法

（一）Bootstrap 抽样法

调节效应是采用自变量与调节变量乘积的系数 c 来刻画调节变量的调节效应。为了能检验前述 c 是否具有显著性，本研究将采用当前学术界应用较多的 Bootstrap 抽样法和结构方程模型验证贵州民族地区中学体育教师胜任力在其职业认同和职业幸福感之间可能存有的调节作用。

在所给样本中随机抽取一定次数的样本，计算出标准误，根据标准误计算出 95%的置信区间，当置信区间不包括 0 就说明 c 显著。反之，置信区间里面包含 0，则说明 c 不显著。

（二）配对乘积指标法

潜变量是对事物概括而抽象地描述，由其下属系列维度或者题项来体现。如果变量下属还有诸多维度，就把各维度下属题项得分分别求总以此将原本是潜变量的各维度转化成观察变量，这就使得潜变量之间的调节项，必须由下属题项之间乘积或者潜变量下属各维度的总分值的乘积来实现。本研究中的职业认同和胜任力，二者的交互项由各自下属观察变量之间的乘积来实现。那么问题来了，怎样实现这两个潜变量下属观察变量之间的乘积？关于这一问题的技术处理手段，学术界进行了长期的探索，获得了有效的经验。早在 20 世纪 80 年代，Kenny 等人[1]首先尝试将交互效应的乘积项纳入结构方程模型进行统计，在他们的研究中，有潜变量 ξ_1、潜变量 ξ_2，两个潜变量下属均有 2 个观察指标，分别为 x_1、x_2 和 x_3、x_4。两个潜变量下属的四个观察变量所有可能的交叉乘积为 x_1x_3、x_1x_4、x_2x_3、x_2x_4，借助这 4 个乘积来体现 $\xi_1\xi_2$。

后来，有学者不断尝试在交叉乘积指标中挑选合适的乘积指标进入统计程序。甚至有学者在所有乘积指标中挑选单一的乘积指标作为统计量，虽然有文献求证了多指标比少指标要好，但多指标的标准误却比少指标更多地被低估[2][3]。

Marsh 等人（2004）[4]深入地比较了产生乘积指标的三种策略：所有可能的乘积指标、配对乘积指标组合和单一乘积指标。例如，潜变量 ξ_1 和 ξ_2 各有 3 个观察变量，ξ_1 的观察变量为 x_1、x_2、x_3，ξ_2 的观察指标为 x_4、x_5、x_6，那么这里所有可能的乘积指标就是 x_1x_4、x_1x_5、x_1x_6、x_2x_4、x_2x_5、x_2x_6、x_3x_4、x_3x_5、x_3x_6，一共 9 个乘积项。而可能出现的配对乘积指标组合有 x_1x_4、x_2x_5、x_3x_6，x_1x_4、x_2x_6、x_3x_5，x_1x_5、x_2x_4、x_3x_6，x_1x_5、x_2x_6、x_3x_4，x_1x_6、x_2x_4、x_3x_5，x_1x_6、x_2x_5、x_3x_4 这 6 种组合。而单一乘积指标就是在 9 种交叉乘积指标中取一种，那么就有 9 种可能的指标选择。在比较了不同组合的配对乘积指标之后，再从模型的拟合度、简约性和准确性等方面考虑，Marsh 等人发现配对乘积指标较好。

本研究，贵州民族地区中学体育教师职业认同、胜任力下属分别有 4、5 个维度，由于两个量表的维度数目不对等，在利用结构方程模型进行调节变

---

[1] KENNY D, JUDD C M. Estimating the noalinear quadratic efeet estimation: a two-step technique using and interactive efects of latent variables[J]. Pychological structural equation analysis psychological Bulletin, 1996: 201-210.

[2] JORESKOG K G, YANG F. Nonlinear structural equation models: the Kenny-Judd model with interaction effects[M]//MACROLIDES G A, SCHUMACHER R E. Advances in structural equation modeling techniques. New Jersey: Lawrende Erlbaum Associates, 1996: 57-88.

[3] MARSH H W, HAU K T, BALIA J R, etc. Is more ever too much? The number of indicators per factor in confirmatory factor analysis[J]. Multivariate behavioral research, 1998 (33): 181-220.

[4] MARSH H W, WEN Z, HAU K T. Structural equation models of latent interactions: evaluation of alternative estimation strategies and indicator construction[J]. Psychological methods, 2004, 9 (3): 275-300.

量验证过程中，首先要考虑胜任力下属维度的取舍，继而采用配对乘积指标的方法确定职业认同和胜任力的调节项，具体将在后续进行详尽陈述。

（三）结构方程模型（SEM）

结构方程模型（Structural Equation Modeling，SEM），在前面中介效应检验的章节已经进行了介绍，这里作简要回顾。SEM 是当前心理学和社会科学领域研究的重要统计方法，能够同时检验模型中的潜在变量、观测变量之间的关系。研究者在此基础上可以获得自变量对因变量的直接效果、间接效果和总效果。当前，SEM 成为量化研究数据分析的一门显学，研究者可以通过回归方程计算来检验绘制模型中的回归系数。SEM 的本质是验证事先根据理论提出的假设模型[1]。当变量为潜变量时，调节效应分析可以借助结构方程模型来实现[2]。

这里需明确，为了各系数的检验，Process 插件会具体应用 Bootstrap 抽样法。结构方程模型是通过回归方程来求得各变量之间的回归系数。在结构方程模型检验法的具体实现过程中需要使用到统计软件 Analysis of Moment Structures（简称 AMOS），本章仍然借助 AMOS26.0 版本，其具体统计过程中，在统计未标准化回归系数的同时也要通过 Bootstrap 抽样法来确定标准化回归系数（路径系数）的置信区间。因此，Bootstrap 抽样法是为了实现系数显著性检验而采取的实施方法。AMOS 软件也要利用 Bootstrap 抽样法来检验调节项系数 c 是否具有显著性，而 Process 插件和 AMOS26.0 统计软件，是为了实现系数检验而采取的具体工具。

借助两种统计工具，其目的都是验证胜任力的调节效应，两种统计工具的统计过程侧重不一样，故二者的统计结果相互借鉴、对比、印证，从而有助于提升研究结果的可信度。在后续的介绍中，将有助于理解这种关系。

五、研究工具

（一）SPSS21.0 扩展插件 Process

Andrew F. Hayes 于 2013 年开发了 Process 插件，此插件既可以用于中介

---

[1] 吴明隆. 结构方程模型：AMOS 操作与应用[M]. 2 版. 重庆：重庆大学出版社，2010：1-2.
[2] 温忠麟,侯杰泰,张雷. 调节效应与中介效应的比较和应用[J]. 心理学报,2005(2):268-274.

效应分析也可以用于调节效应分析。Process 插件作为 SPSS 统计软件的扩展插件,为广大科研工作者提供了自动完成变量均值中心化之后,自变量和调节变量乘积项的设置,其操作过程更加简约、高效、准确。本研究采用的 3.4 版本 Process 插件,可以检验 92 种模型,调节模型("model 1")就是其中之一[1]。

(二)AMOS26.0 统计软件

AMOS26.0 是 SPSS 家族系列的软件之一。AMOS 具有图形绘制模型功能,研究者可以事先在 AMOS 的绘图区绘制先验模型,之后在绘图界面直接导入数据,这些数据可以直接调取 SPSS 保存的数据。AMOS 软件统计包使用率较高,因此,当前借助 AMOS 统计软件进行 SEM 分析的研究者越来越多。本研究将借助 AMOS26.0 统计软件,在其绘图区绘制调节模型,导入本研究调查采集、整理的数据。软件在统计结果中,会给出自变量职业认同对因变量职业幸福感的影响系数、调节变量胜任力对因变量职业幸福感的影响系数、职业认同与胜任力的组合而成的调节项对职业幸福感的影响系数。通过检验系数乘积大小来验证贵州民族地区中学体育教师胜任力在其职业认同和职业幸福感之间所起到的调节效应。

六、数据来源

温忠麟教授认为在做调节效应统计之前,通常将自变量和调节变量做中心化变换即变量各数据减去其均值这样的处理[2]。本研究调节效应验证采用的源数据系本研究第四次调查获得的数据。根据权威文献,进行调节效应检验之前的乘积配对,对数据的中心化处理是必要的[3]。尤其在结构方程模型中进行调节效应的各系数检验时,立足的数据必须是经过中心化处理后的数据信息。因为在验证调节作用时,需要看交互项(前述 XM 的乘积)的大小,交互项是直接来自自变量和调节变量的乘积,这样就会使得预测变量的协方差变大,为判断预测变量对因变量所起的作用增加了难度,将数据作中心化处

---

[1] ANDREW F H. Introduction to mediation, moderation, and conditional process analysis: a regression-based approach[M]. New York: The guilford press, 2013: 4-6.
[2] 温忠麟,侯杰泰,张雷. 调节效应与中介效应的比较和应用[J]. 心理学报,2005(2):268-274.
[3] 吴艳,温忠麟,侯杰泰,等. 无均值结构的潜变量交互效应模型的标准化估计[J]. 心理学报, 2011, 43 (10): 1219-1228.

理是解释交互作用的重要手段[①]。

因此，本研究一方面要根据文献提示，在进行胜任力调节效应检验之前，将各变量数据进行中心化的预处理。在职业认同单因素验证分析模型中，立足中心化数据进行统计从而获得各维度因子载荷。在后续的配对乘积环节，本研究以中心化数据的职业认同和胜任力单因子验证模型中的因子载荷为准。

将原来的职业认同、胜任力、职业幸福感3个变量下属的各维度得分均进行中心化处理。之后将中心化处理的各数据增列到第五章形成的"数据5"数据窗口中，为了方便表述，将处理了的数据称为"数据6"，由于Process统计结果中只呈现汉字变量名称的前两个字，因此将职业认同、胜任力、职业幸福感依次命名为"认同""胜任""幸福"，3个变量下属各维度的命名不变。

第二节　胜任力调节作用的Process插件检验

在Process出来之前，学界普遍做法是将变量中心化和构建交互项进行调节效应分析。这种做法虽然易于操作，在执行过程中却容易出现疏漏或者计算出错。而Process插件作为SPSS统计软件的扩展插件，为广大科研工作者提供了自动完成变量均值中心化之后的交互项设置，其操作过程更加简约、高效、准确。本研究采用的3.4版本Process插件，可以检验92种模型，调节模型（"Model 1"）就是其中之一。Process插件从两个步骤来检验调节效应，即调节项系数检验和调节效应检验。第一，检验前述方程 $Y = aX + bM + cXM + e$ 中，c 是否为零，即检验是否有调节效应；第二，检验 R^2_2 减 R^2_1 的数值的大小，以此证明调节效应是否显著。

Andrew F. Hayes开发的Process插件可以搭载于SPSS软件（21.0版本以上）作为其扩展插件，本研究将3.4版本Process插件安装于SPSS21.0软件中，然后进行具体的统计。

统计过程中，打开SPSS21.0软件，运行程序，选择Process程序插件，在"model number"处选择"model1"，即调节模型。在"number of bootstrap samples"处输入5000，保证运算的准确性。同时将变量中心化。如果前述假设2成立，为了更为直观地呈现出贵州民族地区中学体育教师胜任力在职业

[①] ROBINSON C, SCHUMACKER R E. Interaction effects: centering, variance inflation factor, and interpretation issues[J]. Multiple linear regression viewpoints, 2009, 35（1）: 6-11.

认同和职业幸福感之间的调节效应,本研究在 Process 程序插件的"option"中勾选了"generate code for visualizing interactions",要求系统输出绘图代码。绘图选择三条直线来呈现,即在三个水平的胜任力作用下,因变量职业幸福感对自变量职业认同的回归直线。在"conditioning values"处勾选"-1SD,mean,+1SD",以此确定胜任力三个水平分别为胜任力负 1 个标准差、平均值、1 个标准差。

考虑到输出结果的直观性和整体性,本研究将输出结果的截图呈现出来,后续分析就不再单独整理成表格。图 6-3 是借助 Process 插件进行调节效应统计后的输出结果,由于 Process 插件输出结果只呈现变量名称的前两个字,研究者事先将自变量、调节变量、因变量分别设置了认同、胜任、幸福。因此输出的数据矩阵中的变量名就是认同、胜任、幸福,其分别代表贵州民族地区中学体育教师职业认同、胜任力、职业幸福感。

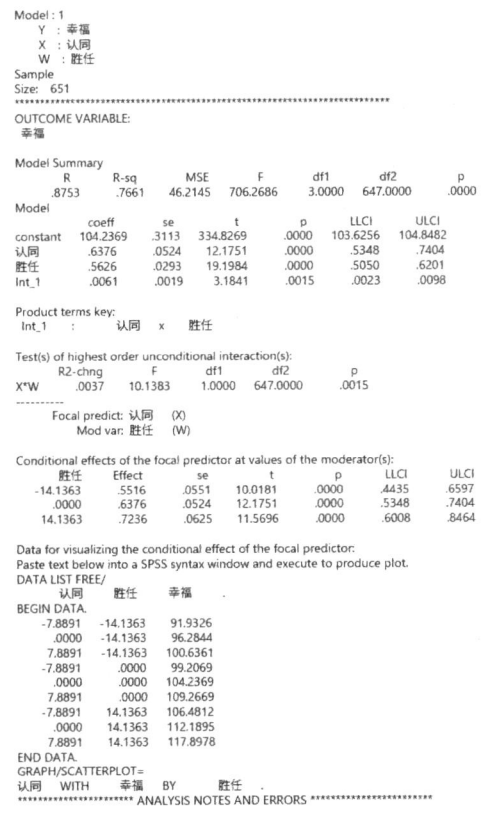

图 6-3 调节效应 Process 插件统计输出结果截图

一、调节项系数检验结果

从图中可知，模型（Model）下的系列参数，常数为104.2369，自变量职业认同对因变量职业幸福感的影响系数是 0.6376，调节变量胜任力对职业幸福感的影响系数是0.5626，"Int_1：认同×胜任力"为职业认同与胜任力的乘积，即自变量与调节变量交互效应的系数（Int_1）是 0.0061。因此，调节模型的回归方程：$Y = 104.2369 + 0.6376X + 0.5626M + 0.0061XM$。

从模型上看，职业幸福感对职业认同的回归系数是 0.6376，职业幸福感对胜任力的回归系数是0.5626，二者的回归系数均具有显著的统计学意义。

胜任力与职业认同的交互项系数为 0.0061，不等于 0，且 95%置信区间上下限为[0.0023，0.0098]，区间不包括 0。交互效应的系数目测较小，但系统对系数进行了 T 检验，概率为 0.0015，小于 0.05。系数 c 不等于 0 且显著。通过 Process 插件检验，本章第二节图 6-2 中的系数 a、b、c 均具有显著性，可以进行后续的调节效应检验。

二、调节效应检验结果

温忠麟等 2005 年就撰文提出，当自变量和调节变量都是连续变量时，首先做 Y 对 X 和 M 的回归，得到系数 R^2_1；其次做 Y 对 X、M 和 XM 的回归，测得系数 R^2_2，如果 R^2_2 减 R^2_1 的值（ΔR^2）具有显著性意义，则认为调节效应显著[①]。基于回归方程 $Y = aX + bM + cXM + e$，R^2_1 是 X、M 对 Y 的贡献量，即 $Y = aX + bM$ 方程式中 X、M 对 Y 的贡献量。

当 X、M 交互项进入方程之后，即 $Y = aX + bM + cXM + e$ 中，X、M、XM 对 Y 的贡献量就为 R^2_2，那么调节项的贡献就是 R^2_2 减 R^2_1 的值。Process 插件还从调节效应的数值来给出显著性。

从模型摘要（Model Summary）下的系列参数来看，"R-sq"即为 R^2_2，其值 0.7661，说明贵州民族地区中学体育教师职业认同、胜任力、胜任力的调节作用对 R^2_2 贡献之和为 0.7661。

在"Int_1：认同×胜任力"下可以看到"R^2-chng"，其意为 R^2 的改变量，即前述的 ΔR^2，从图 6-3 中可以看出，R^2_2 减 R^2_1 的值，即 ΔR^2 的值为 0.0037。

[①] 温忠麟,侯杰泰,张雷. 调节效应与中介效应的比较和应用[J]. 心理学报,2005(2):268-274.

因此，贵州民族地区中学体育教师职业认同与胜任力的交互作用为 0.0037，由于职业认同和胜任力在本次模型验证中所承担的"角色"已经确定，此处交互项即调节项，交互效应即调节效应。因此贵州民族地区中学体育教师胜任力在职业认同和职业幸福感之间的调节效应是 0.0037。调节效应看上去很小，但经过系统检验，其概率为 0.0015，与前述交互项的系数显著性一致。

由此可以看出，贵州民族地区中学体育教师胜任力在职业认同影响其职业幸福感的过程中存在显著的调节效应。

三、胜任力调节效应的斜率图

为了更为直观地呈现出贵州民族地区中学体育教师胜任力在职业认同预测其职业幸福感的过程中存有显著的调节效应，本研究要求系统输出绘图代码。绘图选择三条直线来呈现，即在三个水平的胜任力作用下，因变量职业幸福感对自变量职业认同的回归直线。在统计插件中的"conditioning values"处勾选"-1SD, mean, +1SD"。从输出结果的"Conditional effects of the focal predictor at values of the moderator（s）:"下面的统计数据可以看到，调节变量胜任力的标准差是 14.1363。由于在统计插件中对数据进行了中心化处理，因此胜任力的平均数是 0。本研究取-14.1363、0、14.1363 这 3 个不同的胜任力水平点来呈现调节变量胜任力的调节效应，结果显示 3 个不同水平点的调节效应都具有高度的显著性（$P<0.01$）。

在"Datafor visualizing the conditional effect of the focal predictor:"下是调节效应图的绘图代码，其作用是呈现前述 3 个不同胜任力水平点的调节下，职业幸福感对职业认同的回归直线，以此更为直观地呈现出胜任力的调节作用。系统给出了职业认同的平均数及其上下标准差这 3 个点，即-7.8891、0.0000、7.8891。为了方便叙述，将这 3 个点从低到高分别称为 X 低、X 中、X 高，同样，胜任力的三个点分别称为 M 低、M 中、M 高。在给出的职业认同的 3 个点上，根据前述回归模型 $Y = 104.2369 + 0.6376X + 0.5626M + 0.0061XM$ 进行计算，找到因变量职业幸福感在每一个胜任力水平点上对自变量职业认同的 3 个回归点，之后将这 3 个点首尾相连呈现出的直线，就刻画出了回归线。

例如，当胜任力水平点为 M 高（14.1363）的时候，那么职业幸福感在这个胜任力水平点上的 3 个回归点就可以计算出来。具体操作是基于前述回归

模型 $Y = 104.2369 + 0.6376X + 0.5626M + 0.0061XM$ 进行计算。

X 低点上的回归点：Y（低）= $104.2369 + 0.6376 \times (-7.8891) + 0.5626 \times 14.1363 + 0.0061 \times (-7.8891) \times 14.1363$，结果为 106.4796。

X 中点上的回归点：Y（中）= $104.2369 + 0.6376 \times (0.000) + 0.5626 \times 14.1363 + 0.0061 \times (0.000) \times 14.1363$，结果为 112.1899。

X 高点上的回归点：Y（高）= $104.2369 + 0.6376 \times (7.8891) + 0.5626 \times 14.1363 + 0.0061 \times (7.8891) \times 14.1363$，结果为 117.9004。

以此类推，可以分别计算出 M 中、M 低水平点上的 Y（低）、Y（中）、Y（高）各点。考虑更为直观地理解这样的关系，本研究将绘图代码进行整理，形成表 6-1 的数据。

表 6-1　不同水平胜任力调节下职业幸福感对职业认同的回归

	X 低（-7.8891）	X 中（0.0000）	X 高（7.8891）
M 低（-14.1363）	91.9340	96.2838	100.6336
M 中（0.0000）	99.2068	104.2369	109.2669
M 高（14.1363）	106.4796	112.1899	117.9004

鉴于本次调节效应的值较小，要求调节效应图纵轴上的数值单位较小才能让读者看出调节效应。插件可以生成坐标图，但我们需要更为细致的效果，因此，笔者利用 excel 表格将表 6-1 中的数据绘制成坐标图。具体如图 6-4。

图 6-4 的纵轴为职业幸福感、横轴为职业认同，三条直线刻画出了在三种不同水平胜任力的调节下，职业幸福感对职业认同的回归情况也呈现不同，从图 6-4 可以看出，纵轴最小数值单位是 1，即图中纵轴上的每一格代表数值 1。图中胜任力低水平点调节上，职业幸福感回归线在纵轴上跨度不足 9 格，数值上为 100.6336 - 91.9340 = 8.6996。胜任力中等水平点调节上，职业幸福感回归线在纵轴上跨度刚超过 10 格，数值上为 109.2669 - 99.2068 = 10.0601。而胜任力高水平点调节上，职业幸福感回归线在纵轴上跨度远超 11 格，数值上为 117.9004 - 106.4769 = 11.4235。显然，3 条直线的斜率按照 M 低、M 中、M 高的顺序不断增大。这更为直观地提示，作为调节变量，胜任力具备调节效应，其水平越高，职业认同对职业幸福感的正向促进作用就越强。

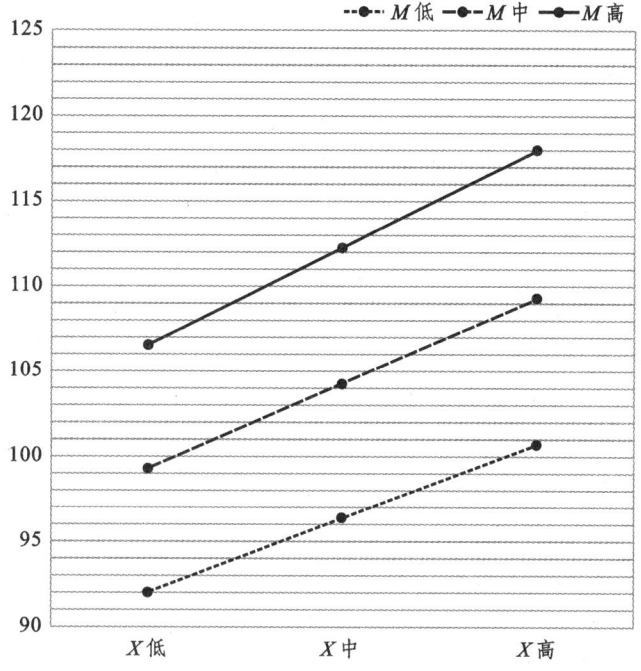

图 6-4　三种水平胜任力调节下职业幸福感回归直线图

通过 Process 调节效应检验，贵州民族地区中学体育教师职业认同和胜任力对职业幸福感具有显著的预测作用。贵州民族地区中学体育教师胜任力在其职业认同对职业幸福感的预测中，与职业认同存有显著的交互作用。由此可以确定，贵州民族地区中学体育教师职业认同是职业幸福感的重要前置变量，而胜任力是职业认同影响职业幸福感的"助推剂"。这提示我们，本章第一节中提出的假设 2 成立，即当地中学体育教师胜任力在其职业幸福感对职业认同的回归中存有显著的调节作用，职业认同对职业幸福感具有正向促进作用，而随着胜任力水平的提高，其对职业认同影响职业幸福感的助推作用就更强。

第三节　胜任力调节作用的结构方程模型检验

在调节效应的检验上，Process 检验能将变量以显变量的形式纳入检验程序。如果是潜变量的调节效应检验，则先要将潜变量下属各维度的具体题项在所属维度上逐一进行数据求和，以此作为潜变量的数据，这样，原来的潜变量就成为显变量或者观察变量进入 Process 统计检验程序。如果检测的调节变量是具有多维的潜变量，而调节变量的信息是所有维度上题项分数的加总，那么这样的操作将会缺漏具体题项上的信息从而给检验结果带来一定的不确定性。由于本研究贵州民族地区中学体育教师职业认同、胜任力，两套测评工具的维度数目不一致，职业认同有 4 个维度，胜任力有 5 个维度，采用 SEM 检验法就要进行配对乘积，需要舍弃胜任力下属某一个维度。维度的舍弃，就造成了数据信息的舍弃。但 SEM 又能深入到每个变量具体维度上去呈现调节变量的具体调节机制。这就是本章采取 Process 和 SEM 联合检验的直接原因。借助 AMOS26.0 的检验，其结果可以和 Process 检验互补，能给研究者更多的选择，同时也能从不同方法上去呈现出当地中学体育教师胜任力在职业认同预测其职业幸福感的关系中所具备的调节机制。

在结构方程模型（SEM）检验过程中，自变量、调节变量、因变量均为潜变量，3 个变量的特征均由下属潜变量或题项来具体呈现。因此结构方程模型可以利用 3 个变量指标体系的各级指标数据的信息，能更加深入地探测到各变量影响的具体机制。

AMOS 统计程序的本质就是验证事先建构的模型，AMOS26.0 是结构方程模型检验的重要工具。在本章的研究假设中，我们提出了假设，并建构统计模型，将借助 AMOS26.0 统计软件进行验证。统计数据为本研究之前的"数据 6"。在 AMOS26.0 的 Graphics 模块，可以直接读取 SPSS 统计软件中的原始数据文件。SPSS 文件中的变量名称也可以被直接读取到 AMOS 中。SPSS 数据文件中的变量名称可以直接拖动至 AMOS 绘图区的方框中，但不能拖动到绘图区的椭圆形（圆形）中。也就是 AMOS 的模型中，潜变量名称不能与 SPSS 文件中的变量同名。因此，AMOS26.0 绘图区中的模型，其中的椭圆形框中的变量只能是抽象的潜变量，其名称不能与 SPSS 数据文件中的变量名称相同。

一、配对指标的产生

在结构方程模型中，自变量和调节变量一经明确，调节效应就可以采用自变量与调节变量配对乘积的交互效应来刻画调节变量的调节效应。结构方程模型检验调节效应过程中，自变量、调节变量、因变量均为潜变量，当自变量与调节变量下属的维度或题项对等的时候，自变量与调节变量的配对将会顺利配对。假如本研究的自变量职业认同下属有 4 个维度，调节变量下属也有 4 个维度，那么两个变量就可以根据一定的原则顺利配成 4 对。但本研究中，自变量有 4 个维度，而拟验证的调节变量胜任力却有 5 个维度。这就需要进行一定数据处理。当 2 个潜变量下属的潜变量或题项不对等的时候，将采取舍弃部分观察变量的方式让自变量与调节变量的下属变量形成对等之势，然后进行配对。那么形成对等并配对便是本研究进行胜任力调节效应 SEM 检验之前要做的工作。

（一）配对方式的确定

从前面的举例就可以看出，如果配对乘积指标可以产生不同的组合，指标越多，配对可能出现的组合也会更多，这给研究者在选取指标时带来较大难处。但 Marsh 等人（2004）的相关研究结果表明：有高负荷的指标应当配对相乘，即"大配大，小配小"。具体操作起来，自变量和调节变量分别将所属指标做单因子验证性因子分析，之后，分别将两个变量完全标准化解的负荷由高到低进行排序，最后按照对应次序，将两个变量次序相同的指标配对相乘。Coenders（2007）对 Marsh 的这种研究结果给予了肯定，建议有最高信度的指标应当配对相乘[1][2][3]。

但，随之问题也就来了，当自变量和调节变量的指标变量数量一致时，那么两变量的指标变量配对可以自然形成。但如果自变量和调节变量的指标数目不一致，就必须另辟蹊径。例如，ξ_1 有 3 个指标，ξ_2 有 6 个指标，这种情况下有两种途径可供选择：一是从 ξ_2 的 6 个指标中选出序列前 3 个指标与 ξ_1 的 3 个指标按次序配对；二是将 ξ_2 的 6 个指标形成每两个指标一组，之后与 ξ_1 的 3 个指标配对。

当自变量包含的维度数与调节变量包含的维度数不对等，统计学家们给

---

[1] COENDERS G, BATISTA-FUGUE J M, SARIS W E. Simple, efficient and distribution-free approach to interaction effects in complex structural equation models[J]. Quality & Quantity, 2008, 42 (3): 369-396.

[2] MARSH H W, WEN Z, HAU K T. Structural equation models of latent interactions: evaluation of alternative estimation strategies and indicator construction[J]. Psychological methods, 2004 (9): 275-300.

[3] 吴艳，温忠麟，侯杰泰，等. 无均值结构的潜变量交互效应模型的标准化估计[J]. 心理学报，2011, 43 (10): 1219-1228.

出了上述指标取舍的方法[①]。本研究，职业认同下属变量为 4 个，胜任力量表下属变量为 5 个，故不能采取上述第二种配对的方法，而只能采取按次序配对的办法。本课题中，贵州民族地区中学体育教师的职业认同下属 4 个维度，共 18 个题项，胜任力下属 5 个维度，共 33 个题项。如果按照上面的方法，将职业认同具体题项与胜任力的具体题目进行配对，很明显，胜任力下属的 15 个题项将被舍去。有 45%的题项被舍去，将造成胜任力具体题项信息的大面积缺失，而探寻贵州民族地区中学体育教师胜任力是否在职业认同和职业幸福感之间存有调节效应，是本课题的目标之一，其题项数据信息缺损将近半数，显然，这种方式不可取，至少不是首选方案。自变量和调节变量的下属指标不一样多时，配对方法的取舍本身就是有待进一步探索的领域[②]，这也给我们探讨及实践提供了一定的自主空间。

因此，从尽可能减少题项损失的角度，课题组咨询从事体育心理方向研究的学者之后，认为可以采取职业认同和胜任力各维度之间的配对。职业认同 4 个维度配胜任力 5 个维度中的 4 个维度，这就意味着胜任力 5 个维度中，有一个将被舍弃。胜任力下属 5 个维度，每个维度的题项数目介于 5 至 10 之间，因此这种舍弃维度的办法，信息损失率介于 15.15%至 30.30%之间。

（二）职业认同单因素验证性因子分析

本课题，需要将职业认同和胜任力两个变量各自的下属维度做单因子验证性因子分析，之后将完全标准化解的负荷由高到低排序，在遵循"大配大，小配小"的指标配对原则的基础上，结合专业实际情况确定配对指标。

这里说明一下，在结构方程模型分析的单因素验证中，因素的各个指标对因素的回归权重就是各指标在因子上的载荷，有的文献将因素称为因子，因素的载荷也称为因子载荷。因此，在本研究中，因素分析也称为因子分析。如胜任力的单因素验证性因素分析，也可以称为胜任力单因子验证性因子分析。

启动 AMOS26.0 程序，"Amos Graphics"可以直接读取"数据 6"的 SPSS 数据文件。AMOS 软件如果不经过 Bootstrap 计算 95%置信区间获得显著性，

[①] MARSH H W, WEN Z, HAU K T. Structural equation models of latent interaction and quadratic effects[M]//HANCOCK G, MUELLER R. A second course in structural equation modeling. Greenwich: Information Age, 2006: 225-265.

[②] 温忠麟, 吴艳. 潜变量交互效应建模方法演变与简化[J]. 心理科学进展, 2010, 18（8）: 1306-1313.

那么只能在"Amos Output"的"Estimates"下属栏，参照 Regression Weights：（Group number 1-Default model）未标准化的回归系数和显著性概率值。而这里的系数和显著性都是基于 651 个样本统计出来的。样本就有抽样误差，故这里的数据还有待 Bootstrap 模块的进一步检验。

AMOS 统计软件里面有 Bootstrap 模块，由于 AMOS 软件通过 Bootstrap 能计算出标准化回归系数（路径系数）95%置信区间的上下限，同时给出显著性。为了清晰地呈现模型验证的全过程，在后续的模型验证过程中包括主要模型适配指标不达标的情况下，模型路径系数的显著性都进行 5000 次的 Bootstrap 抽样计算，这样可以查看各系数的未标准化值和标准化值，同时将 95%置信区间的显著性值呈现给读者。因此，本研究在各种模型验证包括适配度没有大面积达标时，将借助 Bootstrap 模块进行路径系数 95%置信区间的显著性计算。模型需要修正，那么每一步修正也进行 95%置信区间的显著性计算，直至主要适配指标达标为止。在结构方程模型中，系统通过回归方程计算来检验模型中各变量间的系数，潜在变量对观察变量的标准化回归系数称为因子载荷量[①]。为了将统计结果较为直白地呈现给读者，本研究的单因素验证性因子分析中，潜变量对观察变量的未标准化回归权重称为"因子载荷"，而标准化回归权重称为"标准化因子载荷"。

如本次操作，在"Estimation"中选择"maximum likelihood"，即采用极大似然法估计各系数值。在"output"处勾选"standardized estimate""Modification Indices"，在"Bootstrap"处，将"Perform bootstrap"设置"5000""Bias-corrected confidence intervals"处设置成"95%"。经过计算，在非标准化参数中，职业认同 4 个方面的误差项估计系数介于 2.217 至 4.349 之间，均为正数，提示模型没有违反模型基本适配度检验标准。其标准化参数，得出如图 6-5 的输出结果。

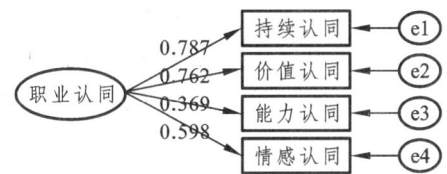

图 6-5　职业认同单因素模型的验证结果图
Chi-square=0.366（p=0.833）；DF=2；RMSEA=0.000

---

① 吴明隆. 结构方程模型：AMOS 操作与应用[M]. 2 版. 重庆：重庆大学出版社，2010：324.

表 6-2 是验证模型的适配度，数据显示，模型在所给的 9 个适配指标上全部达到了优秀水平，说明整体模型与样本数据之间的适配优秀，无需进行任何的修正。AMOS26.0 统计中的未标准化因子载荷及其显著性在"Regression Weights"中直接给出，而标准化因子载荷在"Estimates/Bootstrap"下属的"Bias-corrected percentile method"中，可以看到 95%置信区间的显著性概率值。从图 6-5、表 6-3 可知，职业认同下属 4 个维度的标准化因子载荷大小次序是持续认同、价值认同、情感认同、能力认同。载荷介于 0.369 至 0.787 之间，能力认同维度的载荷为 0.369。而持续认同维度、价值认同维度、情感认同维度的载荷分别为 0.787、0.762、0.598。

表 6-2 职业认同单因素验证的适配度摘要

拟合指标	GFI	AGFI	SRMR	RMSEA	NFI	CFI	IFI	TLI	x^2/df
所测指标值	1.000	0.999	0.005	0.000	0.999	1.000	1.003	1.009	0.183

表 6-3 职业认同单因素验证的回归权重摘要

路径指向	未标准化因子载荷		标准化因子载荷	
	系数值	P	系数值	P
持续认同<---职业认同	1	0.000	0.787	0.000
价值认同<---职业认同	0.894	0.000	0.762	0.000
能力认同<---职业认同	0.286	0.000	0.369	0.000
情感认同<---职业认同	0.417	0.000	0.598	0.000

关于结构方程模型中的因子载荷大小，有文献认为最好不低于 0.45，但只要在 0.32 与 0.45 之间，是可以接受的[①]。职业认同单因素验证因子分析，各因子的实际载荷介于 0.369 至 0.787，故因子载荷均达到了可以接受的水平。

[①] 邱皓政，林碧芳. 结构方程模型的原理与应用[M]. 2 版. 北京：中国轻工业出版社，2018：99-100.

（三）胜任力单因素验证因子分析

1. 初始模型

胜任力单因素验证模型中，在非标准化参数中，胜任力 5 个方面的误差项估计系数介于 5.053 至 15.876 之间，均为正数，提示模型没有违反模型基本适配度检验标准。适配度指标中，除了 AGFI、RMSEA、卡方自由度比这 3 个适配度指标没有达到可接受水平，其他指标达到了可接受水平，GFI 达到了优秀水平。胜任力单因素模型的验证结果显示，其下属 5 个维度的载荷均具有95%置信区间的显著性（见图 6-6、表 6-4、表 6-5）。虽然 GFI、AGFI、NFI、CFI、IFI、TLI 这 6 个指标同时大于 0.7，模型可以被接受。但验证结果中有高共变关系测量误差存在。因此，这个模型需要修正，此模型就称为胜任力初始单因子模型，其中的因子载荷也就不能成为配对指标产生的依据。只有大部分的适配度达到了要求，因子载荷在模型上才具有参考意义。表 6-6 是胜任力初始单因子验证模型前 3 位的共变关系。

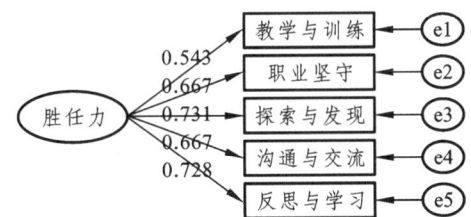

图 6-6 胜任力初始单因素模型的验证结果图
Chi-square=138.603（p=0.000）；DF=5；RMSEA=0.203

表 6-4 胜任力初始单因素模型的适配度摘要

拟合指标	GFI	AGFI	SRMR	RMSEA	NFI	CFI	IFI	TLI	χ^2/df
所测指标值	0.916	0.747	0.0646	0.203	0.866	0.870	0.870	0.739	27.721

表 6-5 胜任力初始单因素模型验证的回归权重摘要

路径指向	未标准化因子载荷		标准化因子载荷	
	系数值	P	系数值	P
教学与训练<---胜任力	1.000	0.000	0.543	0.000
职业坚守<---胜任力	1.124	0.001	0.667	0.000
探索与发现<---胜任力	0.935	0.000	0.731	0.001
沟通与交流<---胜任力	0.780	0.000	0.667	0.000
反思与学习<---胜任力	1.014	0.000	0.728	0.001

表 6-6 胜任力初始单因素模型的高共变关系摘要

共变关系	Modification Indices	Par Change
$e_2<-->e_4$	69.575	2.761
$e_3<-->e_5$	59.042	2.048
$e_2<-->e_5$	31.411	-2.092

大的修正指标连接一个大的期望参数改变量，增列这样的共变关系才有实际意义，但在大的修正指标、大的期望值参数改变量，其合适连接的具体值却不明确[①]。表 6-6 中，$e_2<-->e_4$、$e_3<-->e_5$ 的 MI 都较高，且 "Par Change" 值相差不大。从具体数值上看，我们当然首先增列 $e_2<-->e_4$ 为共变关系。但在我们具体操作中，却发现了表 6-7 中的现象：当增列 $e_3<-->e_5$ 为共变关系之后，那么 "Amos Output" 的 "Modification Indices" 处高共变关系数量明显少于增列 $e_2<-->e_4$ 为共变关系之后的数量。说明增列 $e_3<-->e_5$ 为共变关系后带来的各项参考系数的积极变化较大。因此考虑首先增列 $e_3<-->e_5$ 为共变关系，之后进入模型验证。

表 6-7 $e_2<-->e_4$ 与 $e_3<-->e_5$ 独立增列成共变关系之后 Modification Indices 的对比

	$e_2<-->e_4$			$e_3<-->e_5$	
共变关系	MI	Par Change	共变关系	MI	Par Change
$e_2<-->e_5$	7.293	-0.923	$e_2<-->e_5$	6.741	-0.888
$e_1<-->e_4$	4.415	0.804	$e_1<-->e_4$	16.851	1.779
$e_1<-->e_3$	12.455	-1.406			
$e_1<-->e_2$	9.74	1.722			

2. 胜任力单因素模型的修正

（1）模型修正之后的参数概要

在胜任力单因素模型的基础上增列 $e_3<-->e_5$ 为共变关系之后，胜任力下属各维度的载荷发生了很大改变，从高到低为职业坚守、沟通与交流、探索与发现、反思与学习、教学与训练，各维度的载荷均大于 0.32，且具有显著性。

---

① 吴明隆. 结构方程模型：AMOS 操作与应用[M]. 2 版. 重庆：重庆大学出版社，2010：159.

同时模型适配度的各项指标发生了积极的变化,表 6-7 中,增列 e_3-e_5 为共变关系之后,模型中各指标 MI 大于 4 的数量很少,仅有 2 个。

修正后的胜任力单因素验证模型,在非标准化参数中,胜任力 5 个方面的误差项估计系数介于 3.843 至 15.985 之间,均为正数,提示模型没有违反模型基本适配度检验标准。适配度指标中,只有 χ^2/df 的值没有达到标准,其他所有适配度指标均处于或者接近(RMSEA 的值为 0.089)优秀范围(见表 6-8)。但关于 χ^2/df 的适配度合理性,多数学者都认为不能由于 χ^2/df 比值不佳,就认为模型适配度不佳。由于 χ^2/df 使用了卡方值除以自由度,显然 χ^2/df 值的大小受到了样本大小的影响,国外学者认为卡方值对样本大小非常敏感,样本值越大,卡方值就越容易达到显著,当样本在 200 以上时,整体模型适配度就需要借助其他适配指标来权衡"使用真实世界的数据来评价理论模型时,χ^2 统计通常的实质帮助不大"[①]。国内学者也认为 χ^2/df 不可能更正过多的统计上的检验问题[②]。

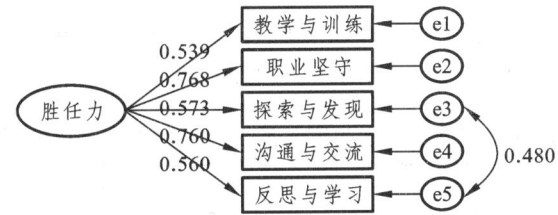

图 6-7 胜任力单因素模型修正后的验证结果图
Chi-square=24.413(p =0.000); DF=4; RMSEA=0.089

表 6-8 胜任力单因素模型修正之后的适配度摘要

拟合指标	GFI	AGFI	SRMR	RMSEA	NFI	CFI	IFI	TLI	χ^2/df
所测指标值	0.985	0.944	0.0321	0.089	0.976	0.980	0.980	0.950	6.103

尽管本次验证样本量是 651,远大于 200,而 χ^2/df 值仍然处于宽松规定值范围内。所给 9 个适配度指标中,有 7 个指标处于优秀范围。因此,经过修正后的胜任力单因素模型整体适配度良好,虽仍有修正的空间,但此处不再继续修正。

---

① RIGDON E. A necessary an sufficient identification rule for structural equation models estimated[J]. Multivariate behavioral research, 1995 (30): 359-383.

② 黄芳铭. 结构方程模式理论与应用[M]. 北京: 中国税务出版社, 2005: 41-42.

从表 6-9 的数据可知，当胜任力单因素模型进行修正之后，其下属的 5 个维度的因子载荷都具有高度显著性。

表 6-9　胜任力单因素模型修正之后的回归权重摘要

路径指向	未标准化因子载荷		标准化因子载荷	
	系数值	P	系数值	P
教学与训练<---胜任力	1	0.000	0.539	0.000
职业坚守<---胜任力	1.306	0.000	0.768	0.000
探索与发现<---胜任力	0.739	0.000	0.573	0.000
沟通与交流<---胜任力	0.897	0.000	0.760	0.000
反思与学习<---胜任力	0.786	0.000	0.560	0.000

（2）模型修正的可能原因

表 6-10 中，是胜任力量表下属"探索与发现"与"反思与学习"两个维度的具体题项，这两个变量从维度层面来看，都是在不断探索思考，其实质是在贵州民族地区中学体育教学岗位上学习新知识，在学习中探索、思考。

表 6-10　探索与发现维度与反思与学习维度的具体题项

探索与发现	反思与学习
18 我经常参加一些体育教改课题的研究	29 我能在工作之余进行体育以外的知识学习
19 我经常将当地传统体育改编之后纳入体育课堂教学	30 我经常上网或是阅读书报获取体育教学的最新信息
20 我能根据自己工作的需要选择自己的学习内容	31 我积极参加中小学体育教师的各种再培训
21 我经常在一些报刊上发表体育类的论文	32 我经常观摩各种体育说课竞赛，且认真做好笔录
22 面对大量的信息，我知道哪些是我所需要的	33 我会反思每次上课的情况并及时改正和完善

虽然从两个维度的具体题项内容来看，探索与发现维度题项侧重于观察事物、搜索各种问题、解决问题，而反思与学习维度侧重于学习教学业务知识、提升体育教学能力。但探索也是一种学习，反思教学也是一种思考探索，

这两方面考察了贵州民族地区中学体育教师积极主动认识当地中学体育教学工作中各种现象的能力，因此，二者存有一定的同质性。正因为这两个维度具有一定的同质性，在第四次调查中，651位当地中学体育教师，在面对这两个维度的时候，填答意向具有一定趋同性。

其实，在第五章胜任力中介效应的验证结果中，"探索与发现"与"反思与学习"两个维度也是中介模型修正的一个环节。那么在后面验证调节效应的过程中，很大可能需要增列这两个维度的测量误差为共变关系，进而改善调节模型的整体适配状况。

二、职业认同、胜任力各维度的配对方式

在AMOS26.0软件的单因素验证中，因素的各个指标对因素的回归权重就是各指标在因素上的载荷，有的文献将因素称为因子，因素的载荷也称为因子载荷。职业认同量表下属4个维度，按照载荷的高低排序为价值认同、持续认同、情感认同、能力认同，胜任力下属5个维度按照载荷高低排序为职业坚守、沟通与交流、探索与发现、反思与学习、教学与训练。如果按照"大配大，小配小"配对原则，那么"教学与训练"将会被舍弃。但"教学与训练"承载了其下属10个题项的信息，如果将其舍去，将会遗漏较多的信息。而且"探索与发现""反思与学习""教学与训练"三者之间的载荷非常接近。因此，这3个变量的舍弃，需要根据专业实际进行考量。

吴明隆教授认为，研究者应该根据相关的理论和经验法则为基础来建立模型，缺乏理论和经验基础的模型是脆弱的，是唯数据导向的，不完整的，同时模型的评估，除了考虑统计量，还必须兼顾理论建构的专业视角与实际意义[1]。体育教学能力主要体现在体育教师通过利用有效的方法和手段，充分发挥学生的主体作用，高效率完成体育教学任务。体育教学就是体育教师高效率地以身体练习为载体塑造学生身心的培养人的活动，要让学生在体育教学过程中获得身心的良性促进，教师就必须具备合格的体育教学能力。贵州民族地区中学体育教师需要充分理解体育健康课程标准，深刻理解体育运动与学生身心全面发展的联系。在实际教学过程中，具体到讲解、示范，激发

---

[1] 吴明隆. 结构方程模型：AMOS操作与应用[M]. 2版. 重庆：重庆大学出版社，2010：58.

学生练习体育动作的兴趣，引导学生在体育锻炼中团结协作、敏于思考。同时，当地中学体育教师还要在课余时间组织学生进行课余锻炼，定期带队外出参与各种竞赛。体育教师只有具备扎实的教学训练能力，才能为其发挥自身主导作用奠定坚实的基础。只有体育教师具备了高水平的教学与训练能力，学生才能掌握体育运动技术，享受体育乐趣。

因此，从题项损失和教学与训练能力是体育教师的基础素质等视角来看，胜任力下属的"教学与训练"在配对指标产生过程中不能被舍弃。这就要求"探索与发现"和"反思与学习"两个维度中舍弃一个，而两个维度的题项都是 5 项，取舍二者中的任何一方，都会有 5 个题项的信息将被舍弃，但较之舍弃"教学与训练"维度，信息缺损量就大为降低。"探索与发现"与"反思与学习"这两个变量从维度层面来看，都强调不断探索思考，其实质都是学习思考。从题项内容来看，探索与发现侧重于观察事物、解决问题、发现资源，而反思与学习侧重于学习教学业务知识、提升教学能力。因此二者相关系数较高（相关系数 0.621），这也是二者之间关系的真实反映。二者的题项数目均为 5 项，因此在二者去留上，本课题选择留下载荷较高的"探索与发现"。表 6-11 是职业认同、胜任力各指标的标准化回归系数（因子载荷）高低排序，由于指标配对的依据是负荷的完全标准化解，因此表 6-11 中罗列的是标准化回归系数。

表 6-11 职业认同、胜任力的因子载荷排序

职业认同因子载荷		胜任力因子载荷	
指标	系数值	指标	系数值
持续认同	0.787	职业坚守	0.768
价值认同	0.762	沟通与交流	0.760
情感认同	0.598	探索与发现	0.573
能力认同	0.369	教学与训练	0.539

通过以上分析，职业认同、教学与训练两个量表的交互项的具体配对指标是持续认同×职业坚守、价值认同×沟通与交流、情感认同×探索与发现、能力认同×教学与训练。这 4 个配对指标将被纳入后续的结构方程模型分析，为了便于理解，"交互项"于此后称为"调节项"。

三、先验模型的建构

图 6-8 是调节效应的统计模型，在本章第一节也提到过，此模型的表达式为 $Y = aX + bM + cXM + e$[①]。图中的数量关系用方程式这种数学公式来刻画。

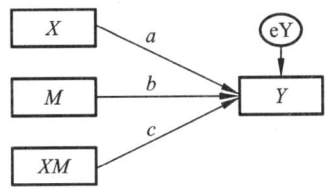

图 6-8 调节效应的统计模型

方程式中 a 是自变量 X 对因变量的 Y 的影响，b 是调节变量 M 对因变量 Y 的影响，c 是自变量 X 和调节变量 M 二者对因变量 Y 的交互影响。那么这种二者联合起来对 Y 的交互影响就称为调节，用式中 X 与 M 的乘积系数 c 来刻画。c 其实代表了 X 与 M 的交互效应，所以，这里的调节效应就是交互效应。但要明确的是，由于交互效应和调节效应在概念上不同，在调节效应中，需要将自变量和调节变量明确界定，那么在一个确定的调节模型中，交互效应和调节效应就能实现互换[②]。

显然，当 c 的绝对值越大，意味着自变量与调节变量配对之后对因变量的影响就越大，调节效应就越大，反之，则越小。因此，c 丈量了调节效应（moderating effect）大小，只要验证 c 的指标值及其显著性，就可以检验到调节效应的显著性。即，如果 c 不等于 0 且在统计学上具有显著性意义，那么就认为 m 的调节效应显著。由此可见，拟求证调节变量具备的调节作用，就必须求证 c 不等于 0，且在统计学上存有显著性。

图 6-9 是前人总结有关交互效应结构方程的基础上，搭建的潜变量交互效应模型示意图。只要将 ξ_1、ξ_2 中的一个明确为自变量，另一个确定为调节变量，那么这个模型就是潜变量调节效应模型示意图。

[①] 方杰，温忠麟，梁东梅，等. 基于多元回归的调节效应分析[J]. 心理科学，2015，38（3）：715-720.
[②] 温忠麟,侯杰泰,张雷. 调节效应与中介效应的比较和应用[J]. 心理学报,2005(2):268-274.

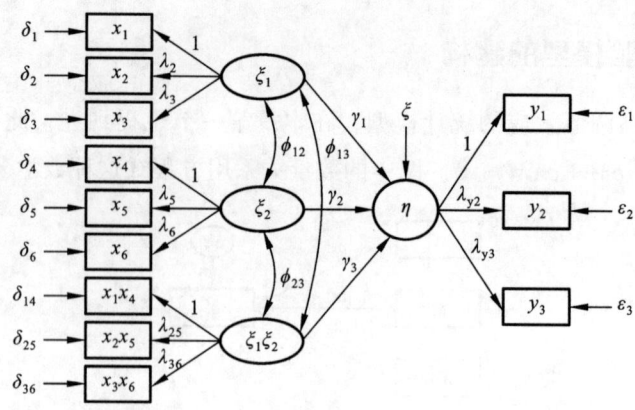

图 6-9 潜变量交互效应模型示意图（温忠麟、吴艳，2010）

对于给定的自变量和因变量，有的变量做中介变量和调节变量都是合适的，都可以从理论上给予解释。虽然交互效应和调节效应在概念上存有不同，但在调节效应中，自变量和调节变量是非常明确的，两个变量中，自变量和调节变量一经确定，就可以用交互效应的统计分析来做调节效应的统计，即在一个确定的调节模型中，只要将自变量和调节变量加以明确，那么"调节效应与交互效应从统计分析的角度看可以说是一样的"[①]。本研究，根据文献的提示，基于前面第五章贵州民族地区中学体育教师胜任力在职业认同影响其职业幸福感的过程中起着中介效应，认为胜任力在其中也起着调节效应。显然，贵州民族地区中学体育教师职业认同是自变量、职业幸福感是因变量，胜任力是调节变量。根据图 6-9，本研究搭建了胜任力在职业认同影响职业幸福感过程中的先验性调节模型图（图 6-10）。

职业认同的 4 个维度按照载荷高低分别是持续认同、价值认同、情感认同、能力认同。胜任力当下 4 个维度按照载荷高低分别是职业坚守、沟通与交流、探索与发现、教学与训练。那么 4 个配对指标的新名称为持续认同×职业坚守、价值认同×沟通与交流、情感认同×探索与发现、能力认同×教学与训练。在"数据 6"的 SPSS 窗口中就可以在中心化了的数据上完成 8 个维度按照因子载荷高低进行的"大配大、小配小"两两配对相乘，从而生成 4 个新变量，4 个新变量又组成调节项，为了区分前面的数据 6，新的数据库命名为"数据 7"。

---

① 温忠麟，吴艳. 潜变量交互效应建模方法演变与简化[J]. 心理科学进展，2010，18（8）：1306-1313.

图 6-10 中，职业认同是自变量、职业幸福感是因变量，胜任力是调节变量。在明确了调节变量的前提下，图 6-10 就是贵州民族地区中学体育教师胜任力在职业认同影响职业幸福感过程中的先验性调节模型图。接下来将借助 AMOS26.0 软件，导入"数据 7"中经过中心化处理的数据，进行调节效应的结构方程模型分析。

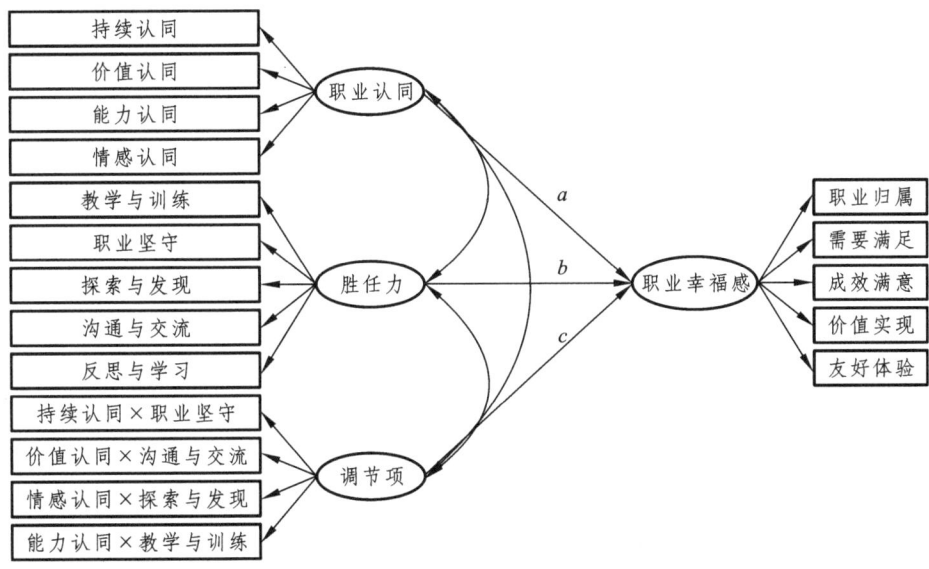

图 6-10 胜任力在职业认同影响职业幸福感过程中的先验性调节模型图

四、胜任力调节效应的结构方程模型分析

调节效应验证分两步：第一步是胜任力调节模型的验证，包括查验路径系数大小及其显著性、模型的适配情况；第二步是进行胜任力调节效应的检验与分析。

（一）结构方程模型的验证

1. 初始模型的验证

启动 AMOS26.0 程序，在 Amos Graphics 模块的绘图区绘制好建构的调节模型，为了清晰呈现各潜在变量的关系，每个潜在变量均按照原来名称命名。但交互项中，已经明确了自变量是职业认同，调节变量是胜任力，交互效应就可以确定为胜任力的调节效应，故将模型中的"交互项"命名为"调节项"。

AMOS26.0 可以直接读取"数据7"的 SPSS 数据文件。将职业认同下属 3 个维度、胜任力下属 5 个维度的中心化数据导入图中，同时将 4 个配对指标的数据导入图中"调节项"的下属 4 个维度。为了清晰地呈现模型验证的全程，在后续模型验证过程中，将借助 Bootstrap 模块进行各系数的 95%置信区间的显著性计算，计算次数都进行 5000 次的 Bootstrap 计算。如果模型需要修正，那么每一步修正也进行 95%置信区间的显著性计算，直至主要适配指标达标为止。本次操作（模型修正过程中均如此操作），在"Estimation"中选择"maximum likelihood"，即采用极大似然法估计各系数值。在"output"处勾选"standardized estimate""Modification Indices"，在"Bootstrap"处，将"Perform bootstrap"设置为"5000"，而"Bias-corrected confidence intervals"处设置成"95%"。软件运行后，在非标准化参数中，4 个潜变量下属共 18 个显变量的误差项估计系数介于 2.321 至 99.231 之间，均为正数，提示模型没有违反模型基本适配度检验标准。模型的标准化参数，输出结果如图 6-11。

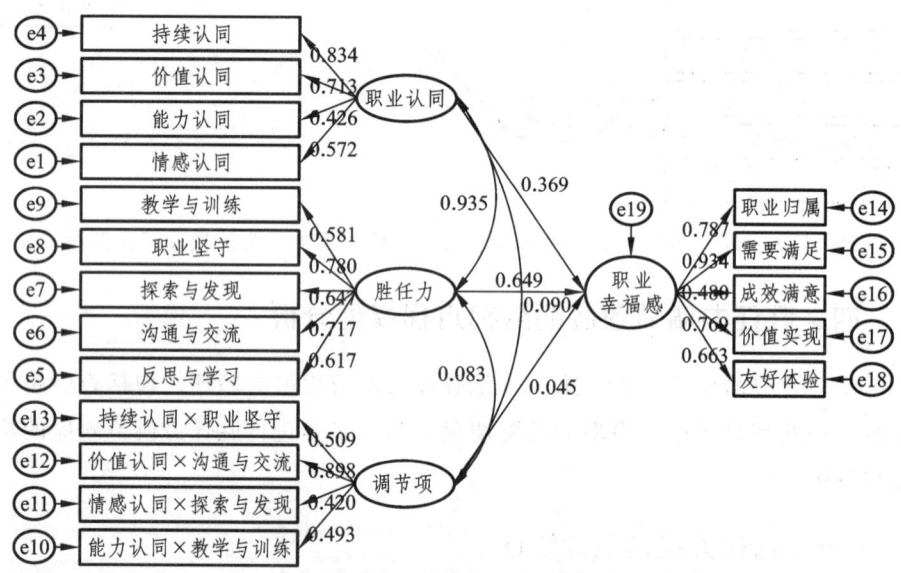

图 6-11 初始调节模型的验证结果图
Chi-square=907.996（p=0.000）；DF=130；RMSEA=0.096

表 6-12 中的 9 个指标，虽有 GFI、AGFI、NFI、CFI、IFI、TLI 这 6 个指标同时大于 0.7，且有 7 个指标达到可接受水平，模型可以接受。但 RMSEA 和 χ^2/df 这 2 个指标没能达到可接受水平，且所有指标中没有一个指标达到优秀水平。

表 6-12 调节模型初始模型的适配度摘要

拟合指标	GFI	AGFI	SRMR	RMSEA	NFI	CFI	IFI	TLI	χ^2/df
所测指标值	0.863	0.820	0.077	0.096	0.836	0.855	0.856	0.830	6.985

在表 6-13 中，是初始调节模型中各系数的检测结果，职业幸福感对职业认同和胜任力的回归系数具有高度显著性。职业幸福感对调节项的回归系数没有达到显著（0.051）。在"Estimates/Bootstrap"下属的"Bias-corrected percentile method"，可以看到标准化回归系数 95%置信区间的显著性概率值，为 0.022。因此，需要考虑将模型予以修正。在"Modification Indices"（模型修正指标）中的数据提示，初始模型中存有高共变关系，"e_2<-->e_9"的"MI"与"Par Change"值较大（表 6-14）。说明了初始调节模型有修正空间。因此，增列"e_2<-->e_9"为共变关系，进入验证程序。

表 6-13 初始调节模型的回归权重摘要

路径标签	路径指向	未标准化回归系数		标准化回归系数	
		系数值	P	系数值	P
a	职业幸福感<---职业认同	1.135	0.007	0.369	0.001
b	职业幸福感<---胜任力	0.958	0.000	0.649	0.000
c	职业幸福感<---调节项	0.026	0.051	0.045	0.022

表 6-14 初始调节模型高共变关系

共变关系	Modification Indices	Par Change
e_2<-->e_9	175.577	3.870
e_5<-->e_7	123.220	3.257

2. 调节模型第一次修正

（1）调节模型第一次修正后的参数摘要

在初始调节模型的基础上，增列"e_2<-->e_9"为共变关系，对模型进行第一次修正，经 AMOS26.0 检验，在非标准化参数中，4 个潜变量下属共 18 个显变量的误差项估计系数介于 3.356 至 99.219 之间，均为正数，提示模型没有违反模型基本适配度检验标准。模型的标准化参数，得到结果见图 6-12。

通过表 6-15、表 6-16 数据可知，模型的适配度指标值朝着积极的方向发生变化，均在朝着好的指标范围靠近，但 RMSEA 和 χ^2/df 还没达到可接受水平。表 6-16 中，部分系数有了变化，但非常微小。

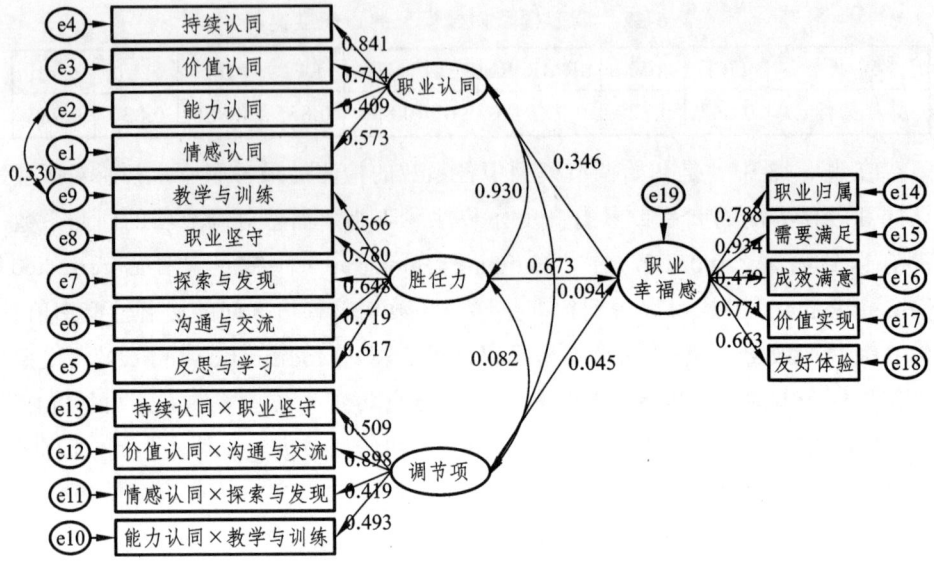

图 6-12 调节模型第一次修正之后的验证结果图
Chi-square=705.687（p=0.000）；DF=129；RMSEA=0.083

表 6-15 调节模型第一次修正后的适配度摘要

拟合指标	GFI	AGFI	SRMR	RMSEA	NFI	CFI	IFI	TLI	χ^2/df
所测指标值	0.886	0.849	0.072	0.083	0.872	0.893	0.893	0.873	5.470

表 6-16 调节模型第一次修正后的回归权重摘要

路径标签	路径指向	未标准化回归系数		标准化回归系数	
		系数值	P	系数值	P
a	职业幸福感<---职业认同	1.063	0.005	0.346	0.001
b	职业幸福感<---胜任力	0.995	0.000	0.673	0.000
c	职业幸福感<---调节项	0.026	0.055	0.045	0.024

从表 6-17 的"Modification Indices"中的信息来看，"e_5<-->e_7"，为高共变关系，MI 值为 123.177，期望改变值为"3.256"，提示在第一次修正之后，模型还是有较大的修正空间。

表 6-17 调节模型第一次修正后的高共变关系

共变关系	Modification Indices	Par Change
e_5<-->e_7	123.177	3.256
e_2<-->e_{13}	29.165	-4.895

(2)调节模型第一次修正的可能原因

"e_2<-->e_9",这两项测量误差项对应的具体维度是职业认同量表下属的能力认同、胜任力量表下属的教学与训练。两个维度的残差具有一定的共变性,究其原因,是被设置成共变关系的两个变量的某些题项所测量的心理特质存有类同。教学与训练、能力认同这两个变量分别属于胜任力、职业认同,从两个变量来看,教学与训练维度下属的 10 个题项,是考察当地中学体育教师训练学生、带队比赛能力,教学方法、手段的运用能力,综合教学能力,这些是贵州民族地区中学体育教师所具备的基础能力,是体育学科在当地中学区别其他学科的本质特征。而能力认同维度下属的 4 个题项,其实质是宏观上考察当地中学体育教师的综合能力,比如"我能够完成体育教师的各项工作""在工作中遇到一些问题,我相信自己有能力解决""我是一名非常称职的体育教师",这 3 项是测试当地中学体育教师的综合能力,其中就包括教学与训练能力。而"我掌握的知识和技能能够满足教学的要求",此项直接就是考察教学与训练能力。故,这两个维度存有一定的同质性(见表6-18)。当地中学体育教师对自己的能力认知倾向于体育教学与训练方面,在被问及所具备的能力或者能够完成任务时,其首先想到的是教学与训练能力。在第五章,胜任力的中介模型验证中,AMOS26.0 检测结果也提示了,需要将这两个维度进行修正。在胜任力调节作用的检验中,应当将这两个维度的测量误差设置成共变关系予以修正。

表 6-18 教学与训练、能力认同的具体题项

教学与训练	能力认同
1 学生在我的体育课上表现活跃且秩序井然	12 我能够完成体育教师的各项工作
2 我所授体育课曾经被评为示范课或者优质课	13 在工作中遇到一些问题,我相信自己有能力解决
3 我给学生讲解动作技术要领,语言清楚、具体而简洁	14 我是一名非常称职的体育教师
4 我认为学生需要锻炼并经常指导他们怎样锻炼	15 我掌握的知识和技能能够满足教学的要求
5 我参加过县市及以上级别的教学比赛,并获得优胜	

续表

教学与训练	能力认同
6 我训练的学生在县级及以上比赛中获得较好名次	
7 我经常安排时间让学生进行讨论和比赛	
8 学生上课消极胆怯时,我会和他们一起完成动作	
9 我会用多媒体屏幕将不能做示范的动作展示给学生	
10 课堂上我能及时发现学生练习时的问题并及时调整	

3. 调节模型的第二次修正

(1)调节模型第二次修正后的参数摘要

在第一次修正模型的基础上,增列"$e_5<-->e_7$"为共变关系,对模型进行二次修正及检验,经过 AMOS26.0 软件检测之后,在非标准化参数中,4 个潜变量下属共 18 个显变量的误差项估计系数介于 3.313 至 99.512 之间,均为正数,提示模型没有违反模型基本适配度检验标准。模型的标准化参数,结果如图 6-13。

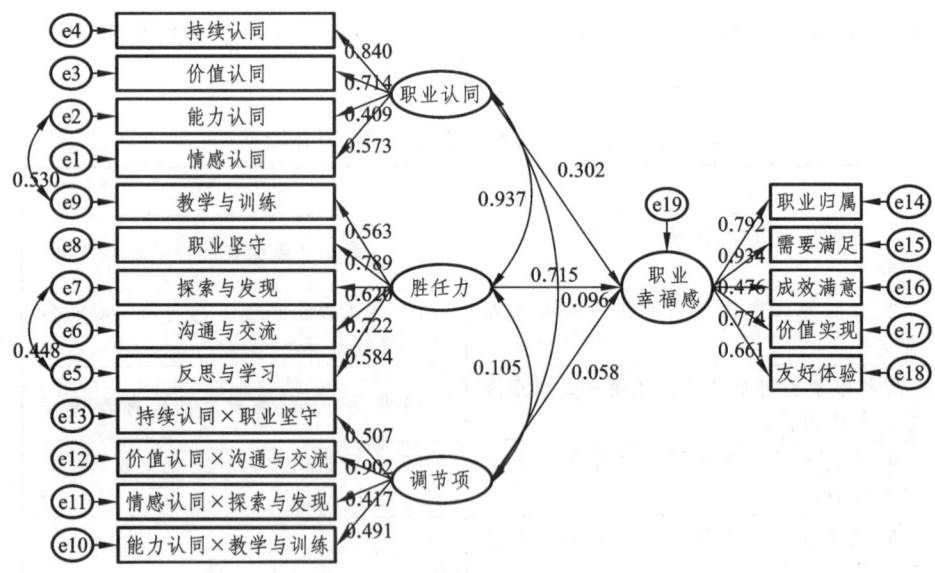

图 6-13 调节模型第二次修正之后的验证结果图
Chi-square=572.023(p=0.000);DF=128;RMSEA=0.07

由表6-19可知，在经过第二次修正之后，调节模型的适配度指标有了质的改善。所有指标均达到了可接受的标准，其中的GFI、CFI、IFI、TLI值处于优秀水平。AGFI和NFI非常接近优秀水平，因此，第二次修正之后，调节模型的适配度较好。职业幸福感对职业认同、胜任力、调节项的路径系数均具有显著性（见表6-20）。

表6-19 调节模型第二次修正后的适配度摘要

拟合指标	GFI	AGFI	SRMR	RMSEA	NFI	CFI	IFI	TLI	χ^2/df
第二次修正模型	0.906	0.875	0.070	0.073	0.897	0.917	0.918	0.901	4.469

表6-20 调节模型第二次修正后的回归权重摘要

路径标签	路径指向	未标准化回归系数		标准化回归系数	
		系数值	P	系数值	P
a	职业幸福感<---职业认同	0.933	0.030	0.302	0.001
b	职业幸福感<---胜任力	1.124	0.000	0.715	0.000
c	职业幸福感<---调节项	0.034	0.016	0.058	0.003

（2）调节模型第二次修正的可能原因

"e_5<-->e_7"这对存有共变关系的测量误差项所对应的具体维度是反思与学习、探索与发现。虽然，反思与学习侧重于测试当地中学体育教师学习知识、反思教学的能力，探索与发现侧重于测试信息收集、研讨的能力，但探索需要思考，学习需要收集整理资料。因此，这两个维度在测试当地中学体育教师思考与学习能力上有着一定的共性（见表6-21）。本研究在前面第五章中介模型验证及本章胜任力单因子验证分析中，均出现了这两个维度的修正且做了相应说明，此处不再赘述。

表6-21 探索与发现维度与反思与学习维度的具体题项

探索与发现	反思与学习
18 我经常参加一些体育教改课题的研究	29 我能在工作之余进行体育以外的知识学习
19 我经常将当地传统体育改编之后纳入体育课堂教学	30 我经常上网或是阅读书报获取体育教学的最新信息
20 我能根据自己工作的需要选择自己的学习内容	31 我积极参加中小学体育教师的各种再培训

续表

探索与发现	反思与学习
21 我经常在一些报刊上发表体育类的论文	32 我经常观摩各种体育说课竞赛，且认真做好笔录
22 面对大量的信息，我知道那些是我所需要的	33 我会反思每次上课的情况并及时改正和完善

4. 调节模型修正前后的对比

为了直白地呈现出经过两次修正后各适配指标的具体变化，将调节效应结构方程模型修正前后的模型适配度（表6-22）、路径系数（表6-23）进行对比。经过两次修正后的模型整体适配度发生了积极的改变。只有 SRMR、RMSEA、χ^2/df 这3个值没有达到优秀指标范围，AGFI、NFI 非常接近优秀范围，其他指标均达到了优秀水平。在第二次修正后，调节模型从整体上达到了适配标准，因此模型不再修正。我们可以看到，经过 AMOS26.0 软件的检验，调节模型适配度良好，需要验证的3个路径系数 a、b、c 均达到了显著水平。

表6-22 调节模型第二次修正后的适配度摘要

拟合指标	GFI	AGFI	SRMR	RMSEA	NFI	CFI	IFI	TLI	χ^2/df
初始模型	0.863	0.820	0.077	0.096	0.836	0.855	0.856	0.830	6.985
第二次修正模型	0.906	0.875	0.070	0.073	0.897	0.917	0.918	0.901	4.469

表6-23 调节模型修正前后的标准化回归权重的对比

路径标签	路径指向	初始模型标准化路径系数		第二次修正之后模型标准化回归系数	
		系数值	P	系数值	P
a	职业幸福感<---职业认同	0.369	0.001	0.302	0.001
b	职业幸福感<---胜任力	0.649	0.000	0.715	0.000
c	职业幸福感<---调节项	0.045	0.022	0.058	0.003

（二）胜任力调节效应的检验

在本次模型检验中，在检验之前，已经确定了模型中的职业认同是自变量、职业幸福感是因变量，胜任力是调节变量。3个变量的"身份"明确，那么职业认同与胜任力的交互效应，就是调节效应。

前面提到，如果职业幸福感对调节项的回归系数 c 不等于 0 且在统计学上具有显著性意义，那么就认为胜任力 m 的调节效应显著。即 c 不等于 0，且在统计学上存有显著性，那么胜任力调节效应显著。

从表 6-23 中可知，"职业幸福感<---交互项"的标准化回归权重，即路径系数 c 的数值为 0.058，显著性为 0.003。这提示本章第一节提出的假设 2 成立，即贵州民族地区中学体育教师胜任力在职业认同影响其职业幸福感的过程中起着显著的正向调节作用。

五、Process 统计结果与结构方程模型统计结果的综合分析

本研究借助 Process 插件与 AMOS26.0 进行具体的统计。Process 插件和结构方程模型分析（SEM）各有长短。借助 Process 插件从胜任力、职业认同和职业幸福感的总体得分上去检验调节效应，那么就会遗漏职业认同、胜任力下属各维度的具体信息。如果采用 AMOS 软件深入职业认同、胜任力下属各维度具体得分去检验胜任力的调节效应，由于职业认同和胜任力各自下属的维度数目不一致，在配对指标产生的时候，也会出现维度的舍弃。本课题对 Process 和 AMOS26.0 的统计检验结果均存有顾虑。为了克服这一问题，在两种统计工具中取长补短，课题采取 Process 和结构方程模型联合检验的方式。综合两种检测工具的检验结果验证本章提出的假设。采取这样的措施是为了较为真实地反映出胜任力在职业认同和职业幸福感之间是否具备调节作用，同时可以对比显变量验证和潜变量验证在本研究中呈现出的特征，从而为从事贵州民族地区体育师资相关研究的后来者在统计验证方法手段上的选取提供些许参考。

由于 Process 插件检验输出结果提供的是非标准化统计量的显著性，但本研究的数据之间没有量纲上的差异，且在调节效应检验之前，数据都做了中心化处理，故非标准化统计量的显著性可以代表标准化统计量的显著性。因而在表 6-24 中，将 Process 检验和 AMOS26.0 检验的未标准化回归系数罗列出来。从表中数据可知，Process 检验的调节系数为 0.0061，经 Bootstrap5000 次抽样计算，该统计量具有显著性，调节作用为 0.0037，具有显著性。AMOS 检验中，职业幸福感对调节项的回归系数为 0.034，同样具有显著性。

表 6-24　Process 调节效应检验与 AMOS 调节效应检验统计量的对比

标签	路径指向	未标准化回归系数		区间下限值		区间上限值		显著性	
		Process	Amos	Process	Amos	Process	Amos	Process	Amos
a	职业幸福感<---职业认同	0.638	0.933	0.535	0.142	0.740	0.431	0.000	0.030
b	职业幸福感<---胜任力	0.563	1.124	0.505	0.588	0.620	0.867	0.000	0.000
c	职业幸福感<---调节项	0.006	0.034	0.002	0.020	0.010	0.098	0.015	0.016

两种检验工具的检验过程具备各自的优势，也有其不足之处，故两种工具检验的结果可以互补，互相参考。两种工具检验的 c 值均不为 0 且具有显著性，均支持本章第一节的假设 2。两个检验工具给出调节项系数 c 的值，其显著性都小于 0.05，说明胜任力的调节效应具有显著性。

贵州民族地区中学体育教师胜任力在其职业认同影响职业幸福感的过程中起着显著的调节作用，本书第一章（绪论）中的"假设 4"获得验证。当地中学体育教师的胜任力水平越高，其职业认同就会更为强烈地提升其职业幸福感。

第四节　本章小结

本课题采用 Bootstrap 抽样法、配对乘积指标法、结构方程模型等方法，借助 Process 插件和 AMOS26.0 软件对贵州民族地区中学体育教师胜任力在职业认同影响职业幸福感过程中的调节作用进行了检验。整体上，两种检测工具的统计检验结果一致。建议从事相关研究的同行在进行类似统计检验时采取 Process 插件和结构方程模型的联合检验，两种检验可以互为参照。

贵州民族地区中学体育教师胜任力在其职业认同与职业幸福感之间存有显著的调节作用。职业认同是职业幸福感的重要前置变量，而胜任力是职业认同影响职业幸福感的"助推剂"。这提示我们，当地中学体育教师胜任力在其职业幸福感对职业认同的回归中存有显著的调节作用，职业认同对职业幸福感具有正向促进作用，而随着胜任力水平的提高，其对职业幸福感的助推作用就更高。

第七章 贵州民族地区中学体育教师职业幸福感提升策略

本章中，笔者立足前文的研究结果，结合平时的调查访谈，提出贵州民族地区中学体育教师职业幸福感提升策略。

第一节 本研究策略提出的立足点

研究客观现象的目的是探寻现象后的规律，为人们的行为提供依据。求证贵州民族地区中学体育教师职业认同是影响其职业幸福感的重要因素，胜任力是这种影响过程中的中介和调节因素，其目的是为加快贵州民族地区中学体育教师队伍的高质量建设、促进当地中学体育教育教学高质量建设的施策提供参考。分析贵州民族地区中学体育教师职业幸福感的影响因素，有利于提高当地中学体育教师职业幸福感，促进其安心、静心、舒心从教，最终促进当地中学体育教育教学工作高质量发展。

本研究，根据前人研究报告及现实情况提出假设：贵州民族地区中学体育教师职业认同是其职业幸福感的正向预测变量，而胜任力在其中具有中介和调节效应。研究中将所选取的测评量表进行修正，使其成为测量当地中学体育教师职业认同、胜任力、职业幸福感的有效测评工具。第三章，在调查数据基础上，获取了当地中学体育教师职业认同、职业幸福感、胜任力在七个人口统计学变量上呈现出的特征。在第四章、第五章、第六章，借助多元回归分析、Process 检验、结构方程模型，求证了贵州民族地区中学体育教师职业认同是其职业幸福感的前因变量，且胜任力在其中起到了中介和调节作用。前面章节的研究结果是为通过提高当地中学体育教师职业认同和胜任力提高其职业幸福感提供有力的支撑，进而为当地中学体育教师职业幸福感提升策略提供依据。

一、立足贵州民族地区中学体育教师职业认同、职业幸福感、胜任力现状

贵州民族地区中学体育教师职业认同是其职业幸福感的正向预测变量，且胜任力在其中起着部分中介作用和调节作用，增强当地中学体育教师职业认同，提高其胜任力水平就是提高职业幸福感的具体途径。那么哪些类别的当地中学体育教师的职业幸福感高或者低呢？即当地中学体育教师职业认同、胜任力、职业幸福感这三个变量内部的人口统计学特征是什么？此问题获得解答后，则可以明确贵州民族地区中学体育教师职业认同、胜任力、职业幸福感需要提升的具体群体。同时，当地中学体育教师在这 3 个变量的具体维度上呈现出哪些特征？哪些维度需要提升？这两个问题得到回答后，当地中学体育教师在三个变量上提升的具体内容就更加清晰具体。

在第三章，笔者已经对贵州民族地区中学体育教师职业认同、胜任力、职业幸福感的现状进行了分析，将 7 个分类变量下，各分类变量内部的各群体进行了对比分析，并呈现出其中的特征。对比分析的结果，就是我们提升当地中学体育教师职业幸福感立足的具体依据。这些特征在第三章已经具体进行了分析。为让读者一目了然地阅览当地中学体育教师职业认同、胜任力、职业幸福感呈现的人口统计学特征，本章将第三章这 3 个变量的具体情况以表格的形式整理如下（见表 7-1）。

表 7-1 贵州民族地区中学体育教师职业认同、职业幸福感、胜任力现状概要

变量	职业认同	职业幸福感	胜任力
性别	女教师能力认同低于男教师；而价值认同高于男教师	女教师成效满意高于男教师	女教师反思与学习高于男教师
工作地	乡镇教师的持续认同、能力认同和职业认同显著低于城市教师	乡镇教师的职业幸福感、职业归属、需要满足、价值实现、友好体验低于城市教师	乡镇教师的职业坚守、探索与发现、沟通与交流、胜任力低于城市教师

续表

变量	职业认同	职业幸福感	胜任力
年龄	30岁以下、40至49岁年龄段教师的职业认同表现突出，30至39岁教师职业认同最低	职业幸福感及其下属五个维度上的得分几乎都是按照50岁以上、30岁以下、40岁至49岁、30至39岁的顺序依次递减。且50岁以上、30岁以下、40岁至49岁的教师显著高于30至39岁年龄段教师	30岁以下、30至39岁教师的教学与训练能力低于40至49岁、50岁以上年龄段教师。30至39岁教师，在教学与训练能力上高于30岁以下教师，在胜任力及其他维度上低于或者显著低于其他年龄段的当地中学体育教师
学段	高中教师的情感认同高于初中教师	初中教师的价值实现低于高中教师	高中教师的沟通与交流、反思与学习这2个维度高于初中教师
学历	中专、大专教师的持续认同低于本科、研究生教师；价值认同随着学历上升而显著上升；大专、研究生教师的情感认同高于中专、本科教师；总体上随着学历上升显著上升	研究生学历教师高于本科学历教师、专科学历教师、中专学历教师。而本科学历教师高于中专学历、大专学历教师	教学与训练维度的得分无学历层次差异。在职业坚守、探索与发现、沟通与交流、反思与学习及胜任力整体上，按照大专学历、本科学历、研究生学历的次序显著增高
职称	持续认同、价值认同上，按照二级、一级、三级、高级的顺序显著升高；能力认同、情感认同上，按照三级、二级、一级、高级的顺序显著升高。高级职称教师职业认同较高	按照二级、一级、三级、高级的职称顺序依次升高，其中高级职称教师显著高于其他职称教师，一级和三级职称教师显著高于二级职称教师	除了教学与训练维度之外，贵州民族地区中学体育教师的胜任力呈现出"两端大、中间小"的特征。二级职称教师得分显著低于其他职称级别的教师
绩效	高绩效教师全面高于一般绩效教师	高绩效教师全面高于一般绩效教师	高绩效教师全面高于一般绩效教师

注：限于表格的空间，贵州民族地区中学体育教师用"教师"替代。表中的"高于"和"低于"表示第三章对比分析中，具显著性意义的结果。

通过表7-1，7个不同分类变量下的贵州民族地区中学体育教师的职业认同、胜任力、职业幸福感的现状特征得到较为清晰地展示。从这些信息中，我们可以大体上总结归纳出各分类变量下哪些当地中学体育教师的职业认同、胜任力需要提升，进而采取措施提升当地中学体育教师的职业幸福感。总体上看，除了研究生学历、高绩效这两个类别的当地中学体育教师的职业认同、胜任力、职业幸福感有着较好的得分，其他类别当地中学体育教师得分不容乐观。

表 7-2，是贵州民族地区中学体育教师各分类变量下，职业认同和胜任力需要提升的群体。性别变量上，当地女性中学体育教师能力认同，男性中学体育教师的价值认同、教学反思与学习需要提升。工作地变量上，当地乡镇中学体育教师的职业认同和胜任力均需要提升。年龄变量上，30 至 39 岁当地中学体育教师在 3 个变量上的得分均很低，其职业认同及胜任力急需提升。学段变量上，当地初中体育教师的情感认同、沟通与交流、反思与学习需要提升。学历变量上，中专、大专学历的当地中学体育教师的持续认同、价值认同、职业坚守、探索与发现、沟通与交流、反思与学习需要提升。职称变量上，三级职称当地中学体育教师的能力认同、情感认同需要加强，二级职称当地中学体育教师的持续认同、价值认同、职业坚守、探索与发现、沟通与交流、反思与学习需要加强。绩效变量上，当地一般绩效中学体育教师全面低于高绩效教师。

表 7-2　贵州民族地区中学体育教师各分类变量下，职业认同和胜任力需要提升的群体

分类变量	职业认同	职业幸福感	胜任力
性别	女教师能力认同 男教师价值认同	男教师成效满意	男教师反思与学习
工作驻地	乡镇教师的持续认同、能力认同和职业认同	乡镇教师的职业幸福感、职业归属、需要满足、价值实现、友好体验	乡镇教师的职业坚守、探索与发现、沟通与交流、胜任力低于城市教师
年龄	30 至 39 岁教师的职业认同	30 至 39 岁年段教师	30 岁以下的教学与训练能力 30 至 39 岁教师在胜任力及职业坚守、探索与发现、沟通与交流、反思与学习
学段	初中教师的情感认同	初中教师的价值实现	初中教师的沟通与交流、反思与学习

续表

分类变量	职业认同	职业幸福感	胜任力
学历	中专、大专教师的持续认同、价值认同；本科、中专教师的情感认同	中专、大专学历教师的职业幸福感及所有下属维度	中专、大专学历教师的胜任力及下属的职业坚守、探索与发现、沟通与交流、反思与学习
职称	三级教师的能力认同、情感认同；二级教师的持续认同、价值认同	二级教师的职业幸福感及下属所有维度	二级教师的职业坚守、探索与发现、沟通与交流、反思与学习
绩效	一般绩效教师的持续认同、价值认同、能力认同、情感认同	一般绩效教师的职业归属维度、需要满足、成效满意、价值实现、友好体验	一般绩效教师的教学与训练、职业坚守、探索与发现、沟通与交流、反思与学习

注：限于表格中的空间，贵州民族地区中学体育教师用"教师"替代。

当地高绩效中学体育教师几乎在所有维度的得分均接近或超过了"4"的水平。硕士研究生学历教师需要提升能力认同和教学与训练能力，其他方面，这一学历层次的教师，得分也超过了"4"的水平。当地乡镇中学体育教师、30至39岁年龄段中学体育教师在所有维度上均需要提升。这两个教师群体，是当地中学体育教师职业幸福感提升的重点对象。

二、立足贵州民族地区中学体育教师职业幸福感的前因变量和中介变量

从贵州民族地区中学体育教师职业认同、胜任力的现状特征，我们可以了解到7个分类变量下，哪些分类群体需要在职业认同和胜任力下属维度上提升。而当地中学体育教师职业认同下属有4个维度，胜任力下属有5个维度，这些维度中的哪些维度对当地中学体育教师职业幸福感影响大或者小呢？回答了这个问题，我们就可以在诸多矛盾中找到主要矛盾，提出更具针对性的策略。

探索一个变量是怎样受到其他一个变量或多个变量影响及其影响的具体程度时，需要借助回归分析这种数量分析方法。回归分析注重探究变量之间的数量变化规律，通过回归方程的形式来呈现变量之间的关系。在第四章中，

我们对贵州民族地区中学体育教师职业幸福感对其职业认同的回归模型进行了探索。得到了如下回归方程。

$$\hat{y} = 15.566 + 2.089x_1 + 0.978x_2 + 1.181x_3 + 0.864x_4$$

上面方程中，$\hat{y}$ 是贵州民族地区中学体育教师职业幸福感的近似值。x_1 代表持续认同、x_2 代表价值认同、x_3 代表能力认同、x_4 代表情感认同。通过上面回归方程，可以了解到贵州民族地区中学体育教师职业认同下属四个维度对职业幸福感的影响强度依次为持续认同、价值认同、能力认同、情感认同。

本书第五章，对贵州民族地区中学体育教师胜任力在职业认同影响职业幸福感的过程中所起到的作用进行了验证。经过两种统计工具检验之后发现，贵州民族地区中学体育教师胜任力在职业认同影响职业幸福感的过程中，起到了部分中介作用。胜任力内部的 5 个维度在这一过程中的中介效应呈现出不同态势，探索与发现、反思与学习在这一过程中的中介效应不显著。另外 3 个维度各自的中介效应显著。在这一过程中，具有显著中介作用的 3 个维度，其重要性也不同，从显著性角度看，教学与训练最为重要、其次为沟通与交流，最后为职业坚守。

本书第六章，贵州民族地区中学体育教师胜任力在其职业认同与职业幸福感之间存有显著的调节作用。职业认同是职业幸福感的重要前因变量，而胜任力是职业认同影响职业幸福感的"助推剂"。职业认同对职业幸福感具有正向促进作用，而随着胜任力水平的提高，其对职业幸福感的助推作用就更高。

胜任力的调节效应检验中，看不到当地中学体育教师胜任力下属维度具体的调节效应，但胜任力下属 5 个维度的具体中介机制是明确的。结合职业认同对职业幸福感的影响机制，我们用表 7-3 将职业认同和胜任力及其各维度对职业幸福感的影响程度做一个总结。职业认同下属 4 个维度对职业幸福感具有显著的预测作用。胜任力下属的教学与训练、职业坚守、沟通与交流这 3 个变量的中介作用显著，而探索与发现、反思与学习这 2 个维度被证明无显著的中介效应。虽然胜任力下属 5 个中介变量中，教学与训练、职业坚守、沟通与交流、反思与学习的中介效应之间的差距不明显，但 5 个变量各自的中介效应占总中介效应的比值，探索与发现、反思与学习的不显著，而教学与训练、职业坚守、沟通与交流的则具有显著性意义。

表 7-3 体现贵州民族地区中学体育教师职业认同对其职业幸福感的预测

作用（数据来自前面第四章多元回归分析）、胜任力对职业幸福感的中介效应（数据来自前面第五章的 AMOS 检验），胜任力对职业幸福感的调节效应（数据来自前面第六章的 Process 检验、AMOS 检验）。本研究在"define new estimands"进行命令语法输入，函数命令运行，其结果提供了胜任力及其下属 5 个变量各自标准化中介效应的显著性概率值，为了统一参数形式，表 7-3 中罗列了各参数的标准化值及其显著性。

表 7-3 职业认同、胜任力下属各变量对职业幸福感作用强度约定

变量			影响系数/效应显著性检验		作用强度
	维度	所起作用	系数/效应值	P	一般
职业认同	持续认同	预测	0.504	0.000	很强
	价值认同	预测	0.218	0.000	很强
	能力认同	预测	0.174	0.000	很强
	情感认同	预测	0.114	0.000	很强
胜任力	教学与训练	中介效应	0.083	0.000	很强
	沟通与交流	中介效应	0.167	0.002	强
	职业坚守	中介效应	0.116	0.016	较强
	反思与学习	中介效应	0.072	0.153	一般
	探索与发现	中介效应	0.006	0.939	一般
	胜任力	中介效应	0.444	0.005	强
	胜任力	调节效应	0.058	0.003	强

注："$P \leqslant 0.01$"代表高度显著性，"$0.01 < P \leqslant 0.05$"代表显著性；表中的强度是基于各变量在多元回归分析、中介效应和调节效应中，其影响系数或所起作用显著性大小来进行的约定。

本研究在此依据各变量对幸福感的预测作用、中介效应、调节效应的显著性，约定各变量对幸福感的作用强度，将职业认同下属 4 个变量、胜任力下属 5 个变量对职业幸福感作用的大小用"重要程度"来进行定性衡量。表 7-3 中，为了更清晰地呈现职业认同和胜任力下属各维度对职业幸福感的作用，将作用强度具体约定为"一般""较强""强""很强"四个水平，其中"一

般"表示作用没有显著性,"较强"表示作用的显著性介于 0.01 至 0.05 之间（0.01＜P≤0.05）,"强"表示作用的显著性介于 0.001 至 0.01 之间（0.001＜P≤0.01）,"很强"表示作用的显著性小于 0.001（P≤0.001）。经过如此的转换，可以一目了然地了解到当地中学体育教师职业认同下属各维度、胜任力及其下属各维度对职业幸福感的重要性。职业认同下属的 4 个维度，因为对职业幸福感预测作用的显著性均小于 0.001，故 4 个维度的重要程度全部为"很强"的水平。胜任力下属的 5 个维度，教学与训练维度的中介效应显著性小于 0.001，所以其重要程度为"很强"水平。沟通与交流维度的中介效应显著性介于 0.001 至 0.01 之间，那么其重要程度为"强"水平。职业坚守维度的中介效应显著性介于 0.01 至 0.05 之间，那么其重要程度为"较强"水平。反思与学习和探索与发现这两个维度的中介效应显著性大于 0.05，因此，其中介作用强度为"一般"水平。胜任力的中介效应、调节效应显著性均介于 0.001 至 0.01 之间，故属于"较强"水平。确定了各变量的重要程度，在探寻提升当地中学体育教师职业幸福感的策略时，我们就可以清晰地看出当地中学体育教师职业认同与胜任力的哪些具体方面需要提升，以此提升其职业幸福感，使当地中学体育教师队伍建设工作有的放矢。

三、贵州民族地区中学体育教师职业幸福感提升的重点方向

探寻贵州民族地区中学体育教师职业认同对其职业幸福感的影响及胜任力在二者间所起到的作用，其目的就是提高当地中学体育教师职业幸福感。找到当地中学体育教师职业认同和胜任力下属各维度对其职业幸福感影响的具体强度之后，提升当地中学体育教师职业幸福感的具体路径就集中到完善这些维度的工作上来。同时结合当地中学体育教师职业认同和胜任力所呈现出的特征，就可以为贵州民族地区教育行政部门在提升当地中学体育教师职业幸福感的工作上精准施策提供较为准确的参考。结合表 7-1、表 7-2、表 7-3 的信息，我们可以将贵州民族地区中学体育教师职业幸福感提升的重点方向进行总结。

表 7-4 就是在总结贵州民族地区中学体育教师职业认同、胜任力现状特征及职业认同对职业幸福感的预测机制，胜任力在职业认同影响职业幸福感的过程所起的中介作用的基础上形成的。表格中的信息是寻求贵州民族地区

中学体育教师职业幸福感提升的突破点，是当地教育行政部门提升中学体育教师职业幸福感的重点方向。

表 7-4　贵州民族地区中学体育教师职业认同和胜任力需要提升的重点方向

分类变量	职业认同	胜任力
性别	女教师能力认同，男教师价值认同	男教师的反思与学习
工作驻地	乡镇教师的持续认同、能力认同和职业认同	乡镇教师的沟通与交流、职业坚守
年龄	30 至 39 岁教师职业认同	30 岁以下教师的教学与训练能力 30 至 39 岁教师的沟通与交流、职业坚守
学段	初中教师的情感认同	初中教师的沟通与交流、反思与学习
学历	中专、大专学历教师的持续认同、价值认同；本科、中专教师的情感认同	中专、大专学历教师的沟通与交流、职业坚守
职称	三级教师的能力认同、情感认同 二级教师的持续认同、价值认同	二级教师的沟通与交流、职业坚守
绩效	一般绩效教师的持续认同、价值认同、能力认同、情感认同	一般绩效教师的教学与训练、沟通与交流、职业坚守

注：限于表格中的空间，贵州民族地区中学体育教师用"教师"替代。

这里需要明确的是，虽然胜任力下属的反思与学习、探索与发现这两个维度在职业认同影响职业幸福感的过程中所起的中介作用强度只是一般水平，但并不意味着这两个维度在提升当地中学体育教师职业幸福感的工作中，就可以忽略。在工作实践中，有重点突破，也要有全面跟进。因此，在突破前述重点方向的同时也要兼顾"一般"程度影响因素的提高。

第二节　贵州民族地区中学体育教师职业认同、胜任力的提升策略

明确了贵州民族地区中学体育教师职业认同、胜任力下属维度提升的重点，接下来就是根据这些重点，结合调查的信息，提出在这些重点维度的提升策略。本研究采用的职业认同和胜任力测评工具，两个测评量表各自下属

维度的命名清晰具体，量表内部各维度之间的结构效度较好。但职业认同与胜任力在下属某些维度上具有一定的同质性，这是因为职业认同和胜任力本身是潜在构念，都需要下属诸多维度来体现。职业认同和胜任力下属各变量之间无可避免地会出现重叠。例如，职业认同下属的能力认同维度包含4个题项，其中，第12、13、15这3个题项是从宏观上考察当地中学体育教师的综合能力，这些综合能力就包括教学与训练能力。而其中的第14题，直接就是考察当地中学体育教师的教学能力。胜任力下属的教学与训练维度的10个题项是从教学方法、手段、运动竞赛等方面考察当地中学体育教师的能力。那么这两个维度就不可避免地出现了测试特质上的重叠。因此，策略提出后如果得以实施，其产生的效应不是单一的，而是在各事物及事物的诸多方面均可能产生叠加效应。

鉴于以上情况，本研究以贵州民族地区中学体育教师职业认同和胜任力为立足点提出的策略，可能同时对几个维度产生效应。策略包括当地中学体育教师专业尊严提升、专业能力提升、专业认证落实、专业政策扶持4个方面。

一、专业尊严提升：贵州民族地区中学体育教师职业幸福感提升的底色

"工作就是人生的价值，人生的欢乐，也是幸福之所在。"这是罗丹说过的一句名言。职业理想获得实现、价值得到体现、潜能得以发挥、同时伴随着自己专业发展所获得的持续快乐体验就是职业幸福[1][2]。可见，在职业过程中体现自身价值，是教师职业幸福感的重要内容。价值是客体对主体表现出来的积极意义和有用性[3]。教师所从事的工作及对社会的意义得到所处社会的认可和尊重，其价值随之得到体现。换句话来讲，教师要使自己从事的专业工作获得所处社会的关注、重视，必须体现出其专业工作对社会的价值，这就是教师的专业尊严。贵州民族地区中学体育教师要获得职业幸福感，必须在专业工作过程中体现其价值，获得专业尊严，这是当地中学体育教师获得职业幸福感的底色。从胜任力和职业认同的视角提升这种底色厚度，是提升

---

[1] 苗元江. 从幸福感到幸福指数：发展中的幸福感研究[J]. 南京社会科学, 2009(11): 103-108.
[2] 李郭保. 农村初中教师职业幸福感的调查研究[D]. 上海：华东师范大学, 2007.
[3] 肖前. 马克思主义哲学原理[M]. 北京：中国人民大学出版社, 1994: 686.

贵州民族地区中学体育教师职业幸福感的重要途径。

（一）专业尊严：教师价值的不可替代性

1. 教师专业尊严

《荀子·致士》最早提到尊严，"尊严而惮，可以为师"，意即教师不仅要拥有广博的学识，还要有尊严、有威信。尊严的概念丰富而宽泛，其内涵因种族、地域、时间甚至语境的不同而被人们赋予不同的意义。

当前对尊严概念的诠释，多处于描述性层面。有人对尊严进行了归纳总结，认为尊严有心理学和社会学两个视角的解释：一方面强调主体对自身价值和重要性的主观感受，另一方面强调主体因自身状况被他人给出了评价性认可之后的感受。教师尊严也可以从这两个方面进行理解[1]。心理学上的教师尊严，是教师"自尊意识的确立与强化"，即"自尊感"。社会学上的教师尊严，是教师在社会关系中，其自身价值被他人积极评价之后在人们心中形成令人尊敬的地位和身份。社会是人与人之间关系的总和，教师尊严不可能孤立存在于主观的自尊意识中。从个体与社会关系层面出发，教师尊严可以理解成教师个体因契合社会角色期望而得到的认可和尊重，并由此引发的主观上的"自尊感"[2]。

伊曼努尔·康德（Immanuel Kant）认为，有价值的事物是能够被其他事物所代替的，这是等价；而尊严却是超越一切价值之上，没有等价物能够代替[3]。教师要在所处社会关系中符合社会期望并得到尊重和认可，就必须具有自身的价值，而尊严又是超越价值的，那么教师的价值就必须是独一无二的，是不可替代的[4]。

教师的职业尊严更多地强调其承担社会角色所获得的社会尊重与认可。体育学科与其他学科教师有一定的共性，也有一定的特殊性。为了与其他学

---

[1] 肖丹. 教师尊严的内涵及性征厘定[J]. 天津师范大学学报（基础教育版），2009，10（3）：21-25.
[2] 李广，柳海民，梁红，等. 中国教师发展报告（2020—2021）：中小学教师职业幸福感发展态势、面临挑战与提升举措[M]. 北京：科学出版社，2022：367.
[3] 伊曼努尔·康德. 道德形而上学原理[M]. 苗立田，译. 上海：上海世纪出版集团，2005：55.
[4] 李广，柳海民，梁红梅，等. 中国教师发展报告（2020—2021）：中小学教师职业幸福感发展态势、面临挑战与提升举措[M]. 北京：科学出版社，2022：367.

科区分开来，这里将体育教师的职业尊严称为专业尊严。国内长期从事师资研究的学者认为，教师职业的"不可替代性"必须在其专业化过程中实现，即教师的专业尊严必须在其专业化过程中才能实现。

2. 贵州民族地区中学体育教师的专业尊严

贵州民族地区中学体育教师的专业尊严，是其专业工作契合当地教育事业发展需要而获得社会的积极评价、认可和尊重，是在夯实自身专业素质、专业技能的基础上实现的。在贵州民族地区中学体育教育教学工作中，要使自身工作行为获得重视、工作付出获得认可、工作结果获得积极评价，当地中学体育教师就必须体现出所从事的专业工作在当地中学教育事业中的不可替代性，进而获得专业尊严。这是当地中学体育教师在获取职业幸福感时理应表现出的积极态度。"打铁还需自身硬"，职业幸福是靠自身争取而来的，要用丰富的专业知识、扎实的专业技能、过硬的职业道德获得外界的认可与尊重。提升自身岗位综合素质是当地中学体育教师获取职业幸福感的前提，是向其他学科教师亮出体育学科独特的专业底色。

（二）坚守专业道德：贵州民族地区中学体育教师专业尊严提升的主体自觉

师资队伍建设，师德是关键。习近平总书记多次强调师德师风建设的重要性，并对广大教师提出守好师德的殷切期望。2016年教师节前夕，习近平总书记提出"希望广大教师不忘立德树人初心"的期望，之后的全国高校教师思想政治工作会议上，习近平总书记提出师德师风是评价教师队伍素质的第一标准。2021年3月，习近平总书记在看望参加全国政协会议的医药卫生界、教育界委员时强调"把师德师风建设摆在首要位置"，在2022年全国教育工作会议上又指出"坚持师德师风第一标准，全面夯实教师发展之基，切实保障教师权益"。可见，国家的师德建设，其意义重大，而任务又艰巨。《关于全面加强和改进新时代学校体育工作的意见》把师德师风作为评价体育教师素质的第一标准，体育教师的专业道德建设也任重而道远。

教师专业道德，是教师在教育教学工作中所遵循的体现教师专业特征、教师道德价值和人格品质的行为规范和准则[1]。有人认为教师专业道德主要体

---

[1] 张凌洋，易连云. 专业化视域下的教师专业道德建设[J]. 教育研究，2014，35（4）：116-121.

现在教师对教育的责任和对学生的责任①。教师专业化，不仅限于知识、技能水平的专业化，还包括教师道德上的专业化，因此，随着教师全面的专业化，教师的职业道德已经向教师专业道德转变②。

贵州民族地区中学体育教师是当地中学体育教学的主导要素，同时也是体育教学专业工作的执行者。作为此项工作的主导，当地中学体育教师是职业认同和胜任力急需提升的重点群体，应该在工作中自觉主动地认识到师德尊严是教育工作者的灵魂，在工作中坚守专业道德，以此获得专业尊严，进而感受职业幸福。

1. 贵州民族地区中学体育教师对教育的责任

扎根西部，服务学生，不断增强职业坚守的韧性。贵州民族地区中学体育教师应该对自己所从事的工作有一个全面的了解，对学校体育的意义有深入的理解。学校体育教育教学工作，是通过自己多番努力最终从事的职业，既然选择，就必须对当地学校体育教学工作负责，坚定自己的选择，坚守自己的职业。当地学校体育是国家学校体育工作的具体体现，更是我国整个教育全面建设的重要内容。青少年的身心健康，事关国家未来、民族希望。"明天的中国，希望寄予青年。青年兴则国家兴，中国发展要靠广大青年挺膺担当"，这是习近平总书记在2023年新年贺词中对青少年寄予的厚望。早在2020年4月21日，习总书记在陕西平利县一所小学考察时，便对由于体育锻炼减少而使孩子们身体健康程度有所下降的状况，表达了担忧。中学生身体健康对于国家、民族的重要性，不言而喻。贵州民族地区中学体育教学，是塑造当地中学生身心健康的重要手段，其目的是引导学生养成终身锻炼的习惯。当前，我国教育的短板在西部地区、农村地区，在老少边穷岛地区。贵州民族地区中学体育教育教学岗位上的从业者，理应明确自己担当的不仅仅是教育责任，更是民族责任。站在国家富强、民族复兴高度，自觉意识到自己是西部民族地区教育工作群体中的重要一员，更要坚信自己所从事的工作是充满使命性的职业。在工作中，要牢记作为体育教师为党育人、为国育才的使命，扎根西部，服务学生，做教育改革的奋进者、教育扶贫的先行者、学生成长的引

---

① 黎琼锋.从规约到自律：教师专业道德的建构[J].现代教育科学，2007（3）：63-66.
② 李广，柳海民，梁红梅，等.中国教师发展报告（2020—2021）：中小学教师职业幸福感发展态势、面临挑战与提升举措[M].北京：科学出版社，2022：367-374.

导者，不断增强自己职业坚守的韧性。

当前我国中学体育教师在学校工作中的地位有待改善，体育教师的诸多利益需要进一步维护。中学体育教师必须从自身做起，在工作岗位上做好自己的本职工作、夯实业务能力、积极主动与同事沟通、策划学校体育竞赛活动、定期组织教师的文体活动。在贵州民族地区，各少数民族同胞节日众多且讲究礼尚往来，每逢节日，人们会尽情欢庆、开怀畅饮，举办各类活动。身在此文化氛围中的当地体育教师，应该利用这些节日，大胆组织文体活动，充分挖掘当地丰富的身体活动文化资源，引导师生体会体育活动给学习、教学、生活带来的积极改变。在平日，应多方学习国家教育法、体育法，用法律条款维护自身合法权益。应利用闲暇时间，不断丰富自己的体育教学知识，积极外出观摩学习，紧跟国家各级政府关于教师队伍建设的意见，主动融入当地名师工作室建设中，参与高质量体育名师工作室，从而提高对自己所从事职业的价值认同。

当地乡镇中学体育教师，要克服乡镇交通信息闭塞的困难，多关注外界学校体育工作的发展和经验，在工作之余多组织学校的体育活动，丰富学生的课余生活。同时多与学校行政人员沟通，争取外出培训提高自身的胜任力。30至39岁年龄段的教师，需要多与家人沟通，合理安排工作与生活时间，尽最大可能避免冲突，寻求更高的工作业绩，克服职业倦怠，提高自己的职业认同。当地初中体育教师，在"双减政策"出台的大背景下，可适时将体育活动融入课后延时服务，通过丰富多彩的体育活动，展示体育健身锻炼、愉悦身心的独特功能，让在校师生对体育的功能有更为深刻的理解。作为主导因素的当地中学体育教师，也能够在其中感受快乐、体现价值，从而提高对职业的持续认同、价值认同和情感认同。

2. 贵州民族地区中学体育教师对学生的责任

贵州民族地区中学体育教师对学生的责任，是对贵州民族地区中学生的生命关怀。"生命"与"教学"是什么关系，学术界在争论中给出了趋于同一的答案：教育必须尊重学生的生命体验，彰显生命价值。只有关怀生命的教学，才是有效教学[①]。教学中，提升学生的生命质量是生命关怀的归宿，关照

---

① 王鹏. 有效教学应追求生命关怀[J]. 教学与管理，2011，504（35）：3-4.

学生的生命幸福，促进学生生命完善，是教学生命关怀的意蕴①。

学校体育，是通过体育教学，培养学生核心素养，塑造学生身体与心理，实现学生身心一统、健康成长的重要工作②。近二十年来，党和国家颁布的有关青少年体育的重要文件中均强调了要树立"健康第一"的理念和指导思想。健康第一的指导思想是生命关怀的根本任务③，学校体育的终极目的是对学生的生命关怀。以身体练习为手段，塑造学生的身心，让学生获得积极的生命体验，养成终身体育锻炼的习惯，是中学体育教师的使命。贵州民族地区中学体育教师在日常教学中，需要对教育部颁布的《普通高中体育与健康课程标准（2017年版）》《义务教育体育与健康课程标准（2022年版）》有深刻的理解，将"教会、勤练、常赛"贯穿整个学校体育工作，主动寻求从运动技能传递者向以学生发展为本转变，实现从教书者向教育者的蜕变，从而实现胜任力的提升。

此外，贵州民族地区中学体育教师必须立足当地实际情况，进行针对性的体育教学。充分利用当地民间身体活动素材，在多方求证之后，纳入体育课堂，使其成为当地中学生获得运动乐趣的方式。同时，关爱当地留守中学生群体，做学生成长的引导者。当前，贵州民族地区多为欠发达地区，2020年，在党和国家的关怀下，贵黔大地全面脱贫摘帽，但贵州民族地区乡镇居民的主要收入还是靠外出务工。据国内官方媒体报道，2021、2022年，贵州脱贫地区外出务工人员数量分别为335.6万人、341.57万人④。父母外出务工，留守中学生的身体、心理均受到不同程度的负面影响⑤。在体育锻炼方面，有报道发现留守中学生体育锻炼的不积极报告率显著高于非留守中学生⑥。有资料显示，贵州民族地区留守中学生的体质状况及心理发展状况令人担忧，但

---

① 宁金平. 好教学追求生命关怀[J]. 教学与管理, 2017 (26): 1-3.
② 季浏. 我国《义务教育体育与健康课程标准（2022年版）》解读[J]. 体育科学, 2022, 42 (5): 3-17, 67.
③ 张维凯, 李士英, 王宏伟. 生命关怀视域下青少年身体素养教育需求及路径分析[J]. 中国体育科技, 2020, 56 (10): 69-76.
④ 贵州脱贫人口外出务工规模达335.6万人[EB/OL]. (2021-12-09) www.gov.cn/xinwen/2021-12/09/content_5659641.htm.
⑤ 周丽, 高玉峰, 邱海棠, 等. 留守初中生心理健康与生活事件、应对方式的关系[J]. 中国心理卫生杂志, 2008 (11): 796-800, 805.
⑥ 熊静梅, 张天成. 凤凰县留守与非留守中学生体育锻炼及日常饮食行为比较[J]. 中国学校卫生, 2017, 38 (4): 498-501, 504.

学校体育对改善这一群体体质健康状况和积极认知情绪调节与心理韧性之间的确存有显著正相关关系[1][2]。贵州民族地区的这一现象，提示当地中学体育教师，给予这一群体生命关怀迫在眉睫。在笔者看来，针对这一群体，体育教师可以对其建立档案，将其性格特征、需求进行分类，多采用情境教学模式、快乐教学模式和合作教学模式，让当地留守中学生在体育课堂、体育课外活动中参与团体性体育活动，在体育锻炼中提升身体素质、锻炼意志，在与同学的合作中展现自己的角色，体会团体归属，获得同学的关心，增强学习进步的信心从而获得积极的生命体验。

当地中学男性体育教师应向女性体育教师学习，在平时的教学中，多关注学生在课堂上的表现，肯定优等生的同时必须关照待优生。重视留守中学生在体育活动中积极的情感体验。当地乡镇中学体育教师，更要在教学中关注乡村孩子在体育运动中的个性塑造、价值引导、意志锻炼，努力做教育改革的奋进者、教育扶贫的先行者、学生成长的引导者。二级职称和三级职称的当地中学体育教师，应努力发挥自己的专长，在教学中勇于探索，在国家颁布的体育与健康课程标准引导下，积极进行体育课程改革，锐意进取，让一切有利于当地中学生体育核心素养提高的教学方法、手段、模式进入体育课堂，在教学能力提升的同时，获得工作绩效的提升、职称的晋升。

二、专业能力提升：贵州民族地区中学体育教师职业幸福感提升的永恒动力

（一）教学与训练能力：贵州民族地区中学体育教师专业能力的基础

教师专业能力，是教师在教育教学活动中利用自身教育经验，灵活应对教育情景并做出反应的教育技能[3]，包括教学实践能力、教学反思能力和教育

---

[1] 肖庆群. 少数民族地区农村留守中学生体质健康影响因素分析：以贵州省布依族居住区为例[J]. 贵州师范学院学报，2012，28（3）：36-41.

[2] 徐明津，万鹏宇，杨新国. 留守中学生积极认知情绪调节心理韧性与自杀意念的相关性分析[J]. 现代预防医学，2016，43（22）：4143-4146.

[3] 郝林晓，折延东. 教师专业能力结构及其成长模式探析[J]. 教育理论与实践，2004（14）：30-33.

研究能力[①]。贵州民族地区中学体育教师的胜任力包括教学与训练能力、职业坚守、探索与发现、沟通与交流、反思与学习。其中的教学与训练、探索与发现、反思与学习,分别对应前述的教学实践能力、教学研究能力、教学反思能力。

在第一章,我们介绍了胜任力的"冰山模型",即水面以下的冰山(competence)部分和水面以上肉眼可见的那部分冰山(competency)。胜任力的冰山模型理论告诉我们,胜任力是由岗位从业者潜在的态度、价值观和外显的工作绩效、行为组成,可见,当地中学体育教师专业能力是其胜任力的外显部分。长期从事中小学教师研究的权威团队认为专业胜任力是提升教师职业幸福感的永恒动力[②]。在第五章,我们求证了贵州民族地区中学体育教师胜任力在职业认同和职业幸福感的关系中起到不完全的中介作用。其中,教学与训练维度在胜任力下属所有维度中,其中介作用的显著性最强,对当地中学体育教师职业幸福感具有"很强"的影响作用。

从专业角度来看,教学与训练能力是体育教师专业能力的核心能力。只有通过体育教学与训练的过程,体育课塑造学生身心的目标才能达成。体育教学涉及课程标准解读、课程设计、课时计划、教学方法应用、教学手段选择、教学过程临场调控、教学评价、教学反思等诸多方面。中学课余运动训练是体育课堂的延伸,通过课余运动训练竞赛,可以丰富校园文化生活,增添校园活力,激发学生运动斗志,增进班级友谊,发掘运动特长生。教学与训练能力的提升,能使当地中学体育教师较快进入教师角色,提升其能力认同和情感认同,使其尽早适应教学岗位,获得教学和训练业绩。

从职业发展角度来看,教学与训练能力是当地中学体育教师获得职业提升的关键指标。教学与训练能力是当地中学体育教师提升自身硬实力,助力其获得职称晋升的业绩指标。2022年贵州省中学体育教师职称申报评审条件,沿用的是2014年修订实施的《贵州省中小学教师系列专业技术职务任职资格申报评审条件(试行)》(黔人社厅通〔2014〕374号)。在此文件中,各级职称的任职条件均强调所任教学科的教学技能、教学实践和教学改革成果。从

[①] 李广,柳海民,梁红梅,等.中国教师发展报告(2020—2021):中小学教师职业幸福感发展态势、面临挑战与提升举措[M].北京:科学出版社,2022:370-371.

[②] 李广,柳海民,梁红梅,等.中国教师发展报告(2020—2021):中小学教师职业幸福感发展态势、面临挑战与提升举措[M].北京:科学出版社,2022:362.

中学一级教师开始，其任职资格申报条件出现了业绩成果，而教学成果是其中的重点。虽然其中没有对体育教师指导学生训练的业绩做明确要求，但"所指导的学生在参加教育行政部门组织的各类教育教学、技能竞赛中获奖"可以成为贵州民族地区中学体育教师指导学生训练参赛获奖从而晋升职称的依据。从 2022 年开始，贵州省高校教师职称申报评定条件，在课题申报、论文发表等指标上，均向教学类课题和教学类论文倾斜。可以预料，今后贵州省中学教师职称申报评审条件将会继续向教学方向倾斜，以此为杠杆，撬动全省中学教师重视教研。那么，贵州民族地区中学体育教师也要在职称评审条件的指挥棒下做好当地中学体育教育教学工作，以此提升教学业绩，获得职称晋升，体验职业幸福。

在体育教学具体过程中获得的幸福感，才是贵州民族地区中学体育教师真正的职业幸福感。提升当地中学体育教师教学与训练能力是提升其职业认同，进而提升其职业幸福感的不竭动力。因此，要提升当地中学体育教师的专业胜任力，必须把提升其教学与训练能力摆在重要的位置。

（二）贵州民族地区中学体育教师教学与训练能力的提升路径

贵州民族地区的中学体育课已经按照学校课程体系进行了设置，为了保证学校体育课的开设，当地教育行政部门通过各种渠道招纳体育专业的"科班教师"以实现体育教师的专业化。全省各级教育行政部门也在教育政策文件中明确规定了开齐开足体育课，如《贵州省义务教育课程计划》《贵州省普通高中课程方案》和《关于全面加强和改进新时代学校体育工作的实施意见》（黔党办发〔2022〕1 号）。体育课在贵州各地中学课堂有了量上的保证。在国家层面，学校体育课不仅在课时数量上有规定，在质量上也要求必须有提升。习近平总书记在 2018 年全国教育大会上强调"要树立健康第一的教育理念，开齐开足体育课，帮助学生在体育锻炼中享受乐趣、增强体质、健全人格、锤炼意志"。贵州省各级政府及教育行政部门也在大力进行基础教育阶段体育课的探索和改革。这些肯定了体育课在学校教育体系中的价值。前期调查分析结果显示，贵州民族地区中学体育教师的价值认同、情感认同、能力认同随着学历层次的升高而增高，这说明体育专业求学经历越长，当地中学体育教师对所从职业的价值认同、情感归宿及能力认同就越高。在学校体育职业认同尚需夯实民间基础而学校体育政策体制不断完善的背景下，加大当地中学体育教师的培训力度是提升中学体育教师职业价值、情感认同、能力认同的重要途径。这就要求，强化省内各高校体育教育专业针对民族地区中学体育教师的职前培养，推进当地中学体育教师全员在岗在职培训是提升当地中学体育教师专业能力的重要途径。

1."国标"统领下，提高在校体育专业学生的培养质量

贵州高校体育院系肩负着为全省及周边地区培养体育专业人才的任务，其培养的体育教育专业毕业生是贵州民族地区中学体育教师的主要来源。毕业生体育教育教学能力受培质量直接关系其教学与训练能力的高低。全省各高校体育院系要全面落实国家体育专业学科建设的标准。2018年1月底，教育部发布了《普通高等学校本科专业类教学质量国家标准》，其中含有《体育学类教学质量国家标准》（简称"国标"）。"国标"对体育学本科专业类的7个本科专业进行了宏观上的统领，同时又进行了微观上的管控，体现出了当前国家对体育学类本科专业管理的刚柔相济。在培养目标上，既有整体上的培养目标，又有具体专业的培养目标。"国标"在课程体系、专业师资、办学条件、质量管理等方面进行了具体而细致的规定，以此保证体育学类本科专业的培养质量。

贵州各高校的体育教育专业需严格执行"国标"的规定，以其中的各项指标为标准建设体育教育专业。专业课程进行"7+3+X"的设置，其中的10门课程将会帮助学生掌握基本的体育原理、体育教学过程中学生心理发生发展的规律、体育与社会的关系。尤其是其中的学校体育学、体育课程与教学论、运动技能学习与控制是中学体育教师从事体育教育教学必须掌握的基础性知识。这些有助于体育专业学生理解学校体育教学与中学生身体健康、运动兴趣培养、意志坚强、心理健康和社会适应之间的关系，突破"体育就是打打球、跑跑步、流流汗"这样的狭隘认识，最终让体育院系学生从学生发展、学科建设、国家繁荣、人民幸福这些高度来认识到自己所学专业技术知识的价值，从而推动其在实习阶段、工作初期前往偏远民族地区从事体育教育教学工作。

"以学生为中心"是中学体育健康课程的理念。近些年来，我国中学体育课堂却出现了"运动技术中心论"的观点，碎片化的单一技术教学充填在体育与健康课堂教学，这忽视了体育教师与学生沟通、交流的重要性，漠视学

生的情意表现。因此，有学者明确提出，当前高等体育院系应该着力"培养体育师资的教学设计与创新能力"，促使体育教师完成从"教书匠"到"育人者"的转变[①]。1997 年至今，我国已经成功举办了 10 届全国体育教育专业学生基本功大赛，其目的是通过大赛，提升我国体育教育专业人才培养质量。贵州省从 2020 年开始，每年举办省内体育教育专业学生基本功大赛，竞赛内容涵盖田径、武术、体操、三大球、微课。从已举办两届赛事的奖项归属来看，贵州师范大学体育教育专业学生团体总分在所有参赛队伍中是非常突出的，比第二名多出数十分。这在一定程度上说明贵州省各体育院系当前体育教育专业人才培养质量存有明显差距。今后，省内各体育院系体育教育专业要以基本功大赛为杠杆，进一步明确体育教育专业的培养目标、建构新的课程体系，优化教学内容，变革教学方法，提高专业人才培养质量，避免突击式的短期速成[②]，要以基本功大赛的标准为培养标尺，对全体体育教育专业学生进行培养。

开办体育教育专业的贵州高校，应在专业师资上力求引进专业方向对口的科班教师，珍惜学校下发的编制名额，引进学科建设所急需的师资。通过调查部分参加省内体育教育专业学生基本功大赛的师生，得知多数学校紧缺体育与课程教学论、学校体育学等决定体育教育专业特征课程的科班教师。这里的科班教师，特指长期接受学校体育教育方向培训或长期从事学校体育教学研究的教师。贵州师范大学体育教育专业派出参赛的选手，除了在各项运动成绩上有强劲的表现，在微课比赛上的成绩更让其他学校参赛选手望尘莫及，这与该校有多名学校体育方向科班教师有关。

省内民族高校以及民族地区高校体育院系的体育教育专业应立足自己的办学定位，研究本地民俗身体活动进入体育课程的可能性，形成校本教材，弹性安排专业方向课的"X"课程，让学生多接触了解贵州民族地区的多彩民俗身体活动文化，提升其校本课程开发能力，提高其体育课堂教学设计能力，激发其进入民族地区从教的志趣。

---

① 季浏，马德浩. 新时代我国学校体育改革与发展[J]. 体育科学，2019，39（3）：3-12.
② 左晖，柳孟利. 贵州省高校第一届体育教育专业学生基本功大赛分析[J]. 体育科技，2021，42（6）：124-126.

2. 推进民族地区中学体育教师的全员在岗在职培训

在省级教育行政部门的制度、政策引导下，各地方积极落实贵州省教师全员培训制度。当地在岗在职中学体育教师因为家庭、工作等原因不能继续进入高校深造的群体，需要进行在岗在职培训，各地方应该谨遵近几年省委、省政府、省教育厅等文件的要求，完善中学体育教师的培训标准，尤其要深入分析理解《中共贵州省委、贵州省人民政府关于全面深化新时代教师队伍建设改革的实施意见》《关于全面加强和改进新时代学校体育工作的实施意见》（黔党办发〔2022〕1号）等文件的精神实质，完善贵州民族地区中学体育教师的培训机制。坚持把握好"国培计划"的机会，做好示范、促进改革。在省级培训层面上创建当地中学体育教师培训基地，形成宣传舆论导向，在当地市县培训层面，必须覆盖当地全员中学体育教师。具体到各中学，强化校本研修的路径，充分利用线上培训、研课磨课、同课异构和集中研讨相结合的方式，提高培训实效。2022年1月15日，贵州省组织了全省第一次中小学教师专业能力素养测试，2023年2月18日进行了第二次考试，其中包括中小学体育教师的体育学科能力素养考试，内容为党的二十大报告中与教育有关的内容。这一举措引起了广大网民的关注，网民们从不同视角发表了见解。在笔者看来，这样的方式，以考促能，对于贵州民族地区中学体育教师来讲，可以促进其重温专业知识技能，了解国家对青少年体育、学校体育的各项政策，明确自己所从事职业的崇高性，从而提升对所从事职业的持续认同、价值认同和情感认同。可以预料，在社会的关注下，贵州省教育行政部门会广纳建议，不断完善这种以考促能的考试举措，其考试方式将更加合理，考试内容将更加科学。

以5年一周期的教师资格定期注册360学时学习为杠杆，当地教育行政部门须加大培训力度，培训重点围绕当代中学体育教师的使命，中学体育教学课程理念、指导思想、新的教学模式等内容，以此促进民族地区中学体育教师对所从事职业的深入理解，站在国家强盛、民族复兴、百姓幸福的高度去看待自身当前的工作，认识到其不仅仅是谋生所需，更是在民族伟大复兴过程中履职尽责的具体形式。当地中学必须重视体育教师外出培训，鼓励支持体育教师外出观摩、学习，教导组必须监督学习归来的体育教师写好学习心得体会，尤其鼓励将在外学习的先进教学训练模式结合当地实际情况运用到当地中学体育教学中，在规定的时间段内进行教学实验，建立数据库，进行前后对比分析，筛选出合适的教学经验。

在调查中发现，多数当地中学体育教师认为自身课堂组织能力需要提升，讲解、示范这些一般教学方法能够理解，但具体运用什么教学手段，尤其针对学生技术动作学习过程中出现的易犯错误，怎么采取合适的纠错手段，这种能力是他们急需学习提升的。他们最大的职业发展愿望就是"希望当地上级部门多派送我们出去学习，尤其是去学校体育做得好的地方，去观摩学习课堂组织方法与具体手段"。基于当地中学体育教师职业认同和胜任力提升的重点人群信息，建议当地教育行政部门向乡镇教师、30岁以下教师、三级职称教师、一般绩效教师群体倾斜。当地乡镇中学体育教师，在外学习归来，能将外面学习到的教学模式结合所在学校实际情况，应用到体育课堂，激发当地乡镇孩子们的运动热情，使其体会到运动乐趣。

关注新入职教师的培训工作。当地30岁以下的教师群体，是当地中学体育教师队伍中的生力军，刚从大学毕业来到当地从事学校体育教学工作，虽然在大学接受过系统的体育教育知识、技能培训，也完成了职前实习工作，但其在课堂的掌控能力、课堂节奏的把握、体育教学规律的认知、课余训练负荷安排等方面都是新手，与熟手型体育教师还存有较大差距[1]。建议当地教育行政部门制定针对年轻中学体育教师入职后的导师培养制，让当地高绩效体育教师定期、定课时为新入职教师培训，通过课堂演示、指导新手教师上课的方式帮助新手教师提升能力。同时加大新手教师外出培训力度，让这一年轻群体成为当地中学体育教育教学的主力军。

贵州民族地区地市县教育行政部门要积极组织各中学大型体育竞赛活动，不只限于完成行政性竞赛工作任务，而是要大胆创新组织本地市县的竞赛。竞赛内容可突破现代体育项目的局限，考虑纳入少数民族体育项目，或是举行少数民族体育竞赛。此外还要进行经常性的中学体育教师的教学技能公开课、中学体育教学研究成果评比，让在教学工作、科学研究、训练竞赛上取得突出成绩的中学体育教师获得嘉奖，为其他中学体育教师提供标杆，展示体育学科在国家教育事业中的重要地位，提升当地中学体育教师的社会地位，从而提升当地中学体育教师的职业认同。

---

[1] 吕海龙，周特跃，欧佩. 专家-新手型体育教师教学效能感及其课堂教学行为的探讨[J]. 首都体育学院学报，2009，21（6）：752-755，758.

具体到贵州民族地区的中学，学校领导层可牵头举办各种文体活动，将具体策划、实施权利交给体育教师，将学校大型体育竞赛活动纳入学期、学年度规划，将体育教研组公开课纳入学校教学安排，培育体育教师名师工作室，大胆启用优秀体育教师参与学校管理工作。

三、专业认证落实：贵州民族地区中学体育教师职业幸福感提升的专业教育质量保障

（一）体育教育师范类专业认证：贵州民族地区中学体育教师职业幸福感提升的专业质量保障策略

体育教育专业是师范类专业，其培养质量必须经过权威认证。《中共中央国务院关于全面深化新时代教师队伍建设改革的意见》提出"开展师范类专业认证，确保教师培养质量"。2018年，我国正式启动师范类专业认证工作，培养高素质教师队伍，推进教师教育质量保障体系建设，提高师范类专业人才培养质量，是这一工作的目的，"师范类专业认证是一种专业质量外部保障机制"。"国标"从宏观顶层上把控体育教育专业，而师范类专业认证标准则以8个一级指标细致入微地规范体育教育专业办学，从而保证其开办质量符合国家教学质量要求。

体育教育专业的师范类专业认证，是贵州民族地区中学体育教师职业幸福感提升的专业质量保障。"践行师德，学会教学，学会育人，学会发展"（一践行，三学会）是师范类专业认证对合格师资专业素质提出的要求。当前，国内绝大多数开办体育教育的院校，将体育教育专业师范类认证定位在中学教育第二级专业认证，即培养合格的中学体育教师。通过对比发现，贵州民族地区中学体育教师职业认同、胜任力下属各维度与师范类专业认证培养的具体要求在内涵上具有一致性（详见表7-5）。由于贵州民族地区中学体育教师职业认同和胜任力是其职业幸福感的前因变量，因此，落实体育教育师范类专业认证工作，是贵州民族地区中学体育教师职业幸福感提升的专业质量保障策略。

各级别的师范类专业认证标准全国统一，在此标准引导下的师范类专业建设将对开办体育教育专业的院校起到规范、督促作用。在贵州，举办体育教育专业的高校应踊跃落实体育教育专业的师范类专业认证工作，以此为抓手做好体育教育专业的"主线"工作，建好"底线"工作，从而促进本校体

育教育专业建设，提高体育教育专业学生的培养质量。

表 7-5 贵州民族地区中学体育教师职业认同、胜任力与师范类专业认证毕业要求的对应

职业认同、胜任力下属维度	认证标准的毕业要求（一践行，三学会）
价值认同 持续认同 职业坚守	1 师德规范：践行社会主义核心价值观，增进对中国特色社会主义的思想认同、政治认同、理论认同和情感认同。贯彻党的教育方针，以立德树人为己任。遵守中小学教师职业道德规范，具有依法执教意识，立志成为有理想信念、有道德情操、有扎实学识、有仁爱之心的好老师
情感认同 职业坚守	2 教育情怀：具有从教意愿，认同教师工作的意义和专业性，具有积极的情感、端正的态度、正确的价值观。具有人文底蕴和科学精神，尊重学生人格，富有爱心、责任心，工作细心、耐心，做学生锤炼品格、学习知识、创新思维、奉献祖国的引路人
能力认同 教学与训练	3 学科素养：掌握所教学科的基本知识、基本原理和基本技能，理解学科知识体系基本思想和方法。了解所教学科与其他学科的联系，了解所教学科与社会实践的联系，对学习科学相关知识有一定的了解
教学与训练	4 教学能力：在教育实践中，能够依据所教学科课程标准，针对中学生身心发展和学科认知特点，运用学科教学知识和信息技术，进行教学设计、实施和评价，获得教学体验，具备教学基本技能，具有初步的教学能力和一定的教学研究能力
反思与学习 探索与发现	7 学会反思：具有终身学习与专业发展意识。了解国内外基础教育改革发展动态，能够适应时代和教育发展需求，进行学习和职业生涯规划。初步掌握反思方法和技能，具有一定创新意识，运用批判性思维方法，学会分析和解决教育教学问题
沟通与交流	8 沟通合作：理解学习共同体的作用，具有团队协作精神，掌握沟通合作技能，具有小组互助和合作学习体验

注："认证标准的毕业要求"一栏，引自教育部 2017 年下发的《教育部关于印发〈普通高等学校师范类专业认证实施办法（暂行）〉的通知》。

（二）贵州体育教育师范类专业认证工作的落实

体育教育专业人才培养的毕业要求是认证工作的"主线"，做好反向设计和正向施工，是落实主线工作的具体路径。反向设计，是专业的培养目标和毕业要求须根据基础教育教师能力素质的需求进行建构。同时还要建立面向产出的评价机制及评价结果的持续改进机制。体育教育专业的人才培养目标和毕业要求，是本专业建设实施的"纲领"。然而，在师范类专业认证工作的实施中也出现了待完善改进的方面。2021 年，教育部普通高等学校师范类专

业认证专家委员会秘书处、教育部高等教育教学评估中心联合发布了《普通高等学校师范类专业认证 学校培训讲义》，其中披露了教育部在全国师范专业认证调查过程中发现的问题：我国师范类专业认证工作开展的近些年，教育部在全国师范专业认证的调查过程中发现，存有反向设计"断断续续"、正向施工"虚虚实实"、质量保障"若有若无"等问题。尤其在反向设计方面，有些专业的培养目标和毕业要求没有基于岗位需求的多方调查，某些专业对认证工作的认识不清，存在"一锤子买卖"意识，对师范类专业认证工作的"持续改进"缺乏正确认识。

要做好体育教育专业师范类专业认证工作，贵州各体育教育专业首先要确定好培养目标和毕业要求，立足自身实际做好毕业要求的指标体系建构。培养目标和毕业要求的确定必须面向岗位需求，进行多方调查和论证。反向设计形成符合本校实际情况的培养目标和毕业要求，之后才能根据培养目标和毕业要求进行正向施工。截至 2023 年 4 月，贵州有 12 所开办体育教育专业的公立院校。铜仁学院的体育教育专业于 2022 年顺利通过了中学教育第二级专业认证。笔者所在单位的体育教育专业也正在积极准备申请中学教育第二级专业认证。当前进行体育教育专业认证的困难主要集中于对认证指标理解不够深入，形成自身认证评价标准体系难；面向产出的课程目标达成评价机制及毕业要求达成评价机制不全面，从而带来了具体的支撑材料不齐，很多过程的痕迹需要搜寻等困难。这样的情况，需要当地院校在体育教育专业认证准备工作中，以毕业要求的"主线"要求为引领，进行体育教育专业课程目标达成分析，同时以达成结果为"底线"建设，即评价机制和持续改进机制的建构，之后进行务实的"正向施工"，同时做好"施工"期间的各"施工员工"的权责分工和相互协作，做好材料收集整理归档。避免"一锤子买卖"意识的滋生及短期速成、突击加班现象的发生，否则，无异于揠苗助长，不利于体育教育专业人才的培养。

当地中学体育教师的职业认同、胜任力于当前呈现出的特征，可以为贵州省开办体育教育专业的院校提供中学教育二级专业认证培养目标和毕业要求反向设计的依据。本章的"表7-4"是当前贵州民族地区中学体育教师职业认同和胜任力需要提升的重点方向。年龄小、职称较低的教师多为近几年进入当地中学体育教学岗位的教师，这些变量下的群体，其本科毕业后的上岗时间多在 5 年左右，其职业认同和胜任力急需提升的各个维度，正是贵州当前开办体育教育专业院校所急需解决的瓶颈问题，也是体育教育专业毕业生毕业要求达成情况的调查对象，是专业培养目标和毕业要求"反向设计"调查所依据的群体。因此，30岁以下年龄段及三级职称的当地中学体育教师的职业认同和胜任力特征对于体育教育专业中学教育第二级专业认证具有重要的参考意义。同时，有的地方院校，其师范专业立足于培养当地乡镇教师，因此，乡镇中学体育教师的岗位要求也是当地开办体育教育专业的院校制定专业培养目标和毕业要求所要考虑的重点。

师范类专业培养目标和毕业要求的制定，要求利益相关方的全覆盖调查。贵州民族地区中学体育教师职业认同、胜任力既是其岗位所需的心理特征，也是其获得职业幸福感的重要因素。因此，贵州省开办体育教育专业的院校，在制定人才培养目标和毕业要求时需要将当地中学体育教师作为调查对象。建议当前贵州开办体育教育专业的院校，尤其是办学定位为"地方性、民族性、师范性"的高校，在制定体育教育专业人才培养方案的毕业要求时，考虑当地中学体育教师持续认同、价值认同、能力认同和情感认同的现状，同时关照胜任力下属沟通与交流、职业坚守、教学与训练这3个方面的能力提升，做好培养目标和毕业要求的"反向设计"，为"正向施工"提供施工标准，促进其体育教育专业人才培养质量的提升。

四、专业政策扶持：贵州民族地区中学体育教师职业幸福感提升的政策保障

应针对贵州民族地区中学体育教师具体工作制定提升其职业幸福感的具体政策，从而给予学科专业上的政策扶持。只有强有力的政策引导，才能使有关部门协调配合，各方有利资源得到集中统一调配，为提高当地中学体育教师职业幸福感提供政策保障。

（一）普通考生体育高考：贵州民族地区中学体育教师职业幸福感提升的动力因素

1. 普通考生体育高考的趋势

之所以称为普通考生体育高考，是由于当前我国存有针对体育专业报考生的三类考试，即体育类统一考试、体育单招考试、体育特招考试。而此处的普通体育高考，特指非体育专业学生的考试，为与前三种考试相区别，在

此约定称其为"普通考生体育高考"。如前所述，由于体育活动与身体练习密不可分，多数时候，一直被误认为是体力活动。在贵州民族地区，体育塑造身心的功能有待获得当地社会更多的关注。

早在 2012 年，教育部等部门颁布了《关于进一步加强学校体育工作的若干意见》，其中明确提出"积极探索在高中学业水平考试中增加体育科目的做法"。2014 年，我国启动了新高考改革，先试点再全覆盖。2020 年的《关于全面加强和改进新时代学校体育工作的意见》将"使学校体育同教育事业的改革发展要求相适应"作为新时代学校体育完善和改进的工作原则。2022 年，新修订的《中华人民共和国体育法》第二十九条规定，国家将体育纳入初中、高中学业水平考试范围。这些有力的政策措施，已经为普通考生进行体育高考测试提供了足够的政策依据。当然，让体育测试成为高考的一环，其终极取向是提高中学生的体育素养，促进其养成终身锻炼的习惯，通过"每天锻炼一小时"，实现"健康工作五十年，幸福生活一辈子"。而笔者认为这种政策落地的间接效应，是提升中学体育教师的职业认同进而提升其职业幸福感。

2. 贵州民族地区普通考生体育学科核心素养考评的全覆盖

普通考生的体育考试进入高考，无论是在社会生活中，还是在学术讨论中，这个提法一直饱受热议。最近几年的全国两会上，不断有代表、委员提议将体育考试纳入高考。提议人中，有奥运冠军、体育院校负责人，也有综合大学负责人，说明体育考试进高考引起了教育界重视。但其具体操作方式、方法，却着实让人为难[①]。新高考实行"统考+学业水平合格性考试+学业水平选择性考试"的形式，具体科目为"3+1+2"的设置，其中"3"代表语文、数学、英语，这三门是统一考试，"1+2"则是学业水平选择性考试，其中"1"代表考生从物理、历史两科中选择一门，而"2"是从生物、化学、思想政治、地理四科中选择两科。学业水平合格性考试，则是学生高中毕业的标准考试。由此可见，普通考生体育高考的考试形式在短期之内将以学业水平合格性考试的面貌出现。

2022 年，贵州省出台了《贵州省普通高中学业水平合格性考试体育与健康学科考查标准（试行）》，该标准在刚性要求和人文关怀上均有体现，其中

---

① 唐炎. 体育与高考：体育高考"热议"的冷思考[J]. 体育学刊，2013，20 (2)：1-2.

明确规定"各市（州）根据健康教育模块所规定内容和课程标准自行命题并组织测试"，因此该标准也是贵州民族地区高中生体育与健康学科的考查标准。但在考什么、怎么考这两方面还有完善的空间。笔者认为，如这两方面得以完善，将会更进一步提高学生锻炼的积极性，提高当地体育教师在体育教学过程中积极的职业体验，从而提升体育教师的职业幸福感。

考什么，就是考试涉及的具体内容，怎么考就是考试的方式。《贵州省普通高中学业水平合格性考试体育与健康学科考查标准（试行）》规定的考试内容大致分为健康教育、体能、运动技能三个部分，这三个部分是围绕体育知识、体质健康、运动技能这三个方面进行设置的。而《普通高中体育与健康课程标准（2017年版2020年修订）》明确指出，普通高中体育学科核心素养为运动能力、健康行为、体育品德[①]。图7-1是《贵州省普通高中学业水平合格性考试体育与健康学科考查标准（试行）》中的部分考查内容。

测试类别		测试内容		比例	测试方式
必修必学	健康教育	《普通高中体育与健康课程标准（2017年版2020年修订）》中健康教育模块所规定内容		20%	笔试
	体能（一）	1000M（男生）、800M（女生）		20%	必测
	体能（二）	引体向上（男生）、1分钟仰卧起坐（女生）		20%	选测一项
		100米			
		急行跳远			
		跳高			
		铅球			
必修选学	运动技能	球类	篮球	40%	选测一项
			足球		
			排球		
			乒乓球		
			羽毛球		
		体操类	技巧		
			健美操		
		武术与民族民间类	武术		
			民族民间体育舞蹈		
		水上或冰雪类	游泳		

图7-1 贵州省普通高中体育与健康考查内容（部分）

---

① 季浏. 我国《普通高中体育与健康课程标准（2017年版）》解读[J]. 体育科学，2018，38(2)：3-20.

从图 7-1 中的"测试内容"一栏可知，贵州高中体育与健康学科高考考查的内容紧扣《普通高中体育与健康课程标准（2017 年版 2020 年修订）》中规定的课程内容，通过这些内容能考查学生掌握的体育与健康知识，促进学生掌握运动技能，从而增强体质。同时，我们还需注意《普通高中体育与健康课程标准（2017 年版 2020 年修订）》中，强调了普通高中体育与健康课程的学科核心素养统领课程目标、内容、方法与评价。学科核心素养的运动能力、健康行为、体育品德，这三个方面是相互联系、相互促进的平行关系[①]。唐炎教授认为高中生体育学科素养包含运动技能、体育品德、体质健康、体育行为、体育知识[②]。因此，考查高中学生体育与健康课程学业水平，除了运动能力，至少还需覆盖健康行为和体育品德两方面，即全面考查学生体育学科核心素养水平。

健康行为和体育品德这两方面的养成，属于过程与方法、情感、态度、价值观领域的目标，显然终成性评价还不能全面考查普通高中生体育学科核心素养的形成水平，只能在学习过程中进行评价。这就涉及"怎么考"的问题，唐炎教授领衔的课题组，在前些年设计了体育行为数据记录系统，并建议客观记录学生在体育学习过程中的道德品质表现。[③]

贵州在高考改革方案中提出，要建立省级普通高中学生综合素质评价信息化管理平台，统一评价档案样式[④]。唐炎教授的建议，可以为贵州今后的普通高考生体育高考提供一条全方位测评体育学科核心素养的途径。建议贵州民族地区在今后优化高中生体育学科核心素养测评中采纳既成的体育行为数据记录系统，通过运动档案的形式客观记录学生在体育学习中的健康行为和体育品德[②]。由于具体操作执行权下放到了各地方，因此，怎样使执行过程公开、透明，防止测评流于形式，又给教育行政部门及学术界提出了新的课题。

---

① 季浏. 我国《普通高中体育与健康课程标准（2017 年版）》解读[J]. 体育科学，2018，38（2）：3-20.

② 唐炎，陈佩杰. 体教融合发展中的高考动力因素[J]. 上海体育学院学报，2020，44（10）：28-33，47.

③ CHEN S T, TANG Y, CHEN P J, et al. The development of Chinese Assessment and Evaluation of Physical Literacy (CAEPL): a study using Delphi method[J]. International journal of environmental research and public health，2020，17（8）：2720

④ 七省份出台方案 第四批高考综合改革启动 "3+1+2" 模式 不分文理 探索高职分类考试[EB/OL].（2021-09-16）https://www.moe.gov.cn/jyb_xwfb/s5147/202109/t20210916_563569.html.

对于贵州民族地区中学体育教师而言，上述档案记录学生健康行为和体育品德的过程可以为贵州民族地区中学体育教师全面认识体育与健康课程提供平台，在具体的体育教学过程中观察学生进步，与学生一起体验运动乐趣，同时可以帮助当地中学体育教师感受到"通过自己的努力让学生在体育方面取得进步，投身体育工作是一件很有意义的事情"，从而提升当地中学体育教师对工作岗位的持续认同和价值认同。

（二）完善薪酬制度：贵州民族地区中学体育教师职业幸福感提升的物质激励

1. 保障同工同酬

保证当地中学体育教师与其他学科教师同工同酬，确保中学体育教师享受与其工作特点相符的待遇。体育教学过程是体育教师脑力和体力付出的过程，而且体育课都是以身体练习为载体促进学生体育学科核心素养形成的过程，教师教学必须有动作示范、学生练习、纠错等环节，技能教学场所必须是体育场（馆），而贵州民族地区欠发达的经济状况使得当地只有少数地市（州）、县城的部分学校拥有室内场馆，有的即使有场馆也不能容纳同时上体育课的诸多班级，因此当地中学体育教师多数课是在室外完成的。室外教学，气候上要面临酷暑严寒，教学上面临开放式教学环境，要求体育教师除了具备较强的组织与管理能力，还要有坚强的岗位意志力和对工作的执着追求。一节高质量的体育课，必须从运动技能、运动参与积极性、身体塑造、心理培养和社会适应几个方面达成教学目标。因此，与其他科任教师相比较，体育教师的工作强度有过之而无不及。体育教师的劳动付出理当获得与其他科任教师一样的重视和酬劳。

建议贵州民族地区教育行政部门进一步完善中学体育教师的酬劳评价体制，在《中华人民共和国劳动法》《中华人民共和国教育法》《中华人民共和国体育法》《学校体育工作条例》等法规文件的相关条款规定下，保障体育教师享受与其工作特点有关的待遇。有关部门应当按规定配置体育教师的工作服装。同时积极发现和推广优秀做法，如有的县市将体育教师与其他学科教师一起评定年度绩效，教育局统一设置了基本课时量，超课时不打折加分，不足课时量化减分。

在绩效考核中，建议贵州民族地区的县（市）教育行政部门主动探索新的体育教师绩效考评机制，全县域统一实行体育教师单列考评绩效，也就是体育教师群体内部进行考核，分出高、中、低三个层次。在具体操作上，要根据具体情况确定评定方式，如：体育教师人数在10人以上高级中学自主进行体育教师分类单列评比；不足10人的高级中学实行划片区进行评比；初级中学体育教师以乡镇为单位，如果某乡镇所有初中体育教师不足10人，则划片区进行内部绩效考核。这种内部评定的具体操作方式，避免了中学体育课与其他学科教师绩效评定不能量化同等的情况。

2. 尊重非课时付出

从访谈信息得知，有的中学体育教师的早操、课间操、课外体育活动、运动训练、对外竞赛等工作付出不计入课时。国家出台的《关于全面加强和改进新时代学校体育工作的意见》明确要求将体育教师"课后训练、课外活动、课后服务、指导参赛和走教任务计入工作量，并根据学生体质健康状况和竞赛成绩，在绩效工资内部分配时给予倾斜"。

因此建议当地教育行政部门及各中学，将体育教师负责的早操、课间操、课余运动训练、竞赛等非课堂工作量计入课时，如带队参加各级别的体育竞赛并获奖，按照赛事的级别层次予以奖励。将体育教师的各种工作列出指标，通过多方调查确定各指标的计算权重，从而将课时指标计算科学化。贵州省教育厅、财政厅2009年下发的《关于中小学体育教师教学工作运动服装发放标准等有关问题的通知》（黔教体发〔2009〕190号）明确规定了必须给每周超过8课时的体育教师配置工作服。同时，贵州民族地区的教育行政部门要积极落实《教育部、财政部关于进一步加强全面改善贫困地区义务教育薄弱学校基本办学条件》（教督〔2017〕9号）文件精神，多学习参照教育部通报表扬的乡村教师生活补助工作的优秀案例，探寻适合本地区的乡村教师补贴机制，而中学体育教师也必须是补贴的享受者。在当地乡镇中学工作的体育教师，其持续认同、能力认同和职业认同的整体水平、沟通与交流能力、职业坚守均低于县市同行，是当地职业幸福感提升的重点关注群体。因此，落实乡村教师生活补助，是提高这一群体职业幸福感的有效途径。

（三）教练员岗位设置：贵州民族地区中学体育教师职业幸福感提升的新途径

在 2020 年《关于全面加强和改进新时代学校体育工作的意见》中，关于中小学体育教师职称晋升的完善，其要求是明确的，"完善体育教师职称评聘标准，确保体育教师在职务职称晋升、教学科研成果评定等方面，与其他学科教师享受同等待遇"。各地教育行政部门需要做的工作是制定并完善中小学体育教师职称评审条件。

职称是对专业技术岗位人员专业技术水平、职业能力的认定，更是专业技术人员获得岗位薪酬的关键参考依据。因此，职称晋升一直是各专业技术岗位从业人员关注的要点。做好贵州民族地区中学体育教师职称评定是提高其职业幸福感的重要举措。各专业技术行业的职称评定有一定的名额限制，这就决定了职称评定充满了竞争。贵州民族地区中学体育教师职称评定，在竞争中往往处于劣势。

2020 年，《关于全面加强和改进新时代学校体育工作的意见》要求各地方"研究并逐步完善学校教练员岗位评价"。2023 年 2 月，国家体育总局、中央机构编制委员会办公室、教育部、人力资源和社会保障部等四部门联合出台了《关于在学校设置教练员岗位的实施意见》，让中学体育教师职称评定迎来了转机。它要求学校教练员岗位"专岗专用，纳入专业技术岗位进行管理"，各学校主管部门对所管辖学校的教练员岗位进行统筹设置，统一管理，同时要求各地人力资源社会保障部门在专业技术岗位总量及结构比例方面给予支持。最令人鼓舞的是，学校教练员和体育教师可以相互转任。贵州民族地区中学体育教师职称晋升的途径将获得有效的拓展，当地中学体育教师职业幸福感将获得提升。

贵州民族地区教育行政部门首先可对当地中学设置教练员岗位的可行性进行调查分析。如确需引进，但引进困难，则所属县市行政区必须考虑盘活管辖范围的职称库存，即将所辖范围内的中学教师职称库存统筹管理，这样可以最大限度为当地中学体育教练员岗位寻找职称源头。同时，在现有职称库存基础上，增设中学体育教练员岗位，实行专岗专用。面向原有中学体育教师队伍，将取得较大运动竞赛成绩的中学体育教师群体转岗至教练员岗。但要制定好转岗的标准和要求，让转岗工作公开、公平，选拔出训练竞赛方面有突出绩效的中学体育教师，这样既有利于提高当地中学训练竞赛的成绩，又能将在训练方面颇有建树的体育教师的才能充分发挥出来，做到人尽其才，实现其职业价值，提高其职业信心，进而提高其职业幸福感。

学校教练员岗位制度一经落地，建议贵州民族地区教育行政部门即着手，制定当地原有体育教师岗位转任教练员岗位的细则。这些细则主要围绕"能者上"的思想展开，条件集中在训练、竞赛方面的成绩指标。用训练竞赛成绩说话，而不是"论资排辈"，要使训练竞赛上有突出成绩的中学体育教师都有机会转岗。具体而言，当地中学体育教师群体中，30至39岁的教师、大中专学历教师、二级职称教师，这些教师的职业持续认同、职业价值认同、沟通与交流、职业坚守显著低于其他分类变量的教师，是职业幸福感提升的重点群体，但其教学与训练能力不低于甚至高于其他分类变量教师，这样的群体只要在训练竞赛上有突出表现，就应重点考虑。

同时，为了使当地教练员岗不成为"业务躺平"之地，须建立能上能下的"回岗机制"和"退岗机制"。为了避免只图职称晋升而转岗的现象发生，要研究制定好转岗后的业绩兑现指标，即转岗之后，必须在教育行政部门、学校管理层领导下，在规定的时间内，产出相应的训练竞赛成果。这样，可以使当地学校教练员岗制度充满活力，在激励机制下获得持续、健康发展。

第三节 本章小结

本章立足贵州民族地区中学体育教师职业认同、胜任力、职业幸福感调查现状，以胜任力在职业认同影响职业幸福感的过程中所起的中介作用和调节作用为实证依据，结合调查访谈所获信息，提出了提升贵州民族地区中学体育教师职业幸福感的策略，图7-2是这些策略的总体概况。

（1）专业尊严提升是贵州民族地区中学体育教师职业幸福感提升的基础。当地中学体育教师自身必须坚守专业道德，增强其职业幸福感提升的主体自觉，具体体现在对国家教育事业的责任，对当地学生的责任。

（2）专业能力提升是贵州民族地区中学体育教师职业幸福感提升的永恒动力。当地中学体育教师的教学与训练能力是提升其职业幸福感的基础。以《体育学类教学质量国家标准》为统领，做好体育教育专业学生的培养，推进当地中学体育教师全员在职在岗培训。

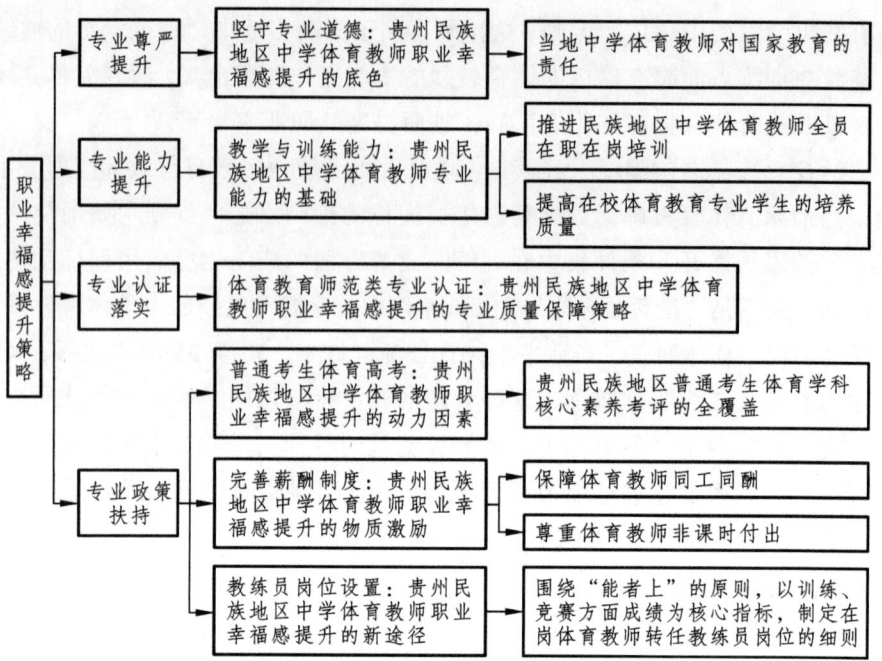

图 7-2 贵州民族地区中学体育教师职业幸福感提升策略拓扑图

（3）专业认证落实是贵州民族地区中学体育教师职业幸福感提升的专业质量保障。开办体育教育专业的贵州高校应踊跃落实体育教育专业的师范类专业认证工作，以此为抓手做好体育教育专业的"主线"工作，建好"底线"工作，从而促进本校体育教育专业建设，提高体育教育专业人才的培养质量。

（4）专业政策扶持是贵州民族地区中学体育教师职业幸福感提升的政策体制保障。普通考生体育高考的落实是当地中学体育教师职业幸福感提升的动力因素，具体应做到当地普通考生体育学科核心素养考评的全覆盖。保障中学体育教师工作的同工同酬，尊重其非课时工作薪酬。设置中学教练员岗位，拓展中学体育教师职称晋升的途径。

第八章 研究的结论、创新、不足与展望

第一节 研究结论

一、贵州民族地区中学体育教师职业认同、职业幸福感、胜任力的测评工具

在前人基础上,经过修正,获得了《贵州民族地区中学体育教师职业认同量表》;在作者前期研究的基础上,经过建构,获得了《贵州民族地区中学体育教师胜任力量表》;经过重构,获得了《贵州民族地区中学体育教师职业幸福感量表》。3份量表均具有较好的信效度。

(1)《贵州民族地区中学体育教师职业认同量表》,由价值认同、持续认同、能力认同和情感认同组成。

(2)《贵州民族地区中学体育教师胜任力量表》,由教学与训练、职业坚守、探索与发现、沟通与交流、反思与学习组成。

(3)《贵州民族地区中学体育教师职业幸福感量表》,由职业归属、需要满足、成效满意、价值认同、友好体验组成。

二、贵州民族地区中学体育教师职业认同、职业幸福感、胜任力的人口统计学特征

(一)性别变量上的特征

1. 职业认同

贵州民族地区女性中学体育教师在能力认同上显著低于男性教师,但在价值认同上却显著高于男性教师。

2. 胜任力

当地女性中学体育教师在反思与学习维度上显著高于男性教师。

3. 职业幸福感

当地女性中学体育教师职业归属略低于男性教师，但在职业幸福感及其他维度上，全面高于或者显著高于男性体育教师。

（二）工作地变量上的特征

1. 职业认同

贵州民族地区乡镇中学体育教师的持续认同、能力认同和职业认同显著低于城市中学体育教师。

2. 胜任力

当地乡镇中学体育教师的职业坚守、探索与发现、沟通与交流及胜任力整体水平显著低于城市中学体育教师。

3. 职业幸福感

当地乡镇中学体育教师的职业幸福感整体上及在下属职业归属、需要满足、价值实现、友好体验这4个维度上显著低于当地城市中学体育教师。

（三）年龄变量上的特征

1. 职业认同

贵州民族地区30岁以下、40至49岁两个年龄段的中学体育教师职业认同表现突出，30至39岁教师职业认同最低。

2. 胜任力

30岁以下、30至39岁的当地中学体育教师在教学与训练能力上显著低于40至49岁、50岁以上年龄段教师。30至39岁教师，除了在教学与训练能力上显著高于30岁以下教师，在胜任力总体水平及其他维度上低于或者显著低于其他年龄段的当地中学体育教师。

3. 职业幸福感

30至39岁的当地中学体育教师的职业幸福感最低。

（四）学段变量上的特征

1. 职业认同

贵州民族地区高中体育教师的情感认同显著高于初级中学体育教师。

2. 胜任力

当地高中体育教师在沟通与交流、反思与学习这 2 个维度上显著高于初中体育教师。

3. 职业幸福感

当地初中体育教师的价值实现显著低于当地高中体育教师。

（五）学历变量上的特征

贵州民族地区研究生学历中学体育教师职业认同、胜任力、职业幸福感表现最为突出。本科学历教师在这 3 个方面高于或显著高于中专学历、大专学历教师。但在能力认同上，各学历水平的当地中学体育教师之间无显著差异。

（六）职称变量上的特征

贵州民族地区中学体育教师的职业认同、胜任力、职业幸福感的水平在 4 个职称级别上呈现出"两端大、中间小"的特征。高级职称中学体育教师的职业认同、胜任力、职业幸福感的水平表现最高。二级职称中学体育教师职业认同、职业幸福感、胜任力的水平表现最低。

（七）绩效变量上的特征

贵州民族地区高绩效中学体育教师的职业认同、胜任力、职业幸福感全面高于一般绩效中学体育教师。

三、贵州民族地区中学体育教师职业认同对其职业幸福感的预测机制

贵州民族地区中学体育教师职业幸福感与其职业认同下属 4 个维度的相关性为中等相关。当地中学体育教师职业认同对其职业幸福感具有正向预测作用，具体的预测机制如下

$$\hat{y} = 15.566 + 2.089x_1 + 0.978x_2 + 1.181x_3 + 0.864x_4$$

多元线性回归方程的 F 检验具有高度显著性，其拟合优度良好。职业认同下属 4 个维度对职业幸福感影响强度依次为持续认同、价值认同、能力认同、情感认同。其标准化回归方程系数、偏回归系数及部分相关系数均支持

这样的强度顺序。同时，该方程的共线性较弱。总之，本研究求解的贵州民族地区中学体育教师职业幸福感对其职业认同的回归模型，可以用作当地中学体育教师职业认同预测其职业幸福感的机制。

四、贵州民族地区中学体育教师胜任力在其职业认同和职业幸福感之间的中介效应

本课题采用 AMOS26.0 软件对贵州民族地区中学体育教师胜任力在职业认同影响职业幸福感过程中的中介作用进行了检验，结果发现，贵州民族地区中学体育教师胜任力在职业认同影响职业幸福感过程中具有部分中介效应。

基于本研究第 4 次调查获得的数据，经过统计工具检验之后，发现贵州民族地区中学体育教师胜任力在职业认同影响职业幸福感的过程中，起到了部分中介效应。胜任力内部的 5 个维度在这一过程中的中介效应强度不一，探索与发现、反思与学习在这一过程中的中介效应不显著，另外 3 个维度各自的中介效应显著。在这一过程中的，具有显著中介作用的 3 个维度，其重要性也不同。从各变量中介效应的显著性来看，教学与训练最为重要、其次为沟通与交流，最后为职业坚守。从回归系数乘积大小来看，沟通与交流最为重要，其次为职业坚守，最后为教学与训练。

五、贵州民族地区中学体育教师胜任力在其职业认同和职业幸福感之间的调节效应

本课题采用了 Process 插件和 AMOS26.0 软件对贵州民族地区中学体育教师胜任力在职业认同影响职业幸福感过程中的调节作用进行了检验。两种检测工具的统计检验结果一致：贵州民族地区中学体育教师胜任力在其职业认同影响职业幸福感的过程中，具有显著的正向调节作用。

职业认同是职业幸福感的重要前置变量，而胜任力是职业认同影响职业幸福感的"助推剂"。这提示我们，当地中学体育教师胜任力在其职业幸福感对职业认同的回归中存有显著的调节作用，职业认同对职业幸福感具有正向促进作用，而随着胜任力水平的提高，其对职业幸福感的助推作用就更高。

六、贵州民族地区中学体育教师职业幸福感提升策略

（1）专业尊严提升是贵州民族地区中学体育教师职业幸福感提升的基础。当地中学体育教师必须坚守专业道德，这是其职业幸福感提升的主体自觉，具体体现在对国家教育事业的责任，对当地学生的责任。

（2）专业胜任力提升是贵州民族地区中学体育教师职业幸福感提升的永恒动力。当地中学体育教师的教学与训练能力是其专业能力的基础。提高在校体育专业学生培养质量、推进当地中学体育教师全员在职在岗培训是提升专业能力的具体途径。

（3）专业认证落实是贵州民族地区中学体育教师职业幸福感提升的专业质量保障。开办体育教育专业的贵州高校应踊跃落实体育教育专业的师范类专业认证工作，以此为抓手做好体育教育专业的"主线"工作，建好"底线"工作，从而促进本校体育教育专业建设，提高体育教育专业人才的培养质量。

（4）专业政策扶持是贵州民族地区中学体育教师职业幸福感提升的政策体制保障。普通考生体育高考的落实，是当地中学体育教师职业幸福感提升的动力因素，具体应做到当地普通考生体育学科核心素养考评的全覆盖。保障中学体育教师工作的同工同酬，尊重其非课时薪酬。设置中学教练员岗位，拓展中学体育教师职称晋升的途径。

第二节 研究的创新

一、关注视角新

教师是教学的主导性要素，对教师的研究是教学研究的重要组成部分。体育教师乃是体育教学的主要因素，在体育教学中，体育教师居于主导地位，这一点已经在体育学界达成了共识。因此，对体育教师的人口统计学特征、岗位素质、心理特征等方面的研究，是教学研究的重要组成部分。实证研究已经成为教育学科学发展最强有力的动力，这是我国著名教育学者袁振国教授在第七届"全国教育实证研究论坛"上的判断。当前有关贵州教师职业认同、职业幸福感、胜任力的研究数量少，且只停留于单个变量的独立研究，而寻求各变量之间的相关关系及因果推论的研究成果还没有出现。这提示，

贵州民族地区中学体育教师职业认同、胜任力、职业幸福感的关系研究是当前贵州教学研究尚待跃进的领域。

探寻影响贵州民族地区中学体育教师职业幸福感的各种因素，是人文关怀思想的一种体现。本课题基于当下背景和过往文献，首次大胆提出研究假设：贵州民族地区中学体育教师职业认同是职业幸福感的正向预测变量，且胜任力在职业认同与职业幸福感之间具有中介效应和调节效应。从当地中学体育教师职业幸福感的前因变量及中介和调节因素方面寻求提高其职业幸福感的方法，是一个全新的研究视角。这样的研究，在贵州尚属首次。

二、验证工具组合运用

本研究，运用多种研究方法、工具、手段来求证所提出的假设。在求证当地中学体育教师胜任力在其职业认同与职业幸福感之间的调节效应的环节中，为了避免单一检测方法所带来的疏漏，本研究借助结构方程模型（SEM）的 AMOS26.0 对所获数据进行中介效应检验，借助 Process 插件和结构方程模型（SEM）的 AMOS26.0 对所获数据进行调节效应的联合检验，最终揭示了当地中学体育教师胜任力在其职业认同和职业幸福感之间起着部分中介效应和调节效应。联合应用两种检验工具对胜任力在职业认同和职业幸福感之间的调节效应，增加了检验结果的可信度。

三、因果探寻的跃进

各变量之间的相关关系探寻，"离对规律性的把握还有很长的距离"。当面对更加复杂的教育现象时，我们需要更加直接地去探寻其中的本质联系。"这就需要从相关关系向因果推论跃进。"这是袁振国教授给教育规律探寻者的建议。本研究求证了贵州民族地区中学体育教师职业幸福感的影响因素，同时求证了二者之间可能存在的中介或调节因素，这是向贵州教学研究待跃进领域一次大胆的尝试。

四、提出的策略针对性强

本研究分析了贵州民族地区中学体育教师职业认同、职业幸福感、胜任力在 7 个人口统计学指标上呈现出的特征，从中筛选出了 7 个人口统计学指标下各分类群体的职业认同和胜任力需要提升的教师群体及其急需提升的方面。这些重点方面包括职业认同下属 4 个维度及胜任力下属 5 个维度。职业认同下属 4 个维度对职业幸福感的影响均具有显著性,而胜任力在职业认同影响职业幸福感的过程中具有中介效应,其下属 5 个维度中的教学与训练、持续认同、沟通与交流 3 个维度在这一过程中的中介效应具有显著性。由此确定了职业认同下属持续认同、价值认同、能力认同、情感认同对职业幸福感具有很强的预测作用。在职业认同与职业幸福感之间,胜任力下属的教学与训练起着很强的中介作用,沟通与交流起着强烈的中介作用,职业坚守起着较强的中介作用。

本研究确定了当地中学体育教师队伍中急需提升职业认同、胜任力、职业幸福感的教师群体,同时也确定了这些教师群体在职业认同与胜任力两个变量上急需提升的具体内容,即找到了需要提升的重点群体及其需要提升的重点方面,这使本研究提出的贵州民族地区中学体育教师职业幸福感提升策略具有较强的针对性。

第三节 研究的不足

一、问卷施测各环节的样本覆盖面存有局限

贵州民族地区中学体育教师职业认同、胜任力、职业幸福感测评量表的修正过程及最后的正式调查,各环节问卷调查的样本量均符合统计学要求。但本研究调查样本在贵州民族地区的覆盖面还存有局限。贵州省有 3 个地级少数民族自治州,11 个民族自治县,地区、县市之间的空间跨度大,因此,必须采取抽样调查。为了使被抽取的样本具有代表性,本研究采用概率抽样,具体采取多段抽样法获取样本。本研究首先确定 3 个民族自治州所辖 36 个县(市)及其他 10 个少数民族自治县(三都水族自治县隶属黔南布依族苗族自治州管辖)共 46 个县(市)为问卷发放范围。之后,随机选取其中的县(市),对其初级中学和高级中学的部分体育教师发放问卷。

本研究各环节的问卷发放地包括黔西南布依族苗族自治州的兴义市、望谟县、晴隆县、普安县、册亨县,黔南布依族苗族自治州的都匀市、罗甸县,黔东南苗族侗族自治州的剑河县、黎平县、凯里市,安顺的紫云苗族布依族

自治县，毕节威宁彝族回族苗族自治县，遵义道真仡佬族苗族自治县、务川仡佬族苗族自治县。问卷发放的范围尚可，但限于财力、物力、时间和社会资源等因素，本研究问卷在这些地方的发放量存有差异。同时，本研究进行的 4 次问卷调查，时间在 2021 年 12 月至 2022 年 12 月底。本研究各调查环节的多数问卷发放就近进行，即以黔西南州兴义市、望谟县、晴隆县、普安县、册亨县等地的问卷发放为主，其他地方多以委托他人打印发放、网络问卷调查的形式进行。从学术的角度出发，问卷调查样本量覆盖还存有局限。

二、贵州民族地区中学体育教师职业幸福感测评工具适切性有待提升

经过项目分析、探索性因子分析、验证性因子分析等环节保证了《贵州民族地区中学体育教师职业幸福感量表》的信效度，但量表是立足前人编制的《中学教师职业幸福感量表》的初始题集重构而来，其适切性有待提升。

研发一份心理测评工具，其工作量是巨大的。除了多轮次的调查，还要采取系列技术手段保证量表的信效度。限于笔者的财力、物力、精力等因素，加之当前还没有出现有关我国体育教师职业幸福感测评工具的研究报告，因此本研究所采用的《贵州民族地区中学体育教师职业幸福感量表》是在"他山之石"的基础上进行重构而来。重构的量表虽然具有较好的信效度，但从学术的角度来看，立足体育教师的具体情况进行初始题集设定，将会使相关研究更具针对性、适切性。这也可以看出，建构体育教师职业幸福感量表的相关研究是今后的一个课题。

三、贵州民族地区中学体育教师职业幸福感提升策略研究尚待深入

本研究确定了职业认同下属持续认同、价值认同、能力认同、情感认同对职业幸福感具有很强的预测作用。在职业认同与职业幸福感之间，胜任力下属的教学与训练、沟通与交流、职业坚守起着显著的中介作用。本研究求证了贵州民族地区中学体育教师职业认同对职业幸福感的正向预测作用，验证了胜任力在二者间所起到的中介和调节作用。通过提高当地中学体育教师职业认同和胜任力水平来提升其职业幸福感。但从统计学角度来讲，将职业

认同和胜任力的影响因素进行因子分析和聚类分析是一条可取的途径。本研究限于财力、精力、时间等因素，在职业认同和胜任力影响因素的确定上，需要进一步的深入研究。

第四节　研究展望

一、贵州民族地区中学体育教师职业幸福感的前因变量拓展

贵州民族地区中学体育教师职业幸福感的前因变量探寻将成为一个长期性的问题，需要学界长期关注，其前因变量应该得到拓展。本研究在大量文献梳理的基础上提出贵州民族地区中学体育教师职业认同是其职业幸福感的前因变量，胜任力在其中起着中介和调节效应这样的假设。通过验证，这样的假设获得了有力的数据支撑，假设成立。

事物普遍联系，永恒发展。贵州民族地区中学体育教师职业幸福感的影响因素不仅仅是职业认同，其中的中介和调节变量不仅限于胜任力，还存有其他方面的影响因素。为了更全面地促进当地中学体育教师职业幸福感的提升，笔者今后将在职业认同、胜任力之外的范围探寻影响当地中学体育教师职业幸福感的诸多因素，为建设当地高质量体育教师队伍贡献绵薄之力。

二、贵州民族地区中学体育教师职业幸福感测评体系建构的研究亟须进行

我国体育教师职业幸福感的研究起步较晚，且成果较少。近几年，陆续出现有关研究报告。但是，这些研究所用到的测评工具，多在借鉴前人编制的职业幸福感量表的基础上，经过系列修正步骤，使量表的信效度得以达标。从专业角度来讲，适切于体育教师的职业幸福感测评工具应该出现。今后，开发贵州民族地区中学体育教师职业幸福感测评工具，是一个较为迫切的课题。

参考文献

中文参考文献：

[1] 邢占军. 测量幸福：主观幸福感测量研究[M]. 北京：人民出版社，2005.

[2] 邢占军. 幸福指数的指标体系构建与追踪研究[J]. 数据，2006（8）：10-12.

[3] 路德维希·费尔巴哈. 费尔巴哈哲学著作选集[M]. 荣振华，李金山，等译. 北京：商务印书馆，1984.

[4] 中共中央马克思恩格斯列宁斯大林著作编译局. 马克思恩格斯全集：第42卷[M]. 北京：人民出版社，1960.

[5] 李广，柳海民，梁红梅，等. 中国教师发展报告（2020—2021）：中小学教师职业幸福感发展态势、面临挑战与提升举措[M]. 北京：科学出版社，2022.

[6] 吴明霞. 30年来西方关于主观幸福感的理论发展[J]. 心理学动态，2000（4）：23-28.

[7] 孙钰华. 教师职业认同对教师幸福感的影响[J]. 宁波大学学报（教育科学版），2008（5）：70-73.

[8] 王姣艳，万谊，王颖. 特殊教育教师职业认同对职业幸福感的影响：一个有调节的中介作用机制[J]. 中国特殊教育，2020，23（3）：25-41.

[9] 孙卫红，王华倬，陈荔. 中小学体育教师职业幸福感的影响因素及提升策略：基于体育教师职业生存状态的分析[J]. 体育学刊，2016，23（4）：106-109.

[10] 孙卫红，蒋新国，陈荔. 中小学体育教师职业幸福感的现状调查与分析：以广东省为例[J]. 广州体育学院学报，2016，36（3）：17-22.

[11] 孙卫红，武慧多. 中小学体育教师工作满意度与职业幸福感、离职意愿的相关研究：以中小学体育教师为例[J]. 岭南师范学院学报，2016，37（3）：103-108.

[12] 李黎. 转型期事业单位正职胜任力模型构建研究[D]. 武汉：华中科技大学，2008.

[13] 李永耀. 创业团队学习与创业绩效的关系[D]. 开封：河南大学，2010：73.

[14] 贾建锋，赵希男，于秀凤，等. 创业导向有助于提升企业绩效吗：基于创业导向型企业高管胜任特征的中介效应[J]. 南开管理评论，2013，16（2）：47-56.

[15] 赫连志巍，刘青. 集群升级导向与企业绩效关系研究：以高管团队胜任特征为中介变量[J]. 甘肃社会科学，2013（6）：217-220.

[16] 赫连志巍，李雪. 集群升级导向的企业高管团队胜任特征模型构建[J]. 燕山大学学报（哲学社会科学版），2013，14（3）：126-130.

[17] 杨明，温忠麟，陈宇帅. 职业胜任力在工作要求-资源模型中的调节和中介作用[J]. 心理科学，2017，40（4）：822-829.

[18] 罗小兰. 中学教师心理健康、胜任力与工作投入关系的实证研究[J]. 教育理论与实践，2015，35（25）：43-46.

[19] 王静，刘智. 组织支持感对工作家庭冲突的影响：教师胜任力的中介作用[J]. 教育学术刊，2018（11）：65-70.

[20] 李朝辉. 教学论[M]. 北京：清华大学出版社，2010.

[21] 金心红，徐学福. 教学研究中的领域一般与领域特殊之争[J]. 教育发展研究，2015，35（22）：83-89.

[22] 田慧生. 对教学论学科性质、地位与研究对象的再认识[J]. 教育研究，1997（8）：54-59.

[23] 潘绍伟，于可红. 学校体育学[M]. 3版. 北京：高等教育出版社，2015.

[24] 毛振民. 体育教学论[M]. 3版. 北京：高等教育出版社，2017.

[25] 温忠麟，侯杰泰，张雷. 调节效应与中介效应的比较和应用[J]. 心理学报，2005（2）：268-274.

[26] 温忠麟. 张雷，侯杰泰，等. 中介效应检验程序及其应用[J]. 心理学报，2004（5）：614-620.

[27] 温忠麟，刘红云，侯杰泰. 调节效应和中介效应分析[M]. 北京：教育科学出版社，2012.

[28] 温忠麟,叶宝娟. 中介效应分析：方法和模型发展[J]. 心理科学进展, 2014, 22（5）：731-745.

[29] 温忠麟,吴艳. 潜变量交互效应建模方法演变与简化[J]. 心理科学进展, 2010, 18（8）：1306-1313.

[30] 陈作松. 身体锻炼对高中学生主观幸福感的影响及其心理机制的研究[D]. 上海：华东师范大学, 2004.

[31] 苗元江. 从幸福感到幸福指数：发展中的幸福感研究[J]. 南京社会科学, 2009（11）：103-108.

[32] 李郭保. 农村初中教师职业幸福感的调查研究[D]. 上海：华东师范大学, 2007.

[33] 王传金. 教师职业幸福解读[J]. 教育理论与实践, 2008, 28（34）：36-40.

[34] 束从敏. 幼儿教师职业幸福感研究[D]. 南京：南京师范大学, 2003.

[35] 姜艳. 小学教师职业幸福感研究[D]. 苏州：苏州大学, 2006.

[36] 徐姗姗. 中学教师职业幸福感及其影响因素研究[D]. 桂林：广西师范大学, 2013.

[37] 罗佳. 民办高校教师幸福感及其与职业认同、离职意向的关系研究：以江西蓝天学院为例[D]. 南昌：南昌大学, 2010.

[38] 李晓菲. 提升教师职业幸福感的现实途径[J]. 时代教育（教育教学版）, 2008（1）：35-36.

[39] 黄正夫,吴学军. 论教师职业幸福感的缺失与重建[J]. 河西学院学报, 2007, 62（3）：79-82.

[40] 刘荣秀. 走在幸福的边缘[D]. 长沙：湖南师范大学, 2006.

[41] 姚新华. 幸福心理结构模型建构及其跨群体研究[D]. 长春：吉林大学, 2017.

[42] 李进江,冯自典. 农村初中体育教师工作满意度与幸福感调查与分析：以河南省南阳市为例[J]. 南阳师范学院学报, 2012, 11（12）：76-79.

[43] 王佐. 农村体育教师职业幸福感调查研究：以荆州市周边地区为例[D]. 南昌：江西科技师范大学, 2013.

[44] 温星. 山西省中学体育教师职业幸福感的调查研究[D]. 太原：山西师范大学, 2015.

[45] 徐康. 农村体育教师职业幸福感调查研究：以山东省泗水县为例[D]. 曲阜：曲阜师范大学，2020.

[46] 胡宣，周珂. 三位农村体育教师职业幸福感的叙事研究[J]. 教育与教学研究，2018，32（9）：64-69，127.

[47] 查尔斯·泰勒. 自我的根源：现代认同的形成[M]. 韩震，等译. 南京：译林出版社，2001.

[48] 车文博. 弗洛伊德主义原理选辑[M]. 沈阳：辽宁人民出版社，1988.

[49] 顾明远. 教育学大词典[M]. 上海：上海教育出版社，1990.

[50] 朱智贤. 心理学大词典[M]. 北京：北京师范大学出版社，1989.

[51] 夏征农. 辞海[M]. 北京：上海辞书出版社，1989.

[52] 周珂. 中学体育教师职业认同研究[D]. 开封：河南大学，2010.

[53] 周珂. 体育教师职业认同的结构与量表编制研究：以中学体育教师为例[J]. 北京体育大学学报，2012，35（3）：93-98.

[54] 周珂. 中学体育教师职业认同特点的实证与分析[J]. 南京体育学院学报，2012，26（5）：72-78.

[55] 魏淑华. 教师职业认同研究[D]. 重庆：西南大学，2008.

[56] 孙志麟. 师资培育制度变革下职前教师的专业认同[J]. 台湾教育社会学研究，2001（2）：59-89.

[57] 吴慎慎. 教师专业认同与终身学习：生命史叙说研究[D]. 台北：台湾师范大学，2002.

[58] 李彦花. 中学教师专业认同研究[D]. 重庆：西南大学，2009.

[59] 陈洁. 我国体育教师职业认同研究的回顾与思考[J]. 教学与管理，2020（21）：60-63.

[60] 谢谦梅，顾韶雄. 自我的迷失与重建：论体育教师职业认同的唤起[J]. 南京体育学院学报（社会科学版），2011，25（4）：102-105.

[61] 蒋远松，卢鹏. 高校体育教师职业认同与工作满意度初探[J]. 教育与职业，2014（3）：78-79.

[62] 虞力宏，汤国杰，高可清. 高校体育教师职业认同与工作投入的关系研究[J]. 中国体育科技，2011，47（6）：136-141.

[63] 汤国杰. 普通高校体育教师职业认同理论模型建构与实证研究[J]. 北京体育大学学报，2009，32（3）：98-101.

[64] 陈祖学，曲静. 贵州民族地区中学体育教师职业认同总体特征的实证与分析[J]. 曲阜师范大学学报（自然科学版），2020，46（2）：96-102.

[65] 陈祖学. 贵州民族地区中小学体育教师胜任力模型建构[J]. 曲阜师范大学学报（自然科学版），2018，44（3）：92-96.

[66] 陈祖学，曲静. 贵州民族地区中小学体育教师胜任力量表的编制[J]. 安徽体育科技，2019，40（2）：64-67，79.

[67] 曲静，陈祖学. 贵州民族地区中学体育教师职业认同特征与分析[J]. 安徽体育科技，2019，40（6）：59-63.

[68] 赵斌，李燕，张大均. 川渝地区特殊教育学校教师职业幸福感状况及影响因素的研究[J]. 中国特殊教育，2012（1）：42-46，68.

[69] 张玉柱，金盛华. 高校教师职业幸福感调查与影响因素分析[J]. 教育科学，2013，29（5）：51-57.

[70] 王钢. 幼儿教师职业幸福感的特点及其与职业承诺的关系[J]. 心理发展与教育，2013，29（6）：616-624.

[71] 张兆芹，庞春敏. 教师职业幸福感及其提升策略[J]. 教学与管理，2012（4）：25-28.

[72] 张清. 论 当代中学教师职业幸福感的提升[D]. 长沙：湖南师范大学，2008.

[73] 宋志斌. 中学教师职业认同、职业倦怠与幸福感状况及其关系研究[D]. 石家庄：河北师范大学，2016.

[74] 郭云贵. 中小学教师组织认同、职业认同与主观幸福感的关系研究[J]. 北京教育学院学报（自然科学版），2016，11（3）：1-5.

[75] 王鑫. 特殊教育教师职业认同、职业幸福感与工作投入的关系研究[D]. 重庆：西南大学，2017.

[76] 李东斌，邵竹君. 顶岗实习师范生教师职业认同与职业幸福感的关系[J]. 赣南师范大学学报，2017，38（5）：121-127.

[77] 邵竹君. 贫困地区中小学教师应对方式与职业幸福感的关系：教师职业认同的中介作用[D]. 赣州：赣南师范大学，2017.

[78] 拓小娟. 民族地区特教教师专业胜任力、工作绩效及职业幸福感的关系研究[D]. 重庆：西南大学，2019.

[79] 王富乙. 农村中学体育教师社会支持与主观幸福感的关系研究[D]. 开封：河南大学，2020.

[80] 王重鸣，陈民科. 管理胜任力特征分析：结构方程模型检验[J]. 心理科学，2002（5）：513-516，637.

[81] 曾晓东. 对中小学教师绩效评价过程的梳理[J]. 教师教育研究，2004，16（1）：47-51.

[82] 曾晓东. 中小学教师管理的制度分析[M]. 北京：北京师范大学出版社，2005.

[83] 邢强，孟卫青. 未来教师胜任力测评：原理和技术[J]. 开放教育研究，2003（4）：39-42.

[84] 徐建平. 教师胜任力模型与测评研究[D]. 北京：北京师范大学，2004：63.

[85] MCLNTYRE D J，O'HAIRE M J. 教师角色[M]. 丁怡，马玲，等译. 北京：中国轻工业出版社，2002.

[86] STERNBERG R J，WILLIAMS W M. 教育心理学[M]. 张厚粲，译. 北京：中国轻工业出版社，2003.

[87] 常欣，杨金花，等. 中小学教师教学胜任特征模型的检验[J]. 心理科学，2009，32（1）：178-180.

[88] 薛琴，胡美娟. 基于胜任力模型的高校教师人力资源管理体系的构建[J]. 继续教育研究，2010（7）：137-139.

[89] 向琦祺. 高校教师胜任特征模型与测评研究[D]. 重庆：重庆师范大学，2018.

[90] 国建文，苏德. 民族地区教师文化互动胜任力学习的困境及其超越：具身认知的视角[J]. 教师教育研究，2020，32（3）：47-52.

[91] 蒋馨岚. 西部地区本科高校青年教师胜任力的调查与思考[J]. 重庆高教研究，2019，7（1）：47-58.

[92] 刘海燕，谭刚. 边疆少数民族地区农村中小学教师胜任力研究：基于新疆伊宁县的调查分析[J]. 当代教育论坛，2018（3）：107-112.

[93] 周小敏. 普通高校体育教师胜任特征及指标评价研究[J]. 山东体育学院学报，2009，25（3）：94-96.

[94] 潘高峰. 中学体育教师胜任力的调查研究[D]. 武汉：华中师范大学，2008.

[95] 周大伟. 基于胜任特征的中学体育教师评价体系研究[D]. 开封：河南大学，2009.

[96] 张长城. 中学体育教师胜任力模型构建与实证研究[D]. 福州：福建师范大学，2011.

[97] 张长城. 基于结构方程的"校园足球"教师胜任力模型构建研究[J]. 嘉应学院学报，2017（5）：89-95.

[98] 李欣. 中小学体育教师胜任特征模型的构建与检验[D]. 武汉：华中师范大学，2012.

[99] 邱芬. 高校体育教师胜任力研究[M]. 武汉：武汉大学出版社，2014.

[100] 刘晓旭. 小学体育教师胜任力模型建构[D]. 北京：北京体育大学，2016.

[101] 田广，高徐，张龙，等. 贵州省高校体育教师胜任力评价指标体系的构建[J]. 体育研究与教育，2014（4）：36-38，72.

[102] 虞泽民. 小学武术教师教学胜任力模型构建与研究[D]. 北京：北京体育大学，2019.

[103] 彭金根. 体育院校体育教育专业田径专修学生专项能力评价指标体系构建研究[D]. 武汉：武汉体育学院，2020.

[104] 陈敏. 福建省普通高校体育教师胜任特征与工作绩效关系研究：基于心理契约调节作用分析[D]. 福州：福建师范大学，2014.

[105] 张志恒. 天津市中学体育教师胜任力与教学效能感的关系研究[D]. 天津：天津体育学院，2017.

[106] 张懿. 广州市小学体教师胜任力与工作满意度关系研究[D]. 广州：广州体育学院，2019.

[107] 梅雪雄. SPSS 在体育统计中的应用[M]. 北京：人民体育出版社，2008.

[108] 张力为. 体育科学研究方法[M]. 北京：高等教育出版社，2002.

[109] 吴明隆. 问卷统计分析实务：SPSS 操作与应用[M]. 重庆：重庆大学出版社，2010.

[110] 吴明隆. 结构方程模型：AMOS 操作与应用[M]. 2版. 重庆：重庆大学出版社，2010.

[111] 吴艳，温忠麟，侯杰泰，MARSH H W. 无均值结构的潜变量交互效应模型的标准化估计[J]. 心理学报，2011，43（10）：1219-1228.

[112] 董军，李洪玉，杜晖，等. 自编《中小学生非智力因素评价量表》的信效度研究[J]. 心理学探新，2002，22（2）：82.

[113] 姚继伟. 城市社区体育公共服务公众满意度测评理论与实证研究[D]. 福州：福建师范大学，2013.

[114] 伍麟，胡小丽，邢小莉，等. 中学教师职业幸福感结构及其问卷编制[J]. 心理研究，2008，1（2）：47-51.

[115] 张波. 自我效能感：大学生非传统职业选择的心理缺失[J]. 江苏高教，2009（1）：109-111.

[116] 周细琴．王伟. 中学体育教师职业声望的形成及其发展[J]. 体育学刊，2003，10（3）：109-110.

[117] 王陆，彭玏，马如霞，等. 大数据知识发现的教师成长行为路径[J]. 电化教育研究，2019，40（1）：95-103.

[118] 康翠，刘美凤. 不同专业发展阶段教师教案编制的质性研究[J]. 中国电化教育，2013（11）：66-73.

[119] 教育部高等学校教学指导委员会. 普通高等学校本科专业类教学质量国家标准（上）[M]. 北京：高等教育出版社，2018.

[120] 李洁，高定国. 成就动机和性别对风险倾向的预测作用[J]. 应用心理学，2005（3）：24-31.

[121] 程宇飞，范尧. 社会性别视角下体育对男性青少年男性气概的影响研究[J]. 成都体育学院学报，2022，48（3）：134-138.

[122] 陈志霞，李启明. 不同年龄群体大五人格与幸福感关系[J]. 心理与行为研究，2014，12（5）：633-638.

[123] 30～39岁人群最少"经常参加体育锻炼"王梅：要警醒[EB/OL]（2015-11-19）https://sports.people.com.cn/jianshen/n/2015/1119/c150958-27832863.htm.

[124] 大数据：30～39岁的人群为白酒消费主力[EB/OL].（2016-05-12）https://www.sohu.com/a/75049814_119737.

[125] 刘文华. 教师幸福感：学段和性别的差异有多大？：对655名教师职业幸福感的调查[J]. 中小学管理，2011（7）：35-36.

[126] 曾茜. 贵州省基础教育影响因素分析[J]. 经济研究导刊, 2018（17）: 186-187.

[127] 柳士顺, 凌文辁. 多重中介模型及其应用[J]. 心理科学, 2009, 32（2）: 433-435.

[128] 方杰, 温忠麟, 张敏强, 等. 基于结构方程模型的多重中介效应分析[J]. 心理科学, 2014, 209（3）: 735-741.

[129] 方杰, 温忠麟, 梁东梅, 等. 基于多元回归的调节效应分析[J]. 心理科学, 2015, 38（3）: 715-720.

[130] 邱皓政, 林碧芳. 结构方程模型的原理与应用[M]. 2版. 北京: 中国轻工业出版社, 2018.

[131] 肖前. 马克思主义哲学原理[M]. 北京: 中国人民大学出版社, 1994.

[132] 肖丹. 教师尊严的内涵及性征厘定[J]. 天津师范大学学报（基础教育版）, 2009, 10（3）: 21-25.

[133] 伊曼努尔·康德. 道德形而上学原理[M]. 苗立田, 译. 上海: 上海世纪出版集团, 2005.

[134] 张凌洋, 易连云. 专业化视域下的教师专业道德建设[J]. 教育研究, 2014, 35（4）: 116-121.

[135] 黎琼锋. 从规约到自律: 教师专业道德的建构[J]. 现代教育科学, 2007（3）: 63-66.

[136] 王鹏. 有效教学应追求生命关怀[J]. 教学与管理, 2011, 504（35）: 3-4.

[137] 宁金平. 好教学追求生命关怀[J]. 教学与管理, 2017（26）: 1-3.

[138] 季浏. 我国《义务教育体育与健康课程标准（2022年版）》解读[J]. 体育科学, 2022, 42（5）: 3-17, 67.

[139] 季浏, 马德浩. 新时代我国学校体育改革与发展[J]. 体育科学, 2019, 39（3）: 3-12.

[140] 季浏. 我国《普通高中体育与健康课程标准（2017年版）》解读[J]. 体育科学, 2018, 38（2）: 3-20.

[141] 张维凯, 李士英, 王宏伟. 生命关怀视域下青少年身体素养教育需求及路径分析[J]. 中国体育科技, 2020, 56（10）: 69-76.

[142] 稳住外出务工基本盘:贵州脱贫劳动力外出务工达346.04万人[EB/OL]. （2023-11-13）https://www.toutiao.com/article/7300859106087584271/?channel

=&source=search_tab

[143] 周丽, 高玉峰, 邱海棠, 等. 留守初中生心理健康与生活事件、应对方式的关系[J]. 中国心理卫生杂志, 2008（11）: 796-800, 805.

[144] 熊静梅, 张天成. 凤凰县留守与非留守中学生体育锻炼及日常饮食行为比较[J]. 中国学校卫生, 2017, 38（4）: 498-501, 504.

[145] 肖庆群. 少数民族地区农村留守中学生体质健康影响因素分析: 以贵州省布依族居住区为例[J]. 贵州师范学院学报, 2012, 28（3）: 36-41.

[146] 徐明津, 万鹏宇, 杨新国. 留守中学生积极认知情绪调节心理韧性与自杀意念的相关性分析[J]. 现代预防医学, 2016, 43（22）: 4143-4146.

[147] 郝林晓, 折延东. 教师专业能力结构及其成长模式探析[J]. 教育理论与实践, 2004（14）: 30-33.

[148] 左晖, 柳孟利. 贵州省高校第一届体育教育专业学生基本功大赛分析[J]. 体育科技, 2021, 42（6）: 124-126.

[149] 吕海龙, 周特跃, 欧佩. 专家-新手型体育教师教学效能感及其课堂教学行为的探讨[J]. 首都体育学院学报, 2009, 21（6）: 752-755, 758.

[150] 唐炎, 陈佩杰. 体教融合发展 中的高考动力因素[J]. 上海体育学院学报, 2020, 44（10）: 28-33, 47.

[151] 唐炎. 体育与高考: 体育高考"热议"的冷思考[J].体育学刊, 2013, 20（2）: 1-2.

[152] 七省份出台方案 第四批高考综合改革启动"3+1+2"模式不分文理探索高职分类考试[EB/OL].（2021-09-16）https://www.moe.gov.cn/jyb_xwfb/s5147/202109/t20210916_563569.html.

[153] 程伟. 体育教师课时系数打折的法理学分析[J]. 体育教学与研究, 2013（88）: 120.

英文参考文献：

[1] SCHEIN E. Career dynamics: matching individual and organizationalneeds[M]. Boston: Addison-Wesley Publishing Company, 1978: 12.

[2] BOYATZIS R E. The competent manager: a model for effective performance [M]. New York: John Wiley, 1982: 6.

[3] WITTROCK M C. Handbook of research on teaching[M]. New York: MacMillan Reference Books, 1986: 255-296.

[4] DIENER E. Subjective well-being[J]. Psychology bulletin, 1984, 95(3): 542-575.

[5] KINNUNEN J, MARTIO O. Hardy's inequalities for Sobolev functions[J]. Mathematical research letters, 1997, 4(4): 489-500.

[6] BIRDI K, ALLAN C, WARR P. Correlates and perceived outcomes of four types of employee development activity[J]. Journal of applied psychology, 1997, 82(6): 845-857.

[7] KOUSTELIOS A, THEODORAKIS N, GOULIMARIS D. Role ambiguity, role conflict and job satisfaction among physical education teachers in Greece[J]. International journal of educational management. 2004, 18(2): 87-92.

[8] SALIMZADEH R, HALL N C, SAROYAN A. Stress, emotion regulation, and well-being among Canadian faculty members in research-intensive universities[J]. Social sciences, 2020, 9(12): 227-237.

[9] BEIJAARD D, MEIJER P C, VERLOOP N. Reconsidering research on teachers' professional identity[J]. Teaching and teacher education, 2004 (20): 107-128.

[10] RETALLICK J, MITHANI S. The impact of a professional development program: a study from pakistan[J]. Professional development in education. 2003, 29(3): 405-422.

[11] KINNUNEN U, PARKATTI T, RASKU A. Occupational well-being among aging teachers in Finland[J]. Scandinavian journal of educational, research, 1994, 34(34): 315-332.

[12] MCCLELLAND D C. Testing for competence rather than for intelligence[J]. American psychologist, 1973, (28): 1-14.

[13] SPENCER L M, SPENCER S M. Competence at work: models for superior performance[M]. New York: John Wiley & Sons, Inc, 1993:59

[14] OLSON C D, LWYETT J. Teachers need affective competencies[J]. Project innovation summer, 2000 (7): 30-33.

[15] SKINKFIED A T, STUFFLEBEAM D. Teacher evaluation: guide to effective practice[M]. Boston: Kluwer Academic Publishers, 1995: 134.

[16] BISSCHOFF T, GROBLER B. The management of teacher competence[J]. Journal of in-service education, 1998(24): 23-28.

[17] SEO Y S, SON Y L. Mediation effect of nursing competency between transformational leadership and organizational commitment of nurses in hospital[J]. Journal of Korean clinical health science, 2015, 3(3): 419-426.

[18] BAGOZZI R P, YI Y. On the evaluation of structural equation models[J]. Academic of marketing science, 1988 (16): 76-94.

[19] PACI I, BALOĞLU M. The impact of cultural collectivism on knowledge sharing among information technology majoring undergraduates[J]. Computers in human behavior, 2016 (56): 65-71.

[20] DIAMANTOPOULOS A, SIGUAW J A. Introducing LISREL: a guide for the uninitiated[M]. Thousand Oaks: Sage, 2000: 53-54.

[21] HOYLE R H, PANTER A T. Structural equation modeling: concepts, issues, and applications[M]. Thousand Oaks: Sage, 1995: 101.

[22] SCHUMACKER R E, LOMAX R G. A beginner's guide to structural equation modeling[M]. New Jersey: Lawrence Erlbaum Associates, 1996: 133.

[23] BYME B M. Structural equation modeling with AMOS: Basic concepts, applications and programming[M]. New Jersey: Lawrence Erlbaum Associates, 2001: 53.

[24] JAMES L R, BRETT J M. Mediators, moderators and tests for mediation[J]. Journal of applied psychology, 1984, 69 (2): 307-321.

[25] KENNY D, JUDD C M. Estimating the noalinear quadratic effect estimation: a two-step technique using and interactive effects of latent variables[J]. Psychological structural equation analysis Psychological Bulletin, 1996: 201-210.

[26] JORESKOG K G, YANG F. Nonlinear structural equation models: the Kenny-Judd model with interaction effects[M]//SCHUMACHER R E.

Advances in structural equation modeling techniques[M]. New Jersey: Lawrende Erlbaum Associates, 1996: 57-88.

[27] MARSH H W, HAU K T, BALIA J R, D. Is more ever too much? The number of indicators per factor in confirmatory factor analysis[J]. Multivariate behavioral research, 1998 (33): 181-220.

[28] MARSH H W, WEN Z, HAU K T. Structural equation models of latent interactions: evaluation of alternative estimation strategies and indicator construction[J]. Psychological methods, 2004, 9(3): 275-300.

[29] MARSH H W, WEN Z, HAU K T. Structural equation models of latent interaction and quadratic effects[M]. HANCOCK G, MUELLER R. A second course in structural equation modeling[M]. Greenwich: Information Age, 2006: 225-265.

[30] KERLINGER F N. Foundations of behavior research[M]. New York: Harcourt Brace Jovanovich, 1986: 55.

[31] ANDREW F H. Introduction to mediation, moderation, and conditional process analysis: a regression-based approach[M]. New York: The guilford press, 2013: 4-6.

[32] COENDERS G, BATISTA-FUGUE J M, SARIS W E. Simple, efficient and distribution-free approach to interaction effects in complex structural equation models[J]. Quality & Quantity, 2008, 42 (3): 369-396.

[33] RIGDON E. A necessary an sufficient identification rule for structural equation models estimated[J]. Multivariate behavioral research, 1995, 30: 359-383.

[34] CHEN S T, TANG Y, CHEN P J, et al. The development of Chinese assessment and evaluation of Physical Literacy (CAEPL): a study using Delphi method[J]. International journal of environmental research and public health2020, 17(8): 2720.

[35] ROBINSON C, SCHUMACHER R E. Interaction effects: centering, variance inflation factor, and interpretation issues[J]. Multiple linear regression viewpoints, 2009, 35(1): 6-11.

[36] RIGDON, E. A necessary a sufficient identification rule for structural equation models estimated[J]. Multivariate behavioral research, 1995, 30: 359-383.

[37] CHEN S T, TANG Y, CHEN P J, et al. The development of Chinese assessment and evaluation of Physical Literacy(CAEPL): a study using Delphi method[J]. International journal of environmental research and public health, 2020, 17(8): 2720.

附 录

附录1 贵州民族地区中学体育教师职业认同、胜任力、职业幸福感调查问卷（初始稿）

尊敬的老师：

您好！本问卷旨在调查贵州民族地区体育教师的职业认同、胜任力、职业幸福感，本次填写，只是针对现状的调查，调查的信息是我们研究的基础，**问卷是匿名填写且只用于科学研究，绝不针对任何个人，请您不要有任何顾虑**，尽可放心客观作答。您的回答对我们的研究非常重要，请您认真阅读，不要漏答。

问卷一共3个部分，分别为贵州民族地区中学体育教师职业认同、胜任力、职业幸福感

问卷填写，请在每道问题右边符合您工作实际情况的相应数字上打上"√"，表格中的数字没有对错之分，您尽可放心勾选。

由衷感谢您于百忙之中填写这份问卷，谢谢合作和支持！

兴义民族师范学院体育学院："贵州民族地区中学体育教师职业认同与职业幸福感的关系研究"课题组

第一部分：贵州民族地区中学体育教师职业认同调查

序号	问题内容	非常不赞同	比较不赞同	一般	比较赞同	非常赞同
1	我要通过工作，培养学生对体育的兴趣	1	2	3	4	5
2	我觉得投身体育工作是一件很有意义的事情	1	2	3	4	5
3	我是一名非常称职的体育教师	1	2	3	4	5

续表

序号	问题内容	非常不赞同	比较不赞同	一般	比较赞同	非常赞同
4	通过我的努力学生在体育方面取得进步，我会非常高兴	1	2	3	4	5
5	我能够完成体育教师的各项工作	1	2	3	4	5
6	在工作中，我感到很快乐	1	2	3	4	5
7	我希望成为一名受学生欢迎的老师	1	2	3	4	5
8	在工作中遇到一些问题，我相信自己有能力解决	1	2	3	4	5
9	我因为喜欢体育才成为了体育教师	1	2	3	4	5
10	我希望通过我的努力，使体育工作得到学校更多的关注	1	2	3	4	5
11	我乐意参加教研活动和业务学习	1	2	3	4	5
12	体育教师应该有终身学习的观念	1	2	3	4	5
13	我掌握的知识和技能能够满足教学的要求	1	2	3	4	5
14	我认为教师接受体育专业训练后，不应该随便换职业	1	2	3	4	5
15	我乐意与同事交流教学心得	1	2	3	4	5
16	我对体育教育工作投入很多，现在不容易更换职业	1	2	3	4	5
17	我愿意做一些对学生有利，但不一定有报酬的工作	1	2	3	4	5
18	体育教师的工作充满了激情和活力	1	2	3	4	5

第二部分：贵州民族地区中学体育教师胜任力调查

序号	问题内容	非常不赞同	比较不赞同	一般	比较赞同	非常赞同
1	我训练的学生在县级及以上比赛中获得较好名次	1	2	3	4	5
2	我能在工作之余进行体育以外的知识学习	1	2	3	4	5
3	每次上课前我都要将场地器材进行安全地布置	1	2	3	4	5
4	我会将本地民族传统体育作为体育课教学内容	1	2	3	4	5
5	我不认为自己的能力比其他同事低	1	2	3	4	5
6	我认为民族地区体育教学工作是培养人的重要活动	1	2	3	4	5
7	我能根据学生个性特征采用不同语言方式与之沟通	1	2	3	4	5
8	学生在我的体育课上表现活跃且秩序井然	1	2	3	4	5
9	我能根据自己工作的需要选择自己的学习内容	1	2	3	4	5
10	课堂上我能及时发现学生练习时的问题并及时调整	1	2	3	4	5
11	我熟悉体育健康课程标准的各个领域目标	1	2	3	4	5
12	我在体育教学中尊重少数民族学生风俗习惯	1	2	3	4	5
13	我经常参加各种级别的裁判工作	1	2	3	4	5
14	在学校体育工作中我总以学生身心健康发展为己任	1	2	3	4	5
15	我更侧重于考核学生在体育课堂上的表现	1	2	3	4	5
16	我经常与体育同行交流自己对体育教学的看法	1	2	3	4	5

续表

序号	问题内容	非常不赞同	比较不赞同	一般	比较赞同	非常赞同
17	我经常向校领导汇报、交流体育教学情况	1	2	3	4	5
18	我能克服工作中的各种困难并励志做得更好	1	2	3	4	5
19	不管刮风下雨、风吹日晒,我都坚持上好体育课	1	2	3	4	5
20	我经常安排时间让学生进行讨论和比赛	1	2	3	4	5
21	我经常锻炼,始终保持较好的运动技能水平	1	2	3	4	5
22	我积极学习新的运动技能并能够满足教学需要	1	2	3	4	5
23	我经常给学生讲解体育技术的原理及锻炼方法	1	2	3	4	5
24	我给学生讲解动作技术要领,语言清楚、具体而简洁	1	2	3	4	5
25	我的示范动作常能激起学生练习的热情	1	2	3	4	5
26	我能较好地完成学校布置的群体活动的组织工作	1	2	3	4	5
27	我经常写论文发表观点,表达自己对体育教学的理解	1	2	3	4	5
28	我总是不满足自己的教学现状、方法与手段	1	2	3	4	5
29	我能客观分析和认识自己上课存在的问题并完善	1	2	3	4	5
30	我喜爱当前从事的体育教学工作	1	2	3	4	5
31	每当下课后,我都会总结当次课学生的学习情况	1	2	3	4	5
32	我经常在一些报刊上发表体育类的论文	1	2	3	4	5
33	我能较好地处理教学中出现的偶发事件	1	2	3	4	5
34	我能较好地策划、组织学校师生的文体活动	1	2	3	4	5

续表

序号	问题内容	非常不赞同	比较不赞同	一般	比较赞同	非常赞同
35	我参加过县市及以上级别的教学比赛,并获得优胜	1	2	3	4	5
36	我经常上网或是阅读书报获取体育教学的最新信息	1	2	3	4	5
37	我时常设法与学生交流,了解他们的学习情况	1	2	3	4	5
38	我的口令表达清晰准确,声音洪亮	1	2	3	4	5
39	我积极参加中小学体育教师的各种再培训	1	2	3	4	5
40	与同事发生误会,我会主动沟通交流以消除误会	1	2	3	4	5
41	在讲授本地传统体育时,我总会告诉学生其历史	1	2	3	4	5
42	我会用多媒体屏幕将不能做示范的动作展示给学生	1	2	3	4	5
43	我的体育课曾经被评为示范课或者优质课	1	2	3	4	5
44	我经常对学生进行课堂常规教育	1	2	3	4	5
45	面对大量的信息,我知道那些是我所需要的	1	2	3	4	5
46	我总能让学习兴趣不高的学生投入到体育学习中来	1	2	3	4	5
47	我利用学生健康档案袋,分析每位学生的健康状况	1	2	3	4	5
48	我会反思每次上课的情况并及时改正和完善	1	2	3	4	5
49	我有责任让留守学生在体育课上获得快乐的体验	1	2	3	4	5
50	我时常注意留守学生在体育课堂上的感受	1	2	3	4	5
51	我能根据不同的情况选用适合的动作示范方式	1	2	3	4	5

续表

序号	问题内容	非常不赞同	比较不赞同	一般	比较赞同	非常赞同
52	我会挤出时间搜集学生喜欢的项目,之后传授给他们	1	2	3	4	5
53	我经常观摩各种体育说课竞赛,且认真做好笔录	1	2	3	4	5
54	在给讲授新技术之前,我都要进行技术动作的复习	1	2	3	4	5
55	我愿意继续留在现在的地方从事体育教学工作	1	2	3	4	5
56	我经常抽出一定时间学习,提升自己	1	2	3	4	5
57	我经常自愿承担学校的各种分外工作	1	2	3	4	5
58	我能根据场地、器材和学生情况合理安排分组练习	1	2	3	4	5
59	尽管太阳很大,但我还是面向太阳上课	1	2	3	4	5
60	我经常与他人合作进行教学探讨	1	2	3	4	5
61	我经常在网上查阅学生喜爱的体育运动的视频	1	2	3	4	5
62	我经常将当地传统体育改编之后纳入体育课堂教学	1	2	3	4	5
63	我觉得自己从事的工作对民族地区有意义	1	2	3	4	5
64	学生不注意运动安全,再怎么强调也没有用	1	2	3	4	5
65	我经常参加一些体育教改课题的研究	1	2	3	4	5
66	我认为学生需要锻炼并经常指导他们怎样锻炼	1	2	3	4	5
67	我在体育教学中感到很满足,乐于投入其中	1	2	3	4	5
68	学生上课消极胆怯时,我会和他们一起完成动作	1	2	3	4	5

第三部分：贵州民族地区中学体育教师职业幸福感调查

序号	问题内容	非常不赞同	比较不赞同	一般	比较赞同	非常赞同
1	学生对我的真情回报和懂得感恩让我感到很自豪	1	2	3	4	5
2	工作以来，我对自己的身体健康状况非常满意	1	2	3	4	5
3	我的工作得到了学生、家长的理解和支持	1	2	3	4	5
4	我能从自身的修养和教学水平不断提升中获得满足感	1	2	3	4	5
5	教师有双休日和节假日让我更加喜欢这个职业	1	2	3	4	5
6	学校的工作环境很适合我个人的发展	1	2	3	4	5
7	教学是我的兴趣所在，能把兴趣和职业结合在一起是很幸福的	1	2	3	4	5
8	通过教书育人，能够实现自己的人生价值	1	2	3	4	5
9	在教育教学实践中，我的教育理念能够很好地得以推广和运用	1	2	3	4	5
10	我的工作成效能够得到领导和同事们的肯定	1	2	3	4	5
11	生动而富有成效的课堂使我感到非常愉快和满足	1	2	3	4	5
12	我对学生未来的发展能起到积极作用	1	2	3	4	5
13	我非常热爱教师这个职业	1	2	3	4	5
14	我认为自己的工作能力强、教学成绩显著	1	2	3	4	5
15	我认为教师是一个很有价值的职业	1	2	3	4	5
16	和其他行业相比，我感觉教师的社会地位相对较高	1	2	3	4	5
17	我们的工作对社会有积极的贡献	1	2	3	4	5
18	我能从课余时间与学生的交流中获得快乐	1	2	3	4	5

续表

序号	问题内容	非常不赞同	比较不赞同	一般	比较赞同	非常赞同
19	我能通过良好的专业成长来实现自身的和谐发展	1	2	3	4	5
20	我对上级部门及学校提供的培训、学习和升职机会非常满意	1	2	3	4	5
21	学校宽松的人文环境使我感到非常愉快	1	2	3	4	5
22	通过自己的努力将差生转为优等生，这使我很有成就感	1	2	3	4	5
23	我能从我的工作中得到自身能力的提升	1	2	3	4	5
24	家人对我的工作很支持	1	2	3	4	5
25	我喜欢教师相对单纯的工作内容和工作环境	1	2	3	4	5
26	我们能够以自己的身份和学识来影响身边的人	1	2	3	4	5
27	我经常能感受到教师工作给自己带来的乐趣	1	2	3	4	5
28	我对自己的教学成效非常满意	1	2	3	4	5
29	学校的管理体制很科学、人性化，让我有归属感	1	2	3	4	5
30	领导重视老师，学校有较强的人文关怀	1	2	3	4	5
31	我对学生取得的成绩进步非常满意	1	2	3	4	5
32	我认为自己的知识和能力非常适合从事现在这个工作	1	2	3	4	5
33	我认为教学是我非常喜爱也非常适合的工作	1	2	3	4	5
34	教师被认为是知识的化身，受人尊重	1	2	3	4	5
35	学生在我的教育下学有所获、健康成长，是我的价值所在	1	2	3	4	5
36	我的工作得到了社会的认可和尊重	1	2	3	4	5
37	我经常能够以积极的心态来对待工作	1	2	3	4	5

续表

序号	问题内容	非常不赞同	比较不赞同	一般	比较赞同	非常赞同
38	我的工作与家庭之间的关系非常和谐	1	2	3	4	5
39	主动与其他老师交流和相互学习,这使我感到非常快乐	1	2	3	4	5
40	我对于现在的工作收入非常满意	1	2	3	4	5
41	在工作中遇到困难时,同事能提供力所能及的帮助	1	2	3	4	5
42	目前的工作能给我提供较多自由发挥的空间	1	2	3	4	5

附录2 贵州民族地区中学体育教师职业认同、胜任力、职业幸福感调查问卷（第一稿）

尊敬的老师：

您好！本问卷旨在调查贵州民族地区体育教师的职业认同、胜任力、职业幸福感，本次填写，只是针对现状的调查，调查的信息是我们研究的基础，**问卷是匿名填写且只用于科学研究，绝不针对任何个人，请您不要有任何顾虑，尽可放心客观作答。**您的回答对我们的研究非常重要，请您认真阅读，不要漏答。

问卷一共 3 个部分，分别为贵州民族地区中学体育教师职业认同、胜任力、职业幸福感

问卷填写，请在每道问题右边符合您工作实际情况的相应数字上打上"✓"，表格中的数字没有对错之分，您尽可放心勾选。

由衷感谢您于百忙之中填写这份问卷，谢谢合作和支持！

兴义民族师范学院体育学院："贵州民族地区中学体育教师职业认同与职业幸福感的关系研究"课题组

第一部分：贵州民族地区中学体育教师职业认同调查

序号	问题内容	非常不赞同	比较不赞同	一般	比较赞同	非常赞同
1	我愿意做一些对学生有利，但不一定有报酬的工作	1	2	3	4	5
2	我能够完成体育教师的各项工作	1	2	3	4	5
3	我要通过工作，培养学生对体育的兴趣	1	2	3	4	5
4	我因为喜欢体育才成为了体育教师	1	2	3	4	5
5	我是一名非常称职的体育教师	1	2	3	4	5
6	我掌握的知识和技能能够满足教学的要求	1	2	3	4	5

续表

序号	问题内容	非常不赞同	比较不赞同	一般	比较赞同	非常赞同
7	我希望通过我的努力，使体育工作得到学校更多的关注	1	2	3	4	5
8	体育教师的工作充满了激情和活力	1	2	3	4	5
9	我觉得投身体育工作是一件很有意义的事情	1	2	3	4	5
10	我乐意参加教研活动和业务学习	1	2	3	4	5
11	通过我的努力学生在体育方面取得进步，我会非常高兴	1	2	3	4	5
12	我认为教师接受体育专业训练后，不应该随便换职业	1	2	3	4	5
13	我对体育教育工作投入很多，现在不容易更换职业	1	2	3	4	5
14	体育教师应该有终身学习的观念	1	2	3	4	5
15	在工作中遇到一些问题，我相信自己有能力解决	1	2	3	4	5
16	我希望成为一名受学生欢迎的老师	1	2	3	4	5
17	我乐意与同事交流教学心得	1	2	3	4	5
18	在工作中，我感到很快乐	1	2	3	4	5

第二部分：贵州民族地区中学体育教师胜任力调查

序号	问题内容	非常不赞同	比较不赞同	一般	比较赞同	非常赞同
1	我参加过县市及以上级别的教学比赛，并获得优胜	1	2	3	4	5
2	我能根据自己工作的需要选择自己的学习内容	1	2	3	4	5

续表

序号	问题内容	非常不赞同	比较不赞同	一般	比较赞同	非常赞同
3	我积极参加中小学体育教师的各种再培训	1	2	3	4	5
4	学生在我的体育课上表现活跃且秩序井然	1	2	3	4	5
5	我经常向校领导汇报、交流体育教学情况	1	2	3	4	5
6	我经常与体育同行交流自己对体育教学的看法	1	2	3	4	5
7	我认为民族地区体育教学工作是培养人的重要活动	1	2	3	4	5
8	我经常在一些报刊上发表体育类的论文	1	2	3	4	5
9	与同事发生误会，我会主动沟通交流以消除误会	1	2	3	4	5
10	我能较好地策划、组织学校师生的文体活动	1	2	3	4	5
11	面对大量的信息，我知道那些是我所需要的	1	2	3	4	5
12	我经常将当地传统体育改编之后纳入体育课堂教学	1	2	3	4	5
13	学生上课消极胆怯时，我会和他们一起完成动作	1	2	3	4	5
14	我认为学生需要锻炼并经常指导他们怎样锻炼	1	2	3	4	5
15	我给学生讲解动作技术要领，语言清楚、具体而简洁	1	2	3	4	5
16	我经常安排时间让学生进行讨论和比赛	1	2	3	4	5
17	我时常设法与学生交流，了解他们的学习情况	1	2	3	4	5
18	我喜爱当前从事的体育教学工作	1	2	3	4	5
19	我经常参加一些体育教改课题的研究	1	2	3	4	5

续表

序号	问题内容	非常不赞同	比较不赞同	一般	比较赞同	非常赞同
20	我能克服工作中的各种困难并励志做得更好	1	2	3	4	5
21	我有责任让留守学生在体育课上获得快乐的体验	1	2	3	4	5
22	我经常观摩各种体育说课竞赛,且认真做好笔录	1	2	3	4	5
23	我经常上网或是阅读书报获取体育教学的最新信息	1	2	3	4	5
24	我训练的学生在县级及以上比赛中获得较好名次	1	2	3	4	5
25	我会反思每次上课的情况并及时改正和完善	1	2	3	4	5
26	不管刮风下雨、风吹日晒,我都坚持上好体育课	1	2	3	4	5
27	我觉得自己从事的工作对民族地区有意义	1	2	3	4	5
28	我经常与他人合作进行教学探讨	1	2	3	4	5
29	我能在工作之余进行体育以外的知识学习	1	2	3	4	5
30	我会用多媒体屏幕将不能做示范的动作展示给学生	1	2	3	4	5
31	我的体育课曾经被评为示范课或者优质课	1	2	3	4	5
32	课堂上我能及时发现学生练习时的问题并及时调整	1	2	3	4	5
33	我愿意继续留在现在的地方从事体育教学工作	1	2	3	4	5

第三部分：贵州民族地区中学体育教师职业幸福感调查

序号	问题内容	非常不赞同	比较不赞同	一般	比较赞同	非常赞同
1	我认为自己的工作能力强、教学成绩显著	1	2	3	4	5
2	生动而富有成效的课堂使我感到非常愉快和满足	1	2	3	4	5
3	教师有双休日和节假日让我更加喜欢这个职业	1	2	3	4	5
4	学生在我的教育下学有所获、健康成长，是我的价值所在	1	2	3	4	5
5	家人对我的工作很支持	1	2	3	4	5
6	我经常能够以积极的心态来对待工作	1	2	3	4	5
7	我们的工作对社会有积极的贡献	1	2	3	4	5
8	我非常热爱教师这个职业	1	2	3	4	5
9	我对上级部门及学校提供的培训、学习和升职机会非常满意	1	2	3	4	5
10	工作以来，我对自己的身体健康状况非常满意	1	2	3	4	5
11	我能从自身的修养和教学水平不断提升中获得满足感	1	2	3	4	5
12	我的工作成效能够得到领导和同事们的肯定	1	2	3	4	5
13	我对学生未来的发展能起到积极作用	1	2	3	4	5
14	我认为自己的知识和能力非常适合从事现在这个工作	1	2	3	4	5
15	目前的工作能给我提供较多自由发挥的空间	1	2	3	4	5
16	通过教书育人，能够实现自己的人生价值	1	2	3	4	5
17	教学是我的兴趣所在，能把兴趣和职业结合在一起是很幸福的	1	2	3	4	5
18	在工作中遇到困难时，同事能提供力所能及的帮助	1	2	3	4	5

续表

序号	问题内容	非常不赞同	比较不赞同	一般	比较赞同	非常赞同
19	教师被认为是知识的化身，受人尊重	1	2	3	4	5
20	我认为教师是一个很有价值的职业	1	2	3	4	5
21	我能从我的工作中得到自身能力的提升	1	2	3	4	5
22	我的工作得到了学生、家长的理解和支持	1	2	3	4	5
23	通过自己的努力将差生转为优等生，这使我很有成就感	1	2	3	4	5
24	我经常能感受到教师工作给自己带来的乐趣	1	2	3	4	5
25	在教育教学实践中，我的教育理念能够很好地得以推广和运用	1	2	3	4	5
26	学校宽松的人文环境使我感到非常愉快	1	2	3	4	5
27	我能从课余时间与学生的交流中获得快乐	1	2	3	4	5
28	我对学生取得的成绩进步非常满意	1	2	3	4	5
29	主动与其他老师交流和相互学习，这使我感到非常快乐	1	2	3	4	5
30	我喜欢教师相对单纯的工作内容和工作环境	1	2	3	4	5

附录3 贵州民族地区中学体育教师职业认同、胜任力、职业幸福感调查问卷（第二稿）

尊敬的老师：

您好！本问卷旨在调查贵州民族地区体育教师的职业认同、胜任力、职业幸福感，本次填写，只是针对现状的调查，调查的信息是我们研究的基础，**问卷是匿名填写且只用于科学研究，绝不针对任何个人，请您不要有任何顾虑，尽可放心客观作答。**您的回答对我们的研究非常重要，请您认真阅读，不要漏答。

问卷一共 3 个部分，分别为贵州民族地区中学体育教师职业认同、胜任力、职业幸福感

问卷填写，请在每道问题右边符合您工作实际情况的相应数字上打上"✓"，表格中的数字没有对错之分，您尽可放心勾选。

由衷感谢您于百忙之中填写这份问卷，谢谢合作和支持！

兴义民族师范学院体育学院："贵州民族地区中学体育教师职业认同与职业幸福感的关系研究"课题组

第一部分：贵州民族地区中学体育教师职业认同调查

序号	问题内容	非常不赞同	比较不赞同	一般	比较赞同	非常赞同
1	我能够完成体育教师的各项工作	1	2	3	4	5
2	通过我的努力学生在体育方面取得进步，我会非常高兴	1	2	3	4	5
3	我愿意做一些对学生有利,但不一定有报酬的工作	1	2	3	4	5
4	在工作中，我感到很快乐	1	2	3	4	5
5	在工作中遇到一些问题,我相信自己有能力解决	1	2	3	4	5

续表

序号	问题内容	非常不赞同	比较不赞同	一般	比较赞同	非常赞同
6	我是一名非常称职的体育教师	1	2	3	4	5
7	我要通过工作,培养学生对体育的兴趣	1	2	3	4	5
8	体育教师应该有终身学习的观念	1	2	3	4	5
9	我希望成为一名受学生欢迎的老师	1	2	3	4	5
10	我掌握的知识和技能能够满足教学的要求	1	2	3	4	5
11	我希望通过我的努力,使体育工作得到学校更多的关注	1	2	3	4	5
12	我乐意参加教研活动和业务学习	1	2	3	4	5
13	我觉得投身体育工作是一件很有意义的事情	1	2	3	4	5
14	我对体育教育工作投入很多,现在不容易更换职业	1	2	3	4	5
15	我因为喜欢体育才成为了体育教师	1	2	3	4	5
16	我认为教师接受体育专业训练后,不应该随便换职业	1	2	3	4	5
17	我乐意与同事交流教学心得	1	2	3	4	5
18	体育教师的工作充满了激情和活力	1	2	3	4	5

第二部分：贵州民族地区中学体育教师胜任力调查

序号	问题内容	非常不赞同	比较不赞同	一般	比较赞同	非常赞同
1	我经常观摩各种体育说课竞赛,且认真做好笔录	1	2	3	4	5
2	我能在工作之余进行体育以外的知识学习	1	2	3	4	5

续表

序号	问题内容	非常不赞同	比较不赞同	一般	比较赞同	非常赞同
3	我觉得自己从事的工作对民族地区有意义	1	2	3	4	5
4	我经常向校领导汇报、交流体育教学情况	1	2	3	4	5
5	我经常上网或是阅读书报获取体育教学的最新信息	1	2	3	4	5
6	我喜爱当前从事的体育教学工作	1	2	3	4	5
7	我训练的学生在县级及以上比赛中获得较好名次	1	2	3	4	5
8	面对大量的信息，我知道那些是我所需要的	1	2	3	4	5
9	学生在我的体育课上表现活跃且秩序井然	1	2	3	4	5
10	我给学生讲解动作技术要领，语言清楚、具体而简洁	1	2	3	4	5
11	我会用多媒体屏幕将不能做示范的动作展示给学生	1	2	3	4	5
12	我时常设法与学生交流，了解他们的学习情况	1	2	3	4	5
13	我能克服工作中的各种困难并励志做得更好	1	2	3	4	5
14	我经常与他人合作进行教学探讨	1	2	3	4	5
15	我能根据自己工作的需要选择自己的学习内容	1	2	3	4	5
16	我经常参加一些体育教改课题的研究	1	2	3	4	5
17	我积极参加中小学体育教师的各种再培训	1	2	3	4	5
18	我愿意继续留在现在的地方从事体育教学工作	1	2	3	4	5
19	我会反思每次上课的情况并及时改正和完善	1	2	3	4	5

续表

序号	问题内容	非常不赞同	比较不赞同	一般	比较赞同	非常赞同
20	学生上课消极胆怯时,我会和他们一起完成动作	1	2	3	4	5
21	我经常在一些报刊上发表体育类的论文	1	2	3	4	5
22	我有责任让留守学生在体育课上获得快乐的体验	1	2	3	4	5
23	我经常与体育同行交流自己对体育教学的看法	1	2	3	4	5
24	我认为学生需要锻炼并经常指导他们怎样锻炼	1	2	3	4	5
25	我经常安排时间让学生进行讨论和比赛	1	2	3	4	5
26	我的体育课曾经被评为示范课或者优质课	1	2	3	4	5
27	课堂上我能及时发现学生练习时的问题并及时调整	1	2	3	4	5
28	不管刮风下雨、风吹日晒,我都坚持上好体育课	1	2	3	4	5
29	我能较好地策划、组织学校师生的文体活动	1	2	3	4	5
30	我经常将当地传统体育改编之后纳入体育课堂教学	1	2	3	4	5
31	与同事发生误会,我会主动沟通交流以消除误会	1	2	3	4	5
32	我参加过县市及以上级别的教学比赛,并获得优胜	1	2	3	4	5
33	我认为民族地区体育教学工作是培养人的重要活动	1	2	3	4	5

第三部分：贵州民族地区中学体育教师职业幸福感调查

序号	问题内容	非常不赞同	比较不赞同	一般	比较赞同	非常赞同
1	在工作中遇到困难时，同事能提供力所能及的帮助	1	2	3	4	5
2	我的工作得到了学生、家长的理解和支持	1	2	3	4	5
3	我认为自己的知识和能力非常适合从事现在这个工作	1	2	3	4	5
4	教师有双休日和节假日让我更加喜欢这个职业	1	2	3	4	5
5	我的工作成效能够得到领导和同事们的肯定	1	2	3	4	5
6	目前的工作能给我提供较多自由发挥的空间	1	2	3	4	5
7	家人对我的工作很支持	1	2	3	4	5
8	我认为自己的工作能力强、教学成绩显著	1	2	3	4	5
9	我喜欢教师相对单纯的工作内容和工作环境	1	2	3	4	5
10	通过自己的努力将差生转为优等生，这使我很有成就感	1	2	3	4	5
11	我们的工作对社会有积极的贡献	1	2	3	4	5
12	我非常热爱教师这个职业	1	2	3	4	5
13	教师被认为是知识的化身，受人尊重	1	2	3	4	5
14	我能从自身的修养和教学水平不断提升中获得满足感	1	2	3	4	5
15	主动与其他老师交流和相互学习，这使我感到非常快乐	1	2	3	4	5
16	我经常能感受到教师工作给自己带来的乐趣	1	2	3	4	5
17	工作以来，我对自己的身体健康状况非常满意	1	2	3	4	5

续表

序号	问题内容	非常不赞同	比较不赞同	一般	比较赞同	非常赞同
18	学生在我的教育下学有所获、健康成长，是我的价值所在	1	2	3	4	5
19	在教育教学实践中，我的教育理念能够很好地得以推广和运用	1	2	3	4	5
20	通过教书育人，能够实现自己的人生价值	1	2	3	4	5
21	教学是我的兴趣所在，能把兴趣和职业结合在一起是很幸福的	1	2	3	4	5
22	我对学生未来的发展能起到积极作用	1	2	3	4	5
23	学校宽松的人文环境使我感到非常愉快	1	2	3	4	5
24	我能从我的工作中得到自身能力的提升	1	2	3	4	5
25	我对上级部门及学校提供的培训、学习和升职机会非常满意	1	2	3	4	5
26	我认为教师是一个很有价值的职业	1	2	3	4	5
27	我能从课余时间与学生的交流中获得快乐	1	2	3	4	5
28	我对学生取得的成绩进步非常满意	1	2	3	4	5
29	我经常能够以积极的心态来对待工作	1	2	3	4	5
30	生动而富有成效的课堂使我感到非常愉快和满足	1	2	3	4	5

附录4 贵州民族地区中学体育教师职业认同、胜任力、职业幸福感调查问卷（正式稿）

尊敬的老师：

您好！本问卷旨在调查贵州民族地区体育教师的职业认同、胜任力、职业幸福感，本次填写，只是针对现状的调查，调查的信息是我们研究的基础，**问卷是匿名填写且只用于科学研究，绝不针对任何个人，请您不要有任何顾虑**，尽可放心客观作答。您的回答对我们的研究非常重要，请您认真阅读，不要漏答。

问卷一共4个部分，分别为贵州民族地区中学体育教师基本信息、职业认同、胜任力、职业幸福感。

问卷填写，请在每道问题右边符合您工作实际情况的相应数字上打上"√"，表格中的数字没有对错之分，您尽可放心勾选。

由衷感谢您于百忙之中填写这份问卷，谢谢合作和支持！

"贵州民族地区中学体育教师职业认同与职业幸福感的关系研究"课题组

第一部分：有关您个人的基本信息（您的信息是我们研究的重要部分，且我们研究分析的是群体信息，而不是您个人信息，我们将严加保密您的信息）

1. 您的性别：□男；□女
2. 工作驻地：□县市；□乡镇
3. 您的年龄：□30岁以下；□30岁至39岁；□40岁至49岁；□50至59岁
4. 学年段：□初中；□高中
5. 学历：□中专；□大专；□本科；□研究生
6. 职称：□三级；□二级；□一级；□高级；□正高级
7. 绩效：□一般绩效；□高绩效

符合条件之一即为高绩效老师：① 获得地厅及以上级别骨干教师、学科带头人、优秀教师、优秀工作者等称号；② 获得地厅及以上级别的教学优秀奖、优秀论文等奖项，包括集体奖项排前三；③ 经常指导学生训练，在地市及以上级别的运动竞赛中获得单项前三名奖项，集体项目前五名奖项；④担任地市（州）级体育教育协会负责人，或者省以上级别的体育协会会员；⑤主持或者作为前三参与人进行地厅及以上级别课题研究；⑥担任名师工作室负责人。

第二部分：贵州民族地区中学体育教师职业认同调查

序号	问题内容	非常不赞同	比较不赞同	一般	比较赞同	非常赞同
1	我愿意做一些对学生有利，但不一定有报酬的工作	1	2	3	4	5
2	我希望通过我的努力，使体育工作得到学校更多的关注	1	2	3	4	5
3	在工作中，我感到很快乐	1	2	3	4	5
4	我认为教师接受体育专业训练后，不应该随便换职业	1	2	3	4	5
5	我要通过工作，培养学生对体育的兴趣	1	2	3	4	5
6	我乐意参加教研活动和业务学习	1	2	3	4	5
7	体育教师应该有终身学习的观念	1	2	3	4	5
8	我掌握的知识和技能能够满足教学的要求	1	2	3	4	5
9	我希望成为一名受学生欢迎的老师	1	2	3	4	5
10	通过我的努力学生在体育方面取得进步，我会非常高兴	1	2	3	4	5
11	体育教师的工作充满了激情和活力	1	2	3	4	5
12	我因为喜欢体育才成为了体育教师	1	2	3	4	5
13	我觉得投身体育工作是一件很有意义的事情	1	2	3	4	5
14	我能够完成体育教师的各项工作	1	2	3	4	5
15	在工作中遇到一些问题，我相信自己有能力解决	1	2	3	4	5
16	我乐意与同事交流教学心得	1	2	3	4	5
17	我对体育教育工作投入很多，现在不容易更换职业	1	2	3	4	5
18	我是一名非常称职的体育教师	1	2	3	4	5

第三部分：贵州民族地区中学体育教师胜任力调查

序号	问题内容	非常不赞同	比较不赞同	一般	比较赞同	非常赞同
1	我有责任让留守学生在体育课上获得快乐的体验	1	2	3	4	5
2	我经常安排时间让学生进行讨论和比赛	1	2	3	4	5
3	面对大量的信息，我知道那些是我所需要的	1	2	3	4	5
4	学生上课消极胆怯时，我会和他们一起完成动作	1	2	3	4	5
5	我时常设法与学生交流，了解他们的学习情况	1	2	3	4	5
6	与同事发生误会，我会主动沟通交流以消除误会	1	2	3	4	5
7	我认为民族地区体育教学工作是培养人的重要活动	1	2	3	4	5
8	我会用多媒体屏幕将不能做示范的动作展示给学生	1	2	3	4	5
9	我觉得自己从事的工作对民族地区有意义	1	2	3	4	5
10	我能克服工作中的各种困难并励志做得更好	1	2	3	4	5
11	我经常在一些报刊上发表体育类的论文	1	2	3	4	5
12	我训练的学生在县级及以上比赛中获得较好名次	1	2	3	4	5
13	我喜爱当前从事的体育教学工作	1	2	3	4	5
14	我能较好地策划、组织学校师生的文体活动	1	2	3	4	5
15	我经常向校领导汇报、交流体育教学情况	1	2	3	4	5
16	我愿意继续留在现在的地方从事体育教学工作	1	2	3	4	5
17	我能在工作之余进行体育以外的知识学习	1	2	3	4	5

续表

序号	问题内容	非常不赞同	比较不赞同	一般	比较赞同	非常赞同
18	我能根据自己工作的需要选择自己的学习内容	1	2	3	4	5
19	我的体育课曾经被评为示范课或者优质课	1	2	3	4	5
20	学生在我的体育课上表现活跃且秩序井然	1	2	3	4	5
21	我经常与体育同行交流自己对体育教学的看法	1	2	3	4	5
22	我积极参加中小学体育教师的各种再培训	1	2	3	4	5
23	我认为学生需要锻炼并经常指导他们怎样锻炼	1	2	3	4	5
24	课堂上我能及时发现学生练习时的问题并及时调整	1	2	3	4	5
25	不管刮风下雨、风吹日晒，我都坚持上好体育课	1	2	3	4	5
26	我经常参加一些体育教改课题的研究	1	2	3	4	5
27	我经常上网或是阅读书报获取体育教学的最新信息	1	2	3	4	5
28	我经常将当地传统体育改编之后纳入体育课堂教学	1	2	3	4	5
29	我给学生讲解动作技术要领，语言清楚、具体而简洁	1	2	3	4	5
30	我会反思每次上课的情况并及时改正和完善	1	2	3	4	5
31	我经常观摩各种体育说课竞赛，且认真做好笔录	1	2	3	4	5
32	我参加过县市及以上级别的教学比赛，并获得优胜	1	2	3	4	5
33	我经常与他人合作进行教学探讨	1	2	3	4	5

第四部分：贵州民族地区中学体育教师职业幸福感调查

序号	问题内容	非常不赞同	比较不赞同	一般	比较赞同	非常赞同
1	我的工作成效能够得到领导和同事们的肯定	1	2	3	4	5
2	教师被认为是知识的化身，受人尊重	1	2	3	4	5
3	我经常能感受到教师工作给自己带来的乐趣	1	2	3	4	5
4	学校宽松的人文环境使我感到非常愉快	1	2	3	4	5
5	家人对我的工作很支持	1	2	3	4	5
6	教师有双休日和节假日让我更加喜欢这个职业	1	2	3	4	5
7	工作以来，我对自己的身体健康状况非常满意	1	2	3	4	5
8	主动与其他老师交流和相互学习，这使我感到非常快乐	1	2	3	4	5
9	学生在我的教育下学有所获、健康成长，是我的价值所在	1	2	3	4	5
10	我能从自身的修养和教学水平不断提升中获得满足感	1	2	3	4	5
11	目前的工作能给我提供较多自由发挥的空间	1	2	3	4	5
12	我能从我的工作中得到自身能力的提升	1	2	3	4	5
13	我对学生未来的发展能起到积极作用	1	2	3	4	5
14	我对上级部门及学校提供的培训、学习和升职机会非常满意	1	2	3	4	5
15	我的工作得到了学生、家长的理解和支持	1	2	3	4	5
16	我喜欢教师相对单纯的工作内容和工作环境	1	2	3	4	5
17	我认为自己的知识和能力非常适合从事现在这个工作	1	2	3	4	5

续表

序号	问题内容	非常不赞同	比较不赞同	一般	比较赞同	非常赞同
18	在工作中遇到困难时,同事能提供力所能及的帮助	1	2	3	4	5
19	我非常热爱教师这个职业	1	2	3	4	5
20	生动而富有成效的课堂使我感到非常愉快和满足	1	2	3	4	5
21	我对学生取得的成绩进步非常满意	1	2	3	4	5
22	我能从课余时间与学生的交流中获得快乐	1	2	3	4	5
23	我们的工作对社会有积极的贡献	1	2	3	4	5
24	通过教书育人,能够实现自己的人生价值	1	2	3	4	5
25	通过自己的努力将差生转为优等生,这使我很有成就感	1	2	3	4	5
26	在教育教学实践中,我的教育理念能够很好地得以推广和运用	1	2	3	4	5
27	我认为教师是一个很有价值的职业	1	2	3	4	5
28	教学是我的兴趣所在,能把兴趣和职业结合在一起是很幸福的	1	2	3	4	5
29	我认为自己的工作能力强、教学成绩显著	1	2	3	4	5
30	我经常能够以积极的心态来对待工作	1	2	3	4	5